上海社会科学院青年创新成果丛书

主编 王战 于信汇

U0668005

国家社会科学基金项目（10CJL050）资助成果

中国三大都市圈城市蔓延研究

A Study of Urban Sprawl of the
Three Greatest Urban Agglomerations in China

陈建华 著

上海社会科学院出版社
SHANGHAI ACADEMY OF SOCIAL SCIENCES PRESS

丛书编委会

丛书总序

在中国特色社会主义伟大实践中加快构建中国特色哲学社会科学,既是开创中华民族伟大复兴的思想基础,也是应对当前深刻复杂国际形势的重要支撑。党的十八大以来,以习近平同志为核心的党中央把加快构建中国特色哲学社会科学作为提高治国理政能力、推进国家治理体系和治理能力现代化的战略任务,高度重视、精心部署、全力推动。这也为上海社会科学院新时期的发展提供了目标方向。

理论的生命力在于创新。古往今来,世界大国崛起路径各异,但在其崛起的过程中,无不伴随着重大的理论创新和哲学社会科学的发展。面对新挑战、新要求,中国哲学社会科学特别需要加强理论前沿、重大战略、综合领域、基层实践的诠释和指导能力。作为国家哲学社会科学的重要研究机构,2014年上海社会科学院率先在地方社会科学院实施哲学社会科学创新工程;2015年又成为国家首批高端智库试点单位。上海社会科学院从体制机制入手,以理论创新为突破口,围绕"国家战略和上海先行先试"定位,以智库建设和学科发展"双轮驱动"为创新路径,积极探索,大胆实践,对哲学社会科学的若干重大理论和现实问题开展前瞻性、针对性、储备性政策研究,完成了一批中央决策需要的、具有战略和全局意义、现实针对性强的高质量成果。

在上海社会科学院创新工程实施三年之际,通过本套丛书集中展示了我院在推进哲学社会科学理论创新中的成果,并将分批陆续出版。在编撰过程中,我们既强调对重大理论问题的深入探讨,也鼓励针对高端智库决策成果中的热点现实问题进行理论探讨。希望本丛书能体现高端智库的研究水平、社科院的研究特色,对国家战略性、前瞻性、基础性问题进行深入思考,也为繁荣新时期中国哲学社会科学理论创新添砖加瓦。

丛书主编

2016 年 11 月 15 日

序　言

　　现阶段,空间正在超越时间成为中国经济与社会发展的主导因素。在过去,时间曾经是主导经济增长与社会发展的主要因素。生产过程、生产率与资本循环等无不与时间相关联,而空间居于次要地位。然而,时至今日,空间比以往任何时候都更显得重要。空间作用加强已对人们的居住、交通和工作产生较大影响。中国正处于加速城市化阶段,城市化进程波澜壮阔,是影响我国乃至全球经济与社会发展的持续性事件。数千万人口迁移到城市,城市建成区急剧增加,中心城市的郊区不断地转变成城市建成区。中国经济与社会的空间进行了重构,俨然已不同于 20 世纪 80 年代及其以前的状态。这成为自 20 世纪 90 年代以来我国经济与社会发展的主旋律,深刻地影响了每个人的生活。

　　"城市的目的,是为了给居民提供生活上和工作上的良好设施。"①然而,城市作为人类的创造物,却往往走向人类建设与发展城市初衷的反面。一方面是如火如荼的城市化建设与空间生产,另一方面是城市空间不平均分配,使得城市空间公平与正义问题成为中国经济与社会发展的突出主题。当前我国许多城市的城市化深度不足,城市蔓延问题已然出现和发展;中心城市的中心城区宜居程度亟

---

① 　[美]E.沙里宁.城市:它的发展、衰败与未来[M].北京:中国建筑工业出版社,1986:4.

须提高;城市空间分工与协作体系尚未形成,城市能级亟待提高以及城市空间发展的公平与公正性问题不断凸显。因此,我国的城市空间生产应以何种方式进行? 城市空间结构和都市圈空间结构应当是什么样的才是合理的? 都市圈及其城市扩张应当保持什么样的速度? 这些都是摆在我们面前亟须解决的问题。

长江三角洲、京津冀地区和珠江三角洲都市圈是中国人口迁移的主要目的地。城市化深度不足与城市蔓延问题已然出现和发展,城市空间的公平与公正问题不断凸显。在过去相当一段时间内,由于城市空间扩张过快,城市化深度不足,城市的中心城区呈现贵族化倾向,过于高档化的城市空间并不适合大众化的需求。为此,本书以中国城市化为背景,从探讨中国三大都市圈的城市空间共性问题开始,分析中国城市空间扩张的内在机理与外在途径,探析中国三大都市圈城市蔓延与城市空间极化的经济与制度成因,指出了"二元化"经济增长方式以及有效制度供给不足是城市蔓延的两大成因。因此,促使经济增长方式从"二元化"走向内生化、改革相关制度是促进中国城市空间生产合理化的政策方向。在控制城市蔓延和推进城市空间合理化过程中,节制资本和制衡权力应当是两大必要条件,设计出社会不同主体的参与机制也是不可缺少的。我们在促进城市空间为多数人共建共享、防止城市空间被少数人垄断的时候,同时必须对城市空间生产和共享加以规范与有序化,防止城市空间无序发展。一方面,纯粹的政府主导与资本控制的城市空间不利于宜居;另一方面,完全市场化运作与社会化的城市空间也不利于宜居城市空间的形成,它会导致城市空间的无序与散乱。

归根到底,城市空间问题不仅是人与自然之间关系的问题,更是人与人之间关系的问题。因此,在加速城市化过程中,应当继续探索人与自然和谐共处的方式,经济增长不以过分消耗资源为必要条件,特别是不能以掠夺自然为基础;应当运用制度设计促进人与人关系更趋和谐,使得城市空间能平均化地在吾民之中分配,不能出现一些人占有太多的空间而另一些人无立锥之地的现象。这是因为,城市化本来就是为了满足人的现代空间新需求而发展的。

进而,如果我们要寻找一种合理的制度设计能够满足大多数人的现代空间新需求,我们就不可忽视我们的历史与国人的精神内核。空间是人的精神外化,基于历史、国人精神内核的制度设计才是稳固的,在国民偏好与制度设计必须建立起内在关联。我们在探寻美国城市蔓延的成因与借鉴国外对城市蔓延治理之时,不可忽视中国与美国之间的历史与国情的差异。应当探究美国城市蔓延是如何从历史上出现并发展的,这与美国的乡村主义思想存在怎样的内在关联。探究中国城市蔓延的成因不仅要从政治体制与资本逻辑出发,更需要从中国国民群居化偏好和古代城市的政治属性出发,那么许多不能在经济与社会层面得以解释的问题便会迎刃而解。

尽管不同国家的国民具有不同的精神与不同偏好,但是城市空间应当以人的需求为中心是一条不变的原则。从侧重于空间生产走向强调空间正义是实现这条原则的总战略。或者说,是具有空间正义的空间生产是中国加速城市化阶段所呼唤的。从个人角度来看,经常性的活动应当集中,偶然性的活动可以分散;个人的生活与工作应趋于集中,而城市的公共活动则可以分散,即有机集中与有机分散空间布局模式。城市空间布局的最佳状态是能够把天然美景与人为艺术巧妙地结合起来,把城市的灵动与创新带给农村,把农村的自然与清新带进城市,使得新空间兼具城市的创新灵动与农村的朴实自然,使人得到解放与充分发展。这样的城市空间既可以获得经济、社会效果和文化意义,又可以亲近自然,从而实现人与自然关系的和谐、人与人关系的和谐。

基于中国的人地关系状况,为实现中国城市空间可持续发展,理想的都市圈与城市空间形态是有机集中与有机分散的,形成大集中与小分散的空间结构。我们只有转变经济增长方式,改变中国"二元化"经济增长方式,同时从制度改革入手,构建合理的财政税收入制度、土地制度和城市规划制度等,才能控制城市空间过快扩张,促进城市空间内部结构合理化,推进深度城市化,使得城市人口增长与城市空间生产保持对称状态,控制城市蔓延,实现城市空间正义。

陈建华

2017 年 7 月 1 日

目　录

第一章

导　论

第一节　研究意义与主要研究内容

当前,经济全球化进入新的阶段,世界经济发展具有新的特征。在这样的背景下,我国扩大对外经济开放,我国经济与社会发展进入新阶段。我国的城市化水平不断提高,在我国城市建设如火如荼的同时,城市空间问题不断凸显出来。因此,研究我国三大都市圈的城市空间问题,分析三大都市圈城市蔓延与空间极化的形成机理,并同美国的城市蔓延状况及其形成机理进行比较,进而提出控制我国三大都市圈城市蔓延的政策建议,对于促进我国城市化有序发展与大城市可持续发展具有重要意义。

一、研究背景与研究意义

(一) 经济全球化与我国对外经济开放

经济全球化是当代世界经济的重要特征之一,也是世界经济发展的重要趋势。从 20 世纪 90 年代开始,经济全球化以前所未有的速度在世界范围快速发展,达到了前所未有的高度。在经济全球化的推动下,国际贸易量增长较为迅速,外商直接投资的数量在不断增长,经济体之间的相互依赖程度也相应提高。当前,在信息化技术的作用之下,国际金融业发展迅速,资本可以全球范围之内流动,寻求生产的最低成本空间位置,寻求生产与消费的最佳结合。进入 21 世纪以来,服务业的增长和多样化是 20 世纪后期世界经济最重要的经济现象之一,特别是全球虚拟经济已经大大超过实体经济。无论在发达国家还是发展中国家,服务业在当前都是跨国投资增长最快的部门。无论是美国与中国,外商直接投资、国际贸易量的增加以及房地产为支点的金融业高速发展,对于城市空间具有较大影响。21 世纪美国城市继续蔓延与中国城市空间高速扩张同全球的国际贸易与国际金融快速发展具有重要关联。

在经济全球化的背景下,我国经济融入世界经济体系具有必然性。快速发展的经济全球化,使得市场范围扩大到全球层面,从而使得经济生产分工进一步细化,也促进国际产业不断转移,构成了全球经济生产体系。自 1978 年实行对外开放战略以来,我国对外贸易取得了重大成就。对外贸易愈来愈成为我国经济增长的重要引擎,成为解决地方就业的重要途径与增加国家税收的重要来源。我国超越美国成为世界第一进出口大国后,成为世界第一贸易大国。从 1978 年到 2014 年,我国外贸从 355 亿人民币增加到 26.4 万亿人民币,增长了将近 743 倍。① 进入新世纪,中国吸引外资更是持续保持高水平状况,有力地促进我国产业技术水平的提高和经济快速增长。2014 年,我国外资流入量首次超过美国成为全球第一,并连续 23 年居全球发展中国家首位。

现阶段,大量进出的贸易量以及服务经济发展对我国城市空间产生了前所未有的影响。进入新世纪以来,在我国经济增长贡献率之

---

① 资料来源:1979 年和 2015 年中国统计年鉴.

中,出口占据了重要地位。出口导向型经济具有一定的"二元化"与"嵌入式"经济特征。在我国拥有相对充裕的劳动力供给条件下,许多地方吸收外商直接投资和发展出口导向型经济之时,提高地方就业率并不是地方政府考虑的主要问题。在经济发展的早期阶段,企业在空间选址相对具有较大的空间自由度,可以有相对自由选择空间。我们看到,这种企业选址空间自由度对城市空间扩张具有重要作用,它与地方政府主导下的投资,包括开发区及其交通基础设施投资,扩大了城市空间面积。

(二) 我国经济与社会发展进入新阶段

从 1978 年我国实施改革开放以来,我国经济经过长达 30 多年增长,目前已经进入了新阶段。我国经济增长速度正在放缓,投资利润率在降低,经济增长受到的土地与环境约束逐渐趋于刚性,劳动力成本正在不断趋于上升。经济增长动力不足,经济发展对科技创新拉动的需求越来越迫切。我国依赖出口与投资驱动的经济增长模式正在受到前所未有的挑战,外部需求出现减少的态势,内需增长力度不足。与此同时,过大的对外贸易量,使得生产要素过多地集中到出口部门,出口导向型经济强化了收入差距,特别是扩大了资本与劳动力之间的收入差距,加剧了资本之间的竞争。我国经济增长的"二元化"特征变得更为明显,经济发展的"嵌入式"特征有所增强。我国经济增长转向以内需和科技创新拉动力的要求越来越明显。与此同时,我国的相关社会问题显得较为突出,收入分配差距在不断扩大,2014 年我国基尼系数达到 0.469。[①] 作为流动人口的农民工无法融入城市社会,就业的结构性矛盾越来越突出。

我国的工业化总体上处于中期阶段,已出现向后期阶段过渡的明

---

① 国家统计局 . 2014 年国民经济在新常态下平稳运行[EB/OL]. [2015 - 1 - 20]. http://www.stats.gov.cn/tjsj/zxfb/201502/.

显特征。重化工业发展的扩张使得城市空间扩展较大,也使环境受到较为严重破坏。我国经济进一步发展遇到了土地与环境的刚性约束。目前我国有大量的低端加工与环境高污染产业,这些产业技术水平低,不仅耗费大量的原材料与能源,还需要较多人力劳动,它们对生态环境破坏也较大。这些产品需要大量的运输,在运输过程耗费了大量的能源。由此我国建设了大量的铁路与公路来应对运输基础设施的需求。这些低端产品的大量生产与运输对我国的生态与环境的负面影响是较大的。我国的能源、土地和水这三种资源的供需矛盾也变得越来越突出。可以看到的是,我国土地资源不断退化,耕地面积不断缩小,森林资源不断减少,空气质量不断下降,水资源供应能力不断弱化。从总体来看,我国生态与环境所能加载的工业活动正在变得越来越少。

我国已经进入新常态经济,新常态经济是用发展促进增长,用社会全面发展替代纯粹的经济增长,把高增长转变为具有包容性、能够公平分享的增长。在新常态经济背景下的城市化必然摒弃过去高投资与城市空间快速增长的做法,采用可持续发展的方式,以人文主义的关怀,逐渐把农村纳入现代城市文明体系。在新常态经济视野之下,城市化应当是一个国家或地区经济发展、社会制度变迁与观念变革的动态过程。通过城市化,进入城市生活的原有农村居民生活水平得到提高,从而使城市化水平成为衡量一个国家与地区现代化水平的标志。

(三) 现阶段我国城市空间问题

在城市化方面,我国正处于加速城市化时期,已经出现了较多由城市化方式不当而产生的问题,城市化深度不足、城市空间扩张过快以及城市空间内部结构呈现出来的无序化问题,使得进入城市的许多原农村居民感受不到生活水平提高,甚至城市的居民也有相同的体会。现阶段,由于我国许多地区的城市化方式粗放,城市蔓延(urban sprawl)日益严重;中心城区过于绅士化(gentrification),城市综合功能不足;城市空间内部结构与外部联系尚未形成有效的分工与协作体系。我国许多城市空间向外围无节制地扩张,城市用地增长速度超过人口增长速度,土地城市化速度超过真正的人口城市化速度,也超过工业化、社会化与现代化速度,这种现象在我国三大都市圈表现得较为明显与突出。这使得我国三大都市圈的城市化、工业化与现代化三者之间存在着较大的矛盾。如果听凭这些问题继续发展下去,这种城市化会偏离城市化的初衷与目的,是城市化的异化形式,即城市蔓延。这种形式的城市化必然会与我国建设中国特色社会主义的目的背道而驰。

在当前我国城市化加速时期,城市蔓延已经成为我国长江三角洲(简称长三角)、珠江三角洲(简称珠三角)和京津唐都市圈城市化的一种形式。与发达国家相比,尽管我国三大都市圈居民总体收入水平还相对较低,但是城市蔓延问题已经出现并在不断发展。近十年来,我国三大都市圈的城市建成区面积增长率远远高于人口城市化增长率,城市空间扩张十分迅速,实际上其空间扩张已经演变成为城市蔓延,已经成为威胁区域经济与社会可持续发展的重要问题。由于城市蔓延问题,我国三大都市圈必须注意虚假城市化(pseudo-urbanization)问题的产生与发展,还必须警惕其已经从滞后城市化(under-urbanization)状态通过隐性城市化方式向发展中国家普遍存在的超前城市化(over-urbanization)状态过渡。我国三大都市圈在城市化过程中出现的城市蔓延问题会加剧人与自然的紧张关系,激化社会矛盾,虚化城市化绩效。如果听凭这些问题继续发展下去,城市的功能会受到抑制,也不利于实现城市化目的。因此,从实证与理论上研究我国三大都市圈城市蔓延问题,引导我国有序城市化,可以促进我国三大都市圈作为我国经济增长极率先发展、科学发展和可持续发展。

二、主要研究内容与总体框架

本书研究从现阶段我国三大都市圈的城市空间问题入手,主要研究我国三大都市圈城市蔓延的现状、形成机理以及经济社会后果。研究的问题包括为什么我国三大都市圈会出现城市蔓延、城市蔓延的程度、城市蔓延的成因、城市蔓延的经济与社会后果、控制城市蔓延的对策与建议。本书还包括我国的城市蔓延形成机理与美国有何不同、城市蔓延产生的经济与社会后果有何异同点等。具体而言,本书分为上下两篇对我国三大都市圈城市蔓延进行分析,上篇为理论与背景研究,侧重于从理论演绎与文献梳理方面分析,还包括美国城市蔓延的研究与郊区新城研究,这部分包括第二章至第六章,运用政治经济学、城市经济学和信息化理论分析城市蔓延;下篇侧重于洲实证研究,从实证角度分析长江三角洲都市圈、珠江三角洲都市圈和京津冀都市圈的城市蔓延状况以及类型,并分析其成因,这部分包括第七章至第九章。第十章是结论和对策建议。

本书研究的总体框架与技术路线如下图:

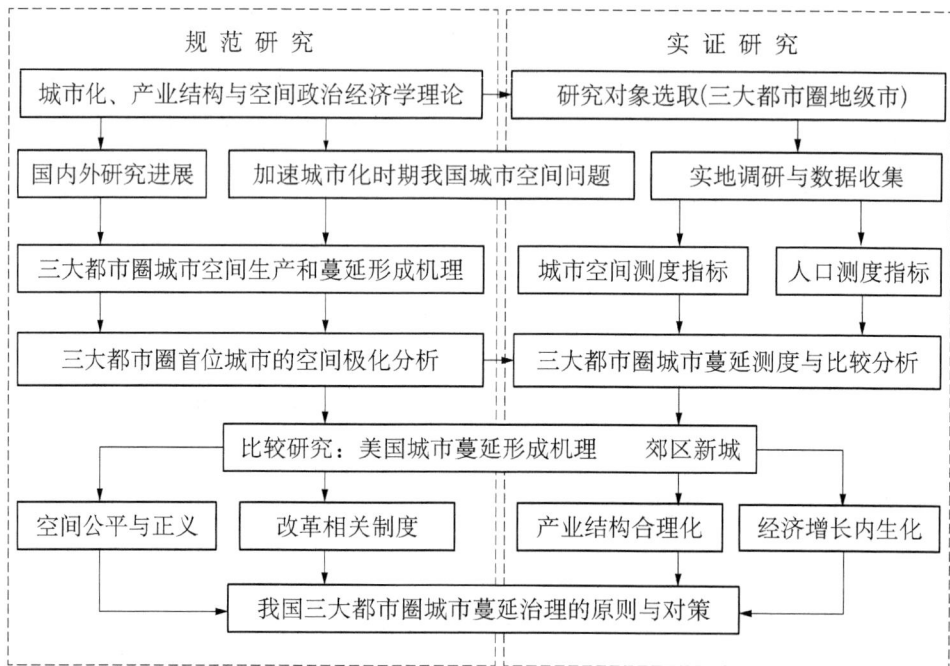

图 1-1　本书研究的总体框架与技术路线

具体地,分为以下几个方面进行研究。

(一) 城市化内涵和我国三大都市圈在加速城市化时期出现的城市空间问题

在第二章之中,研究城市化的内涵以及现阶段我国三大都市圈出现的城市空间问题。研究城市化带来的正反两个方面的作用,首先介绍西方国家在历史上城市化的"二律背反"功能,说明必须促进城市化的积极作用,抑制其消极作用,城市化应当是产业结构变化与经济发展、社会制度变迁与观念变革的动态过程,是城市文明向广大农村传播与社会进步的表现。接着,阐述我国经济进入新常态之后对城市化提出的新要求。最后,重点说明当前我国三大都市圈在加速城市化进程存在着四大问题:一是城市蔓延问题较为严重,城市化深度不足;二是都市圈首位城市过于绅士化,城市宜居程度不足;三是都市圈之内城市空间分工与协作体系尚未形成;四是城市空间发展的公平与公正性问题较为突出。本章也是对我国三大都市圈城市蔓延的经济与社会后果的分析。

(二) 我国三大都市圈城市空间生产与城市蔓延形成机理研究

第三章分析我国三大都市圈城市蔓延的动力机制与制度成因,指出我国城市蔓延是工业化与城市化非常态发展的产物,我国城市空间扩张是社会与生产关系的生产与再生产,具有社会属性。我国城市空间生产具有政治属性和资本逻辑。权力与资本的结合是我国当前城市空间生产的推动力与突出特征,政府与体制原因以及资本的属性是我国城市扩张的重要内在推动力。本部分主要研究制度对我国三大都市圈城市蔓延形式与特征的作用及机理分析,指出我国"二元化"经济增长方式与现阶段相关制度改革相对滞后是我国三大都市圈城市蔓延的经济成因与制度成因。本部分研究在目前我国土地制度和财政税收制度下,三大都市圈城市通过交通道路、开发区与房地产开发进行扩张的途径与方式,主要从理论上研究我国制度供给与城市蔓延的关联机制,包括研究户籍制度、社会保障制度与城市规划制度的缺陷与滞后性问题对城市蔓延的作用机制,分析城市蔓延的制度性成因。

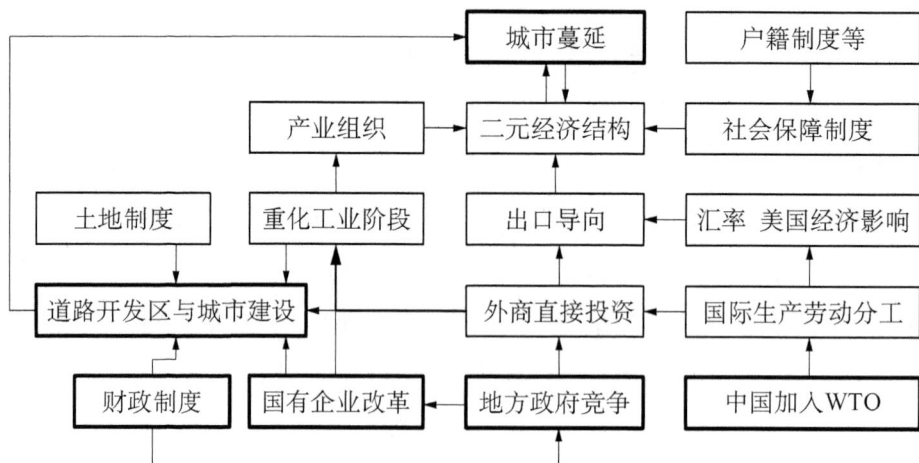

```
┌──────────────┐        ┌──────────────┐
│   城市蔓延    │        │  户籍制度等   │
└──────────────┘        └──────────────┘
                                │
┌──────────┐   ┌──────────────┐   ┌──────────────┐
│ 产业组织  │──▶│  二元经济结构 │◀──│ 社会保障制度  │
└──────────┘   └──────────────┘   └──────────────┘
                      ▲
┌──────────┐ ┌──────────┐ ┌──────────┐ ┌──────────────────┐
│ 土地制度  │ │重化工业阶段│ │ 出口导向  │ │ 汇率 美国经济影响 │
└──────────┘ └──────────┘ └──────────┘ └──────────────────┘
                                ▲
┌─────────────────────┐ ┌────────────┐ ┌──────────────┐
│  道路开发区与城市建设 │◀│外商直接投资 │◀│国际生产劳动分工│
└─────────────────────┘ └────────────┘ └──────────────┘
                              ▲
┌──────────┐ ┌──────────┐ ┌──────────┐ ┌──────────────┐
│ 财政制度  │ │国有企业改革│ │地方政府竞争│ │ 中国加入WTO  │
└──────────┘ └──────────┘ └──────────┘ └──────────────┘
```

图 1-2　我国三大都市圈城市蔓延成因与形成机理分析

(三) 我国三大都市圈首位城市的空间极化及其形成机理分析

在我国三大都市圈城市蔓延的同时,与此相对应的是其首位城市的空间极化。城市蔓延与城市空间极化实质上是一个问题的两个方面表现。我国三大都市圈首位城市空间发展独特性源于新时期经济全球化背景下首位城市的外向型经济特征、劳动力供给结构以及城市外生服务业化。首位城市在此三个分化效应之下,中心城区经济密度趋于上升,虽然人口密度趋于下降,但是财富密度趋于上升;而郊区空间对外呈蔓延式扩张。城市空间极化表现了它不仅产生更大的社会收入分配差距,也在制造社会隔离与分化。

(四) 国外经验借鉴——美国城市蔓延的状况、形成机理与治理对策研究

第五章研究美国城市蔓延的原因与形成机理,分析美国大都市

区城市蔓延的状况,再总结美国对城市蔓延的治理对策,以期能为我国三大都市圈城市蔓延的治理提供相关经验借鉴。美国的自由主义传统与反城市思想、技术因素、产业结构以及社会土地制度形成推进城市蔓延的重要力量。同时,城市蔓延与其高度发达的私有土地制度和交易市场有直接的关系。此后,它的贷款制度、城市居民自治体较多、城市与区域规划缺乏有效协调以及利益集团的作用等也是城市蔓延的原因。

(五)控制城市蔓延的郊区新城建设

第六章分析作为控制城市蔓延措施的郊区新城建设,以长三角都市圈首位城市上海为例,分析了上海规划与建设郊区新城的历程、方式和存在问题,提出促进上海郊区新城建设的政策建议,以期能运用郊区新城控制中心城区的蔓延。

(六)构建"城市蔓延指数",测度我国三大都市圈城市蔓延状况

这部分包括第七章长三角都市圈、第八章京津冀都市圈和第九章珠三角都市圈城市蔓延的实证研究。我国三大都市圈城市蔓延是城市化的空间异化形式。因此,研判城市蔓延问题主要依据是城市化绩效,即评估城市空间扩张速度与城市化绩效的耦合程度,评估人口城市化是否真正实现了城市化目的,或者只是纯粹的人口空间迁徙使得城市用地增长率超过了人口增长率导致了城市蔓延。测量城市扩张强度,主要是近二十年来三大都市圈各城市建成区增长比率与城市人口增长率之间的耦合程度,通过对比城市空间扩张程度与城市化绩效,研判三大都市圈城市蔓延状况。本书采取的城市蔓延定义是城市土地增长速度超过城市人口增长速度,与之相对应的是农村土地减少速度高于农村人口减少速度,那么即构成城市蔓延。因此,我国三大都市圈城市蔓延测度综合这两个方面的数据可以反映出城市蔓延的程度,并构建"城市蔓延指数",对我国三大都市圈的城市蔓延状况、特征及其成因进行分析。

（七）从空间生产到空间正义——控制我国三大都市圈城市蔓延的原则与建议

这部分研究在第十章,城市蔓延具有不同于美国城市蔓延的结构性特征,又有着不同的空间表现形式。我国三大都市圈首位城市的空间蔓延并不严重,而次级城市空间蔓延较为严重;外贸依存度与经济发展阶段较高的城市蔓延较为严重。在对我国三大都市圈城市蔓延进行充分的研究之后,归结我国三大都市圈城市蔓延的方式、路径、特征与阶段,也对三大都市圈的城市蔓延的特征、状况以及成因进行横向比较,提出控制我国三大都市圈城市蔓延的战略性思想、原则以及对策建议,为我国三大都市圈制定控制的治理城市蔓延促进城市空间合理增长提供决策依据。

第二节　国内外研究综述

一、国外研究综述

城市蔓延(urban sprawl)最早出现于西方发达国家城市化与大城市发展过程中。第二次世界大战之后,伴随着小汽车的普及和公路的大规模建设,城市空间不断扩张。这种状况在美国表现得特别明显。由于城市蔓延威胁到人们的生活质量,破坏农田、环境、历史文化遗产以及传统社会结构,以小汽车交通工具为主导的郊区化现象极大地加剧了就业问题和居住的低密度扩散,从而导致了所谓的城市蔓延问题,引起了西方国家政府和学术界的高度重视。国外关于研究城市蔓延问题的理论与方法是20世纪60年代逐步发展起来的,在20世纪70和80年代以后形成高潮。西方发达国家学者对城市蔓延的研究包括什么是城市蔓延、如何测度城市蔓延、如何解释城市蔓延即城市蔓延的机理分析、如何控制城市蔓延即城市蔓延的对策研究四个方面。

(一) 什么是城市蔓延

城市空间扩张过快在第二次世界大战之后十多年之后就引起了城市研究学者的注意。戈特曼(J. Gottman)在 1957 年就认为,"在美国,城市和郊区正在以很快的速度扩展,这种速度最近几年在明显加快"。① 1958 年,威廉·怀特(Williams H. Whyte)在一篇论文之中首先使用了"城市蔓延"一词。② 刘易斯·芒弗德(Lewis Mumford)在 1961 年也认为,"特大城市正在迅速变成普遍形式,占支配地位的经济是大都市经济",③城市是四散蔓延的畸形巨大团块,"大都市的形状是它的无定型,正如大都市的目的是它的无目的地膨胀扩展。"④奥利弗·吉勒姆(Oliver Gillham)认为,"蔓延(无论它是城市的蔓延还是郊区的蔓延)是城市化的一种形式,它的特征是跳跃式开、商业走廊、低密度、土地使用功能分离、私家车在交通上的主导地位和最小公共空间","蔓延(无论它是城市的蔓延还是郊区的蔓延)是 20 世纪后期郊区发展的典型形式"。⑤ 罗伯特·布鲁格曼(Robert Bruegmann)认为"城市蔓延就是一个益于表明态度的词,而

① [美]戈特曼.大城市连绵区:美国东北海岸的城市化[J]. 李浩,陈晓燕,译. 国际城市规划,2007,22(5):6.
② David C. Soule. Urban Sprawl —A Comprehensive Reference Guide[M]. London:Greenwood Press,2006:3.
③ [美]刘易斯·芒弗德. 城市发展史——起源、演变和前景[M]. 宋俊岭,倪文彦,译. 北京:中国建筑工业出版社,2005:538.
④ [美]刘易斯·芒弗德. 城市发展史——起源、演变和前景[M]. 宋俊岭,倪文彦,译. 北京:中国建筑工业出版社,2005:556—557.
⑤ [美]奥利弗·吉勒姆. 无边的城市——论战城市蔓延[M]. 叶齐茂,倪晓晖,译. 北京:中国建筑工业出版社,2007:8.

不是益于说明实际情况的词",①这个词具有易变的字义和其具有争议性的用途。由此,罗伯特·布鲁格曼认为城市蔓延过于抽象并引发歧义,在《城市蔓延简史》并没有给城市蔓延确切的定义。大卫·索尔(David C. Soule)认为"蔓延是低密度的、依赖于汽车的、发生于城市中心边缘区的土地发展,常常采用'蛙跳'式从现在的高密度发展节点转向开敞和未开发的土地,成为个人家庭居住小区、校园式的商业办公园区或分散的零售使用区域"。②

给出城市蔓延准确的定义并不是件容易的事情,因而目前城市蔓延尚没有公认的确切定义,城市经济学、城市规划学以及城市社会地理学分别从本学科角度对城市蔓延提出自己的定义。美国 R·埃文指出了城市蔓延的四个突出特征:跳跃式开发或撒播式的开发、商业走廊的开发、低密度以及大规模单一功能区的开发。③ 安东尼·道斯(Anthony Downs)认为城市蔓延是城市空间以较低的人口密度向城市边缘地区扩展,占用了从未开发的土地,可以被认为是郊区化的较为特别的形式。④ 大多数不同学科的学者认同低密度开发、单一化土地使用和汽车导向是城市蔓延的三大特征,并被公认为会造成环境、经济与社会的不可持续发展。

(二) 城市蔓延的定量化研究

由于城市蔓延是个现实的空间问题,西方学者运化定量化指标并采用现代空间信息技术如 GIS、RS 和 GPS 技术,以求获得更为直

---

① [美]罗伯特·布鲁格曼.城市蔓延简史[M].吕晓惠,许明修,孙晶,译.北京:中国电力出版社,2009:15.

② David C. Soule. Urban Sprawl—A Comprehensive Reference Guide[M]. London: Greenwood Press, 2006:3.

③ [美]奥利弗·吉勒姆.无边的城市——论战城市蔓延[M].叶齐茂,倪晓晖,译.北京:中国建筑工业出版社,2007,(4).

④ Anthony Downs. New Visions for Metropolitan America[M]. Brookings Institution Press,1994.

观的信息。定量化研究从早期的单指标发展到现在的多指体系,并已经有多种城市蔓延指数(Sprawl Index),以求引起社会对城市蔓延足够的重视并有衡量的指标。西方学者运作的指标有城市土地及其扩张的速度指标、城市产业密度指标、就业密度指标以及居住人口密度,这些指标还包括时间序列的动态指标。通过动态指标,使得人们能认识到城市蔓延的速度。有的学者以城市人口速度与土地扩张速度相比较的指标来衡量城市扩张速度。有的学者以居住地址与中心城区的距离作时间的纵向比较与不同城市之间的横向比较。对城市蔓延的单指标测度方法有人口密度、分形维度、美学、可及性等。对城市蔓延的单指标测度较多地侧重于经济密度的测量,主要有居住人口密度、产业密度、就业密度等。富尔顿(W. Fulton)等学者以美国二百多个城市为例,选取了人口密度作为评价指标,得到了美国大多数城市空间扩张快于人口增长速度形成蔓延而另外少数城市的人口增长快于空间扩张的空间较为紧凑的结论。[①] 还有的学者以低人口密度与高人口密度的比重之差来构建城市蔓延指数。他们把得到的城市蔓延指数进行时间纵向和空间横向比较,总结出了美国大部分城市在 20 世纪最后二十年仍有城市蔓延的态势,大多数城市空间扩张速度快于人口数量增长速度,城市空间仍在扩张与蔓延。

除了单指标测量之外,越来越多的学者采用多指标的测量方法并构建综合城市蔓延指数。格拉斯特(G. Galster)、哈森(R. Hanson)和拉特里弗(M. R. Ratcliffe)等人用密度、联系性、集中性、集聚度、向心性、多中心程度、混合土地利用程度和临近性等 8 个维度来度量城市蔓延程度进而构成城市蔓延指数,8 个维度的指标得分越低,城市蔓延性越高。[②] 有的美国学者指取了县为基本分析单

① Fulton W,Pendall R,Nguyen M,et al. Who Sprawls Most? How Growth Patterns Differ Across the US [M]. Washington,D. C. :Brookings Institute,2001.

② Galster G,Hanson R,Ratcliffe M. R,ed at. Wrestling Sprawl to the ground:Defining and measuring an elusive concept [M]. Housing Policy Debate,2001,12(4):681 - 718.

元,从城市扩张效率、扩张形态和扩张影响三个方面入手,构建城市蔓延指数,以期能较为客观地衡量城市蔓延,在时间纵向与空间横向得到较为政策启发意义的研究结论。

(三) 城市蔓延的形成机理分析

对于城市蔓延的形成机理的分析,不同城市研究学科分别从各自学科角度提出解释。新古典城市经济学试图借用竞标租金模型(Bid-Rent Model)和区位理论,通过分析租金、成本和收入等变量解释蔓延;土地规制经济学以土地为主要分析对象,分析土地规制的不足对城市蔓延的影响,综合分析政府、利益集团、中间投票人以及住房所有者利益追求对蔓延的作用;以奥利弗·吉勒姆为代表的城市规划学认为私有土地制度、市场机制、汽车普及化和通信网络技术发展共同推动蔓延。

以大卫·哈维(David Harvey)为代表激进的政治经济学认为垄断竞争者的独立决策、土地持有者的投机行为和政府的公共管制促成了城市蔓延,由地方政府、开发商与道路维修者共同构成三角形的利益集团,共同推进了城市空间扩张。亨利·列斐伏尔(Henri Lefebvre)认为空间的生产是生产关系再生产的场所,社会与生产关系特别是土地所有制对城市空间有决定性影响,"土地所有制最深刻的影响,也是最危险的影响,难道不是在城市的扩张和普遍都市化的过程中而出现的城市农村化现象么?"[①]"整个社会生产出了'它的'空间,或者,如果人们愿意这样说的话,整个社会生产出了'一个'空间"。[②] 空间有着它自己的逻辑,也存在着一些矛盾。亨利·列斐伏尔认为,空间的矛盾特别是城市空间扩张并不是它的理性形式的问题,如理性与数学式的规划,其实"这些矛盾来自于实践的、社会的、

---

① [法]亨利·勒菲弗.空间与政治[M].李春,译.上海:上海人民出版社,2008:123.
② [法]亨利·勒菲弗.空间与政治[M].李春,译.上海:上海人民出版社,2008:40.

特别是资本主义的内容。事实上,这个资本主义社会的空间追求的是理性,然而在实践中,它却被商业化、碎片化,并被一部分一部分地出售"。①

随着 20 世纪 80 年代西方国家生产方式的变化,部分激进的政治经济学者如卡斯特尔斯(Manuel Castells)等遵循技术、产业空间变化以及城市空间变化的轨道对城市蔓延进行研究。他们从技术作为分析起点,分析在技术革新的推动之下,城市空间在资本主义生产关系之下产生的新变化。在信息化与经济全球化的条件下,经济组织与生产产生了较大的变化,产业结构与城市空间出现了二元分化的趋势,信息的生产、处理与交换集中在中心城区,而信息的传播则分散到郊区。由于信息的作用,部分办公人员可以不用集中到中心城区,这在客观上促进了郊区城市化的发展,也推进了城市蔓延。②于是,"一种新的二元化城市兴起了,它的呈现与经济重组过程和信息经济的扩展密切相联。首先,它涉及产业和厂商同时发生的成长与衰落过程,在多数知识密集型活动及其职业集中的特大都市区,经济配置的这一过程最为激烈"。③

此外还有新经济地理学对城市规模与范围的研究以及相关城市化理论也涉及城市蔓延问题。

(四) 如何控制城市蔓延

20 世纪 90 年代以来,国外学者针对美国的城市蔓延已经形成相对成熟的控制对策与理论流派,并且已经发展成为政府的实际行动,这包括区域主义(Regionalism)、以安德勒斯·多安尼(Andres

---

① [法]亨利·勒菲弗.空间与政治[M].李春,译.上海:上海人民出版社,2008:41.
② [美]曼纽尔·卡斯特尔斯.网络社会的崛起[M].崔保国,译.北京:社会科学出版社,2001.
③ [美]曼纽尔·卡斯泰尔.信息化城市[M].崔保国,译.南京:江苏人民出版社,2001:247.

Duany)和彼得·卡尔多普(Peter Calthorpe)为代表的新城市主义(Neo-Urbanism)、以帕里·格里宁(Parri N. Glendening)为代表的精明增长(Smart Growth)理论、以理查德·瑞吉斯特(R. Register)为代表的生态城市(Ecocities)理论以及可持续发展等思潮,着重主张紧凑型(Compact City)城市空间结构。此外,安东尼·道斯(Anthony Downs)、博切尔(R. Burchell))和罗伯特·布鲁格曼(Robert Bruegmann)等来自不同学科的学者对城市蔓延的经济与社会正反两方面后果进行比较。

"区域主义"(Regionalism)强调城市镶嵌在区域之中的一个经济体,因而控制城市蔓延首先必须整个区域入手进行。区域主义在美国城市于 20 世纪 60 年代不断无序蔓延之后被人们加以重视,并在实践中不断加以强调。美国的许多地方政府试图联合设立大都市区政府(Metropolitan Government)以及统一的区域服务机构来协调不同城市之间的冲突。区域主义目前在美国多个州如明尼苏达州(Minnesota)和俄勒冈州(Oregon)进入实践层面。

"新城市主义(New Urbanism)"(亦译"新都市主义")最早起源于 20 世纪 80 年代。新城市主义的"新"是相对于 18 世纪和 19 世纪工业革命浪潮导致的城市主义之下城市空间蔓延扩张而言的。新城市主义试图对"城市主义"导向下的都市生活方式提出一种修正,提出有节制与有规划的城市扩张和以人为中心的城市空间。新城市主义运动的正式确立和理论体系的成熟是以 1993 年在美国亚历山德里亚召开的第一届新城市主义大会为标志。1996 年第四届新城市主义大会上形成了《新城市主义宪章》。新城市主义重视区域规划,主张通过从下而上的城市规划改革与理念创新,建构新的城市环境。它强调从区域整体的高度看待和解决问题;主张以人为中心、以人为尺度,强调城市人工环境的宜人性以及对人类社会生活的支持性;尊重历史与自然之间的和谐,强调规划设计与自然、人文、历史环境的和谐性。新城市主义反对以汽车为主导的城市空间无节制蔓延与城市空间非人性化，主张步行与公共交通，主张填充式与紧凑式开发，强调城市人工环境的舒适性与宜居性。在新城市主义思想之中，"传统邻里发展模式"（Traditional Neighborhood Development，TND）与"公交主导发展模式"（Transit-Oriented Development，TOD）是新城市主义规划思想的典型代表。这两种具体思想并没有本质的区别，只是传统邻里发展模式偏重于城镇内部街坊社区层面，而公交主导发展模式更偏重于整个大城市区域层面。在新城市主义的规划实践中，两者经常交互一起运作，强调紧凑与适宜步行、功能复合和可支付性以及珍视环境的城市发展思想。持新城市主义的学者观点各有所侧重，但是其着眼点与出发点是一致的，建立以步行距离为尺度的居住社区，反对城市无节制地扩大，侧重于城市空间设计，主要从物质层面来强调城市化与城市发展应当走可持续发展的道路。

"精明增长"（Smart Growth）是美国社会科学界以及政府对城市蔓延导致的经济与社会问题的回应，它所针对的是现代主义之下的"愚蠢增长"模式，主张"一种有管理的增长，它尽可能满足社会发展的需要（经济的和人口的），同时又尽可能限制开发所产生的负面影响"。[①] 美国马里兰州州长帕里·格里宁（Parri N. Glendening）于1997年正式提出精明增长概念。此后，精明增长思想为政府与城市规划界广泛接受，发展成为运动。与新城市主义不同，精明增长是一种政府倡导的自上而下的城市发展和控制理念，侧重于政策与法规方面推动城市扩张走紧凑型的道路，倡导填充式开发和再开发，强调保护城市周边的乡村土地，鼓励嵌入式开发和城市更新。与新城市主义一样，精明增长理论也注重发展公共交通，减少对个人汽车的依赖。在城市土地利用之上，精明增长理论主张混合式、多功能与紧凑式的城市空间利用，有效利用现有城市空间，谨慎地开发新空间，保

---

① ［美］奥利弗·吉勒姆.无边的城市——论战后城市蔓延［M］.叶齐茂，倪晓晖，译.北京：中国建筑工业出版社，2007：167.

护自然环境空间;鼓励公众参与城市发展与管理,发展步行式社区,创造富有个性的城市空间,注重公平与社会效益。精明增长理论力图实现社会公平,实现新旧城市空间同时获得良好发展。相对于新城市主义相比较,精明增长理论在城市物质空间设计上融入了社会、经济与政策因素,它超越了城市规划的范围,从经济、社会与城市空间等角度看待由于经济增长导致的城市空间扩张问题,主张新旧并用,把城市空间从无序扩张导入有序的城市空间发展之中,通过城市空间有序与紧凑式发展,达到节省资源、有效保护环境与提高城市居民生活质量的目的。

起源于 20 世纪 60 年代的"可持续发展"思潮也对城市蔓延做出了回应。1962 年,美国海洋生学家蕾切尔·卡尔逊(Rachel Carson)《寂静的春天》出版。在书中,作者描述了如果人类过度消耗资源,不尊重自然和生命,结果使得自然受到破坏,会导致鸟儿不再歌唱,鱼儿不再跳跃于水中,人类将不会享受自然恩赐的美好环境。"可持续性"自此逐渐成为流行的词语。1987 年,以挪威首相布伦特兰(Harlem Brundland)夫人为主席的世界环境与发展委员会(WCED)公布了《我们共同的未来》,提出广为接受的可持续发展定义,即可持续发展是既满足当代人需求,又不以损害子孙后代的需求。1992 年6 月,联合国环境与发展大会(UNCED)在巴西里约热内卢通过的《21 世纪议程》,提出可持续发展的纲领,标志着人类将可持续发展作为共同追寻的目标,城市可持续发展进一步从理论走向现实。1994 年,联合国可持续发展委员会(CSD)在英国曼彻斯特专门举行了以"城市与可持续发展"为主题的论坛,论题包括了城市政府、资源利用与城市政府管理、人类健康与城市环境、城市就业与生活、城市贫困化与脆弱化等多个层面。这样,可持续发展在 20 世纪 90 年代从理论演变成为联合国及各国政府的共同行动之后,各国政府在对可持续发展的城市形成了共识:不能对资源与环境进行掠夺式开发,应当提高资源的利用效率,合理利用自然资源,合理开发土地资源,城市的生态容量是有限的,必须提高城市的自然与人文环境宜居程度。

以美国理查德·瑞吉斯特(R. Register)为代表的生态城市(Ecocities)理论对城市蔓延做出回应。城市蔓延破坏城市生态使得他认为必须制止蔓延继续下去,他认为,"汽车是我们这个时代的恐龙。它们破坏了传统城市、城镇和乡村合理并且令人愉快的结构……离开汽车的速度,蔓延的社区将丧失功能,这是一种结构上的沉溺,深深植入城市的物理结构中"。① 由此,理查德·瑞吉斯特认为,城市应当是紧凑的,应该是为生物群体尤其是为人类而设计的,而不是为机器比如为汽车设计的。他提出建设生态城市一条共生原则,"为他人考虑,包括植物、动物和地球本身,这样他人亦会为你考虑"。② 瑞吉斯特认为建设"生态城市"最重要的五条原则是应当按照生态系统原则建设城市;鼓励人类的创造性与激情,使城市的功能与人类进化的形式相适应,支持创新与文化发展;城市土地利用符合生态学原则,支持健康结构的土地利用模式;城市交通模式应按步行、自行车、铁路、轨道交通、私人汽车和卡车的优先顺序发展;城市建设必须保护土壤,提高生物多样性,减少对自然的"边缘破坏",抑制城市蔓延。③ 瑞吉斯特认为,应当"按照生态系统的本来面目建设城市,即,基本上是三维的、一体化的复合模式,而不是平面的、随意的和单调的";"交通系统的规划应按步行、自行车、铁路、轨道公共交通、小轿车和卡车的优先顺序发展"。④ 城市应当是紧凑的,应该是为生物

① [美]理查德·瑞吉斯特.生态城市——建设与自然平衡的人居环境[M].王如松,胡聃,译.北京:社会科学文献出版社,2002:3.
② [美]理查德·瑞吉斯特.生态城市——建设与自然平衡的人居环境[M].王如松,胡聃,译.北京:社会科学文献出版社,2002:166.
③ [美]理查德·瑞吉斯特.生态城市——建设与自然平衡的人居环境[M].王如松,胡聃,译.北京:社会科学文献出版社,2002:168—169.
④ [美]理查德·瑞吉斯特.生态城市——建设与自然平衡的人居环境[M].王如松,胡聃,译.北京:社会科学文献出版社,2002:168—169.

群体,尤其是为人类而设计的,而不是为机器,比如为汽车设计。生态健康的城市是紧凑的、节能并与自然和谐共存的、充满活力的。瑞吉斯特的生态城市理念在城市生态学者之中成为较为权威的定义,为各国的实践提供了许多可资借鉴的实践原则。

二、国内研究综述

国内学者对城市蔓延的研究开始于 20 世纪 90 年代。最初学者主要在翻译和解析以美国为代表城市蔓延的著作与论文,并借鉴国外研究成果的基础之上对我国目前粗放的城市化与城市空间扩张进行分析,在比较我国与美国城市蔓延的基础之上指出我国城市蔓延具有一定的独特性。研究城市蔓延的学科主要集中在城市规划学、城市地理学、城市经济学和人口资源与环境经济学等。目前我国学者对城市蔓延的研究已经初有成就,理论上根据我国城市化与经济增长特征总结了我国城市蔓延的机制,实证上对我国全国性或地区性首位城市如北京和广州运作地理学信息系统初步进行了测度与分析。

国内较多学者注意了以美国为代表的城市蔓延问题,翻译了并介绍了城市蔓延及其治理对策。如吕晓惠、许明修和孙晶翻译了罗伯特·布鲁特曼的《城市蔓延简史》,这本书是国外比较系统介绍美国城市蔓延的专著。张晓青对西方城市蔓延和理性增长研究进行综述,分别是从西方城市蔓延界定、城市蔓延的度量、城市蔓延及其形成机制以及城市蔓延的经济与社会后果对西方国家学者对城市蔓延的研究进行综述,指出其对城市蔓延的研究已经越来越完善,建议与措施也越来越具有可操作性。[①] 刘海龙对美国"城市增长边界"概念进行述评,概括了美国城市从无序蔓延到精明增长的政策历程。在

---

① 张晓青.西方城市蔓延和理性增长研究综述[J].城市发展研究,2006,13(2):34—38.

美国,城市增长边界作为一种日益流行和富有成效的方法,可以帮助把开发控制在指定的地区之内。城市增长边界概念对美国一些州控制蔓延和土地保护的法规政策制定具有积极作用。[1] 陈明星、叶超和付承伟也对国外城市蔓延研究进展进行回顾,指出控制城市蔓延是美国实现经济与社会可持续发展的重要内容。[2]

目前,已有一些国内学者在总结美国城市蔓延的基础之上,借鉴他们的方法与理论,分析当前中国城市化出现的问题,并提出中国城市蔓延的理论模型,也以一些大城市做了实证研究。如李强与杨开忠在总结美国城市蔓延的研究基础之上,回顾了美国城市发展历程,从城市化到郊区化、都市区化和城市蔓延,总结了美国对城市蔓延治理路径的演变。他们以北京市为例,研究中国转型时期大城市蔓延的特征与问题,分析了城市蔓延的影响因素,总结了北京城市蔓延的模型,最后提出了控制我国城市蔓延的对策。[3] 王子彦和高红樱提出,中国目前已经有了值得注意的城市蔓延问题,城市蔓延产生的经济成本、环境成本、社会成本较为巨大,应当借鉴英国的"绿带"政策以及美国的"新城市主义"和"精明增长"理论,在城市规划与土地利用之上,实现我国城市的精明增长。[4] 苏建忠从城市地理学的角度,对广州城市蔓延机理与调控措施进行研究,指出广州城市蔓延有七个方面的机理,包括经济发展与全球化的影响、大型项目的建设、机动化程度上升、信息技术发展、郊区房地产开发、行政区划调整以及土地制度与规划管理等。他认为,广州要有效控制城市蔓延,在理念上要更新,注重经济增长内涵;在政策上要制定恰当的交通政策和产业政策,在大型项目建设之前要充分论证带来的正反两个方面的效

---

[1] 刘海龙.从无序蔓延到精明增长[J].城市问题,2005,(3):67—72.
[2] 陈明星,叶超,付承伟.国外城市蔓延研究进展[J].城市问题,2008,(4):81—86.
[3] 李强,杨开忠.城市蔓延[M].北京:机械工业出版社,2007.
[4] 王子彦,高红樱.值得重视的城市蔓延问题[J].东北大学学报(社会科学版),2005,(6):391—394.

应;在制度上要不断推进城市规划制度、土地管理制度以及地区之间的协调制度走向完善。[①] 秦志锋以郑州市为例,分析了中国城市蔓延现有控制对策,在总结了西方国家的精明增长理论以及城市测量方法之后,他分析了中国城市蔓延的特征、中国城市蔓延具有独特性与阶段性,并提出了中国城市蔓延的"精明增长"控制对策。[②] 张景奇以沈阳市为例,研究城市蔓延机制,测度了沈阳市城市蔓延状况,并对如何进行蔓延治理提出相应的对策。[③]

还有的学者从我国城市空间扩展的资本逻辑、城市粗放型城市化以及郊区化角度出发,研究了我国城市土地过快过度扩张带来的经济成本与环境代价,指出我国城市化已经出现城市空间的问题,由于城市空间过于集中与过于稀疏,导致经济与社会问题较为严重。这些学者的研究虽然文献之中没有出现城市蔓延概念,但实际上已经触及了城市蔓延的研究内容。如武廷海和张城国等认为,中国快速城镇化具有资本逻辑,应当从资本与土地相结合的角度对中国城市空间扩张进行分析,才能得到正确的结论。[④] 吕拉昌对新时代中国大都市的郊区化机制进行了探讨,并与美国的郊区化进行比较,指出了我国大都市郊区化机制有推力因素、拉力因素和中介因素。推力因素包括经济增长导致经典的郊区化以及城市离心发展的倾向;拉力因素包括高新技术发展带来的新产业空间、新概念住宅以及大型项目的建设;中介因素包括土地制度和交通汽车的普遍使用。这些因素需要加以有序诱导,否则会导致城市郊区化无序发展。[⑤] 洪世键

---

① 苏建忠.广州城市蔓延机理与调控措施研究[D].广州:中山大学博士学位论文,2006.
② 秦志锋.中国城市蔓延现状与控制对策研究[D].郑州:河南大学研究生硕士学位论文,2008.
③ 张景奇.沈阳市城市蔓延与蔓延治理研究[M].沈阳:东北大学出版社,2014.
④ 武廷海,张城国,张能,徐斌.中国快速城镇化的资本逻辑及其走向[J].区域与城市经济人大复印资料,2013:1—23.
⑤ 吕拉昌.新经济时代中国大都市的郊区化机制探讨——兼与美国郊区化的比较[J].地域研究与开发,2006,(4):6—10.

和张京祥基于经济与制度的分析,对我国城市蔓延的状况进行测度,并提出转型期我国制度变迁对城市蔓延具有较大的推进作用,包括分权化的经济体制和市场化的土地制度改革,需要加快土地制度改革,构建城乡一体化的土地市场,改革规划协调机制,积极推动公众参与等。[1]

简而言之,国内学者对城市蔓延的研究主要以城市经济学、城市规划学和城市地理学等学科为主,到目前为止,既有借鉴国外相关的研究成果对我国城市蔓延问题进行分析,又有根据我国经济与社会特色对城市蔓延问题进行研究,已经形成一定的特色与系统性研究。经过近20多年的研究,我国学术界在城市蔓延形成机理的理论研究已经深入到经济与制度层次;在城市蔓延测度方面已经会运用相关理论对城市蔓延状况进行测度,但是目前尚欠缺一套公认与成熟的度量方法与系统的理论,还没有能像美国学者构建出"城市蔓延指数"定期公布。

第三节　研究特色、研究方法与概念界定

本书研究试图在城市与区域经济学的基础之上,以空间政治经济学为理论指导,通过分析我国三大都市圈现有的空间问题,研究我国城市蔓延的形成机理,通过评估我国三大都市圈城市扩张程度与城市化绩效的耦合程度,总结城市蔓延特征,比较我国与美国城市蔓延及其治理对策的异同点,测度城市蔓延状况,构建"城市蔓延指数",验证各种经济因素同城市蔓延指数之间关系,寻找控制蔓延的政策与措施。纵观整个研究过程,综合各种研究方法,具有以下研究特色与研究创新。

---

① 洪世键,张京祥.城市蔓延机理与治理——基于经济与制度的分析[M].南京:东南大学出版社,2012.

一、研究的特色与创新

目前,现有研究城市蔓延的文献横跨城市经济学、城市规划学和城市地理学等范围。现阶段国内对城市蔓延的研究比较侧重数量技术性分析与空间规划描绘,而在资本与制度、产业结构与经济、信息化对城市空间的作用机理等研究略为不足。本书不从城市规划与技术性绘图的角度对城市蔓延进行研究,也不进行单纯的城市空间测度和抽象的数理统计与推进。空间问题是关系个人的具体性问题。本书在城市与区域经济学的基础之上,从新马克思主义的资本理论、制度分析理论、产业结构理论和信息化对城市空间的作用角度,阐述新经济条件下我国三大都市圈特别是首位城市显现出的空间复杂性,分析其形成机理,测度城市蔓延的程度,并提出治理的原则与对策。因此,与其说本书是城市蔓延问题的具体性分析,毋宁说本书是城市空间的政治经济学抽象研究。

首先,本书采用问题发现与分析—精神与思想—资本与权力—经济与制度—技术与开发区—城市空间扩张与蔓延的技术分析路线。空间是一个国家与城市精神的外化,也是城市社会的表达。它首先应当萌芽于大多数国民的精神追求,通过经济增长的模式与内在机理,借助于交通技术的进步,采用了相关的社会制度达到其最终目的,实现了城市居民或者是乡村生活景致的追求,或者是群居生活的梦想。一个国家国民与城市居民的精神气质是城市空间发展的历史原点。从这个原点出发,现代科学技术为这些思想原点提供了实现方式,而经济增长的内在机理则为这种原点的发展提供了途径,社会制度更是为它发展提供了渠道。本着这样的研究基本方法,本书主要从解析这种思想原点入手,着重分析我国的经济增长模式及其内在机理、社会相关制度对城市空间扩张的作用,也同时也注意到了交通技术以及基础设施的作用,从经济与制度两个层次分析我国三大都市圈城市蔓延的原因与机理。

本书认为,经济增长内在机理与社会相关制度是城市蔓延的深层次原因,资本运作逻辑、政治与权力属性是城市空间生产的内在驱力量,交通技术进步、轨道交通与道路增长以及功能开发区发展只是城市蔓延的途径与表现方式,它们对城市空间有促进作用,并不是决定性力量。因此,本书着重于资本与权力、经济与制度的角度对城市蔓延的成因与形成机理进行分析,分析我国三大都市圈经济增长的方式及其不同点,研究它们经济增长方式的不同对城市空间扩张产生的影响,比较它们的治理框架对都市圈及其内部城市空间发展的影响。许多学者对城市蔓延的研究主要聚焦于交通技术以及交通基础设施的进步与发展来研究城市空间的扩张,也有的学者研究从功能开发区以及城市中心城区的更新与改造来分析城市蔓延。这是本书研究同其他研究的不同点。

本书研究认为,道路特别是轨道交通与高速公路的发展对城市空间的扩张具有重要作用,但是一个国家国民的精神气质、经济增长的内在机理以及相关社会制度才是城市空间扩张与蔓延的决定力量。交通基础设施对城市空间的推动以及城市外围开发区对中心城区的空间的拉动作用与其说是城市扩张与蔓延的成因,毋宁说是城市空间扩张与蔓延的途径与表现,诚然交通技术的进步对城市空间扩张的促进作用并不能加以否定。

其次,由于经济与制度是城市空间生产的深层次原因,本书从资本运行逻辑分析城市蔓延问题。借助于 20 世纪 70 年代以来国外马克思主义政治经济学对城市空间的分析方法,借鉴国外学者对美国城市蔓延的状况及其成因分析,本书分析了资本追求利润对城市空间生产与扩张的作用。在新的经济发展阶段,资本在数量扩张与能力提高之后,已经由空间中心事物的生产转向空间本身的生产。它是城市化加速的动力所在。同时,受信息化的影响,资本对空间的占有显现出其社会二元化趋势。这样,通过对城市空间生产的资本剖析,得出城市蔓延的动力和原因,为我们通过制度设计规范资本逐利性提供决策依据。

再次,本书针对我国三大都市圈的首位城市蔓延与极化问题提出了外向型经济特征、劳动力供给结构以及城市外生服务业化是决定其空间发展新特征的三大因素,为我们分析首位城市提供了新的视角。首位城市的外向型经济以及劳动力供给特征较大地影响了城市空间分化,推进了城市社会空间的二元化。首位城市空间的极化与蔓延也是当今全球城市发展的特征。

最后,是我国三大都市圈城市蔓延的整体横向比较与内部纵向比较。对城市蔓延进行测度,建立城市蔓延指数,分析处于不同层级的城市空间蔓延程度,从外贸依存度、工业化程度与都市圈治理框架方面研究三大都市圈为什么存在不同程度城市蔓延的原因。这部分的实证分析也是对理论研究进行验证,通过对实证现象的分析,可以验证城市蔓延研究在理论推理部分的政治经济学分析。

二、研究方法

本书将综合采用理论演绎与实证归纳两种方法,从城市蔓延现象入手,层层深入剖析城市蔓延原因与机理,综合运用制度分析、城市化理论、新古典城市经济学特别是空间政治经济学的分析方法,研究我国三大都市圈城市蔓延形成机理及其特征。同时,本书对长江三角洲、珠江三角洲和京津唐地区都市圈的城市蔓延状况进行了实地调研,选择中心城市实地考察城市空间发展状况,特别是考察了三大都市圈首位城市——上海、北京、广州和深圳的城市空间结构和经济发展状况,重点对城市产业结构发展与调整做了较为详尽的调研工作。具体地,本书采用以下几种方法进行研究:

(1)文献研究法。通过文献研究方法搜集、鉴别和整理与本研究相关的文献,在此基础上对中外城市蔓延等相关文献进行评述,对已经取得的相关研究成果进行系统地梳理。

（2）理论演绎与抽象分析法。在广泛阅读中外关于城市蔓延的理论文献，根据已有的理论分析，进行理论演绎与推理，分析我国三大都市圈城市蔓延的特征、类型与成因的目的。

（3）数理统计分析。收集统计数据，采用统计分析方法和"蔓延指数"模型法，实证分析城市蔓延的影响，归结城市蔓延的特征、类型和形成机理，支持理论分析。

（4）比较研究法。对我国三大都市圈的经济发展状况进行比较分析。三大都市圈的城市蔓延既有共同的成因，又有各自相对独特的成因。在归结城市蔓延成因上既有共性分析，又有个性分析。相同的分析方法也应用于都市圈内部不同城市的比较分析之上。此外，本书还研究了美国城市蔓延问题，研究美国大都市区城市蔓延形成的机理，分析美国城市蔓延状况，借鉴美国的城市蔓延治理对策，提出我国城市蔓延的治理对策。

三、概念界定

1. 都市圈

都市圈的概念最早产生于日本，发展于美国。1957 年，法国地理学家戈特曼（Jean Gottmann）在考察完美国东北海岸地区之后，提出了大城市连绵区（Megalopolis）的概念。[①] 它指的是美国沿着大西洋海岸线分布的一连串大城市综合体。此后，国内外学术界对城市群集现象进行研究，并提出了相关的概念界定。史占中和罗守贵对都市圈的内涵、范围界定、结构特征以及形成与演化过程做了较详细的研究。[②] 借鉴国内外学术界对都市圈的定义，本书所指的都市圈，是

---

① ［美］戈特曼.大城市连绵区：美国东北海岸的城市化［J］.李浩，陈晓燕，译.国际城市规划，2007,22(5)：2—7.

② 史占中，罗守贵.都市圈经济一体化中的产业集聚与整合［M］.上海：上海三联书店，2007：1—6.

指在一定经济地域之内,具有经济相互关联的若干个城市形成以一个或两个特大城市为中心的城市体系。这些城市之间拥有较为紧密的交通与信息往来,城市之间形成内在与有机的经济联系,形成一个较为完整的城市群体。本书所指的都市圈也可被称为城市群(Urban Agglomerations)。

本书所指的我国三大都市圈是指长江三角洲都市圈、京津冀都市圈和珠江三角洲都市圈。长江三角洲都市圈包括上海、南京、苏州、无锡、常州、南通、杭州、嘉兴、湖州、宁波、绍兴、泰州、台州、舟山、镇江、扬州等16座城市;京津冀都市圈包括北京、天津、保定、张家口、秦皇岛、唐山、石家庄、廊坊、邢台、邯郸、衡水、沧州、承德等13个城市;珠江三角洲都市圈包括广州、深圳、佛山、东莞、中山、珠海、江门、肇庆、惠州共9个城市。本书主要就三大都市圈38个城市的城市空间扩张特征、程度测度以及成因进行分析。尽管我国还有其他的都市圈,但是从经济总量、人口规模以及影响力而言,这三个都市圈无疑都是处于前三位的都市圈。这三个都市圈的城市空间、经济与社会发展既有相同的地方,又有许多不同点,总结出它们城市空间扩张与蔓延的原因,必然既具普遍性,又有许多特殊性,对于我国其他都市圈的城市蔓延的治理具有借鉴意义。

2. 城市蔓延

国内外学术界对城市蔓延尚没有统一定义,但是对于城市蔓延的内涵已经获得公认的三大特征是,城市空间低密度开发、单一功能的土地使用和汽车导向使用造成的城市空间低效率利用,并造成城市及周边的经济与社会不可持续发展。城市空间扩张速度超过人口增长速度会造成城市蔓延。相应地,城市外围空间特别是耕地面积的减少速度超过农村人口减少速度也是城市蔓延的表现。本书将在城市蔓延指数的构建之中应用这些内容。

3. 首位城市

首位城市是指都市圈之内的中心城市,其无论是人口规模、城市建成区面积与经济总量都在都市圈的若干城市之中居于首位,具备超于其他城市的规模与影响力,在都市圈之中举足轻重,对整个都市圈经济区域起到聚集与扩散作用。城市体系的首位分布特征于20世纪30年代西方国家学术界得到确认。此后,国外学术界对都市圈与城市群的首位城市与其他城市之间关系及其成因进行较为深入的研究。上海是长江三角洲都市圈的首位城市,北京是京津冀都市圈的首位城市,广州和深圳是珠江三角洲都市圈的首位城市。由于首位城市的国际化程度较高,表现在对外经济交流如人员、进出口以及信息交换频率与程度都比较高,所以三大都市圈的首位城市也是国际化城市。

4. 次级城市

次级城市是指在都市圈之内在人口规模、城市建成区面积与经济总量仅次于首位城市的城市,它在都市圈之中的作用低于首位城市但高于都市圈的其他一般城市。在都市圈与城市群内部的等级体系之中,次级城市位于第二级位置。一般而言,次级城市在都市圈的城市等级体系之中起到承上启下的作用。相对一个都市圈一般只拥有一个或两个首位城市,次级城市可能是若干个。南京、杭州、宁波、苏州、无锡是长江三角洲都市圈的次级城市,天津是京津冀都市圈的次级城市,东莞与佛山是珠江三角洲都市圈的次级城市。

5. 空间

空间在欧几里德(Eukleides)那里被认为是"无限、等质,并为世界的基本次元之一"。[①] 他的空间观以几何学为基础。欧几里德的空间论到了17世纪由于数学与逻辑实证的运用而成为了抽象的数学空间,世界是可测量的空间。牛顿(I. Newton)认为空间是实质的、不是心灵上的,空间的存在不受时间和出现的事物的影响。这种绝对空间论一度成为主导的空间观。欧几里德传统的空间论到了康德

---

① 黄亚平. 城市空间理论与空间分析[M]. 南京:东南大学出版社,2002:5—6.

(I. Kant)时受到了康德的挑战。康德认为"我们感觉性的形式就是空间与时间"。① 空间与时间一起构成我们所认识对象的形式。它是我们用以组织感官印象的准则。康德的唯心先验空间观到 19 世纪得到了进一步发展。19 世纪末心理学通过对空间研究,认为空间是人的知觉,人们通过图式(scheme)来认识空间,通过图式的形成与构造最终形成了人的空间知觉和空间意识。

在绝对空间论与知觉相对空间论的基础上,出现了"场所"(Place)的概念,即人的活动、人与环境的相互作用,决定了他的空间观。上述空间理论构成城市空间概念的基础,韦伯(M. Webber)综合了先前的空间理论,提出城市空间包括形式与过程两个方面,即形式上的物质要素、人的活动要素的位置分布移动,过程中各种要素之间的相互作用。在今天从生产经济转变为流动经济的情况之下,空间的重要性正在加大。福柯(Michel Foucault)确信,"我们时代的焦虑与空间有着根本的关系,比之与时间的关系更甚"。②

---

① 黄亚平.城市空间理论与空间分析[M].南京:东南大学出版社,2002:5—6.
② [法]米歇尔·福柯.不同空间的正文与上下文[M]//包亚明,主编.后现代性和地理学的政治.上海教育出版社,2001:20.

上篇　理论研究

第二章

加速城市化时期我国
三大都市圈的城市空间问题

目前,我国经济进入新常态阶段,必须转变经济增长方式。新常态经济是用发展促进增长,用社会全面发展替代纯粹的经济增长,把高增长转变为具有包容性、能够公平分享的增长。在新常态经济背景下的城市化必然摒弃过去高投资与城市空间快速增长的做法,采用可持续发展的方式,以人文主义的关怀,逐渐把农村纳入现代城市文明体系。在新常态经济视野之下,城市化应当是一个国家或地区经济发展、社会制度变迁与观念变革的动态过程。通过城市化,进入城市生活的原有农村居民生活水平得到提高,从而使城市化水平成为衡量一个国家与地区现代化水平的标志。在新常态经济视野之下,我国城市化不能是农村人口与土地简单地向城市方向转移或转变的过程,也不能纯粹是城市空间扩张的过程。因此,应当促进我国城市空间扩张速度合理化,推进深度城市化,促进中心城区功能综合化,推进城市体系形成,提高城市能级。

第一节　我国经济进入新常态对城市空间的要求

从历史上看,城市是人类的集聚地,也是推动人类文明发展的重要空间形式。古代城市或是政治中心,或是精神与文化中心,或是军事防御要塞。在城市发展史上,前工业化时期城市空间扩展速度是十分缓慢的,城市的产业与人口向郊区迁移是偶然的。近代以来,工业化推动城市成为生产中心,在企业对劳动力需求推动之下,农村人口流向城市,寻找就业机会,追求更好的生活。在工业化的推动之下,西方国家城市空间以前所未有的速度从中心向四周扩张。然而,在人类享受聚集效应的同时,人们也同时忍受着过于拥挤产生的公共卫生与社会治理问题。于是,城市空间不断向外扩张,随着郊区化的产生发展,西方国家的城市空间过快扩张产生的负面效应在加速城市化时期显得尤为突出。

一、城市化的目的及其二律背反

进入 21 世纪以来,随着人类约有一半左右人口居住在城市,城市成为人类的主要生活与工作方式。城市化是产业结构变化与经济发展、社会制度变迁与观念变革的动态过程,是城市文明向广大农村传播与社会进步的表现。西奥克·帕克(Theodore Parker)认为,"城市一直是文明的摇篮,在黑暗中散发出光和热"。[1] E. 沙里宁(Eliel Saarinen)认为"城市的目的,是为了给居民提供生活上和工作上的良好设施"。[2] 真正意义上的城市化必须能够提高大多数居民的社会福利水平。刘易斯·芒弗德(Lewis Mumford)认为城市是权力与集体文化的最高聚集点,是生命分散的光芒聚焦并获得社会效果与意义的地方。[3] 城市的主要功能是化形为力,化能量为文化,化死的东西

---

[1] [美]阿瑟·奥利沙文.城市经济学[M].北京:北京大学出版社,2008:1.
[2] [美]E.沙里宁.城市:它的发展、衰败与未来[M].北京:中国建筑工业出版社,1986:4.
[3] Lewis Mumford. The Culture of Cities [M]. Greenwood Press, 1981:3.

为活的艺术形象,化生物的繁衍为社会创造力。① 总之,城市是人类聚集到一起以取得规模效益与社会效益的地方,是引领人类文明前进的地方。人类社会发展史相当大一部分是城市发展史。近代以来,城市引领人类经济与社会变化,世界上最新的经济与社会变化总是首先发生在城市,而后向农村或郊区扩散。如果没有城市,人类社会可能是另外一种形式,也不可能达到今天的发展高度。

　　然而,城市化也会带来许多问题,如交通堵塞、环境污染与犯罪率升高等。特别是,城市化产生的城市空间无节制蔓延与扩张,导致城市边缘区不断受到侵蚀,农村与自然不断消失,由此产生的人与地之间关系紧张问题,特别是对自然进行掠夺和城市空间非宜居性等问题,值得我们予以足够重视。所以,"我宁愿醒来以后无处可待,也不愿在地球上的任何一座城市居住"。② 在全球城市化与全球工业化的背景下,无论是发达国家还是发展中国家,快速发展的城市化与城市规模扩大都会带来的自然资源短缺、人居环境恶化和生态平衡失调等问题正在显得较为突出。正如曾任联合国助理秘书长沃利·恩道(Wally Ndow)所说:"城市化极可能是无可比拟的未来光明前景之所在,也可能是前所未有的灾难之凶兆。所以,未来会怎样就取决于我当今的所作所为。"③进入城市之后的居民,面临着就业与居住等最基本的生存问题,整个城市也面临着如何提供充分的就业机会、充足的能源、畅通的交通和宽松的居住条件给城市居民,以降低城市贫困、拥挤和犯罪率,提高社会道德水平。因此,如果我们必须使城市化及其城市能有助于提高人类福祉,提高人类生活水平与文明,必须促进城市为建设中国特色社会主义提供有利与积极的作用,防止其

---

① ［美］刘易斯·芒弗德.城市发展史——起源、演变和前景［M］.北京:中国建筑工业出版社,2005:582.

② ［美］阿瑟·奥利沙文.城市经济学［M］.北京:北京大学出版社第 6 版,2008:1.

③ 世界观察研究所.2007 年世界报告——我们城市的未来［M］.北京:中国环境科学出版社,2007:5.

走向城市化初衷的反面。

二、西方国家加速城市化时期城市空间问题

　　城市在促进人类文明进步的同时,也在产生许多问题。从西方国家城市发展史来看,必须有效地治理人类集聚而产生的问题,否则它可能走向损害人类发展的路径。"如果 19 世纪城市的历史,正如拉维丹颇有理由地指出的,是一部分疾病的历史,那末,20 世纪的城市历罗也许可以叫作一部奇怪的医疗故事,这种治疗方法一方面寻求减轻病痛,另一方面却孜孜不倦地维持着导致疾病的一切令人痛苦的环境——实际上产生的副作用像疾病本身一样坏。"①在西方国家的加速城市化时期,城市不断地向外围作蔓延式扩张。伦敦在 1600 年的市区面积只有 750 公顷,到 1726 年达到 9 160 公顷,此后伦敦的城市建成区仍然不断向外作圈层式扩张。② 另一方面,由于过快地向城市集中,城市治理未能跟上,导致城市的中心城区产生交通拥挤、公共卫生环境差、疾病流行以及社会犯罪率较高等社会问题。加速城市化给西方国家城市带来的环境问题较为严重,也造成了较大的社会问题。

　　因此,在第二次世界大战之后,西方国家城市人口从中心城区移向郊区形成潮流,并形成了郊区化与新城建设运动。在 20 世纪 70年代以后,随着交通基础设施与信息技术的发展,西方国家城市的郊区距离城市中心区距离越来越远。西方国家城市的郊区化在汽车普遍使用、高速公路与信息化条件下,出现了郊区大范围向外扩展的趋势,导致了城市低密度发展与城市空间蔓延。城市蔓延在美国表现得特别突出,美国在西方国家之中城市空间扩散尤为突出。可以说,

---

① [美]刘易斯·芒弗德. 城市发展史——起源、演变和前景[M]. 宋俊岭,倪文彦,译. 北京:中国建筑工业出版社,2005:545.

② 张京祥. 西方城市规划思想史纲[M]. 南京:东南大学出版社,2005:80.

城市蔓延是城市对过于集中问题的空间反应,它企图通过空间扩张的方式解决城市空间过于集聚而不能解决的问题。然而,城市蔓延是一种过度的反应,走过了解决集中与拥挤问题方法的范围,导致了城市人口过于分散问题的产生。它更产生了环境污染以及土地承载能力下降等问题。目前,西方国家对于城市空间发展主张紧凑发展、城市空间集中式的思想日益受到重视。我们看到,西方国家的城市结构起过了聚集—分散—主张重新聚集的路径。这对于我国城市空间结构发展提供了有益的启示,我们可以借鉴其经验与教训,少走弯路,走可持续发展的城市发展路径。

三、我国经济进入新常态对城市化的新要求

根据西方国家城市化过程经验,一个国家或者经济相对独立的地区城市化过程存在"S"形曲线规律,即诺瑟姆曲线(Northam Cure)。[①] 在城市化水平达到30%以后,城市化便会进入加速阶段,大批农业人口转为城市人口,城市规模快速扩大,城市空间与占地规模急剧地向外拓展,城市化水平以较快的速度从30%向70%攀升,城市化水平可在较短时间内突破50%,进而上升到70%。随着人口和产业向城市集中,产生了城市空间扩张过快和城市空间结构不合理等问题。当前,我国城市化水平已经达到54.77%左右,我国城市化进入加速时期。[②] 在过去25年,我国许多大城市空间扩张十分迅速。上海城市建成区增长2倍,北京城市建成区也增长了近2倍。[③] 我国三大都市圈的城市空间扩张是非常迅速的,长江三角洲都市圈、

---

① 美国城市研究学者诺瑟姆(Ray. M. Northam)于1979年提出了"城市化过程曲线",又称诺瑟姆曲线。

② 国家统计局. 2014年国民经济在新常态下运行[EB/OL].[2015-1-20]. http://www.stats.gov.cn/tjsj/zxfb/201502/.

③ 国家统计局.中国统计年鉴[M].北京:中国统计出版社,1979—2015.

珠江三角洲都市圈以及京津唐都市圈的耕地面积正在快速缩减,让位于道路建设、基础设施以及城市建成区建设。如此强劲与快速的城市空间扩张速度在世界城市化历史都是罕见的。

目前,中国经济原有的粗放型、依赖土地与要素高投入和以出口为导向的增长方式的"旧常态"已经不能继续持续下去,中国经济增长速度已经进入了一个逐步下行的通道,进入了"L"型运行区间,我国经济增长遇到了土地资源和环境资源等条件的硬约束。我国经济结构和经济增长动力正在发生悄然变化。因此,我国经济发展已经进入新常态,进入与过去较为不同的新阶段。我们必须主动适应经济新常态,从注重城市化发展速度向发展质量转变,不能像过去只侧重于人口与土地的城市化,还必须注意对进入城市的农村人群建构社区基础,使其形成相对稳定的社会结构,也使其融入现代社会。在新常态经济条件下,我国城市空间特别是三大都市圈已经不能像过去那样快速地扩张,城市空间不能像过去那样呈现无序的特征。新常态经济要求我国在接下去的城市化过程之中需要集约与精细地利用城市土地,城市空间相对紧凑,城市空间内部形成分工与协作关系。

第二节　我国三大都市圈城市空间呈现的共性问题

目前,我国加速城市化必然对我国城市空间产生重要影响,这些影响在我国三大都市圈的表现特别突出,这也是本书要以长江三角洲都市圈、珠江三角洲都市圈和京津冀都市圈为研究目标的主要原因。在过去相当一段时间内,由于城市空间扩张过快,即在城市化进行同时,迁移入城市的原农村居民生活水平并没有相应的提高,城市化深度不足,出现了虚假城市化问题。与此同时,城市的中心城区呈现贵族化或绅士化倾向,过于高档化的城市空间并不适合大众化消费,目前我国许多城市的大众化空间不断减少。此外,不同的城市空间之间没有形成合理的分工与协作关系,包括城市空间内部结构及其与周边城市的关系。

一、城市化深度不足,城市蔓延问题已然出现和发展

在过去相当长一段时间内,我国三大都市圈存在着粗放的城市化,城市空间以圈地为方式大幅度扩张,人口与土地简单地向城市方向转移或转变。这种城市化在三大都市圈的中心城市表现为工业化为主导、吸引投资和外来资本以及增长税收为主要目标、以土地为重要手段和工具、以劳动力城镇化为主要特点;在三大都市圈的中小城市表现为纯粹地以房地产发展和旧村改造为主要手段发展地方与区域经济,城市化与工业化之间的关系弱化或者无直接关系,第二产业之中建筑业和第三产业的房地产业成为地方经济支柱。相比较起来,城市的其他产业相对较弱。从人口角度来看,三大都市圈中部分城市简单地把农村户口转化为城市户口,或者对本市农村人口与城市人口作无区别对待,并把他们原有的承包的集体用地征收走,造成了较多的失地农民。我国目前流入城市的农村人口大约有 8 000 万之多。大批农民涌入城市,包括失地农民与寻找工作的农民工。

但是,改变了人口户籍性质的农村依然是农村,具有了城市户籍的农民仍然是农民。虽然有的通过旧村改造不再居住在农村而是居住楼房之中,农村的社会结构被打破,但是他们不是市民,社会制度变迁与观念变革并没有随之变迁。由于大城市特别是三大都市圈中心城市的控制人口政策,特别是户籍的限制作用之下,城市的农民工以及流动人口融入城市正常的社会之中是较为困难的,这主要是由于户籍的隔离作用以及取得"居住证"的时间过程正在变得越来越长。由于中国人根深蒂固的乡土观念,许多流动人口在户籍所在地与从事工作的城市每年都在做"钟摆"式来回流动。流动人口的高流

动性、社会群体的相对脆弱性和缺乏稳定的社会结构是个较为突出的问题。在务工城市,流动人口的农民工一般居在工业区以取得交通成本最低化,并会随着工作地点变更而不断变换居住地点。农民工会跟随能够带来工作机会的企业进行迁移,为城市外围开发区建设提供可跟随迁移的劳动力供给,这客观上为城市空间跳跃式开发提供了条件。

我国三大都市圈拥有较多的流动人口(我们将会在下篇的实证研究之中提出详细的数据)使得许多企业不用担心劳动供给的短缺问题,于是许多城市边缘区都出现了空间蛙跳式开发与土地低效率利用。城市空间过分消耗土地。"每一个连续式的同心环开发模式只能在短期内奏效。即使这种规律并不是人为的,但开发资金及建筑技术却已经投向了那些寿命较短的建筑产品"。① 蔓延式的城市空间扩张必然造成城市外围产生较大的社会问题,从而越来越远离城市能级提高所必须拥有的空间载体结构形式。城市边缘的低密度开发、城市空间破碎化与非连续性开发、城市土地低效率利用以及城市空间大规模无序向外扩展,等等。这些都是我国三大都市圈城市蔓延是我国城市化方式粗放的重要表现。

在美国,城市蔓延是在国家经济发展与人均收入水平进入较高级阶段之后才产生了可持续发展问题。但是,现在城市蔓延已经在我国社会主义经济发展的初中级阶段出现。2014 年,我国的人均GDP 虽有 7 485 美元左右,但仍远远低于发达国家水平。② 然而,城市蔓延在我国已经出现并正在发展。城市化几乎与城市蔓延同时进行。在工业发展迅速城市,城市蔓延速度相当于甚至超过发达国家工业化时期城市蔓延速度。这在我国三大都市圈首位城市城市空间

---

① [美]迈克·詹克斯等.紧缩城市——一种可持续发展的城市形态[M].周玉鹏,龙洋,等译.北京:中国建筑工业出版社,2004:118.
② 国家统计局.2014 年中华人民共和国国民经济与社会发展统计公报[EB/OL].[2015 - 02 - 26],http://www.stats.gov.cn/tjsj/zxfb/201502/t20150226_685799.html.

扩张特别突出,次级城市城市蔓延特别严重。

二、中心城市的中心城区宜居程度亟须提高

在我国三大都市圈的中心城市(首位城市和次级城市),城市边缘区出现蔓延现象。与之相对应的是,中心城市的中心城区过于高档化发展特征:房价高企,大拆大建,老建筑与小街道加快消失,新建建筑的办公租金与住宅价格远超过郊区,城市公共空间与标志性建筑宽敞高大,普通居民的生活空间趋于狭小,服务业过于偏向于高端而一般生活服务业供给明显不足,从而使得中心城区的宜居水平明显不高。中心城区的过度高档化会把收入水平一般或低下的社会群体进一步推向郊区,这些社会群体迁往郊区就会推动城市居住空间不断向外围扩张。实际上,中心城区的高档化和城市空间扩张是一个问题的两个方面表现而已。

中心城市的高档化发展类似于西方国家大城市经历的绅士化(gentrification)发展过程,也称为城市更新。① 绅士化是 20 世纪 60年代末 70 年代初开始西方发达国家城市中心城区的更新与发展,其特征是城市中产阶级以上阶层取代低收入阶级重新由郊区返回中心城区。西方国家的城市"绅士化"以及城区更新发生于郊区化进程的后期再城市化阶段,在中心城区衰败的背景下,中产阶级重新进驻中心城区,并引发中心城区重新发展,就业税收和社区发展重新上升的现象。在 20 世纪 80 年代和 90 年代,全球城市纽约、东京与伦敦,它们的中心城区是生产者服务业的最佳集聚地,集中世界大量的生产

---

① "绅士化"(gentrification)概念是 1964 年由英国社会学家 Ruth Glass 在著作 *London Aspects of Change* 首先提出,用以描述当时发生在伦敦内城居住区更新改造的一种社会空间发展现象,它是战后西方国家在经历城市化、郊区化和逆城市化等城市发展过程后,中心城区复兴的社会选择与政府经济发展战略。绅士化在初始阶段的特征是对现有旧房屋的修缮和中产阶级对工人阶层的取代。

者服务业公司有制造业跨国公司,并引发了地产价格及其租金的急剧上涨。进入二十一世纪以来,绅士化日益成为世界各国城市发展特别是全球城市的政府措施,这与二十世纪七十年代早期的情况迥然不同。中心城区的高房价与高消费逐渐成为新时期绅士化的重要特征,全球城市的绅士化或贵族化被赋予较为鲜明的色彩。在全球城市,生产者服务业在城市中心区定位使得传统城市的中心城区及其中央商务区获得了新生,中央商务区功能强化与发展是全球城市的普遍现象。

中心城市如北京与上海,中心城区的绅士化开始于政府主导下的旧城改造运动,并随着中心城区"退二进三",即制造业在中心城区的退出与服务业快速发展而发展。由于中心城区拥有较为丰富的优质公共服务资源,具有郊区所不具有的交通便利条件及其公共服务,吸引了服务性人才以及制造业的创新与管理环节集中于中心城区,因而生产者服务业大部分聚集于这个地方,包括银行业、会计审计、法律服务、总部管理和奢侈品销售业等高端服务业。这些专业服务业的从业人员具有相对较高的收入水平,这些城市的中心城区的办公与住宅价格也处于较高的水平。在其他城市,虽然在产业发展并没有像上海和北京那样"退二进三",但是其中心城区的投资与改造也在如火如荼地进行。

这些中心城市中心城区绅士化运动引发的城市空间矛盾正在引起我们越来越多的重视。高敞明亮的城市大型建筑与高档的居住社区、不断缩小的普通城市居民生活空间,两者之间形成鲜明的对比。城市中心城区的公共服务包括教育、医疗、文化和体育等公共服务行业都出现了高端化倾向。而在另一端,城市大众化和基本与普通公共服务需要长期得不到合理的满足。这些十分矛盾的状况都在使城市宜居程度不断降低。

我国中心城市的绅士化具有迥然不同的特征。西方国家城市空间发展过程基本上同其产业发展具有时间对称性与一致性,其发展历程以及时间进程基本上与制造业和服务业的产业升级换代基本上一致。在西方发达国家,服务业特别是生产者服务业快速发展是全球城市纽约与伦敦中心城区长足发展的重要条件。从时间来看,我国城市绅士化是发生在城市化与初期郊区化阶段,政府主导与市场参与是中心城区进行更新改造的主要推导力量。由于中心城区集中了最好的教育、医疗、文化等社会公共服务资源,虽然城市中等收入居民不断向城市近郊迁移,但是具有高收入的城市居民更愿意在中心城区享受交通便利与社会公共服务。中心城区建成的配套设施与生活便利度较高,郊区无法与之抗衡并形成空间疏解作用。我国城市并没有经过西方国家城市中心城区的衰落过程,而是由过去生产型功能直接过渡到服务型功能,城市的中心城区依然是最重要的组成部分,其城市空间相对完整,包括经济、文化与社会功能。我国中心城区的中心城区并没有经历繁荣—衰落—重新发展曲线。中心城区一直是城市居民与企业竞争的主要空间区域。占有这部分城市空间意味着更为方便地接近这些城市公共服务,包括教育、文化、交通和经济服务。然而,我国许多中心城市的中心城区宜居水平不高,这一方面意味着社会隔离和更少的人数得到城市综合功能服务,另一方面也说明城市空间建设水平亟须提高以体现城市的目的。

三、都市圈之内的城市空间分工与协作体系尚未形成,城市能级亟待提高

合理的城市空间是一个有序化的空间,而不是混沌与无序的城市空间。一个有较强地域竞争力的城市空间内部的经济活动一般遵从一定规律进行有序叠放的。在一个合理的城市空间内部,中心城区与郊区会形成空间的分工与协作关系,中心城区与郊区形成的租金为依据的关系。相同地,在一个有机组成的都市圈之中,大城市与周边城市之间关系有不同的分工与协作模式。中心城区主要负责管

理与信息服务,郊区负责批量生产与后方办公;中心城区负责管理与服务,郊区负责大批量生产。根据西方国家都市圈的发展经验,在一个大都市圈内部的大城市与周边地区之间存在着共同的生产价值链地域分工现象,中心城市具有管理与控制功能,其他城市负责分工性的生产工作。同样地,在一座城市内部,从理论来讲,城市的空间分配一般按照能够提供租金的多少来分配。例如,在东京大都市圈之中,东京与周边城市建立起了制造业生产环节的价值链分工与协作的区域经济关系;在纽约都市圈,以金融、管理、法律和审计等生产者服务业占据中心城市即纽约市中心城区位置,而其他城市负责其他生产工作,同时由于批量物质生产大部分已转移海外,其周边地区城市生产水平分工特征较为明显。

目前,我国三大都市圈之内城市还没有形成鲜明的分工与协作关系,中心城区内部的结构分化并不明显,城市空间向外"摊大饼"发展特征较为明显。我国三大都市圈的郊区分布着开发区、工业园区或科技园区,功能仅限于生产,而过于单一,产业园区的综合功能还没有得到充分开发,土地有效利用率还较低下,服务于制造业的服务业没有得到较好发展。郊区空间一体化利用还没有形成,土地的破碎化与浪费性地利用还比较常见,三种城市空间——居住空间、生产空间与社会空间,它们还没有很好地衔接起来,混合使用的土地还比较常见。从区域发展的角度来看,中心城区与周边区域尚未形成分工与协作关系,而且直接威胁到周边居民区的正常居住以及功能区的正常生产。城区各个组成部分互不协调,不能构成配套关系。在城市内部,生产、居住与社会公共活动功能分离过度,距离过于遥远,从而使得交通拥挤,通勤成本过高。

在我国三大都市圈内部的城市与城市之间,有机的城市空间体系尚未形成。从产业结构来看,城市的产业同构化现象仍然存在,在有的都市圈还比较严重,由此带来城市功能相似,城市之间不能形成有效的分工与协作关系,也不能形成有机的城市空间等级体系,不能形成具有有序结构的城市空间结构。城市之间还没有形成有效率的聚集与辐射效应。现阶段,我国三大都市圈之内、城市之间的同质化竞争现象还比较普遍,分工与协作性亟须提高。在发展地方经济的压力之下,许多城市各自谋取发展道路的现象还比较普遍,城市之间没有整体性的区划。特别引起注意的是,个别城市在吸引外资和发展相关产业甚至还存在"以邻为壑"现象。这些问题都会削弱我国都市圈的竞争力,弱化区域城市的产业发展能力,特别是弱化我国都市圈及其区域比较优势发展具有竞争优势的产业,从而使得都市圈与城市能级不高。

在当今经济全球化与区域化同时并存的世界,经济竞争越来具体化为区域之间竞争的性质,既不是城市"单打独斗"式的,也不是国家"团体"式的。一个城市只有与周边经济区域形成分工与协作关系,才能形成不可复制的区域竞争力,并在世界经济竞争中拥有自己的位置。城市要参与国际经济竞争,首先是都市圈空间内部与城市内部必须是有序的,以区域城市的实力才能在日益剧烈的国际经济竞争之中占有一席之地,因为只有这样才能体现一个都市圈与一个城市的整体性,包括利用中心城区的信息处理与交通便利性、近郊区的居住空间和远郊的生产空间。

因此,应当不断推进我国三大都市圈的城市体系以及区域性城市体系的形成与发展,促进城市与城市之间形成有机联系的体系,中心城区与周边城市形成分工与协作模式,并具有一定的生产价值链地域分工。城市必须结合周边城市的资源与市场,建立起分工与协作关系,形成群体力量,才能促进城市向更高的能级方向发展。城市发展的区域特征是当今世界城市发展的重要性质。全球城市如纽约、伦敦与东京无不是镶嵌在大都市圈中才得以发展壮大的。我国许多大城市崛起过程中必然会遇到土地资源紧缺、环境污染、交通阻塞与居住拥挤等问题,解决这些问题的出路在于同周边城市建立起合作关系,共同谋求发展,才能解决城市空间不足的问题。

四、城市空间发展的公平与公正性问题不断凸显

在我国三大都市圈城市空间发展过程之中,政府主导与企业参与的特征较为明显,而城市居民参与决策的程度不足,以城市居民为主体的城市空间社会开发机制还未发育成熟。在城市空间发展的目的之上,以土地和城市空间效益为追求目标的现象还比较普遍,以城市居民为目的的城市空间发展亟待加强。我国三大都市圈的许多城市的空间发展的公平性与公正性问题正变得越来越突出。注重城市空间开发而忽略城市空间公平公正的做法正受到越来越多的质疑。由此引发出了城市空间发展的正当性危机与合理性空间问题正在成为我国经济与社会发展过程之中的重要问题。

在以经济建设为中心的国策之下,发展是硬道理,城市化以及特大城市的郊区化、城市开发与更新成为理所当然的舆论与政策导向,并演化成为建设城市的浪潮与运动,这种浪潮以开发土地空间促进经济增长,形成了"城市主义"和"开发主义"的导向性思维。旧城改造、城市更新城市空间发展在我国三大都市圈如火如荼展开。城市空间的开发主要依靠于现有的社会机制与政府体制进行,政府垄断开发主导权并从土地开发过程之中获得利益。制度对资本与权力在城市空间发展的约束不足,社会合理性与公平正义得不到重视甚至被忽略。在大城市空间发展过程之中,中心城区—近郊—远郊的空间秩序不断地向依据租金原则重新构建,而社会、资源与环境的原则得不到重视。城市空间主要依据土地租金级差原则重新安排社会阶层以及产业,城市空间的主要以经济效益为首要目标,空间公平性问题受到忽略。在城市空间开发过程之中,地方城市政府充分利用我国的制度空间,依托我国的根本制度,灵活利用各种具体制度及其不足之处,如我国的土地制度、财政制度、户籍制度以及社会居民及其团体参与机制的不足,不断拓展政府的运作空间。

我国三大都市圈的城市空间问题体现了其背后的开发机制的问题,城市空间矛盾正在变得越来越突出,特大城市空间无节制地扩张与无序蔓延,一些小城市正在趋于紧缩;城市公共空间过于宽大超过实际所需,城市居民私人空间过于狭窄远不及实际所需;城市居住空间隔离分区现象变得越来越突出,中心城区及其一些区域成为高收入社会群体聚居地,郊区特别是近郊成为低收入社会群体的聚居地,中心城区与郊区的社会空间距离正在变得越来越远;高收入社会群体通过占据城市空间获得的社会资源正在与低收入社会群体不断拉开差距;住房公平与空间公平问题及其矛盾在特大城市之中正在变得越来越突出与尖锐,社会阶层正在不断转化为空间区隔。

第三节　我国三大都市圈城市空间问题 的实质与负面影响

我国三大都市圈城市空间问题实质上经济与社会问题在空间的反映,它是过度强调经济增长而忽视社会发展的表现。社会参与城市空间的建设渠道与机制尚未建立起来,未能有效对权力与资本进行节制与约束,从而使效率远远走在公平之前,空间的公平与正义尚未得到重视和践行。当然,与发达国家特别是美国城市蔓延相比较,我国城市空间蔓延具有中国特色的推进方式。我国城市空间问题主要是城市化偏态发展的结果,也是"中国式"郊区化的产物。

一、我国三大都市圈城市空间问题的实质

在西方发达国家特别是在美国,城市空间蔓延形成机制的关键是反城市主义思想、住宅与交通扩展、通信技术进步以及土地交易与投机。如果没有一个能够服务于这种蔓延式的交通系统,没有汽车

和高速公路,蔓延不会发展到今日这等程度。如果没有网络通信技术把空间处于分离状态的人群重新联接起来,促进经济生产的时间和供需平衡,城市蔓延也不可能达到这种程度。同样地,如果没有这样一个高度发达的土地私有制和交易市场,城市蔓延不可能出现。最后,美国的相关法规标准也在促进城市蔓延。在这些因素的背后,首先是资本的逐利性以及利益集团形成的"铁三角"关系是城市蔓延以及城市空间问题的根本因素。地方政府、开发商与道路维修者共同构成三角形的利益集团,共同推进了城市空间扩张,如支持国家公路系统建设的私人财团和公共部门被称为"路帮"。① 他们通过立法手段推进州际高速公路建设。其次,在地方之间法规不协调以及地方利益的驱使之下,城市蔓延没有得到相应的抑制,造成了持续性蔓延。"地方法规和美国大都市的区域性质之间的不协调,是最令人不安的蔓延特征,这种不协调导致了持续性的蔓延。美国不同行政管理区从自己的利益出发,追逐商业税收以补充居住税收的不足,导致生产了更多的购物中心、办公园区和工业园区。"②

随着美国城市空间持续蔓延,空间的公平与正义问题正在越来越成为尖锐的社会问题,它已经超越了经济问题。激进的政治经济学、新马克思主义和各种城市批判理论对美国城市蔓延的实质与批判入木三分,包括大卫·哈维(David Harvey)、亨利·列斐伏尔(Henri Lefebvre)、马克·戈特迪纳(Mark Gottdiener)和爱德华·索雅(Edward W. Soja)等深刻揭示了城市空间生产机制和空间资源竞争秘密,他们同时也对现代性与空间的生产、城市主义和开发主义展开尖锐的批判,形成了后现代、"后城市时代"以及"后大都市"(Postmetropolis)的城市和区域的批判性研究。他们分析与批判的

---

① [美]奥利弗·吉勒姆.无边的城市——论战城市蔓延[M].叶齐茂,倪晓晖,译.北京:中国建筑工业出版社,2007:37.
② [美]奥利弗·吉勒姆.无边的城市——论战城市蔓延[M].叶齐茂,倪晓晖,译.北京:中国建筑工业出版社,2007:22.

核心都指向了现代性的意识形态、资本与权力两者的嵌套运作是城市蔓延以及城市空间正义问题的根源所在。他们的研究推进了精明增长理论、生态城市理论和新城市主义进入实践,这些思潮不仅在发达国家,而且在发展中国家得到积极的响应。[①]

我国三大都市圈城市蔓延具有不同于美国的城市蔓延机理与驱动原因,这不仅源于我国的历史传统的不同,而且也由于我国现阶段经济与社会发展阶段的不同。在我国三大都市圈的首位城市,城市蔓延主要来源于政府对过去生产性城市空间进行战略性调整以及发展制造行业对空间需求的产物。市场机制在利用政策空隙并填充剩余了的城市空间。在城市政府与市场两者的作用下,整个城市空间拥挤成为一个团块,城市空间的组成部分没有自然间隔或缓冲地带。在信息化与汽车普及化的条件下,我国城市蔓延和其他城市空间问题愈趋严重。如果从政府行为的角度、从促进城市郊区化的动力与主体进行研究,可以认为城市的旧城改造以及"退二进三"对城市空间扩张具有重要影响,第二产业退出中心城区和第三产业进入中心城区、城市原有的中心区工业特别是劳动密集型、污染较重的工业迁至郊区,而向心性很强的生产者服务业等第三产业集聚中心城区,加强了中心城区的聚集功能,也扩张了城市外围地区。同时,城市的交通基础设施过快推进以及房地产开发也是城市蔓延的重要原因。

城市蔓延突出表明我国城市扩张缺乏制度性结构的支撑,还有建立合理的制度框架。权力没有得到相应制衡,社会参与度不足,资本没有受到应有的节制,政府行为受到的监督与约束不足。在城市空间的开发与生产过程之中,以效率优先和追求经济增长为主导思想,以城市主义和开发主义为意识形态,忽视或牺牲空间公平与正义,以地方政府和开发商构成了开发利益链,形成了目前我国三大都

---

① 陈映芳.都市大开发——空间生产的政治社会学[M].上海:上海古籍出版社,2009:5.

市圈的城市空间问题。[①]

此外,在我国城市化发展过程中,具体的经济与社会制度本应起到约束与规范经济增长冲动的作用,使城市化走向有序化与规范化。然而,我国在刚性规定城市增长边界并具有可操作性的法规发展方面较为滞后。生产型税收征缴制度导致城市之间争夺外商直接投资与产业同构化问题,公共财政制度还没有对城市之间经济增长作补偿的长效机制;土地制度的缺陷使得地租无法成为调节城市空间的杠杆,也使得城市没有增长边界;社会收入分配制度不合理导致畸形的城市空间需求;城市规划制度缺陷使得城市空间边界可有可无。这些制度问题不仅催生虚假的城市化(Pseudo-Urbanization),而且产生城市蔓延问题。[②]

二、我国三大都市圈城市空间问题的负面影响

我国三大都市圈的城市空间问题会产生较多的负面影响。城市蔓延问题造成居民交通成本增加,并依赖汽车工作与生活,导致能源耗费巨大,环境污染加重,城市交通堵塞;它侵占公共空间,吞噬耕地,减少生物多样性,影响地下水资源。城市宜居程度不高实质上是违背了城市化的初衷,不利于宜居城市的建设。许多城市空间片面追求大、长、宽与阔,中心城区过于绅士化和高档化,交通体系发育不合理,再加上私人汽车发展过快,这导致城市空间宜居性不高,特别是城市交通空间舒适性低,非人性化特征明显。都市圈之内的城市空间分工与协作尚未建立起来,使都市圈之内的产业同构化问题较为突出,使得都市圈不能充分利用区域内的要素禀赋,体现区域的整体竞争力。城市空间的公平与公正问题会使得社会弱势群体更加处

① 陈映芳.都市大开发——空间生产的政治社会学[M].上海:上海古籍出版社,2009:5—7.

② 许学强.城市地理学[M].北京:高等教育出版社,1997:14.

于不利地位。

尤其是，促使城市蔓延的蛙跳式开发战略使城市内部空间极为不协调，造成社会空间破碎化开发与低效率利用。从城市空间内部结构来看，在城市蔓延状态下，城市的工业空间、商业空间与居住空间或者相对孤立，或者直接生硬联接。城市边缘区的蛙跳式开发战略使城市内部空间极为不协调，也妨碍城市社会文化发展，抑制了城市创新精神。郊区特别是城乡接合部经常处于混乱失序状态，成为滋生疾病与犯罪的温床。

城市空间问题会增加城市公共服务成本，扩大城市公共财政支出，增加社会税收负担。同时，城市空间问题也引发经济学意义的公平问题，即产生隐形补贴问题和公共服务事业配置问题。从税收公平原则角度来看，城市蔓延在某种程度上是一种转移支付，大量建设郊区交通道路、医院和中小学校造成的财政投入，实质上是隐性补贴了拥有郊区房产和私家车的社会群体，中心城区过度绅士化问题实质上也隐性补贴了中心城区的居住群体。

从社会学角度来看，城市蔓延与中心城区过度绅士化会造成一种居住空间过滤机制，社会阶层隔离分化、收入分配差距进一步扩大。在通勤成本与高房屋租金之间，前者占有更高的比重，结果是高收入者占据了城市中心区的位置，而低收入者被排除在城市外围。由此收入分配差距直接导致居住空间分化。相同收入层次群体拥有相近的空间需求。在共同的生活与工作需要下，相同收入层次的群体会逐渐靠近，形成相对均质的居住群落。通过空间分化，某一地域实现了性质较为均一的居住空间。这样，社会就会出现阶层隔离现象，而先前贫富杂居的现象逐渐被打破，从而不利于社会的稳定与团结。

我国三大都市圈的城市空间问题不利于经济与社会福利水平的提高，不利于宜居城市的建设与发展。特别是城市蔓延问题不仅会导致人与自然关系紧张，也会导致人与人关系进一步趋于紧张。由于城市空间内部结构的不合理,城市空间只能寻求扩张来解决内在矛盾与冲突。但是,城市蔓延并不能从根本上解决空间内部矛盾,城市空间无法通过蔓延的方式满足居民生活与经济生产空间需求,反而因为"摊大饼"的蔓延进一步激化空间结构矛盾与社会冲突,造就新一轮的蔓延,从而形成城市蔓延的恶性循环机制。在我国城市空间蔓延过程中,必须注意到一些城市居民和进入城市的农民生活福利水平不仅没有提高,反而降低了。

第三章

我国三大都市圈城市空间生产与城市蔓延形成机理

"19世纪最重要的着魔（Obsession），一如我们所知，乃是历史：以它不同主题的发展、中止、危机和循环，以过去不断累积的主题，以逝者的优势影响着世界的发展进程。19世纪把它本质神话的根源，建立在热力学第二原理上。而当今的时代或许是空间的纪元。"①空间在社会生产的重要正在逐渐显现出来。在过去对生产分析之中，时间与空间不占据重要地位。然而，人们注意到，时间对社会生产具有重要意义。在社会生产的初期阶段，时间占据主导地位，时间是生产过程的重要因素，时间对于生产总量具有重要意义。当生产达到一定阶段之后，空间逐渐取得主导地位。空间压倒时间成为生产之中的主导因素。因此，"福柯说，19世纪的人们曾经被时间所牢牢地掌握，但是，从20世纪中期开始，人们被空间的魔力抓住了。"②从第二次世界大战以来，空间生产特别是城市空间生产超越了时间成为支配因素。发达国家特别是美国城市继续蔓延和发展中国家的城市化与工业化，构成了城市空间生产的两种表现形式。本章从分析资本对城市化发展阶段与城市空间的推动作用开始，接着分析我国城

---

① ［法］米歇尔·福柯.不同空间的正文与上下文［M］//包亚明，主编.后现代和地理学的政治［C］.上海教育出版社，2001：18.

② 汪民安.空间生产的政治经济学［J］.国外理论动态，2016，（1）：46—52.

市空间扩张的内在政治属性与资本逻辑,再从城市经济增长机制以及城市相关制度入手,解析我国三大都市圈城市蔓延形成的机理与原因。

第一节 城市化发展阶段与城市空间 生产的资本理论分析

城市空间生产与城市化发展阶段有直接关系。一个国家在城市化阶段上存在着初期、加速与后期三个阶段,雷·诺瑟姆(Ray M. Northam)把这个规律描绘成为"S"型曲线,即诺瑟姆曲线(Northam Curve):一个国家最初城市化水平提高较为缓慢,在城市化水平在达到30%之后进入加速时期,在达到70%左右进入后期缓慢发展阶段。本节运用卡尔·马克思(Karl Marx)、亨利·列斐伏尔(Henri Lefebvre)和大卫·哈维(David Harvey)等马克思主义政治经济学者的资本循环及其相关理论,研究工业化与城市化的耦合与错位,解释城市化发展三个阶段的背后资本推动力,阐述资本、产业与空间互动的一般规律,探究过度金融房地产化与城市化问题的根源,提出跨越资本循环与城市化的"卡夫丁峡谷"的对策,防止陷入超前城市化陷阱,以期能为我国当前城市化方式提出改进的对策与建议。通过对纵向历史时间与横向世界空间比较发现,工业化与城市化之间存在着耦合与错位,因为资本已从空间中事物的生产过渡到空间本身的生产,过度金融房地产化与城市化问题成为全球性现象。要让生产资本避免金融与房地产业投机陷阱而直接进入科技创新领域,需要相应制度创新。只有运用制度激励与约束的力量,形成法规体系与政策体系,才能促进资本从第二级投机性循环进入第三级科技创新性循环,促进社会与科技创新,避免超前城市化,促进城市化发展速度合理化,使得城市化与经济发展之间相得益彰。

一、工业化与城市化耦合与错位的资本循环分析

工业化与城市化之间在不同国家与不同时期呈现出不同的关系特征。在西方发达国家历史上,工业化推动农村人口进入城市化,城市化的集中为工业化提供了方便的场所与劳动力,形成了初期、加速与后期三个阶段,即诺瑟姆曲线规律。然而,在当今世界许多国家,包括发展中国家与发达国家,工业化与城市化已然失去内在联系,两者存在错位与错配现象,从而存在着超前城市化或滞后城市化现象。

(一) 工业化与城市化耦合的资本循环分析

在西方发达国家历史上的城市化与工业化之上,呈现出工业化与城市化相互耦合的特征。西方国家的城市化是在 18 世纪中期产业革命之后才出现的社会现象。马克思对于初期工业化与初期城市化有较为深入的研究。他认为,工业化是由资本推动的,工业资本的最初形式是作为生产资本出现的,工业资本家是工业化的推动者。资本通过剩余价值的积累与集中,实现了生产从家庭作坊式向机器生产的转变,从小规模生产向大规模生产的转变。在资本循环之中,产业资本采取了三种形式:货币资本—生产资本—商品资本。在产业资本的三大形式循环之中,剩余价值转化为利润,利润转化为平均利润,资本实现增值与积累。产业资本的三种形式即货币资本、生产资本和商品资本在时间并存与空间继起,通过简单再生产、积累和规模扩大的再生产,剩余价值不断得到实现并添加进新的资本循环之中,资本的价值实现增值与追加,资本的规模与总量不断增长与扩大。由于资本投入和生产规模不断扩大,工业化不断向纵深方向发展。工业化通过进一步吸引和接收农村劳动力,推动了城市化的发展,促进了城市规模的扩大。

马克思对资本的研究是以 19 世纪英国工业化为对象进行分析,

他对资本分析始终同生产相联系,也就是同制造业产品相联系,尽管他已经注意到资本可以脱离生产进行纯粹的投机。马克思认为,由于资本之间的竞争与增值规律的需要,资本不仅要强化劳动和延长工作日,而且要不断加吸收更多的劳动力进生产过程,以促进资本的增值与扩大。在这个时期,资本投资于存在农业产品与工业产品领域,把传统农业社会的生产改造成为工业化生产,城市吸引了农村里农民作为其工业生产的劳动力。资本在获得剩余价值之后,大部分又重新回到了生产领域,从而完成了一次循环。这个时期,资本与生产即实物的工业化生产具有紧密的关系,剩余价值的源泉来自于劳动力,但是渠道是工业品的生产。资本化的农业生产和工业生产行业是这个时期的支柱产业,如棉纺品等轻工业纺织品。在西方发达国家历史上城市化初期和中期,以英国为代表的工业化与城市化两者的发展是较快的,人口从农村向城市的转移速度较快,它在一定程度上取决于机器及工厂所需要的劳动力。以英国为例,1800 年城市化水平是 32%,在资本积累与扩张的作用下,到 1850 年城市化水平达到 44%,到 1900 年达到 65%。①

进入 20 世纪之后,西方国家的城市化与工业化显现出相得益彰的特征,进一步拉动了农村人口向城市集中,从 1900 年到 1950 年,英国城市化水平从 65% 增长到 77.9%,法国城市化水平从 40.1% 增长到 55.4%,美国从 40.0% 增长到 64.0%。② 在这个 50 年时间之内,西方国家除了工业化较早的英国之外,其他国家如德国、法国、瑞典、西班牙和意大利的城市化都进入加速发展的阶段。③ 在这些国家城市化水平不断提高的时候,其工业化也在不断转型升级。西方发达国的产业结构在城市化达到 70% 左右实现了从以工业生产为主向

---

① 焦秀琦.世界城市化发展的 S 型曲线[J].城市规划,1987,(2):34—38.
② 焦秀琦.世界城市化发展的 S 型曲线[J].城市规划,1987,(2):34—38.
③ [美]保罗·M.霍恩伯格,林恩·霍伦·利斯.都市欧洲的形成[M].北京:商务印书馆,2009:204.

以服务经济和科技创新为主的转型,并进一步发展成为以服务经济
为主导的后工业化社会。从这个角度来看,我们看到城市化与工业
化之间总体上相互耦合的现象。单纯从这个现象来看,所谓诺瑟姆
曲线规律有其正确的一面。

(二) 工业化与城市化错位的资本循环分析

工业化与城市化错位或相互不契合现象在当今世界显得更为普
遍。在第二次世界大战之后,发展中国家工业化与城市化开始进入
增长轨道,但是并没有必然的联系。城市人口增长速度越来越快,而
工业化并没有相应跟进,从而导致了超前城市化现象,如拉美国家。
发展中国家城市人口增长速度超过了发达国家。[①] 与此同时,在发达
国家,人口城市化进一步提高,城市空间进一步膨胀,与此同时,其城
市产业经历了产业不断向发展中国家转移,从而使得其产业空心化
问题越来越突出。于是,工业化与城市化的错位现象便凸现出来。
在工业化与城市化失去联系的情况之下,许多发展中国家的城市化
水平仍然在加速与上升。从发达国家来看,雷·诺瑟姆并没有解释
发达国家城市化达到一定阶段之后,城市空间出现的加速膨胀现象,
它是空间意义的加速城市化,显然它与人口意义上的加速城市化具
有相同的动力作用机制。此外,在一个国家或地区加速城市化的后
期阶段,由于产业转移,人口城市化与空间城市化都出现了动力机制
的转换,出现了从制造业向以建筑业、房地产业和金融业为主导的服
务业转换现象,而这个转换点并不是出现在70%左右这个点,而是在
更早的阶段。

对于工业化与城市化失去必然联系的原因,法国亨利·列斐伏
尔(Henri Lefebvre)认为,随着工业生产规模的扩大与城市化的发
展,资本的投入对象已经悄然发生改变,资本已经失去了对制造业产

---

① 陆晓文,郁鸿胜:城市发展的理念:和谐与可持续[M].上海:上海三联书店,2008:10.

品生产的兴趣,因为在城市化空间投入所生产利润更多更快。资本已经不断地从空间中事物的生产转移到空间本身的生产,这是马克思与恩格斯(Friedrich Von Engels)当初所没有预料到,尽管他们注意到纯粹的资本投机与不从事生产的资本运作问题。空间在社会生产的重要正在逐渐显现出来。当生产达到一定阶段之后,空间逐渐取得主导地位。空间成为压倒时间成为生产之中的重要因素。"具有一定历史性的城市的急速扩张、社会的普遍都市化,以及空间性组织的问题等各方面。今日,对生产的分析显示我们已经由空间中心事物的生产转向空间本身的生产"。① 这个转变过程源于生产力自身的成长以及物质生产之中科学与技术知识的提高。在今天从生产经济转变为流动经济的情况之下,空间的重要性正在加大。

在资本主义生产条件下,亨利·列斐伏尔的空间中事物生产可以认为是工业,而空间本身的生产则可以认为是建筑业与空间基础设施的投资与生产。他的理论可以较好地解释现阶段发达国家工业化与城市化错位的现象。亨利·列斐伏尔认为:"在不动产、私有的和公有的建筑业的投资(在空间的生产中),有着很高的收益,因为在这一生产中,长期存在着一个可变资本与不变资本的高比率,尽管这其中有着巨大的投资,尽管这其中有着技术的进步"。② "在建筑业中,通过建筑业本身,依靠一种中介—空间—金钱又带来了金钱。"③通过这一个过程,在资本与劳动的对峙之中,资本又一次赢得了胜利,劳动力不仅需要出卖劳动获得生存,而且需要为获得生存与生活空间而努力。资本完成了对劳动的全面包围,资本利润的形成与提高通过建立在人们对空间需求无任何弹性的基础之上,获得了较高

---

① [法]亨利·列斐伏尔.空间:社会产物与使用价值[M]//包亚明.现代性与空间的生产.上海:上海教育出版社,2003:47.

② [法]亨利·勒菲弗.后技术社会机制[M]//李春,译.空间与政治.上海:上海人民出版社,2008:101.

③ [法]亨利·勒菲弗.后技术社会机制[M]//李春,译.空间与政治.上海:上海人民出版社,2008:100.

的利润率与牢靠的保障。

亨利·列斐伏尔的思想对后来的马克思主义政治经济学具有重要影响。美国学者大卫·哈维（David Harvey）的观点对于工业化与城市化错位的解释理论具有较大的影响力。他认为,在资本积累的一般规律之下,资本进入生产领域具有三种形式的循环:资本第一级循环（the Primary Circuit of Capital）、资本第二级循环（the Secondary Circuit of Capital）和资本第三级循环（the Tertiary Circuit of Capital）。第一级资本循环进入生产领域,产生价值与剩余价值,生产生活必需品以使劳动力能够再生产出来。大卫·哈维认为,对于资本第一级循环研究得最为彻底是马克思的《资本论》。但是,资本的逐利性决定了资本会不可避免地进入第二级循环,第二级循环是建设消费的环境,为生产和消费提供环境功能,诸如交通网络与城市空间,在建设环境之中的固定资本在空间是不可移动的。对于建设环境的投资需要创造一个为生产、流通、交换和消费为目的的整体物理性地形。它是为现有的生产和消费提供便利。只有在生产之中剩余资本与劳动力才会进入第二级循环。然而,私有的个人资本由于较多的原因无法实现资本循环的转换。建设环境需要大额与持久的投资,这不是私人资本所能够承受的。私人资本倾向在第一级循环之中过分积累而对第二级循环投资不足。但是,假如金融资本能够自由地、无障碍地进入这种形式的投资,过剩资本就会从第一级循环进入第二级循环。这种转移只有在货币供应和信用系统创造了虚拟资本先于实际的生产和消费之时才可能完成。金融和国家机构在控制资本从第一级进入第二级循环扮演着控制中心的角色。这些金融和国家机构通过控制一些渠道和提供开放领域起到调整和引导资本的流量与流向的作用。

在资本第二级循环之中,工业化与城市化失去联系,工业化所需要劳动力将不再是城市化的主要动力,城市空间发展本身会吸引到足够多的人口,这不仅在建筑业所需要劳动力,而且在于大量人口集聚到城市空间所产生的规模经济作用,从而使得城市成为农村人口的迁移目标。这个过程也是人口城市化与空间城市化急剧膨胀的时期,城市化过程不再是以前以工业产业吸引劳动力从农村流向城市的"涓涓细流",而是人口以前所未有的数量与规模迁移到城市的过程,这也是加速城市化的特征与表现。资本第二级循环成为一个国家加速城市化后期重要的动力,并使得工业化与城市化、产业发展与城市发展失去联系。因此,加速城市化后期的动力来自于交通网络基础设施、建筑业、房地产业和金融业等行业的支持。

当今世界上无论是发达国家还是发展中国家,政府财政能力都在提升,政府财政支出的比例都在不断提高。从国家与资本相互结合的角度来看,这些为资本从第一级循环进入第二级循环创造了必要条件。发展中国家以国家为主导的经济赶超型发展战略决定了资本具有大数量性质,而发达国家由于近百年资本积累和政府承担职能增强,也使得资本会不断从第一级循环转移到第二级循环,甚至表现为资本循环历史过程不进入第一级循环而直接进入第二级循环,从而获得更多更快的利润。它不仅解释了工业化与城市化错位的问题,而且解释了发展中国家加速城市化与发达国家的城市空间膨胀问题。

二、过度金融房地产化与城市化问题成为全球性现象

第二次世界大战以来特别是 20 世纪 70 年代以来,以金融与房地产业为代表的服务业经济获得快速发展,到 2007 年 10 月,全球金融资产达到创纪录的 187.2 兆美元,其数量还在不断增大。① 进入 21 世纪以来,全球虚拟经济已经大大超过实体经济,它对于发达国家和发展中国家的城市化都具有重要影响。在此现实背景下,当代

---

① [日]水野和夫.金融大崩坏之后的世界变局[M].太原:山西经济出版社,2010:27.

马克思主义政治经济学的学者沿着马克思对资本运转与产生蜕变的分析路径,认为资本的形式顺着生产资本—流通资本—金融资本的路径发展,银行资本与虚拟资本过度发展产生了不可预见的伤害。在产业不断空心的条件下,资本主义国家原本依赖于金融资本转移发展中国家或国内生产阶段的财富的方法现在遇到了不可逾越的障碍,同时也给资本主义国家经济带来不可逆转的伤害,其结果是资产泡沫大爆炸。资本主义国家利用金融资本发展经济使得其经济深陷于利益集团与不平均分配的泥潭之中,同时也使得其城市化呈现畸形的特征。过度金融房地产化与城市化问题已然是世界上许多国家在进入城市化中期之后遇到的较为棘手的难题。

(一) 资本投机与经济的金融房地产化

在英国 19 世纪中期,马克思已经注意到了随着资本的增加与扩大,资本已经出现了分化,商业资本和货币资本转化为商品经营资本和货币经营资本。"当它们独立起来,成为一种特殊资本的职能,而这种资本把它们并且只把它们当作自己特有的活动来完成的时候,就把这种资本转化为货币经营资本了"。[①] 商业经营资本和货币经营资本已经同原有的职能分工,而在流通领域之中具有特殊资本职能。马克思也注意到了生息资本,并且注意到了信用与虚拟资本的作用,指出了"随着商业和只是着眼于流通而进行生产的资本主义生产方式的发展,信用制度的这个自然基础也在扩大、普遍化和发展"。[②] 他也指出,资本也可能脱离生产与商品而单纯成为投机的媒介。然而,由于时代的限制,马克思并没有继续深入分析下去,他没能进一步分析资本的空间性质与作用。

迈克尔·赫德森(M. Hudson)对《资本论》之中有关产业资本、

---

① 马克思.资本论第三卷[M].北京:人民出版社,1998:352.

② 马克思.资本论第三卷[M].北京:人民出版社,1998:450.

商业资本以及生息资本之间的关系进行了回顾。他认为,马克思在《资本论》已高度注意到虚拟资本问题,特别是注意到虚拟资本过分膨胀产生的危害性。虚拟资本强加于债务人(产业和个人)身上的金融收费日益加大最终压垮了社会经济。然而,这种资本发展的阶段性问题是资本发展的历程的重要现象,必须将社会从高利贷的货币借贷与资产拆卖之中拯救出来,减少社会有资本阶段的寄生性,把资本更多地投向生产性领域。就现在的资本主义国家而言,特别在美国,房地产在经济之中的比重越来越大,没有任何一个 19 世纪的经济学家预见到了这一点,主要是因为这与当时的经济现实反差太大。房地产部门和金融部门游说和赞助下通过了一系列受其利益影响的税收法律,对社会生产产生的巨大的影响,不断产生出社会的分化与阶级的对立。应当用社会主义的方法把社会从地租、利息以及垄断租金解放出来。①

根据大卫·哈维的三级资本循环理论,由于在第一级资本循环之内的资本主义基本矛盾的作用,产生了产品过剩、资本闲置以及劳动力剩余等状况,资本投入到第二级循环更为有利可图。在金融系统相对完善与国家机构介入的条件之下,为建成环境的投资诸如住房和道路建设比投入生产利润更高。金融资本的形成、国家机构的介入以及信用体系的建立,扫清了资本从第一级循环进入第二级循环的障碍。资本也就从消费品的生产转向为消费品的消费环境创造与建设条件的生产之上。这种情形应该被理解为是金融资本主义庞大的扩张,建筑进入了工业、银行和金融的流通领域,也增加了城市交通网络以及其他基础设施建设。

这样,城市空间的建设与发展是资本运作内在矛盾与规律的结果,也是资本追逐利润的结果,资本、资本集结和国家联结成为一体

---

① [美]迈克尔·赫德森.从马克思到高盛:虚拟资本的幻想和产业的金融化[M]//刘元琪.当代资本主义经济新变化与结构性危机.北京:中央编译出版社,2015:46—87.

的结果。在资本追逐利润和资本作为一个整体循环的内在矛盾的作用之下,资本会不断地从第一级循环流向第二级循环。这是资本积累一般规律的作用。^①"房地产(的资本)循环一向被视为是次要的经济部门。日渐地,它变成了迈向整合人们的生产—消费之一般循环的平行部门,虽然在一般情况下,它只是生产—消费循环疲软或经济畸形衰退时的一个补充性投资部门。"^②资本主义通过占有土地和空间,不动产的"动产化"(建筑和金融投机)倾向,在资本主义中处于中心地位。"它步入了经济增长进入了部门的、增长的和经济地位的普遍性不平等中。"^③

在资本越来越多地进入第二级循环之际,1971 年布雷顿森林体系(Bretton Woods system)的崩溃使得国际货币发行失去黄金之"锚",世界上国家货币发行进入大幅度扩张的新阶段,金融投机与虚拟经济也进入历史性的新阶段,过剩货币资本不断膨胀,在金融资产和债务同时发展的状况下,金融产业与其他产业不能对称发展,金融资产的膨胀导致经济金融化,过剩货币资本累积导致了经济金融化。从 1971 年开始,美国和其他资本主义国家便产生了长达了 40 年的金融化风暴,造成了资本主义货币和金融体系神经紊乱。在美元失去了黄金的稳定作用之后,世界各国不可避免竞相贬值本国货币,来应对美元的泛滥。在"戴维营事件"发生之后的 40 年内,弗里德曼的浮动货币机制一直显示出极度的不稳定状态。从此之后,每一次经济周期都把货币系统中信贷和收入比率放大了,导致了连环债务不断累积膨胀而变得越发脆弱。金融系统的杠杆累积,再加上美联储的激进主义行为,依次导致纯粹投机套利交易猛烈增长。以房地产

---

① David Harvey. The urban process under capitalism: a framework for analysis [J]. International Journal of Urban and Regional Research, 1978, 2(1—4): 101—131.

② [法]亨利·列斐伏尔. 空间政治学的反思[M]//包亚明. 现代性与空间的生产. 上海:上海教育出版社,2003:70.

③ [法]亨利·勒菲弗. 后技术社会机制[M]//李春,译. 空间与政治. 上海:上海人民出版社,2008:100.

为支撑的房地产金融,在美国 20 世纪最后十年和 21 世纪最早十年得到长足的发展,导致金融资本与虚拟经济的快速发展并与实体经济脱钩,形成"黑暗的货币主义年代",社会投机盛行,并形成了权贵资本主义。[①] 在经济不断金融化的背景下,依靠掠夺性金融和虚拟资本通胀维持"经济增长"的现代资本主义遇到难以超越的历史局限性。在新自由主义条件下,金融自由化和制度民营化不断发展,导致了金融证券化失控,最终引起了深层次、复合性的全球金融危机。[②]

(二) 加速城市化与城市空间扩张成为全球性现象

资本投机、经济金融房地产业化与加速城市化两者存在直接关系,成为当今世界发展中国家加速城市化与发达国家城市空间进一步膨胀的动力,也促使原本加速城市化的动力由工业转换到金融与建筑房地产业上来。它反映在发展中国家是城市过度发展,城市化质量不高;而在发达国家而表现为城市空间过度扩张,构成了城市蔓延。

在资本全球性泛滥的条件下,发展中国家的城市空间成为最有利可图的利润点,大量资本从发达国家进入发展中国家,重点在于大卫·哈维所指的第二级资本循环领域而不是生产性的第一级资本循环领域。在这样的条件下,第二次世界大战之后,世界城市化的重心向发展中国家转移,发展中国家的城市化成为带动全球城市人口增长的主要力量。与布雷顿森林体系崩溃时间相吻合的是,从 20 世纪 70 年代开始,发展中国家的城市化开始进入加速城市化时期,城市人口增长迅速,大城市数量不断增加。1970 年发达国家与发展中国家的城市人口数量大致相等,到 1975 年,发展中国家的城市人口数量达到 8.09 亿人,超过了发达国家的 7.33 亿人。到 2000 年,发展中国家的城市人口比重达到 40%,占全球城市人口比重 68%。与之

---

① [美]戴维·斯托克曼.资本主义大变形[M]//张建敏,译.北京:中信出版社,2014.
② [日]高田太久吉.国际金融危机与现代资本主义的困境[J].国外理论动态,2010,(7):20—25.

形成鲜明对比的是,发展中国家创造的 GDP 占世界的比重不足 21％,城市化质量提高缓慢,城市创造财富的能力并没有相应提高。[①]换言之,在第二级资本循环条件下,发展中国家城市化量的扩张快于质的提高,这是资本的逐利性使然。

在以美国为代表的发达国家,在第二级资本循环作用之下,加速城市化之后的后期城市化呈现出另一种形态,那就是城市蔓延。事实上资本主义国家城市化水平,"十九世纪末到二次世界大战后,进入急剧上升的中期阶段。"[②]世界上国家如德国、法国、美国、日本进入加速城市化时期。在第二次世界大战之后,由于房地产部门的飞速发展,再加上交通技术的进步,城市空间也飞速发展,战后席卷欧洲的新城建设运动与美国城市蔓延,使得发达国家的城市空间进一步膨胀。在许多国家,如 20 世纪 60 年代和 70 年代的西班牙、希腊和日本,房地产部门已经变成它们经济的一个必要部分,甚至是核心部门。诉诸不动产领域以补救一般"生产—消费"流通的困难,以提高利润率并取得经济复兴,这种方法是可取的,也是被预料到的,几乎是被规划好了的。[③] 这种情况在以后的资本主义国家一再重演,许多国家的经济深陷房地产部门的泥沼。较为严重的是,发端于美国的 2008 年房地产次贷危机直接引发了全球金融危机。从这个角度来看,发达国家的城市化呈现出较为复杂的一面,而不是能用诺瑟姆曲线所能简单描绘的。

三、如何跨越资本循环与城市化的"卡夫丁峡谷"

一个国家进入后期城市化之后,工业由于金融投机与房地产价

---

① 陆晓文,郁鸿胜.城市发展的理念:和谐与可持续[M].上海:上海三联书店,2008:10.
② 焦秀琦.世界城市化发展的 S 型曲线[J].城市规划,1987,(2):34—38.
③ [法]亨利·列斐伏尔.空间政治学的反思[M]//包亚明.现代性与空间的生产.上海:上海教育出版社,2003.

格高企进行国际转移,如果没有科技创新产业的兴起并促进社会财富生产增加,那么这个国家就会陷入产业空心化、经济停滞之中。从20世纪70年代以来,以美国为代表的西方国家进入城市化后期阶段,这些国家进入以服务经济为主导的后工业化社会,具备了上述这些发展特征。另一方面,发端于20世纪70年代并于90年代形成浪潮的信息技术革命推动了以美国为代表的发达经济体进入新增长周期,信息技术革命带动美国经济实现长周期增长直至2008年全球金融危机为止。根据大卫·哈维的理论,前者在于资本第二级循环的作用,后者的科技创新在于资本第三级循环的作用。在一定的制度环境之下,第三级资本循环是资本进入科学与技术领域并推进了科技创新。如果资本不能从第二级循环进入第三级循环进行科技创新,那么就会像西方国家那样陷入20世纪70年代"滞胀"之中,而拉动西方国家经济走出"滞胀"阴影正是90年代的信息技术革命,这也是资本监管放松之后进入科技创新领域的结果。因此,资本能否从第一级循环或第二级循环进入第三级循环,决定着科技创新能力,也决定着城市化是否存在超前现象,这是"卡夫丁峡谷",如果跨越它是一个国家城市化过程中遇到的世界性难题。

一个国家到底有多少资本从第一级或第二级循环进入第三级循环决定着其科技创新的能力,也决定着城市化的成败,表明其是否存在超前城市化,说明其城市化发展速度合理化水平,也表明城市化与产业发展的契合程度,从而可以确定其城市化加速的合理性。如果一个国家在这个时候的创新跟不上城市化发展速度,城市化水平与科技创新拉开距离,便会坠入"中等收入陷阱",如20世纪80年代的拉美国家。显然,拉美国家并没有能跨越资本循环与城市化的"卡夫丁峡谷",而世界上发展中国家也往往不能跨越它。为什么会这样?大卫·哈维认为,资本从第二级循环进入第三级循环并不是一个自动的过程,而是需要相关制度安排与政策介入的结果。换言之,资本从第一级或第二级循环进入第三级循环需要国家力量的介入,需要法律对资本的约束与节制,需要法律对创新的激励,特别是知识产权的保护。从西方国家发展经验来看,在资本第三级循环已经进行之时,资本第二级循环仍然存在,金融与房地产问题始终是困扰着资本进入更高级循环的重要因素。在某个特定时期,第二级循环的资本甚至会重新超过第三级循环的资本。因此,如何促使更多的资本从第一级或第二级循环进入第三级循环,需要制度的激励与约束作用,促进资本在科技创新领域有利可图。它需要一个国家或地区形成以制度创新为基础,提升区域创新的政策氛围,优化创新的制度环境,从而吸引资本不断进入创新领域,大力促进科技创新。

　　因此,必须利用制度与法规的力量来引导资本投资方向。资本循环具有一定的规律性,其在不同的制度环境运作会呈现出不同的特征。资本循环如果能从第一级直接进入第三级循环而没有大量存在于第二级循环,那是最为理想的结果,便可会避免大量的建筑方面浪费与投机性浪费,节省较多的自然资源与劳动力耗费;退而求其次,如果资本能尽快从第二级循环进入第三级循环,也可以避免无谓的空间生产。所以,国家通过制订合理的法规与制度,抑制资本的无序逐利性,节制资本,防止其逐利性妨碍社会发展,跨越资本循环与城市化问题的"卡夫丁峡谷",这仍然一个国家在城市化过程中在制度设计方面需要做的艰巨任务。因此,要采用法律与政策鼓励更多的资本进入第三级循环,不断缩小创新与城市化水平线之间的差距,防止超前城市化与"中等收入陷阱"的出现。一个国家应当在法规层面有知识产权保护制度和激励科技创新与相关惩罚的制度,形成有机的法规体系;在政策层面上有产业政策、人才政策以及财税政策,形成有机的政策体系。通过这些创新规划、法规体系与政策体系,不断吸引资本从第二级循环进入第三级循环从事创新,以资源共享、创新投入、知识产权保护、税收激励和产业扶持等途径与渠道,提升国家整体科技水平。

第二节　我国城市空间生产的政治属性与资本逻辑

　　我国城市空间生产具有不同于西方国家特别是美国的机制。我国国民的群居化偏好对于我国城市化水平具有重要影响。我国古代城市的政治性功能较为突出也是我国城市发展的重要特征。这些历史传统都对当前我国三大都市圈的城市蔓延具有重要影响。在改革开放的条件下,资本在经济体系之中的运作具有一定的规律,会有一定资本从生产制造之中脱离出来从事生产环境的建设工作。资本具有其空间运行逻辑。产业结构轻型化、虚拟经济比重提高与城市空间蔓延具有内在逻辑关系。

一、中国人的群居化偏好与古代城市的政治属性

　　一个国家国民的喜好与精神气质对于城市形成与发展具有重要影响。我国国民文化与精神深受儒家、道家和佛教思想的影响。在儒家、道家与佛教并存的中国,儒家始终占据着主导地位,道家和佛教居于次要地位。与西方国家对自然状态与世界终极的探讨不同的是,中国哲学家始终专注于人与人之间如何相处之上。无论是儒家学说,还是道家和佛教思想都有劝说人们如何与人为善,融合入群体的思想,儒家的积极入世、道家的"小隐隐于野,中隐隐于市,大隐隐于朝"、佛教的度己度人和因果轮回思想,都是积极与他人和睦相处的思想,表现出对集群化居住的自然倾向。虽然它们之中也有隐居乡间与山里的部分道家与佛教思想,但是在实际行动之中,这些思想从来不占据主流和支配地位。占据主流地位的儒家的"仁"、"义"、"礼"、"智"、"信"与"中庸"思想无不是对人与人之间如何相处的高度概括。因此,中国人天然具有集群的倾向,对城市有着自然的倾向。

儒家的"格物致知"、"诚意正心"以及"修身齐家治国平天下"理想的实现必然有赖于城市作为具体场所,不能在农村或山林之中实现这些个人抱负。

"中国的儒家认为精英的职责应该是统治,政府意味着城市,而政府的目的就是要开化农村,就与道家和佛家的乡居思想相冲突"。①实际上,道家与佛家的思想也是积极地与他人相处并融入社会群体之中。古代中国如果没有严密的政治控制以预防流民与民变,那么城市化水平可能更高。这不仅在于儒家思想的作用,而且在于人们受到城市权力与地位的吸引,也在于城市作为防护堡垒为人们提供安全保障。古代城市代表着政治权力与地位,居住于城市代表着具有较高的社会阶层,也是社会地位的象征。与西方国家城市发展同经济具有紧密关系不同的是,我国古代城市的产生与发展具有较为鲜明的政治与行政色彩。我国古代城市自产生之初就是政治行政中心或军事中心,多数城市是统治周边民众的基地,少数城市抗击外来侵略的堡垒,鲜见由于市场交易而勃兴的城市。城市之中拥有一套自上而下的官僚机构成为城市政治与经济生活运转的中枢。城市依据在全国官僚机构地位的不同,形成不同等级的城市。历朝历代,全国的最大城市无一例外都是当时的都城,管理着全国的官僚系统及其所在的城市。在都城之下,还有依据行政级别省、府、县而形成的城市体系。这四级城市体系的城市人口规模和管理范围都与其行政级别相对应,都城最大、省次之、府居第三,县衙位列第四。城市的人口规模及其重要性与其在全国行政级别相对应。与西方古代与近代城市的作用不同的是,我国城市的政治与消费意义远远大于其经济交易与生产意义。我国古代城市的政治属性深深地影响着目前的我国城市体系与布局。

---

① [美]斯皮罗·科斯托夫. 城市的形成——历史进程中的城市模式和城市意义[M]. 单皓,译. 北京:中国建筑工业出版社,2005:39.

　　我国国民的群居化倾向与政治属性对我国城市的形成与发展具有原点性的作用。在古代农业社会之中，由于受到社会生产力的限制，不能有过多的人口从事非生产性的劳动，而且在重视农业抑制工商业的社会环境之中，城市发展速度较为缓慢，城市人口规模较小。城市作为权力象征与安全保证的吸引力和儒家入世思想的推动力，促使我国古代城市化水平较同期世界上其他国家要高，我国的城市发展走在世界的前列。我国的城市人口、城市规模、城市建筑与基础设施建设水平都比同时期其他文明要多、大和高。我国古代的城市化水平，在战国时期就可能接近20%。① 在汉唐时期我国城市化水平为17.5%。② 唐天宝年间我国城市化水平为20.8%。③ 南宋时期我国城市化水平达到22%④。这个时期是我国城市化的高峰，而后在明清时期城市化水平则不断下降，一直到20世纪70年代之后，我国城市化水平才重新回到22%的水平。在明朝和清朝之前，我国城市化水平都是高于同时期的工业化之前西方欧洲的城市化水平。⑤ 古罗马全盛时期有600多个大小城市，城市人口占总人口的1/14左右。⑥ 光辉灿烂的华夏文明与生生不息的中华民族，都同我国相对较高的城市化水平具有一定的相关性。从我国历史来看，我国国人具有较大的天然的集群倾向，使得古代时期我国城市化水平高出同时期其他国家的城市化水平。同时，政治制度与行政管理系统运作对我国城市化与城市发展也具有极其重要影响，我国的城市化水平明

① 张南，周伊.春秋战国城市发展论[J].安徽史学，1988，(3)：10.
② 赵冈.中国城市发展史论集[M].北京：新星出版社，2006：60.
③ 赵冈.中国城市发展史论集[M].北京：新星出版社，2006：63.
④ 赵冈.中国城市发展史论集[M].北京：新星出版社，2006：29.
⑤ 如果城市标准为4万人时，1500年欧洲城市人口比重不足2%；如果城市的标准为1万人时，那么欧洲城市人口比重为5.6%；如果城市的标准为5千人时，那么欧洲城市人口比重为9.6%。根据[美]简·德·弗里斯.欧洲的城市化：1500—1800[M].朱明，译.北京：商务印书馆，2015：76.
⑥ 赵冈.中国城市发展史论集[M].北京：新星出版社，2006：10—11.

显受到政治要素的影响。在政治氛围较为宽松的春秋战国与南宋时期,城市化较高。在封建社会巅峰的汉唐时期,其城市化水平也较高。在我国封建集权制度走向保守与从严推行"重农抑商"政策的条件下,明清时期我国的城市化水平明显回落。民国时期,由于战乱的影响,我国城市化水平一直保持在较低水平。

二、现阶段我国城市空间生产的政治属性与资本逻辑

城市空间扩张是社会关系与生产关系的生产与再生产。政治权力与资本的结合是我国当前城市空间生产的推动力与突出特征。在以经济建设为中心的政府工作原则和以逐利为目的资本两者结合的条件下,我国城市空间进行了大幅度的扩张。改革开放以来,我国政府确立了以经济建设为中心的原则,经济增长成为地方政府与中央政府的工作目标。我国的相关制度与政策改革都是以经济增长为目标的改革,以释放微观企业与社会的活力,推动我国经济增长。以现代企业制度为目标的国有企业改革,以公有制为主体、多种所有制成分并存的社会主义基本经济制度,股份制也是我国国有经济的实现形式,加快建立社会主义市场经济体制,对外经济开放等国策的施行,这些改革无不以经济增长放在我国经济与社会发展的首要位置。在经济效率与社会公平之间,在人与自然的协调平衡之间,政策选择明显偏向于前者。经济增长和财政税收成为地方政府的考核主要指标。我国的改革开放不断地从体制外到体制内寻找推动经济增长的动力与资源,从土地制度、户籍制度、财政税收制度、社会保障制度、社会参与决策制度乃至司法制度,寻找经济增长的制度资源和空间,为经济增长提供制度支持。由此,我国经济经历了长达三十多年的增长。这种经济增长势必要转化城市空间的扩张与蔓延。然而,城市空间扩张与蔓延在不同城市发展政策之下会呈现出不同的蔓延形式与状态。在"严格控制大城市规模、合理发展中等城市、积极发展

小城市"的政策下,我国中小城市蓬勃发展,就地城镇化的政策使得中小城市空间扩张迅速。此后,在遵从城市发展规律的时代之下,我国的大城市优先得到发展,三大都市圈的城市空间扩张迅速,形成城市蔓延的态势。

外国资本的大量涌入对于我国城市空间扩张起到较大的作用。特别是 2001 年我国加入世界贸易组织之后,节节攀升的外商直接投资以及其侧重于制造业的投资特点,推动着城市空间不断膨胀。地方政府为承接外商直接投资建造的工业区和开发区、为吸引外商直接投资进行道路交通基础设施建设与完善,都对城市空间扩张具有推动作用。同时,大量的外商直接投资以及不断增长的加工型国际贸易,使得资本获得了相对于劳动力的比较优势。资本在竞争之中脱颖而出也使得部分资本的垄断性不断加强,更具有空间扩张性。资本主导之下企业生产规模的扩张是城市空间蔓延的一个重要因素。

我国虚拟经济比重提高是我国城市空间的扩张与蔓延的重要因素。在经济虚拟化比重提高与城市空间蔓延之间,存在着正相关的关系。2008 年全球金融危机,我国为应对危机大量增发的货币及其宽松的货币政府,极大地提高了我国经济的虚拟化比重。通过虚拟化与金融渠道,地方政府与资本结合在一起,共同推动了城市空间的扩展。经济虚拟化与金融渠道可以使私人资本联合起来完成单个私人资本无法完成的大型建筑项目,提高其垄断利润。虚拟经济和融资平台是对地方政府财政约束的解放。地方政府通过债券、银行借贷和融资平台,不断获得开拓城市空间的能力。通过虚拟经济与金融投机,私人资本可以加入城市空间的建设与投机之中。不断地有资本从实业制造的"第一级循环"脱离出来,加入城市空间的"第二级循环"之中。地方政府发现:不断建设城市空间、推动经济保持增长态势和以及持续的通货膨胀,可以缩小债务、推迟债务的偿还,并不会导致债务危机。在虚拟化经济与投机之中,政府与资本同时发现,通过销售城市空间,可以获得高于制造业的利润。中央政府通过财税政策,地方政府以土地为媒介,资本的代表——开发商以房地产为途径,共同对城市空间进行开发。在经济陷入低迷之时,政府发现以房地产为中心的空间建设工作,是经济获得重新增长的重要动力。政府与资本联合以经济增长和利润为目标推动城市空间扩张,而在发展理念与原则上或是欠缺或是妥协,由此产生的城市空间宜居性是不高的。

第三节　我国三大都市圈城市蔓延的形成机理

我国三大都市圈城市蔓延形成机制不同于美国的城市蔓延形成机制。经济快速增长和制度供给短缺是我国三大都市圈城市蔓延的两大主要原因。在城市空间快速增长过程中,城市政府竞争、外资驱动、低端制造与出口导向的增长模式是较为典型的空间生产模式。我国经济增长较快的城市是制造业比重较高的城市,同时也是外贸依存度较高的城市,也是城市空间扩张速度较快的城市。这样的城市空间扩张在我国相关制度约束不到位的条件下,必然演变成为城市蔓延。对于我国三大都市圈城市蔓延形成机理的分析,如果以政府为主要对象分析城市空间扩张,或者认为技术是城市空间扩张的主要原因,都不足于从深层次分析我国三大都市圈城市蔓延的原因。从某个角度来看,我国政府行为是镶嵌在当前经济发展背景之下发生发展的。城市空间发展首先是经济规律作用的过程,政府行为只是在这个规律背景与条件下的进一步推动力量,城市空间是经济发展过程的外化表现,在某种程度上讲,具有一定客观性。换句话说,城市空间发展其实是经济规律在起着关键性作用,它应当是经济规律的外化与表现,政府在此中所起的作用较为有限。在这个过程之中,技术是协从与促进了城市空间的变化,并不是主要的决定力量。

一、我国三大都市圈城市蔓延的经济成因

(一)"二元化"经济增长方式

与美国产业结构轻型化推动的城市蔓延不同的是,我国"二元化"经济增长方式对我国三大都市圈城市空间扩张具有重要影响。所谓"二元化"经济增长方式是产业结构升级并不是来源于内部利润积累、经济增长与地区要素禀赋利用存在差距,因而相对地区居民来讲,产业结构的外生性较为明显、结构性失衡较为严重。"二元化"经济增长表现为一部分产业较为先进,一部分产业较为落后;一部分产业发展的持续时间过长,而另一部分产业长期得不到应有的发展;一部分产业外生性较为明显,即出口导向型较为明显,但大部分产业基于国内需求不足而发展缓慢。它更多地表现为经济增长与城市经济发展的内在关联性不大,特别是对于提高城市居民收入与生活水平的作用不高。

如果从经典经济学理论来看,一个经济体的就业遵循着"配第-克拉克定理",劳动力大部分分布在第一产业,经过一段时间以后,随着科技进步,第一产业劳动生产率的提高与利润积累,受到第一产品消费需求不足的影响,这主要是由于其产品缺乏收入弹性,大部分劳动力开始向第二产业转移。由于同样的原因,生产技术提高和劳动生产率的提高,第二产业产品的市场需求空间是有一定限制的,工业产品的需求也是缺乏收入弹性的。于是,大部分劳动力与就业重点开始向第三产业转移。但是,我国部分地区和城市三次产业就业转移并没有遵从西方经济学所谓的产业结构演变一般规律,即我国的部分地区和城市劳动力在三次产业转移呈现出直接从第一产业向第三产业转移的特征。它表明在上世纪末到 21 世纪制造业的大资本与生产技术水平提高的现实,生产的不变资本高,所需要的劳动力不多的状况。生产的资本有机构成提高和对劳动力需求不高,使得企业空间迁移能力增强。

在我国工业化过程之中,以制造业为主的经济增长模式持续了30多年时间。在我国三大都市圈之中,出口导向、重型化以及产业同构化问题更是使以制造业为主的经济增长特征进一步加强。政府偏好于发展制造业。这是由于在三次产业之中,制造业对增加地方经济增长与提高财政税收是立竿见影。制造业发展有形而且快速,对于提高地方税收具有重要意义,也是地方政府最为倚重的产业。发展制造业所需的厂址、开发区或工业区及其交通道路设施的要求拉大了城市空间。制造业在城市发展而且产业技术水平升级缓慢,对于城市空间扩大具有重要作用,城市倾向于做大做多做强制造业,推动城市空间构成蔓延。

如果从产业结构来看,在我国以制造业为主的经济增长模式之中,吸引外商直接投资的产业主要是制造业。这些以出口为导向的制造业是全球生产价值链的低端环节,主要利用我国相对低廉生产要素成本,同时也利用我国在生产过程中忽视环境污染成本的法规缺陷。由于城市的制造业产品大量出口到国外,许多城市经济生产形成两头在外的格局,即外贸依存度居高不下。这种工业化模式在较为宽松的国际经济环境下,会得到长足的发展,特别是在2001年我国加入WTO以后,在人民币以固定汇率挂钩美元持续贬值并被长时间低估的状况下,城市进出口总量大幅度地、甚至是跳跃式增长。从2001年到2007年上半期,在全球经济高增长低通胀的条件下,城市出口行业一直保持有利可图的状态,并以出口量增大带动企业利润总额增长。除了北京是我国首都较为特殊之外,制造业在我国三大都市圈城市产业结构都占有举足轻重的地位。城市的外贸依存度远远高于全国平均水平。

在近20年时间之中,如图3-1,制造业增加值一直在我国三次产业结构之中占有较高的比重,是我国经济增长的最重要推动力。我国第二产业在上世纪末之时趋于下降,第三产业趋于上升,一直到2012年,第三产业增加值比重才重新回升并超越过第二产业。在我国经济增长过程之中,到2013年之前,第二产业的经济增长贡献率始终居于首位,是推动我国经济增长的最重要动力,如图3-2。虽然第三产业的经济增长贡献率不断上升,但是到2013年之前,尚不能

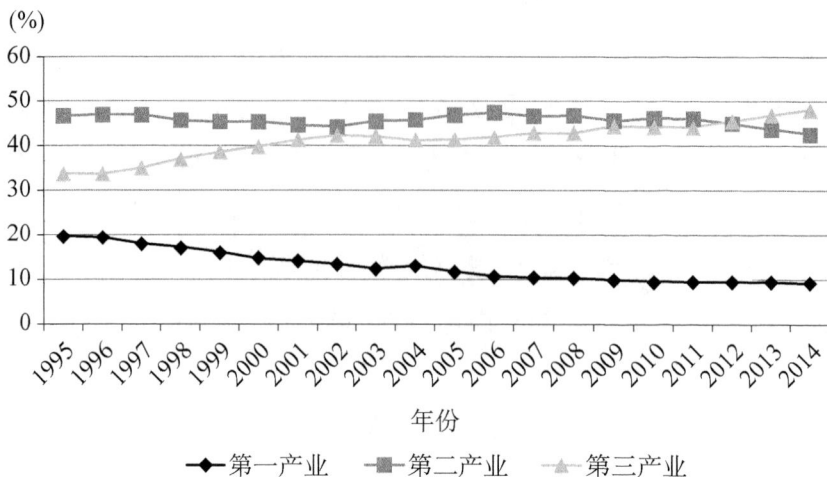

图 3 - 1　我国三次产业增加值结构(1995—2014)

资料来源:国家统计局.中国统计年鉴[M].北京:中国统计出版社,1996—2015.

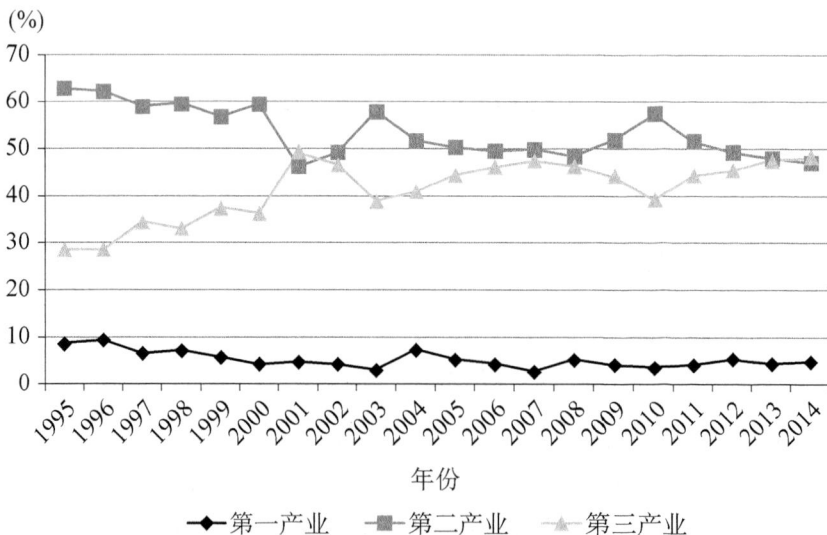

图 3 - 2　我国三次产业经济增长贡献率(1995—2014)

资料来源:国家统计局.中国统计年鉴[M].北京:中国统计出版社,1996—2015.

完全超越第二产业。第二产业在我国国民经济之中的地位占有不可替代的位置。

从我国三次产业就业比重来看,如图 3-3,第二产业的就业比重并不是最高的,从第一产业转移出来的劳动力首先被第三产业吸收,其次才被第二产业吸收,第二产业和第三产业就业比重保持平行增长的态势,第三产业从 2011 年开始成为我国最大的就业部门。

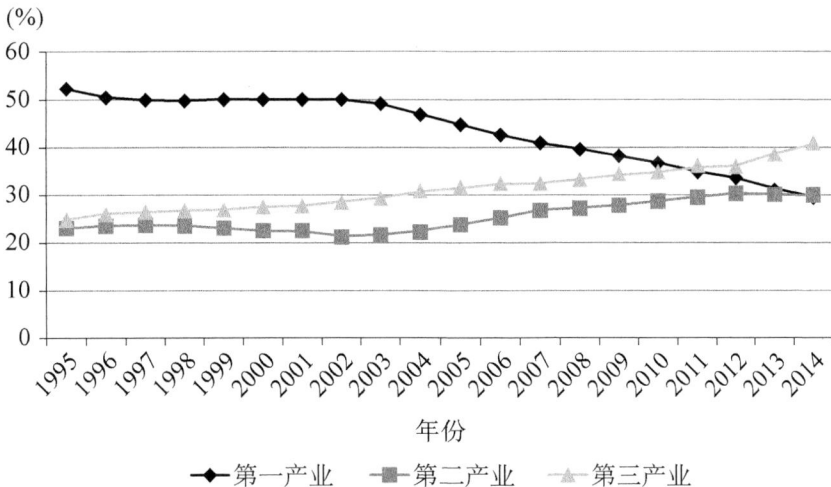

图 3-3 我国三次产业就业结构(1995—2014)

资料来源:国家统计局.中国统计年鉴[M].北京:中国统计出版社,1996—2015.

在我国三大都市圈之中,较多的城市产业结构偏重于制造业,服务业发展相对不足,制造业产业技术水平升级缓慢,这是城市蔓延的重要成因。制造业为主、出口导向以及地方政府竞争导致的产业同构化是我国三大都市圈城市蔓延的经济成因。我国是世界的制造业基地,对生产制造空间的需求是城市空间扩张与蔓延的最早推动力。我国加入世界贸易组织对我国产业结构具有重要影响。从图3-1和图3-2可以看到,2001 年以后,原本趋于下降的第二产业增加值比重和经济增长贡献率重新回升,原本上升的第三产业有所下降。这表明,我国加大对外经济开放之后,外商直接投资进入,利用我国的相对廉价的劳动力成本、土地成本与环境成本,主要集中在制造行业。这种制造行业以出口为导向,是全球生产价值链的低端环节,形成两头在外的格局,即外贸依存度居高不下,如图3-4。我国的外贸依存度始终保持在30%以上,加入世界贸易组织之后,外贸依存度急剧上升到2005年的62.89%,随后有所下降,2009年受到全球金融危机的影响,下降到43%,此后整体上呈现下降趋势,然而还保持在40%以上。①

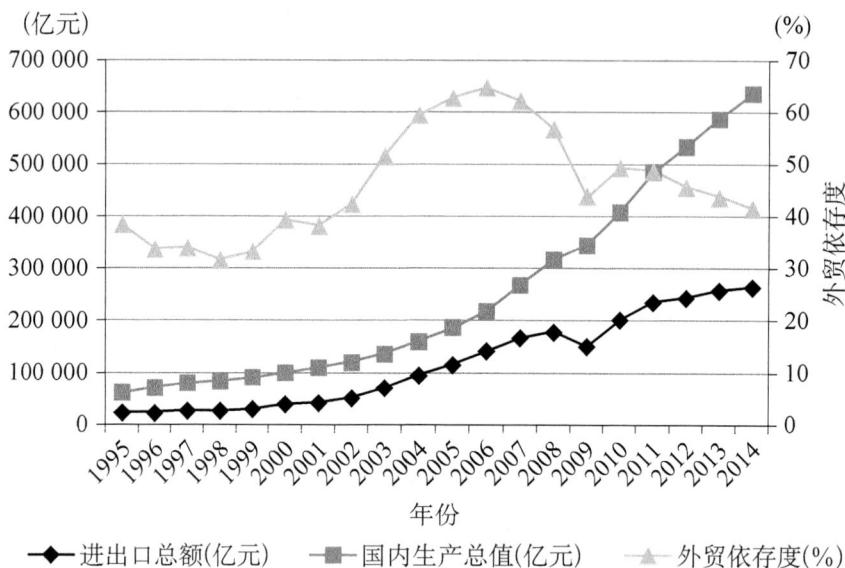

图3-4 我国国内生产总值、进出口总额和外贸依存度(1995—2014)

资料来源:国家统计局.中国统计年鉴[M].北京:中国统计出版社,1996—2015.

我国"二元化"经济增长方式的一个重要表现是制造业的外生化,即以出口加工型的制造业占据重要地位,主要在于利用较低的劳动力成本与环境成本,形成"大进大出"与"两头在外"的生产格局。生产的产品在国外廉价出售,赚取较薄的利润。这种产业结构特征

① 国家统计局.中国统计年鉴[M].北京:中国统计出版社,1996—2015.

在珠江三角洲都市圈表现最为明显,其次是长江三角洲都市圈。我们看到,在珠江三角洲都市圈和长江三角洲都市圈,许多生产企业及其工业园区具有十分突出的"飞地"特征。这种生产企业可以在这个地方生产,同当地的经济关联不大,也可以转移到另一个地方进生产,它们同城市之间的关联主要在于税收方面,而在劳动力供过于求的状况下,这些企业可以不用考虑劳动力供给问题。在我国三大都市圈之中,除了北京是我国首都较为特殊之外,制造业在城市产业结构都占有举足轻重的地位。珠三角与长三角都市圈的城市外贸依存度远远高于全国平均水平。

以长三角都市圈首位城市上海市为例,上海制造业比重在长三角都市圈是最低的。但是,制造业在上海经济结构仍占有举足轻重的地位,上海外贸依存度在120％以上。这意味着较多的资源与生产要素集中流向出口性制造业。不断膨胀的进出口数量促使城市经济生产对厂房、公路、铁路和海港基础设施需求不断升级。在国际产品相对价格保持一定的条件下,更多的某种生产要素流向制造业意味着更低的边际劳动生产率,也就是更低的工资、租金或利率。这在扩大社会收入分配差距的同时,也抑制了第一产业与第三产业的发展。这种经济增长模式不但没有削减我国原有的二元化经济增长模式,反而强化了原有的二元化特征,并且形成自我累积因果循环效应。

因此,"二元化"的工业生产以及进出口数量会使得城市对土地空间的需求大幅度增加。由于城市之间存在着竞争,许多城市为促进对外贸易与生产,采取了比对方城市更为优惠的政策来吸引外来资本,压低土地价格是其中一个方法。在城市之间竞争之下,产业同构化的问题一度变得较为突出。同时,许多城市政府通过扩大工业开发区,以空间换取税收数量的方法,使得我国的开发区曾经一度遍地开花,以致中央政府不得不对开发区进行治理整顿,这使城市空间不断扩大。

(二) 经济房地产业化与外生服务业化

2008 年全球金融危机之后,我国为应对危机采取的超发货币以及虚拟经济的急剧膨胀导致第三产业快速发展。许多城市特别是三大都市圈的首位城市如北京、上海和广州的服务业发展速度较为快,增长较为迅速。由于货币超发导致相关资产估值急剧膨胀,以房地产为支点的金融、保险与租赁业急剧增长,使得第三产业以较快的速度增长,房地产业和金融业以超乎国内生产总值的速度发展,如图3-5和图 3-6。如果以城市和区域为分析单位,这种经济房地产化和服务业化趋势更为明显。经济的房地产化促进了城市空间不断扩张和蔓延,城市周边空间不断地以房地产开发的形式卷入到城市空间之中。

在我国三大都市圈之中,首位城市服务业比重较高并不表明其产业结构合理化与高度化。外向型与服务业比重较高在一定程度表明城市产业结构不能像一个大国那样具备完整与合理的产业结构。

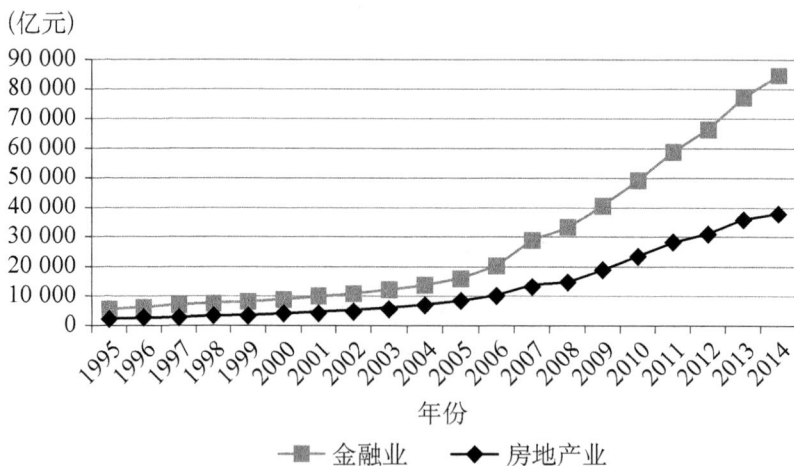

图 3-5 我国金融业与房地产业的发展(1995—2014)

资料来源:国家统计局. 中国统计年鉴[M]. 北京:中国统计出版社,1996—2015.

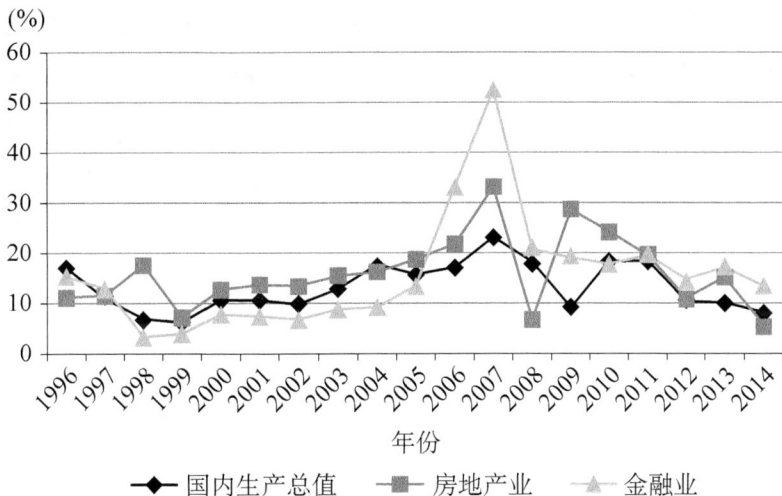

图 3 - 6　我国国内生产总值、房地产业和金融业的
年增长率比较(1996—2014)

资料来源:国家统计局.中国统计年鉴[M].北京:中国统计出版社,
1996—2015.

城市可能某些少数产业独大,其他产业趋于萎缩。虽然相对于其他
类型城市,首位城市经济生产更为专业化与精细化,但是只能表明在
全球与国家区域层面其所承担的全球生产价值链的环节。城市经济
生产分工专业化与细化并不表明城市拥有较为完整的生产体系,而
是在国际经济生产分工之中,它所属的生产分工部分较为精细化,并
由此催生出其他产业。特别是,城市的生产者服务业具有较高的外
生性而非由城市产业升级所致,生产者服务业比重在首位城市的提
高源于城市所在区域的生产分工而需要作为协调性质服务业的发
展,而不是城市居民与企业需求的推动。首位城市的生产者服务业
作为协调世界与本国经济生产分工的协作产业出现,对于城市本身
产业结构而言,具有较大的外生性,也就是说,它并不是来源于第一
产业和第二产业由于劳动生产率提高、工资与利润积累导致需求升
级而产生的。它是外生的服务业而不是内生的服务业。

　　这样,在 2008 年全球金融危机影响下,西方国家的消费需求越
来越疲软的条件之下,我国出口遇到越来越多的挤压,利润空间不断

缩窄,以出口为导向的经济增长转向更加依赖于投资特别是房地产投资和金融业来推动。房地产业取代了出口行业成为地方与城市经济的支柱。在我国三大都市圈城市之中,房地产逐渐成为城市经济的主要驱动力,因此也成为城市空间扩张与蔓延的主要因素。

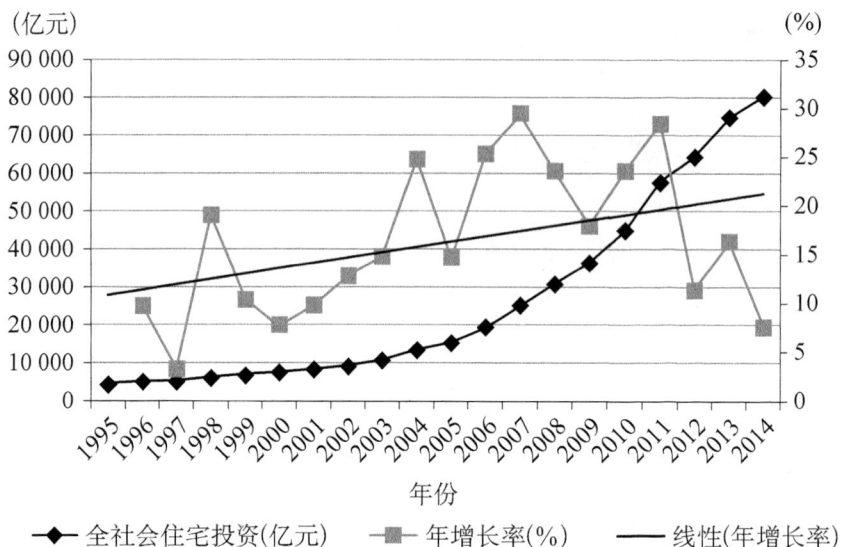

图 3-7 我国全社会住宅投资与年增长率(1995—2014)

资料来源:国家统计局.中国统计年鉴[M].北京:中国统计出版社,1996—2015.

以出口为动力的工业化和以房地产为支点的服务业化都是产业发展的动力,也是我国城市蔓延的驱动力。前者具有外资与国有"二元化"特征,后者则是实质财富的虚化,两者都有较大的缺点,都是资本对劳动和普通民众的两次胜利,都没有真正实现经济增长成果转化为发展并为人民共享的基本初衷。我国服务业在 2012 年其就业与增加值比重先后都超过了第一产业和第二产业,成为我国的主要产业。从某种程度可以说我国第三产业的发展并不是第一产业和第二产业提高积累的结果,不是第一产业和第二产业发展使得居民收入提高与居民需求层次提升的结果,而是由于虚拟经济不断增长的条件下,以房地产为基点的金融、保险和租赁业长期增长的结果。由于资本与政府力量的快速增长,它们通过建设环境来创造一个以生产、流通、交换和消费为目的的整体物理性地形,为现有的生产和消费提供便利。这表明资本对劳动的自由空间进一步逼近并取得胜利。由于政府融资平台的作用、虚拟经济的发展、国有资本与私人资本相互结合,房地产和环境建设成为政府与资本的着力建设点。

城市经济房地产化与服务业外生化在我国三大都市圈的首位城市——北京、上海、深圳和广州表现得特别明显。我国三大都市圈首位城市通常具有外向型经济并与世界城市体系具有较高关联性,具有较高国际化程度,具有较高的对外贸易依存度、服务业就业比重以及跨国公司分支机构数量,也是我国区域性人口迁移的主要目的城市。我国三大都市圈首位城市作为国际化城市,具有三个经济增长特征:一是国际化程度相对较高,外向型经济特征明显。作为带动我国经济参与全球经济循环的城市,首位城市是国际通道和我国经济与外国经济的联结点,是世界城市体系之中的节点。因此,频繁的物流与人流进出是其经济增长的重要一面。北京、上海、广州和深圳城市进出口货物与国际旅客绝对量和相对量相对于其他城市要大。2014年,四个城市的进出口货物在 2 亿吨以上,国际旅客都在 1 千万人次;上海的对外贸易依存度为 126%,北京为 120%,深圳为 189%。[①] 二是城市劳动力供给相对充裕,劳动力构成较为复杂。由它们具有国家性或地区首位城市的性质,具有标杆效应与权力象征作用,使得它们成为我国国内人口迁移的主要目的地,具体表现为外来常住人口绝对数量与相对数量都较大,2014 年上海外来常住人口996.42 万人,占常住人口比重 41.07%;北京外来常住人口 818.7 万

---

① 虽然广州的外贸依存度为 48%,相对于上海、北京和深圳的进出口总额和外贸依存度较低得多,然而从广州港口货物吞吐量来看,2014 年广州港口货物吞吐量 50 036.30 万吨,在四个城市之中仅次于上海而远高于深圳。因此,我们可以认为广州仍然是高外贸依存度的城市。资料来源:2014 年上海、北京、广州和深圳国民经济与社会发展统计公报[EB/OL].城市政府统计网站。

人,占常住人口比重 38.05%;深圳外来常住人口 745.68 万人,占常住人口 69.17%;广州外来常住人口 465.63 万人,占常住人口 35.59%。过多的外来常住人口使得企业可以不需要过多地考虑劳动力来源问题。三是城市产业服务业化程度较高,即服务业比重相对较高,如上海的服务业增加值比重 64.8%,北京为 77.9%,广州为 65%,深圳为 57.3%。[①] 然而,这四个城市的服务业显然侧重于生产性服务业,外生性较为明显,对城市大多数居民的收入提高作用并不明显。

二、我国三大都市圈城市蔓延的制度成因

我国三大都市圈城市空间扩张与无序蔓延不仅来源于经济快速增长所需要空间扩大之上,而且来源于我国制度有效供给不足,促使原本应当得到有效规范的城市空间扩张成为城市蔓延。制度与体制因素是推动我国三大都市圈城市蔓延的重要因素。城市空间扩张如果没有得到制度性结构的支撑,那么就会演变成为无序的蔓延。具体地,地方政府官员的考核机制、土地制度、税收制度、户籍制度、社会保障制度、社会收入分配制度以及城市规划制度供给不足都使得城市空间演变成为无序的蔓延。

(一) 地方政府作为区域经济发展主体的形成与发展

经济建设为中心是我国的基本国策,在此国策背景之下,工业化与城市化是推动城市与区域经济增长的重要理论准备。在我国中央—省—市—县—乡镇五级行政管理体制之下,省与市对其以下的县和乡镇具有较大的管理权。省与市负有发展地方经济的权利与责任,在城市化、郊区化以及城乡一体化的理论与政策背景之下,把城

---

① 2014 年上海、北京、广州和深圳国民经济与社会发展统计公报[EB/OL].城市政府统计网站。

市周边地区的土地转化城市用地是合理又合法的措施,城市近郊开发房地产,远郊发展工业似乎是正确的做法。城市中心城区不断地从郊区与农村汲取资源,包括劳动力从农村向城市转移、农村集体用地不断地被征收成为城市国有土地,从而使得城市中心城区沿着距离中心点由近到远形成级差地租,并且不断地向城市边缘地区延伸。① 城市在土地收益方面具有较大的自主权,在城市产业结构战略性调整的条件之下,充分利用制度性空间,不断开发城市中心城区和城市边缘地区的空间,包括产业结构战略性调整之后中心城区腾出的土地空间而获得土地出让金收益。城市政府采取的第二产业退出、第三产业进驻中心城区的做法,对城市空间的调整实际上是以城市空间扩张为条件的。如果没有城市空间扩张,即郊区提供给工业用地和吸收部分外迁的城市居民,城市"退二进三"是无法在存量的城市空间上实现的。

如果进一步分析,那么就会发现我国城市空间扩张利益主体的形成源于单一制政体之下地方政府考核机制和分权化体制发展。在传统高度集权的体制之下,地方政府贯彻中央政府的决策与意图,在财政之上统收统支,地方政府在城市扩张以及发展之上并没有太多的积极性与权限。从十一届三中全会开始,我国确立了以经济建设为中心的国策,经济建设成就成为衡量地方政府政绩的基准。为调动地方政府建设经济积极性,实行了分权化与市场化改革、中央权力下放、推行分税制改革以及土地有偿制度。这些都在不断促成地方政府成为区域经济发展主体,地方政府的利益与经济政绩考核两者融为一体,极大地提高了地方政府建设经济积极性。除了执行中央政府的决策之外,地方政府在行政权力拥有促进经济增长的权限,中央政府与地方政府在经济增长之上达成了默契,地方政府成为地方经济发展的主体与建设者,也是利益主体。这使得地方政府促进经济

---

① 陈映芳.都市大开发——空间生产的政治社会学[M].上海:上海古籍出版社,2009:9.

增长的积极性不断提高。

这样,如何推进地区国民生产总值(GDP)增长成为地方政府的工作重心,特别是以税收和其他财政收入更是成为工作重点。不过,随着时间的变化,地方政府推进经济增长的方式与手段在不断变化。在20世纪80年代,地方政府经营的国有地方企业和乡镇企业成为经济增长的重要抓手。这也是经济发展阶段所决定的。在那个时候,地方政府直接参与企业的运营与管理,确定生产项目。地方政府的政策目标不仅仅是提供公共服务等产品,而是积极地采用企业家精神促进地方经济增长,因而运用了各种经济手段和政策,包括土地、信贷、税收等,用于培育和鼓励地方经济增长。

到了20世纪90年代,我国确立了社会主义市场经济体制,明确了国有企业抓大放小和实现向现代企业制度转变,确立了国有经济从竞争性与排他性领域退出的原则。但是,地方政府仍然把经济增长放在首要地位,它们逐渐把经营手段转向吸引外资、创造外资的建设环境和以土地为支点的房地产投资。相对于我国改革开放之前,在我国市场经济发展到一定阶段之后,我国的国有资本、私人资本以及来自外国的外国资本都已经有一定积累。在这样的条件之下,地方政府联合以开发商为代表的资本,通过开拓空间促进地方经济增长。特别是在我国虚拟经济与金融资本不断膨胀的条件下,地方政府通过创建地方投融资平台,吸引私人资本与国有银行的投入,以土地为标的,力图通过政府土地开发—吸引企业进驻与居民购买—收回投资偿还债务的模式推进地方经济增长。这种开发模式在经济不断增长的条件下,特别是在人口不断流入与企业不断入驻的城市中,往往是较为成功的。地方政府为吸引外资和外地企业入驻,会采用税收优惠、土地成本减免以及放松环保要求的方式。在经济增长的初始阶段,外商直接投资常常成为地方政府用以推动经济发展的理想动力,因其持有的资本、管理经验与技术成为地方政府理想的招商对象。在经济增长实现一定的良性循环之后,房地产成为地方政府最为青睐的项目,因为它可以在较短时间之内产生较大的财政收益与地区生产总值增长。以土地为核心的地方财政与经济体系成为我国进入21世纪以来地方经济发展的重要特征。

这样,地方政府成为了"企业家型城市政府",政府部门也成为企业家型的城市政府部门,类似于公司的开发部门。在地方政府可以利用的政策工具与手段之中,银行因为垂直管理同地方政府尚有一定距离,并不是行政上隶属的关系,税收分为中央税收与地方税收,而且地方税收只占有其中一部分。这样,土地是最直接也是最容易利用的资本与工具。实际上,空间是社会的投影,从"社会—空间统一体"(Social Spatial Dialectic)角度来看,我国城市空间扩张与蔓延是我国政治、经济与社会发展的反映。空间与社会存在着辩证的关系。我国的分权化经济体制改革,中央政府对地方政府的考核,地方政府发展经济与经营城市,都促进了我国城市空间扩张与蔓延。反过来,我国城市空间扩张与蔓延也是我国分权化与市场化经济与社会发展的反映,如图3-8。

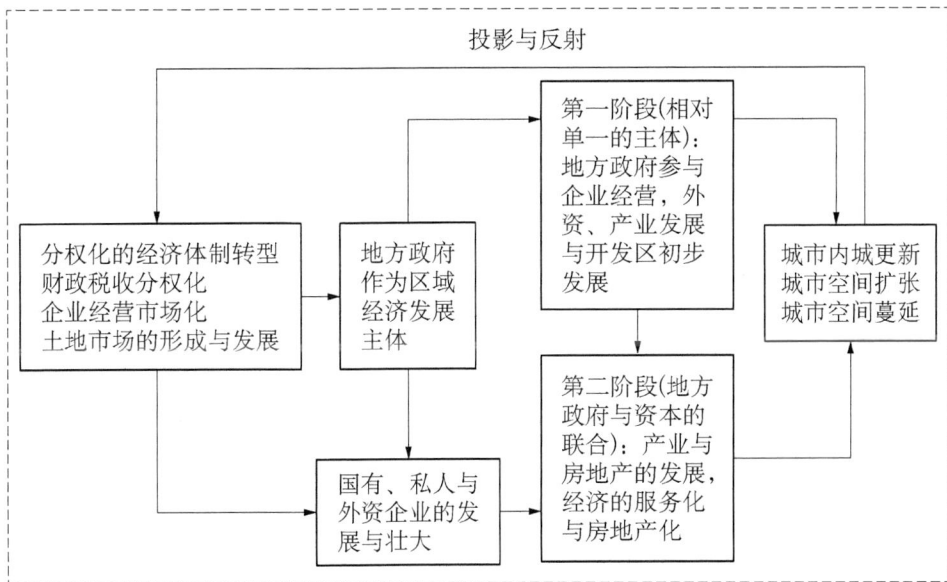

图3-8　作为区域经济发展主体的地方政府行为分析

（二）土地制度

土地制度对我国经济与社会发展具有至关重要影响,也影响我国城市空间扩张与蔓延。在当前,我国土地制度明确了集体所有与全民所有的性质,农村土地属于集体所有,城市土地属于全民所有。1986年和1998年修订的《土地管理法》先后明确了农村承包土地和农村土地市场的存在。1988年我国修改宪法,区分开土地所有权和使用权,土地使用权可以依照法律的规定转让,并表明土地使用权可以分配,同年修改的《土地管理法》规定,"国有土地和集体所有土地使用权可以依法转让;国家依法实行国有土地有偿使用制度"。符合条件的城市国有土地在土地使用权可以交易流转,而农村集体所有的土地则不能。从总体而言,至今我国的土地市场并不是一个完全的市场,而是一个行政垄断的、较不完全的和带有歧视性的市场。简而言之,我国目前的土地市场具有"二元化"与"双轨制"特征。"二元化"在于农村与城市之间土地使用权与承包存在着明显的差别;"双轨制"在于城市土地使用权的商业用途通过价格较高的出让方式,而有些用途则通过价格较低的划拨。在城市国有土地之中,在国有土地进行"招拍挂"出让和有偿有限期使用的同时,还保留行政划拨的土地配置方式。这样,我国存在着"二元化"的城市与农村土地市场,即城市与农村实行分开的土地市场。在城市土地市场之中,土地使用权价值由市场决定,往往出让金较高;而从集体征收的土地补偿则被人为地压低。这样,两者之间存在较大的利益空间。地方政府通过征收环节,把集体用地转化为城市用地,获取较大的利益。通过出让的土地才可以在土地二级市场上流转,但是,通过划拨的土地不能流转,而且政府在支付一定的违约金之后,可以把土地使用权收回,然而以更高的价格进行出让。这样,在"二元化"和"双轨制"之中,存在着巨大的利益空间,在经济增长之时政府不断利用这个利益空间,从而使得城市空间不断向外拓展。

1994 年中央政府开始实行分税制改革,分税制将城市土地收益全部列入地方财政收入,土地的征收及其租金收取和收益归属于地方政府。建筑税、房地产业税归地方政府征缴所有,土地出让金收入、土地增值税以及其他与土地有关的一些税费,主要归地方政府收缴管理。这样,土地产生的收入成为地方政府收入的重要来源,成为地方除了地方税收的主要收入来源。土地产生的收益,成为弥补地方政府财政赤字的重要途径。地方政府通过增加土地收益支付教育、医疗和社会保障等公共财政开支。以土地征用和收入为利益基点推动的工业化与快速城市化成为我国经济增长与城市发展较为引人瞩目的现象。

在土地性质转变之后,无论是"招拍挂"形式入市的土地,或是以"协议"形式出让的土地产生的价值增长数十倍,归属于地方政府而赔偿于原来集体的数额相当小。这样的做法是农村通过牺牲土地间接地为工业发展和城市发展做贡献。2014 年国有土地使用权出让金收入约 40 480 亿元。[①] 地方政府受到政绩提高的刺激、原有债务的压力与社会公共财政支出的压力,对于推动集体农用土地转变为国有建设用地、采用有限期与有偿使用的政策具有强烈的冲动与浓厚的兴趣。这种对土地的渴求在土地国有或集体所有的条件下,城市政府很容易通过扩大土地空间的方式,刺激经济增长,获得财政收入,导致了城市郊区猛烈发展。在某种特定条件下,城市土地成为投机性商品,不但成为私人谋取暴利的标的与媒介,而且成为城市政府财政收入的主要来源。这样,城市周边的土地不断以强制拆迁、有价赔偿或征用的形式被囊括进城市空间之中。特别是对正处于产业转型的城市而言,需要外围的城市空间接收原本处于中心城区的产业,其获得城市外围土地的要求更为强烈。这种做法推动了城市空间不

---

① 财政部公布 2014 年全国土地出让金超 4 万亿元[EB/OL],[2015 - 07 - 13]http://house.hexun.com/2015 - 07 - 13/177488371.html.

断地向外扩张与蔓延。

在土地被拍卖出让以后,转化之后的国有土地缺乏精细化的管理、弹性化与促进土地流动性的政策。土地管理的僵化使得土地的用途变更显得十分困难。在城市主导产业从工业向服务业转型之时,需要城市土地使用从工业向服务业用地转变之时,由于政策与法规改革相对滞后,使得土地用途的变化较为困难。例如,城市之中工业用地与商业用地存在不同的政策,两者之间的转变需要冗长的程序,从而妨碍了城市土地的有效利用与集约利用。城市原有的空间存在着规划问题使得功能过于单一、城市产业转型升级需要空间转换,这些问题都使得城市空间转换成为必要。城市只能通过把外围空间纳入城市范围的办法来满足城市空间新的需求,这也促进了城市空间之内的土地滥用和城市空间无序蔓延。

此外,我国城市在工业化时期受到规划理念和相关条件约束,城市的土地空间缺乏有机的协调,生活空间、工作空间、交通空间和娱乐空间缺乏有机的衔接,城市空间破碎化利用程度较高,造成了交通量过大和拥堵问题,在城市产业与居住人口不断增加的条件下,城市空间亟须整理并升级,摒弃原来的分散性与分区规划发展的做法,向紧凑型与向心型城市空间发展。但是,在城市土地法规与政策的限制下,城市通过扩大外围的方法远比整理原有的内部空间的成本要低,也较为简易,所以许多城市的外围空间不断地扩张。

(三) 税收制度

到目前为止,我国在实行从 1994 年开始施行的财政管理制度——分税制,中央与地方依据事权划分税种及其收入。中央政府的财政收入用于支付国防与外交等国家性财政支出,地方政府的财政收入用于支付促进地方经济与社会事业发展所需要的支出。但是在实际操作之中,中央政府的财政收入高于其支出而地方政府的收入出现入不敷出的状况,收入稳定且较大的税种归于中央政府,而且收入量较小且较难征收的税种归于地方政府。在共享税种方面,中央政府占了较大的比重,而地方政府只能享受到较少比重。特别是,省级以下分税制财政管理体制不够完善,并无明确的事权与财权的划分,地方各级政府间较少实行按事权划分财政收支,分权式财政管理体制的空白需要填补,尤其是县级财政没有独立的税种收入,依靠上级政府的转移支付较为明显。但是,中央财政转移支付的额度没有刚性约束和合理的法律依据。

这样,分税制之下,中央财政收入较好,收入高于支出,而地方财政收入出现明显的入不敷出的现象。分税制没有在城市之间和区域之间建立起横向与有效的财政平衡办法,导致地方与地方之间为竞争税源出现的产业同构化特征还比较突出。虽然中央财政收入可以部分返回到地方,但是地方为改变入不敷出的状况寻找财政收入源泉的办法还是通过征收土地来解决。土地作为财富之母的作用正在各个地方政府管辖之下得到尽可能大的发挥。土地成为各个地方财政收入的主要来源,也是地方促进经济增长的主要抓手。这对于没有明显的基本经济活动的地方更是如此。地方政府竞相发展工业和房地产来促进地方经济增长,包括水源涵养区等不适合发展工业的地方。在对外招商引资方面,为吸引到外地资本并提高本地吸引力,许多土地的价格被压低到较低水平,从而间接又降低了土地对地方政府财政收入的单位贡献率,促使地方政府通过加大土地出让的量来提高财政收入量,弥补财政支出亏空。同时,地方政府通过转让土地和开发住宅房地产,提高城市财政收入。此外,地方政府还通过提高城市宜居与创业环境,以提高土地级差地租的方法,提高城市及其地方的财政收入。

(四)户籍制度

我国实行大中城市严格控制人口的政策。作为外来务工人员,户籍迁入务工城市较为困难。作为流动人口的外来务工人员始终无法融入务工城市正常的经济与社会生活,更不要说参与城市治理。流动人口给我国三大都市圈产业发展提供了较为丰富的劳动力。只要企业提供高于平均水平的工资,就能吸引到足够多的流动人口成为企业的劳动力。流动人口的存在使得企业与城市及其地方的关系进一步松散化。无论企业位于何处,只要能提供一定的工资,就能吸引到一定数量的劳动力。这使得企业获得空间位移能力,企业在中心城区的地租成本较高,如果迁往郊区或者其他地位,仍然不担心劳动力供给不足问题。简而言之,流动人口的存在使得劳动密集型企业拥有空间位移能力,也为城市空间的跳跃式开发提供了条件。城市政府与企业之间的关系简化为财政税收的关系,而不用考虑就近解决就业问题以及劳动力成本问题。流动人口随着工业区和开发区、随着就业进行迁移的特征,使得城市空间扩张更具有资本性特征,而不考虑劳动力的交通成本问题。然而,作为我国劳动力重要组成部分的流动人口,由于其无法融入城市正常的社会生活,游离于正常的社会治理范围之外,给城市带来较大的经济问题与社会问题。经济问题在于流动人口的人力资本提升较为困难,适应不了产业转型升级与创新的需要;社会问题在于流动人口是单一化的社会群体,并不是稳定的与复杂化的社会结构,不能有效地形成对创新与社会发展有意义的促进作用。由此,城市空间外围是低层次与简单化的社会结构,不足于支持大城市复杂的空间运作。

(五) 城市规划制度

目前,我国的城市规划法规尚没有形成刚性约束。许多城市的空间规划、土地利用规划与产业规划不统一,没有形成相互协调的体系,对城市空间没有形成刚性和持续性的约束。许多城市的规划更改的随意性太大,这一方面是城市规划随着政府官员意志的更改而更改,另一方面是政府部门政出多门,条块分割的体制使得所有政府职能部门的想法集中到同一份城市规划较为困难。这使得城市空间最终呈现出来的不是规划初衷所追求的。由于城市规划的指导思想与规划具体形式不断发生变化,各种城市规划之间没有形成相互协调而矛盾较多,这使得城市空间最终不能体现规划的指导思想,各种城市空间不相协调,城市空间没有构成配套关系,混合使用与紧凑使用的城市空间在中心城区之中是较见到的。人们往往只见到为某种城市规划功能的空间,而不见到高效率的城市空间利用。城市空间功能较为单一,综合服务功能较弱,这使得城市只能通过扩张空间获得所需维度的空间,导致了各种城市空间之间的交通量居高不下。

其次,我国的城市规划公众参与度比较低,城市空间扩张所需要考虑到的内容单调。由政府官员与城市规划师策划出来城市空间规划带有较强的主观色彩内容,与城市实际情况和城市未来的发展有较大的距离,城市空间规划需要在就业、人口、土地、历史文化、收入水平以及城乡统筹之上统一与综合考虑与协调,需要对城市的过去、现在和未来有较深入的认识,需要对城市的比较优势与存在的问题进行分析并找到正确的解决办法。同时,城市规划必须给城市留有一定的弹性空间,以为将来综合化与紧凑式利用提供余地。然而,现有城市空间规划在这个方面的工作是不足的,公众参与度不高,公众对城市规划的实施过程监督力量较为薄弱,城市规划的手段与方法亟须更新。这就需要我国城市规划过程的透明度需要提高,实施过程的刚性与监督力度需要提高,以使得城市规划的思想能最终得到实施。由于在规划过程对未来不确定性考虑过少,使得城市规划的包容性、弹性和扩充性不高,使得城市空间刚性过强,在未来发展遇到问题只能通过扩大或到城市外围寻找空间进行解决。

简而言之,推进我国政府官员考核制度合理化、改革土地制度、税收制度、户籍制度和城市规划制度,约束和规范城市空间扩张,使得我国城市空间扩大走向有序化与规范化,使得城市空间能够按照有机分散与有机集中的原则进行布局,是我们从制度方面必须尽快着手的工作。

三、我国三大都市圈城市蔓延的途径与形式

在经济增长时期,经济扩张与社会财富的增长必然伴随着城市空间扩张。在西方国家与亚洲国家的发展历史上,都可以见到在经济增长高速时期伴随着房地产热与城市蔓延现象。因此,城市空间扩张并非都是消极意义的。但是,如果城市空间扩张没有得到制度正确的引导与规范,城市空间发展没有制度的框架的支撑,就会发展成为无序的蔓延,从而引发更多的交通量,浪费能源,产生环境可持续问题,使得人与地之间的矛盾显得更为突出。从上面分析可以看到,在我国制度约束不到位与"二元化"经济增长的合力之下,城市空间快速扩张,城市边缘"摊大饼"式蔓延。城市建成区,特别是各种各样的开发区、交通基础设施以及住宅项目成为城市空间扩张的主要途径与方式。城市空间扩展采取以土地为导向,顺沿着交通轴线如轨道交通站和高速公路站点,以开发区、道路基础设施与项目开发为郊区先导力量,或是紧贴中心城区发展,或是进行跳跃式开发,而房地产则填充了交通道路之间的剩余空间。这使得城市边缘空间蛙跳式开发与低效率利用,导致了城市蔓延。城市整体空间形成了圈层式与蔓延式的结构。

(一)城市建成区

近 20 多年以来,我国三大都市圈的城市建成区增长速度超过人口城市化速度。建设新城、围绕着中心城区进行"摊大饼"式城市空间扩张和增加现有城市建成区的面积,是目前我国三大都市圈城市建成区扩张的主要状况。在城市中心城区进行更新与拆迁安置之中,选择在中心城区边缘建设住宅区以接纳中心城区的迁移人口是主要方式。同时,由于城市边缘区与近郊的房地产价格相对于中心

城区较为便宜,吸引了在中心城区就业的社会群体到城市边缘和近郊地带购置房产与住宅。从 2004 年到 2014 年,我国的城市建成区从 30 406.2 平方公里增长到 49 772.6 平方公里,增长了 63.7%。城市的人口密度从 2004 年到 2006 年有明显提升之后,从 2006 年到 2014 年,我国的城市人口密度始终保持在 2 300 人左右,并没有明显增长,如图 3 - 9。

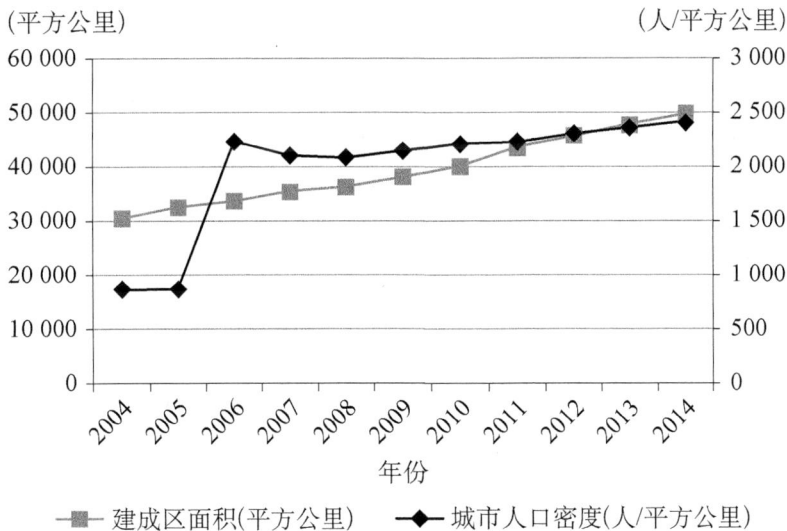

图 3 - 9　我国城市建成区面积和城市人口密度(2004—2014)

资料来源:国家统计局.中国统计年鉴[M].北京:中国统计出版社,2005—2015.

(二) 各种功能开发区、大学城与城市新区

我国各种各样功能的开发区是城市空间蔓延的途径与表现,包括经济技术开发区、高新技术产业开发区、保税区、出口加工、科技园区、自由贸易试验区、省级开发区以及大学城等。在地方政府成为区域经济的经济主体条件下,为推动地方经济增长,我国的省级开发区呈现快速增长。此后,省级以下的市级与县级开发区遍地开花。1988

年 5 月,国务院批准成立了第一个国家级高新技术产业开发区——北京市新技术产业开发试验区。1991 年,国务院再批准了 26 个国家级高新技术产业开发区。1992 年,又有 25 个国家级高新技术产业开发区成立,至此其有 52 家国家级高新技术产业开发区。各级形式与国家级、省级及以下的功能开发区发展进入快速轨道,以致 21 世纪之初出现了"开发区热"。到 2003 年,全国各类开发区达到 6 866 个,开发区规划面积达到 3.86 万平方公里,超过了当时全国所有城市建成区的面积。[①] 在其中,国家有关部门批准的 189 家,包括国家级高新技术开发区 53 家、国家级经济技术开发区 54 家,省级批准的 1 094 家,省级以下批准设立的 5 601 家。有的省份开发区面积超过了其省内所有城市建成区之和。开发区数量增长如此之快,以致国务院有关部门在 2003 年之后对省级以下的开发区进行清理整顿。经过清理整顿,撤销 1 094 家,还剩 2 053 家。[②] 这些功能开发区以某一产业与经济功能为导向,进行大范围地征地、"圈地",在开发区之内进行拆迁与大规模基础设施建设。在产业发展到一定阶段之后,由于服务业从制造业之中分离,开发区的功能逐渐混合化,出现了功能开发区城市化现象。在功能开发区与原来的城市中心城区之间,往往通过公路、高速公路和轨道交通进行连接,它们之间的空间被住宅房地产不断填充,从而使得功能开发区成为拉大城市建成区的先行者。

对城市空间具有较大的影响的城市大型项目建设还有大学城与城市新区建设。许多大学城占地面积都十分巨大,有的甚至达到 20 平方公里以下,成为拉大城市建成区的重要建设项目。在我国三大都市圈之内,上海的松江大学城、广州大学城、浙江高校园区、东莞大学科技城、无锡大学城、南京仙林大学城、天津生态高教园区和东方大学城,都对三大都市圈的城区扩展起到十分重要的作用。此外,还

---

① 郑国. 开发区发展与城市空间重构[M]. 北京:中国建筑工业出版社,2010:49.

② 李森. 困境和出路——转型期中国开发区发展研究[M]. 北京:中国财政经济出版社,2008:93.

有除了产业发展功能开发区之外的城市新区,即具有经济试验和商业开发为目的的新区,如 20 世纪 90 年代的浦东新区,进入 21 世纪之后的天津滨海新区和深圳的综合配套改革试验区等,这些新区占地面积同样十分巨大。与城市中心城区居民不断通过住宅房地产郊区化而使得城市空间渐进地向外围扩展不同的是,不同的功能开发区、大学城与新区以集中、连片和规模巨大的方式,在较短的时间之内使得城市空间得到较大的扩张与蔓延。

表 3-1　各省(直辖市、自治区)省级开发区数量

省份（直辖市、自治区）	数量	省份（直辖市、自治区）	数量	省份（直辖市、自治区）	数量
北京市	16	天津市	25	河北省	45
山西省	22	内蒙古自治区	39	辽宁省	42
吉林省	35	黑龙江省	29	上海市	26
江苏省	109	浙江省	103	安徽省	85
福建省	65	江西省	88	山东省	155
河南省	23	湖北省	89	湖南省	73
广东省	69	广西壮族自治区	23	海南省	5
重庆市	34	四川省	38	贵州省	13
云南省	15	陕西省	17	甘肃省	34
青海省	3	宁夏回族自治区	15	新疆维吾尔自治区	11

资料来源:郑国.开发区发展与城市空间重构[M].北京:中国建筑工业出版社,2010:42.

(三)房地产

对住宅与商业房地产的开发构成城市空间扩张与蔓延的重要因素。许多城市建筑本身的更新使得建筑更新并提高高度。另一方面,在中心城区建筑日益紧凑的条件下,城市之内空间已趋于饱和,利用内城更新经济成本更高,而选择在城市郊区建设住宅房地产,满

足不断膨胀的城市人口数量需求,是一条较为合理的途径。郊区房地产发展是城市空间扩张的重要途径。1995 年,我国建筑业总产值与房屋竣工面积分别为 5 793.75 亿元和 35 666.3 万平方米,而到了2014 年,两者分别为 176 713 亿元和 423 357 万平方米,20 年两者同比增加了 29.50 倍和 10.86 倍,两者每年都在增长,其增长速度是惊人的,高于同期国内生产总值 9.40 倍增长速度。如果同我国国内生产总值年增长率相比较,除了 2005 年之外,我国的建筑业总产值与建筑房屋竣工面积年增长率明显高于国内生产总值,如图 3 - 10 和图 3 - 11。

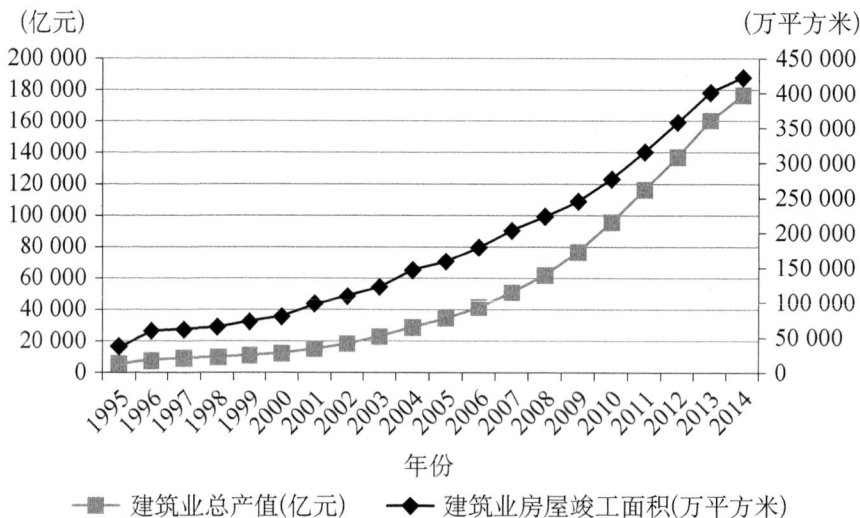

图 3 - 10 1995—2014 年份我国建筑业总产值与房屋竣工面积

资料来源:国家统计局.中国统计年鉴[M].北京:中国统计出版社,1996—2015.

(四) 交通基础设施

城市交通基础设施建设也是我国城市空间蔓延的途径。为缓解交通拥挤与堵塞紧张状况,城市投入大量资金进行轨道、高速公路和公路建设,造成城市交通基础设施建设大幅度增长,不仅占据了大量的土地面积,也拉大了城市建成区的面积。我国的铁路营业里程从

(%)

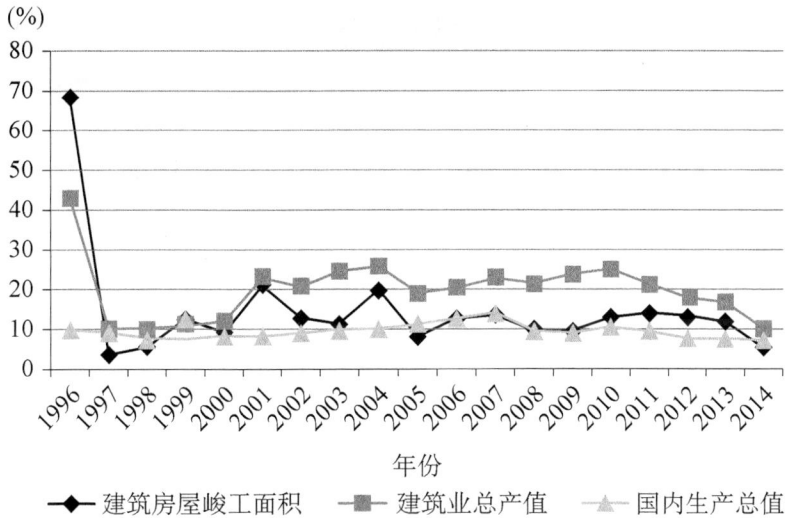

图 3 – 11 建筑业总产值、国内生产总值和房屋竣工面积年增长率(1996—2014)

资料来源：国家统计局.中国统计年鉴［M］.北京：中国统计出版社，2005—2015.

1994 年的 6.24 万公里增长到 2014 年的 11.18 万公里,其中国家铁路电气化里程从 1994 年的 0.97 万公里增长 2014 年的 3.69 万公里。公路里程从 1994 年的 115.70 万公里增长到 2014 年的 446.39 万公里,其中高速等级路公路里程从 0.21 万公里增长到 11.19 万公里,一级等级公路里程从 0.96 万公里增长到 8.54 万公里,二级等级公路里程从 8.49 万公里增长到 34.84 万公里。[1] 这些公路与铁路主要集中在东部和中部地区,对城市的空间扩张起到了促进作用。这样,许多城市空间沿着公路与铁路呈辐射状发展。

---

[1] 国家统计局.中国统计年鉴［M］.北京：中国统计出版社,2015.

第四章

我国三大都市圈首位城市的空间极化

　　与我国三大都市圈城市蔓延相对应的是其首位城市的空间极化。城市蔓延与城市空间极化实质上是一个问题的两个方面表现。前工业化城市的人口规模小、城市人口占社会总人口的比重低。在城市空间布局中,城市政治与社会精英占据了城市的中心位置,城市中心有标志性建筑。前工业化城市没有中央商务区(CBD),城市土地利用缺乏功能分区特征,居住与工作是混合在一起的。中华人民共和国成立后特别是改革开放以来,经济因素越来越成为城市空间扩展与分配的主导因素。进入 21 世纪以后,随着我国城市产业结构不断升级,利润率以及收入水平越来越成为产业和社会群体在城市空间定位的依据。在我国三大都市圈首位城市,城市空间呈圈层式向外发展特征较为明显。这些首位城市在空间分化与发展过程中,一方面具有以经济为主导因素城市空间发展的普遍性特征,另一方面也具有我国城市空间发展的独特性,呈现出与西方国家不同的特征。

第一节　我国三大都市圈首位城市的空间发展特征

　　我国三大都市圈首位城市是指我国发展外向型经济并与世界城

市体系具有较高关联性的国家性或地区性首位城市。首位城市具有较高的国际化程度,对外贸易依存度也较高,外向型经济特征明显,拥有相对较多的跨国公司分支机构数量。它的服务业在增加值与就业两个方面占有较高比重,城市产业服务业化程度较高。还有,首位城市的劳动力供给充裕且多样化,它们是我国人口迁移的主要目的地。在我国三大都市圈首位城市,中心城区的极化现象较为明显,即财富与资本在中心城区高度聚集,城市空间呈圈层式向外发展特征较为明显。

从国外经验来看,在第二次世界大战之后,美国城市蔓延造成中心城区的衰弱与颓废,郊区蔓延与城市衰落具有显著的统计相关关系。全球城市郊区过度发展,大量企业转移到郊区,中心城区走向衰落与“空心化”。目前全球城市的中心城区正在试图通过全球化与信息化的作用,试图成为全球性流动性空间的联结节点以获得重新发展,即绅士化或城市更新进程。美国城市的郊区化与中心城区的衰落具有紧密关联。中心城区的衰落在 20 世纪 70 年代和 80 年代成为许多美国大城市重要的经济与社会问题,如纽约市和芝加哥等。

相对历史上西方国家中心城市发展状况,从城市空间来看,目前我国三大都市圈首位城市已经进入郊区化阶段,城市空间以同心圆的方式向外扩张,中心城区的居住人口密度趋于下降。与发达国家大城市空间发展不同的是,我国三大都市圈首位城市在郊区蓬勃发展的时候,中心城区依然是最为繁荣繁华的,其居住人口密度与产业密度远远高于郊区,仍然是全市人口与产业密集度最高的区域;中心城区的产业密度特别是服务业增加值密度不断提高,中心城区仍然是城市产业与居住的重点。从产业密度与地产价格来看,中心城区与郊区的差距是在扩大而不是缩小。中心城区高耸入云的建筑与高企的地产价格成为其地理空间标志。现阶段,尽管我国三大都市圈首位城市已经开始了郊区化进程,城市空间发展的突出特征是中心城区具有较高的聚集性。

虽然我国三大都市圈城市蔓延问题在不断发展,但是其中心城区的科技资源、物质资本、人力资本以及公共服务依然是全市最为丰富的区域。在城市空间内部竞争之中,中心城区占有无可比拟的优势地位,具有郊区无法匹敌的重要性,中心城区是高利润率产业与高收入社会群体的首选之地,低利润率产业与低收入社会群体的进入与融入中心城区经济与社会结构的难度变得越来越高。高附加值的产业与财富高度集中在中心城区与中央商务区。虽然近年来这些首位城市中心城区人口密度有所下降,但是中心城区人口密度仍远远高于郊区;中心城区的产业密度包括第二产业和第三产业密度都高于郊区;中心城区的综合性功能是郊区所无法比拟的,郊区和开发区必须借助中心城区的综合性功能;中心城区以其不可复制的整体性优势体现了城市化的目的与意义。财富、人力资本与科学技术资源高度集中在中心城区带来了城市空间极化。

因此,我国三大都市圈首位城市空间变化兼具有前工业化、工业化与后工业化城市空间变化特征:一方面,中心城区在集聚财富、科技与人力资本;另一方面,郊区在不断向外围发展。尽管我国三大都市圈首位城市的建成区面积急剧扩张,但是郊区始终无法取代中心城区的功能与作用,单心单核始终是我国三大都市圈首位城市的空间结构特征。我国三大都市圈首位城市在郊区化进程开始之后,中心城区不但没有出现西方国家城市曾经出现过的"空心化",反而更加繁荣。这也是城市空间极化现象。

以上海为例,尽管上海市政府不断试图减轻中心城区的负担,建立新城分散中心城区的功能。但是,中心城区的第二产业和第三产业密度仍然在不断提高,而制造业从业人数在减少。虽然中心城区第二产业发展的速度低于郊区县,但是第二产业密度在绝对数量的大幅度提高。这表明了技术与知识正在替代劳动力投入成为促进中心城区制造业发展的主要因素,表现了技术与人力资本趋于向中心城区集聚。同时,首位城市空间极化现象还表现在低收入社会群体特别是外来人口主要滞留在城市边缘区域上。作为全国性或地区性首位城市,这些城市是农村剩余劳动力的主要流向目的地,外来人口的非正式就业构成首位城市就业的重要组成部分。然而,由于中心城区生产者服务业所要求的工作技能往往是外来人口无法企及的,外来人口不可能以中心城区的正规行业作为就业目标。寻找既可以获得工作机会又可以获得低廉租金的房屋往往是外来人口的主要目标。这样,城市郊区的工业开发区及附近区域成为外来人口理想的栖居地。同时,外来人口的生存与工作需要个人之间相互协助,在社会保障制度缺失的条件下,由同乡籍的农村流动人口组成所谓的城市"村庄",以期能够相互帮助与照顾。这些城市"村庄"一般位于在首位城市边缘区域。以上海市为例,60%以上外来人口选择在城市边缘区工作和居住。

第二节 我国三大都市圈首位城市空间极化的经济成因

城市空间极化与城市蔓延是相对应的空间现象,也是同一个城市空间问题的两个方面表现。在我国三大都市圈首位城市蔓延之中,为何我国三大都市圈首位城市的中心城区始终是城市的经济重心,并没有出现衰落现象?中心城区并没有经历整体经济坍塌与社会衰落再重新崛起的过程?国内外学者包括城市社会学、城市地理学、城市规划学以及城市经济学者对这个问题的相关研究主要可见于对中外城市郊区化的研究之中,侧重于从促进城市郊区化的动力与主体进行研究,认为城市的旧城改造,"退二进三",城市原有的中心区工业特别是劳动密集型、污染较重的工业迁至郊区,而向心性很强的商业、金融业等第三产业集聚中心区,加强了中心区的城市现代化功能。同时,大量资金投入旧城改造,城市中心重新获得了生机。实质上,上述这些政府行为如果没有相关经济发展背景条件作为支撑,极可能是失败的政府投资行为。城市空间发展首先是经济规律作用的过程,政府行为只是在这个规律条件下的进一步推动力量,城市空间是经济发展过程的外化表现。在某种程度上讲,具有一定客观性。换句话说,城市空间发展其实是经济规律在起着关键性作用,它应当是经济规律的外化与表现,政府在其中所起的作用较为有限。

因此,探寻我国三大都市圈首位城市中心城区持续性繁荣及其与郊区形成的空间落差的原因,需要从城市经济增长机制、城市人口迁移机制以及城市的功能入手。从这些客观的经济作用规律入手,解析首位城市的性质与特征,才能得出科学与正确的结论与答案。我国三大都市圈首位城市空间发展独特性源于新时期经济全球化背景下首位城市的外向型经济特征、劳动力供给结构以及城市外生服务业化。首位城市在此三个分化效应之下,中心城区经济密度趋于上升,而郊区空间对外呈蔓延式扩张。实际上,从 20 世纪 80 年代以来,无论是西方国家的全球城市还是发展中国家的首位城市,都出现了中心城区财富集中,而郊区重要性下降的现象;中心城区以快于郊区的速度发展,城市空间以同心圆式向外扩展。

一、首位城市作为世界城市体系的联结节点及其分化效应

我国三大都市圈首位城市是带动我国经济体系参与国际经济体系循环的主体。它参与国际经济生产分工与协作,是世界城市网络体系之中的一个重要联结节点。城市物流与人流的大进大出是推动其经济增长的重要力量。这源于当今世界经济全球化的作用。我国三大都市圈首位城市是镶嵌在世界城市网络体系之中的节点,受经济全球化影响并推动经济全球化进一步发展。经济全球化是当代世界经济的重要特征之一,也是世界经济发展的重要趋势。从 20 世纪 90 年代开始,经济全球化以前所未有的速度在世界范围快速发展,达到了前所未有的高度。在经济全球化的推动下,国与国之间的贸

易扩大迅速,贸易额越来越大,外商直接投资的数量在不断增长,人员流动不断增加,经济体之间的相互依赖程度也相应提高。当前,国际金融的比重正在不断上升,资本在全球范围之内流动,它们寻求生产的最低成本空间位置,寻求生产与消费的最佳结合。信息技术使得国际游资可以在全球实现 24 小时不间断流动。

从我国三大都市圈内部层面看,首位城市不仅拥有较大的经济总量与人口数量,而且在城市基础设施和固定资产投资方面具有较高的投入,其经济增长速度较高。同时,首位城市中心聚集作用使得国家和周边经济区域的生产要素进一步向它聚集。这样,在首位城市发展基础上,城市以国际化战略通过竞争吸引到的外商直接投资在国家及其所在经济区域中占有较高比重。我国三大都市圈首位城市参与国际经济分工与协作,利用我国劳动力成本较低优势,发展外向型经济,吸引国际资本,出口相关产品。城市成为资本、人员以及技术等生产要素进出的基地与重要通道。大量货物的进出口、人员的大进大出以及资本的流动对首位城市的城市居民收入结构产生了重要影响。首位城市在进口与出口都大幅度增加的条件下,不同产品部门由于生产要素专用性的不同而产生了分化效应。进出口通过相对价格变化最终影响到人们的收入水平。一般而言,在比较优势与要素禀赋的作用下,出口部门的产品相对价格会提高,而进口部门的产品相对价格会降低,实行国际贸易后的进出口产品相对价格向世界相对价格方向靠近,如图 4-1 所示。

首位城市进出口贸易大量增长,它通过相对价格变化,使生产要素从原来进口产品部门向出口产品部门转移。从图 4-2 可以看出,在边际生产收益递减的作用下,A 点与 B 点在 X 轴上的映射距离大于在 Y 轴上的映射距离,即生产要素转移的幅度大于边际生产率的差异。边际生产率可以是劳动、土地或资本的边际生产率,因而可以是工资、租金或利率。对于出口部门的资本方而言,生产要素转移的幅度大于边际生产率的差异使得出口部门特定的生产要素所有者是

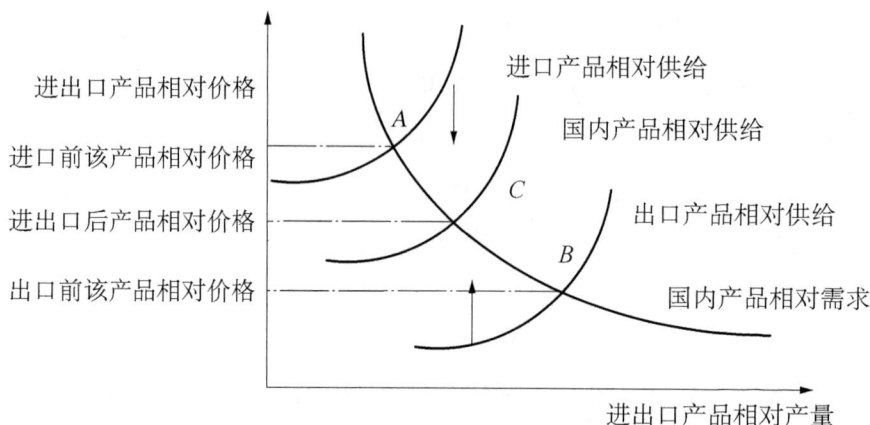

图 4-1　国际贸易对进出口产品国内相对价格的影响

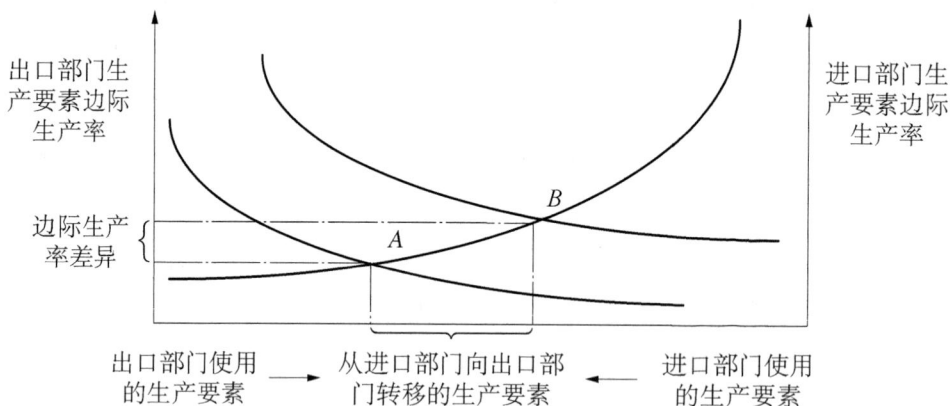

图 4-2　进出口、相对价格变化与生产要素边际生产率差异

最大受益者,因为其生产要素价格的上升幅度小于产品价格的上升幅度。资本方不仅可以从生产要素成本价格上涨幅度小于其数量转移幅度而受益,又可以由于产品出口价格上升而受益。

对于进口产品部门来说,它是双重的受损者,既受到生产要素价格上升的影响,又受到出口产品价格上升引发的产品相对价格下降问题的影响。相同情况可见于本国生产与消费产品的生产受到出口部门扩大的影响。因此,在进出口贸易大幅度增长的条件下,生产要素在不同产品部门间的流动具有扩大人们收入距离的作用。出口快速增长使得劳动力大量流入出口部门。这种情况不仅加大了资本所有者与劳动力所有者的收入距离,而且也加剧了资本之间竞争,从而使社会收入分配向两极方向发展。

因此,在我国改革开放以利用劳动力成本低优势和出口加工拉动的工业化条件下,首位城市成为国际经济生产的重要基地和货物进出口通道。进一步地,如果首位城市同国内其他区域的贸易过多,包括城市的基本经济活动比重过多,同样也会存在进出口贸易过多产生的资源向基本经济活动部门集中的趋势,即非基本经济活动部门的资本与劳动力会向基本经济活动部门流动的现象。[①] 由于首位城市同时也是国内的交易与通道型城市,城市与外界的贸易往来多于其他类型城市,部门生产的专业化水平较高,许多部门的就业与增加值区位商都远远超过1。这都会使得劳动力与资本进一步向基本经济活动部门集中,劳动力收入下降。

对于资本而言,资本在空间具有相对于劳动力更好的空间位移性,可以在全球寻找到最低的劳动力成本、土地与技术等其他生产要素与之相配合,并使产品与消费者要求相对接。在我国三大都市圈首位城市,大量的国内外贸易及其商品的生产使得社会资本无论是外国资本或是国内资本都相对集中到出口部门和基本经济活动部门。由于首位城市的国家性或地区性首位城市的作用,它是国内人口迁移的主要目的地,首位城市可以获得相对充裕的低成本劳动力供给。这样,无论是国外资本或是国内资本,靠近首位城市生产,可以获得廉价的劳动力,节省交通成本找到产业链配套。因此,首位城市是资本的首选之地,也是资本的竞争之地。在弹性生产和分拆式生产的条件下,生产效率大大提高,成本大大降低;另一方面也使资本取得相对劳动力更为优越的地位。在劳动力权利保障与社会制度约束不到位的条件下,劳动力工资薪酬被压到较低,经济生产被简化为资

---

① 在城市经济学之中,满足城市内部需求的经济活动,称为非基本经济活动;为城市外部需求而生产从而创造城市收入的经济活动,称为基本经济活动。

本利润而生产,生产不会顾及自然环境破坏和工人权利受损问题。

因此,经济全球化条件下,我国三大都市圈首位城市对外经济开放、外资进入以及大量的国内外贸易与基本经济生产活动,使得社会收入分配差距不断扩大。出口部门与基本经济生产部门的大量增长使得边际生产率递减,工资率维持在较低水平,资本获得更多利润。在资本之间竞争趋于剧烈之际,胜出的资本可以获得更多的利润。所以,首位城市的国际化经济增长特征扩大了社会收入分配,对资本与劳动、资本与资本之间起到分化的作用。它使得城市居民与企业的城市空间竞争能力差异不断分化。

外向型经济还会产生较为严重的产业结构不合理现象。正常的产业升级过程之中,后来发展的产业发展需要前面发展的产业利润支持,需要企业积累与工资收入水平有较大提高。在利润不合理地集中某一产业部门或被转移到国外条件下,城市内生的产业发展升级失去了稳固的基础,内生的产业技术水平提高缓慢,内生的服务行业发展速度不高。由于产业升级发展缓慢,使得首位城市的社会分工生产分工向细化与深化方向发展受到限制,社会分工在深度和空间广度之上都无法取得较为明显的进步,从而使得不同产业与不同行业之间无法形成稳定的复杂性关系。

这样,在首位城市的工业化过程中,极高的外贸进出口度与国内贸易额不仅使得城市生产的产业结构畸形,也拉大了人们的收入差距,特别是加大了资本与劳动之间的收入距离,加剧了资本之间的竞争。它至少是没起到有效地促进中产阶级壮大的作用。在首位城市本身功能与作用之下,在资本与劳动的对峙中资本显然占据了优势,加剧了社会收入分配分化。

二、我国三大都市圈首位城市的劳动力供给结构与收入分化

从我国区域经济发展来看,一个城市能够在国内众多的城市脱

颖而出成为首位城市,一个重要条件是它的国家性或地区性首位城市性质。从规模经济角度来看,首位城市由于较大的人口数量与产业规模,在地方化经济(Localization Economies)与城市化经济(Urbanization Economies)的作用下,会把较小城市的企业、人口与贸易都吸引过来,以能获得共享的劳动力市场、中间投入品生产的规模经济和知识信息的外溢。这是生产与服务企业愿意选址在首位城市的经济原因。从政治与社会角度来看,首位城市具有标杆效应与象征作用,也是政治权力与经济富裕的象征。在国际化战略之下,国家与城市为尽快能融入世界经济体系,在城市基础设施、社会公共服务产品提供以及固定资产投资都能得到优先投入。接近首位城市意味着接近这些优质的社会公共资源。因此,在一个国家或地区经济发展的早期与中期阶段,经济区域存在着单一中心的空间聚集现象,生产要素向着处于城市等级体系顶端的城市集中,它与次级城市的发展距离进一步拉大。

这样,在首位城市发展的基础上,我国三大都市圈首位城市吸引了来自于发达国家转移过来的制造业与服务业,集中我国优质的生产要素和社会公共服务资源。首位城市成为技术、资本的集中地,因而也成为国内人口迁移的主要目的地。由于我国三大都市圈首位城市本市的农村户籍人口向城市迁移浪潮已经过去,城市化已经不是首位城市经济与社会发展的主要推动力。中心城区人口向郊区迁移与外来人口流入是当前首位城市人口迁徙的两大主流。简而言之,外来人口源源不断的流入是劳动力获得供给的重要来源与保证,也造成了大量的劳动力"后备军"与"供应池";另一方面,过度供给的劳动力也使得我国三大都市圈首位城市交通基础设施和优质社会公共服务的供给变得相对紧缺与不足。

我国三大都市圈首位城市是人口迁移的目的地,是劳动力无限供给或过度供给条件下流动人口寻找工作的主要目的地城市。我国的城市化自上个世纪末开始加速以来,农村劳动力人口是直接进入城市从事制造业或者服务业的。首位城市是这些劳动力人口重点流向目标。在户籍制度的限制下,从农村转移出来的劳动力与原先城市劳动力存在明显的劳动力市场分割。从农村转移出来的劳动力存在着劳动力技能低和人力资本投资不足等现象。低技能劳动力占据了其中大部分。他们的工资率较低。虽然如此,他们在首位城市的收入比在家务农的收入是比较高的。因而,他们宁愿呆在城市中而不愿回到农村中去。由于大量农村人口涌入首位城市,他们之间就业机会竞争是相当剧烈的。这导致了城市的外来人口或流动人口的低工资率。在某种情况下,他们工资越低,他们愿意提供的劳动小时数越多。在极端的状况下,他们甚至不管何种工资水平,都愿意提供达到生理极限的劳动。与此同时,城市劳动力特别是受过良好教育的劳动力人口,他们愿意提供的劳动受到工资率的影响。他们愿意提供的劳动小时数是受到收入效应与替代效应支配的。

因此,在首位城市的劳动力供给上,出现了相当复杂的情况,如图 4-3。图中 L_1 表示受过良好教育,进行过人力资本投资的高素质劳动力供给曲线,这部分人的劳动力供给曲线是一条向里弯曲的曲线。存在一个工资率 W_1,使得当实际工资率小于 $W \leqslant W_1$ 时,他们宁愿闲暇也不愿意进行工作,劳动力供给为零。由于他们对工资的期望值比较高,他们在劳动力供给为零的工资率 W_1 处于较高的位置。随着工资率上升,替代效应超过收入效应,高素质劳动力供给呈现上升趋势。在工资率达到 W_2 后,收入上升使得其带来的边际效用下降,收入效应超过替代效应,他们更倾向于进行休暇而不愿意多工作。L_2 表示从农村转移过来的低技能的劳动力人口愿意提供

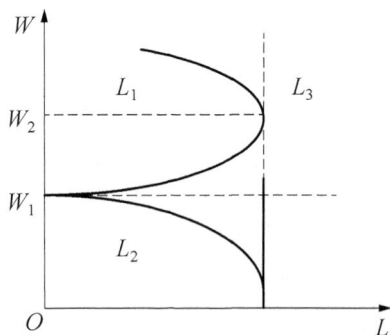

图 4-3 我国三大都市圈首位城市的劳动力供给

的劳动,竞争使得他们的工资率始终位于低水平上,他们愿意在高素质劳动力不愿意工作的工资率上工作。在高素质劳动力开始工作之后,工作机会的缺乏迫使他们的工资率趋于下降,生活压力迫使他们要进行更多的工作时间才能维持生计。因此,工资率的下降反而提高这部分劳动力供给,表现在 L_2 向下弯曲的特征上。对于这部分劳动力来说,还存在一种情况,无论工资率高低,他们都愿意工作,劳动力的供给对于工资变化缺乏弹性。L_3 表示了这部分人口的劳动力供给,表现为一条垂直的直线。从图4-3可以看到,受过教育的专业化人才与低技能劳动力的收入存在明显的分野。专业化人才工资率高,就业相对稳定,人力资本投资多。低技能劳动力收入偏低,教育相对不足,工作更换频繁。劳动力供给存在着"双峰主义",直接导致了收入分配"双峰主义"。城市收入分配差距逐渐扩大。

　　专业化人才与低技能劳动力的收入之间存在明确的分野。专业化人才工资率高,就业相对稳定,人力资本投资多。低技能劳动力收入偏低,教育相对不足,工作更换频繁。收入两极分化的"双峰主义"在服务业上表现得特别明显,即高收入群体与低收入群体的收入差距不断扩大。生产者服务业从业人员具备良好的教育背景、娴熟的工作技能与深厚的专业知识,这部分人收入较高。另一方面,大量消费者服务业与分配性服务业聚集了从农村转移过来的或者受过较少教育投资外来人口。这类服务业要求的工作技能较低。服务业技能与知识的巨大差距表现在收入的巨大差异上。

　　因此,虽然我国三大都市圈首位城市作为地区性首位城市,它往往成为农村劳动力转移的首要目的地,然而,我国三大都市圈首位城市中的劳动力并未经历类似于发达国家通过全民社会福利与教育提升推进人力资本积累与提升的过程。外向型经济与不合理的产业结构、人力资本投入的政府主导性与教育发展的相对滞后性都是不利于我国人力资本的形成的。源源不断的外来人口造成了首位城市低层次劳动力的过度供给。在首位城市中,大量低技能的劳动力与少数的专业化人才并存。这样,大量从农村转移出来的劳动力与信息化条件下经济发展是相互矛盾的。从农村转移出来的人口普遍缺少先期人力资本投入。信息化条件下经济发展的知识性质使得少量人力资本拥有者得到高额收入,而大量低技能劳动力只能在分配性与消费者服务业之间徘徊。

三、作为协作生产分工空间的首位城市及其外生服务业化

由于我国三大都市圈首位城市具有方便的交通与通信基础设施,在社会环境与政策环境接近于国际通行规则,服务业特别是生产者服务业会趋于在首位城市的中心城区集中。服务业特别是生产者服务业成为西方发达国家全球城市、发展中国家首位城市管理与控制经济生产的重要产业形式,也是协调国际经济生产分工的重要空间协作形式。因此,在经济全球化与信息化的背景下,世界经济生产的市场范围达到全球每个角落,产业的分工与协作达到前所未有的境地。相应地,我国三大都市圈首位城市参与国际经济生产分工与协作,促进了我国经济生产分工细化与深化,也集中了较多的服务业,特别是生产者服务业。首位城市作为世界或区域性的经济管理与控制中心,城市必然集中了管理与控制功能的产业形式——生产者服务业,并有大量消费性服务业与分配性服务业。

特别需要指出的是,我国三大都市圈首位城市服务业比重较高并不表明其产业结构合理化与高度化。外向型与服务业比重较高在一定程度表明城市产业结构不能像一个大国那样具备完整与合理的产业结构。城市可能某些少数产业独大,其他产业趋于萎缩。虽然相对于其他类型城市,首位城市经济生产更为专业化与精细化,但是只能表明它在全球与国家区域层面其所承担的全球生产价值链的环节。国际城市经济生产分工专业化与细化并不表明城市拥有较为完整的生产体系,而是在国际经济生产分工之中,它所属的生

产分工部分较为精细化,并由此催生出其他产业。特别是,城市的生产者服务业具有较高的外生性而非由城市产业升级所致,生产者服务业在首位城市的提高源于城市所在区域的生产分工而需要作为协调性质服务业的发展,而不是城市居民与企业需求的推动。首位城市的生产者服务业作为协调世界与本国经济生产分工的协作产业出现,对于城市本身产业结构而言,具有较大的外生性,也就是说,它并不是来源于第一产业和第二产业由于劳动生产率提高、工资与利润积累导致需求升级产生的服务业。它是外生的而不是内生的。

相对于农业与制造业,服务业更多地依赖于人力资本。由于服务业发展既是分工的原因,又是分工的结果,特别是生产者服务业集中反映了专业化程度的提高与生产迂回程度的增加,服务业特别是生产者服务业的发展便体现了知识与生产经验存量的增加、技术进步以及人力资本的增加。生产者服务业具有专业依赖性和知识密集型特点。在分工的条件下,生产者服务通过研究部门新产品设计将人力资本和总的知识存量贯彻进生产过程,而中间生产过程的扩大为人力资本与知识存量溶进生产过程创造了更多的机会。在经济不断发展的状况下,生产者服务业日益成为人力资本与知识资本积累、日益专业化与迂回生产的主要表现途径之一。

然而,不同于工业经济的福特生产方式,服务企业之间的竞争变得愈来愈剧烈,服务业内部的二元化现象正在变得愈来愈普遍。这是由于服务业特别是生产者服务更多地依赖于人力资本的性质,使得服务业就业人员依赖于受教育程度、培训经历以及个人能力。在生产者服务业之中,一方面是管理、研发与创新以及专业性服务产品,这部分服务业依赖于专业化人才,具有针对性、创新性和异质性,他们负责知识与信息的接收、处理与交换,是高技能的劳动力;另一方面是服务业运用大生产方式,采用标准化方式,提供类似福特生产方式的服务,如跨国投资基金与连锁经营方式等,服务人员只负责信息的传输,他们是一般性劳动力。随着竞争的加剧,服务业特别是生产者服务业出现二元化发展趋势,大中型服务企业出现并占据主导地位,其他服务业逐渐被整合进大中型服务体系之中,成为其中分支部门。通过二元化过程,服务业生产力有了综合性与实质的提高,服务业实现了自动化、机械化与信息化。这样,一部分服务业在竞争之中脱颖而出,另一部分企业却面临被整合或倒闭的命运。对于服务从业人员而言,具有研发、管理与创新能力的服务人才可以获得高薪酬,而从事机械化的服务就业人员只能获得较低薪酬。由此社会收入分配差距进一步拉开。相对于农业经济与工业经济,服务经济的社会收入分配差距是较大的,投入服务经济的资本面临的竞争也更为剧烈,这是由于服务经济更多依赖于人力资本的性质所决定的。

因此,在经济全球化背景下,我国三大都市圈首位城市的外向型经济、劳动力供给结构以及城市产业外生服务业化三个特征,都在使得资本之间、企业之间与包括流动人口在内的城市居民竞争进一步加剧,社会收入分配差距不断扩大,不仅扩大了企业与居民对城市空间竞争的能力差异,也使得城市空间出现了较大的分化。大进大出的外向型经济本身使资本与社会收入分配不断扩大,服务业特别是生产者服务业依赖于人力资本的特点决定了服务经济形态的社会收入差距愈大与资本竞争会愈趋剧烈,首位城市的劳动力供给结构——一部分高技能劳动力与大量流动人口的低技能劳动力并存的特征,也使得社会收入与服务经济一样趋于二元化。具备这三个特征的首位城市经济增长机制会形成自我累积循环机制,不断强化原有的特征并促进经济生产与社会收入分化,从而也推动了城市空间的分化与极化。"当下某一个空间的状态越来越受制于空间之间的关联,不再是内联性的发展。……无论是哪一个层级尺度的空间,已然不能再是内生性、在地性的发展,而关联到全球的经济、政治和文化的互动;关联成为本体的一种状态,或者,也可以说,全球资本、信息、知识、技术、劳动力以及商品等关联性的强化,改变着空间的属性"。① 这种情况在我国三大都市圈首位城市表现尤为明显。

第三节　我国三大都市圈首位城市
空间极化的形成机理

　　城市任何经济活动都必须落实到城市空间之中。由于首位城市不同区位的空间具有不同的性质,中心城区由于便利的交通、服务产业集群以及优质的社会公共服务成为产业与居民的竞争对象。根据新古典城市经济学的租金竞价模型,我们假定产业与居民的空间区位竞争取决于产业利润率与收入水平,从我国三大都市圈首位城市发展的特殊因素之中去寻找促进其城市空间发展的特殊机制。在我国三大都市圈首位城市的中心城区与郊区之间,产业与居住主体存在着租金、交通成本和居住环境的权衡。中心城区租金成本较高,交通成本较低,但居住环境较为拥挤;郊区租金成本较低,但交通成本较高,居住环境较为宽敞。中心城区相对于郊区,具有较为完善的城市基础设施条件、相对成熟与稳定的社会结构。服务业集中于中心城区。服务业特别是社会公共服务以及基于此的形成的相对稳定的社会结构,是中心城区吸引产业与居住人口的原因之一。接近中心城区,可以享受较为便利的社会公共服务与快捷的交通。城市郊区在基础设施完善性、社会公共服务和社会结构稳定性方向尚无法达到中心城区相同的水平。由服务业与相对稳定的社会结构形成的社会资源,是郊区特别是远郊所不具备的社会软环境。即使在郊区演变成为城市副中心,到目前为止,城市中心区的综合功能仍是副中心无法与之匹敌的。城市郊区只是承接了从中心区转移过来的部分功

---

① 杨宇振.资本空间化[M].南京:东南大学出版社,2016:1.

能。创新性活动要求与外界高度链接、接受并传送信息,内部进行思想交流与互动的条件只有城市中心区具备。这是生产者服务业选择城市中心区的原因,也是全球城市中心城区重新发展的原因。

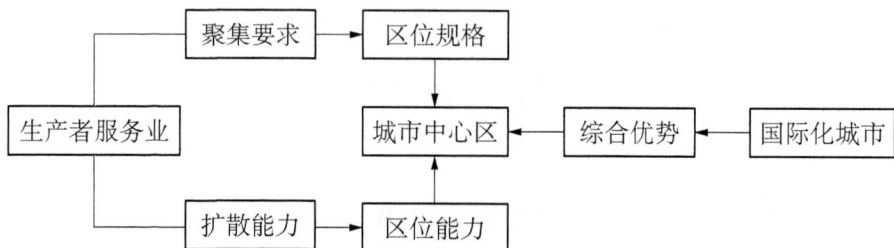

图4-4　生产者服务业在首位城市中的空间定位

　　因此,中心城区对于产业与居住都具有较高的吸引力。对中心城区接近取决于城市居民的空间位移能力与意愿。城市居民空间位移能力取决于收入水平,意愿在于职业需求,即由产业本身特点所决定的城市空间区位需求。依据租金竞价模型,不同社会群体与不同产业依据收入水平与产业利润率展开对中心城区空间区位的竞争,最后是产业利润率高、收入水平高的产业与社会群体占据中心城区的位置。劳动力供给特点与出口导向经济增长模式造成的收入分配差距扩大直接导致居住空间分化。相同收入层次群体拥有相近的空间需求。在共同的生活与工作需要下,相同收入层次的群体会逐渐靠近,形成相对均质的居住群落。通过空间分化,某一地域实现了性质较为均一的居住与产业空间。这种空间分化不仅表现在中心城区与郊区发展的重新定位之上,而且表现在城区某一区域逐渐走向同质化,不同区域之间差异化不断明显。中心城区与郊区选择取决于城市居民收入水平,还有通勤成本、交通便捷性以及对居住环境的要求,从而形成一个城市空间过滤机制,最终使城市不同圈层或者扇形区域出现相对较为均质的社会居住群体。

　　从产业活动来看,假设只有三种产业活动,生产者服务业、制造业与零售业。由于生产者服务业需要面对面的交流,需要快速地了

解市场变化情况,市中心的空间临近性有利于它们的发展。郊区与
副中心在功能的复杂性仍然无法与市中心相比,这些区域对生产者
服务业吸引力相对不高。在产业发展不充分的条件下,对于我国三
大都市圈首位城市生产者服务业而言,中心城区是较为适合其发展
的空间区位。其次,生产者服务业由于具有较高的劳动生产率和较
高的利润率而能够提供较高土地与住房租金。对于零售业来说,接
近于城市中心意味着人口密度的提高,对于提高它们的销售量与扩
大市场规模有很大的益处。但由于零售业能够提供的租金比生产者
服务业相对较低,所以它们占据了城市中心区外围的地域。对于制
造业来说,它需要大片的土地与充足的空间,位于城市边缘区有利于
产品的运输以及污染的扩散。它占据了城市边缘地域,如图 4-5
所示。

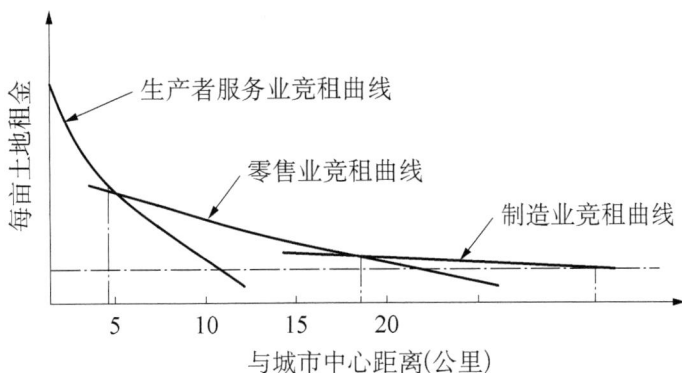

图 4-5　城市土地在不同产业的分配

　　我国三大都市圈首位城市空间与西方国家工业化时期城市空
间扩张不同的是,从我国改革开放以来,首位城市空间发展被置于
技术特别是交通技术与信息技术相对成熟的条件之下发展的。汽
车、高速公路和轨道交通对首位城市发展的影响较大。经济增长使
得汽车的需求不断增加。汽车的广泛使用与普及扩大了城市中心
区面积,使得城市建成区扩张的速度不断加快,如图 4-6。

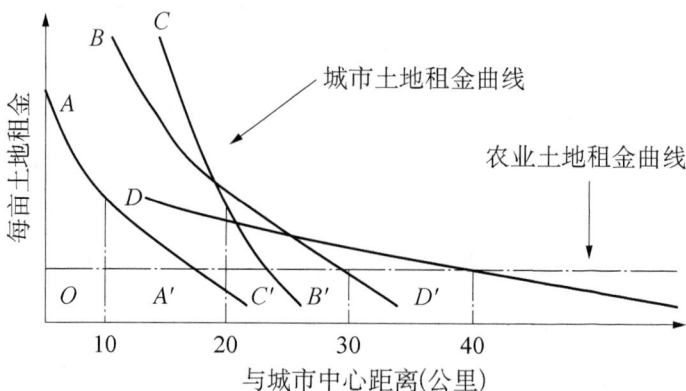

图 4-6　汽车的普及、交通设施的改善、
人口转移与土地租金曲线斜率

　　我国三大都市圈首位城市经济发展是在我国二元经济结构背景下发生发展的。作为地区性或全国性首位城市,工业化与服务业化在首位城市的发展,吸引了大批劳动人口向城市转移。工业化与服务业化所能提供的职位未能有效地满足城市人口膨胀的需要。城市基础设施相对于大量人口拥入供给相对不足。虽然交通技术与信息技术的应用提高了城市中心区的面积,但仍然显得不能满足需求。基础设施与社会公共服务相对投入的不足使得城市中心区是居住、生活与工作的最佳选择地点。人们的竞租曲线斜率是比较陡峭的。在交通工具与交通设施比较原始条件下,假设土地租金曲线如图 4-6 中 A,城市面积半径是 OA′。如果交通基础设施投入相对充足的,汽车的引入与道路的建设使得土地租金曲线从 A 推向 B,从而使城区面积半径从 OA′点扩大到 OB′点。但是,交通基础的改善与汽车的广泛使用所产生的作用并没有停止。在城市人口保持一定的条件下,城市面积的扩大与人口密度下降,城市拥挤程度减轻,它使得城市内的交通成本下降,结果是土地租金曲线斜率降低,曲线 B 变成了曲线 D。城市面积半径进一步扩大到 OD′。

　　然而,首位城市工业化与服务业化推进了城市基础设施包括道路设施改善,促进了汽车使用的普及,进一步吸引了农村劳动力向其转移,城市人口进一步增加。在这样的条件下,由于城市人口膨胀使得土地租金成本上升,土地租金曲线的斜率变大了,曲线 B 转变成了 C,城市面积半径是 OC'。可见,农村劳动力向城市的转移,由于拥挤程度的提高部分抵消了由交通工具与交通设施带来的土地租金成本降低。这样,由于土地租金曲线的斜率始终比较高,城市中心区始终是吸引经济活动的最有影响力的区域。城市的空间扩展保持着中心紧凑地向外扩展的态势。还有,根据著名的当斯定律(Downs Law),在政府对城市交通不进行有效管制的情况下,新建的道路设施会诱发新的交通量,而交通需求总是倾向于超过交通供给,即城市道路建设是不可能满足需求的。交通基础设施增加不仅会占用大量的土地面积,而且由于交通量增加造成了交通时间成本增加和环境污染等问题。中心城区在外来人口不断涌入、城市交通治理相对滞后与社会优质公共服务供给相对不足的条件下,其重要性更加凸显出来。

这样,通过城市的外向型经济、劳动力供给结构特征以及产业服务业化,我国三大都市圈首位城市的产业与居民产生了较大分化效应。不断扩大的社会收入分配差距是首位城市空间极化的必要条件。由于企业利润率和居民收入的不同,不同企业和居民对城市空间的竞争能力也是不同的。在以租金与房地产价格为手段的城市空间竞争中,中心城区由于集中优质的社会公共服务与交通基础设施等公共资源,因此始终是企业与居民空间选择与竞争的首要目标。中心城区的部分居住人口与企业无法承受高租金与房地产价格而搬离中心城区前往郊区。但是,中心城区的经济密度是在不断上升的,包括第二产业和第三产业的密度。郊区由于修建交通道路和汽车的普及而不断向外围蔓延。虽然郊区的经济密度由于产业与人口的郊区化也在上升,但是中心城区的上升幅度远高于郊区的上升幅度。在居住在中心城区所获得交通成本节约与居住在郊区所获得清新的空气、充足的阳光和宽敞的空间相比较,前者具有更高的权重。相同情况也出现在不同产业对城市空间的占有与竞争上。产业与居住空间竞争与转移既可以通过政府对旧城改造的方式,也可以通过市场方式进行。产业特别是服务业依据其产业利润率,居民主要依据其收入水平竞夺城市空间。这样,城市中心城区逐渐聚集了高产业利润率与高收入社会群体,而中低收入群体与低利润率的产业则不断向城市郊区迁移。

我国三大都市圈首位城市中心城区的聚集更多是人力资本、物质资本与科技知识的密集性增加,而并非是一般劳动力与城市居民的空间聚集。高附加值的产业与财富高度集中在中心城区及其中央商务区,也是高技术人才和高人力资本投入的空间聚集。相对于我国城市工业化初期和对外经济开放之前的中心城区聚集,城市实行国际化战略之后的聚集是更高层次的聚集与空间极化。它反映了信息化与经济全球化条件下国际经济生产的特点:二元化——精英与大众之间渐行渐远。对于我国三大都市圈首位城市而言,中心城区建设能够集中具有国际联接性的人才、资本与设施,体现了其城市的国际化战略以及努力融入世界城市网络体系的企图,同时也推动中心城区与郊区之间渐行渐远的空间差距。这样,与西方国家相比,现阶段尽管我国三大都市圈首位城市已经开始了郊区化进程,城市空间发展的明显特征是中心城区具有较高的聚集性,中心城区仍然是城市的产业与居住的重点,郊区无法取代中心城区经济与社会的地位与作用,城市中心区延续了历史上城市中心的空间位置。首位城市的中心城区始终保持着主导地位。首位城市的中心城区是城市重要的就业与财政收入地点。到目前为止,我国的城市并没有经历所谓大规模郊区化的过程,虽然有些城市已经出现了郊区化的现象,但没有出现郊区化与新城运动并使得中心城区经济与社会出现衰落。

实际上,从 20 世纪 80 年代以来,由于发达国家的全球城市是世界性的人口迁移目的地,因而拥有过度的劳动力供给。外向型经济、过度的劳动力供给以及城市产业外生的服务业化都是全球城市产生与我国三大都市圈首位城市相同的空间结构特征的重要原因。在西方国家的全球城市空间之中,中心城区停止衰败获得重新发展,而郊区发展势头减缓。全球城市的再城市化,在本质是与发展中国家相类似的现象。在它的多中心发展过程之中,中心城区已然重新成为空间的重要一极,中心城区的绅士化使得其重新获得经济与社会的重要性。在纽约,城市空间结构的同心圆发展特征较为突出,单心单核发展状况较为明显。

相对于过去人口在中心城区的集中而言,目前我国三大都市圈首位城市城市空间极化是相对较高层次的极化,反映了信息化条件下城市经济发展的新特点。城市中心城区在吸收与占有高级的生产要素之后,试图成为世界城市网络体系节点。城市空间极化现象突出地表明了在资本全球性流动与资本主义世界性生产的条件下,城市采取极化策略,即把有限的资源与要素集中在中心城区,以期能够达到融入世界经济体系的最低要求。在新的国际劳动生产分工条件下,全球化与信息化催生了一种贯穿于全球的世界生产体系,它以全球城市为节点,构筑了一个全球性流动空间。我国三大都市圈首位城市空间极化表现了它试图努力融入全球性流动空间。

然而,由于它试图构建类似于全球城市的服务化空间,它在不断融入全球性流动空间、接近世界经济发展核心地带的时候,却与本市其他空间组成部分的发展距离不断扩大,产生城市的空间间断与脱节现象,即全球性生产与地方性生产的分离。它在试图带动本区域经济发展的时候,却与本经济区域的经济与社会发展渐行渐远,以至强化了原来的二元化区域经济结构。城市空间极化表现了它不仅产生更大的社会收入分配差距,也在制造社会隔离与分化。首位城市中心城区聚集性过高,并与郊区形成悬殊的空间距离,这是不利于城市未来发展的。它突出地表明了城市产业与社会收入正在急剧地分化。如果听任这种情况发展下去,它会导致社会阶层之间对峙加剧,造成社会阶层流动僵化与停止,导致资本通过控制城市空间而控制人的局面产生。因此,必须利用制度来约束和限制资本对城市空间的作用,把城市空间差距控制在合理范围之内,以制度的结构支撑起我国三大都市圈首位城市合理的空间结构。

第五章

国外经验借鉴

——美国城市蔓延问题研究

　　空间是社会的表达,空间更是精神的外化。人类生活的空间从来不仅仅是欧几里德(Euclid)式的无限、等质与可测量的绝对空间,空间也应当是康德(Kant)式先验的空间,它是我们认识对象和建构外部世界的反映。空间不是实在的、与外在事物无关的牛顿(Newton)式绝对空间,空间更应当是人的知觉,更是人类通过自己的方式构成了或塑造了的外在感知。这对于人造空间更是如此——人类既有亲自然的天然倾向,又有聚集群居的需要,这种生活的内在需要与精神追求成为人类生活空间的原点与出发点。人类从来都是按照自己的设想来建设外部世界的,因此,在城市蔓延的原因之中,必须首先找出产生促进城市蔓延的思想与精神,它是城市空间发展的原点,虽然它会被后续的外部人工世界所影响,但是它仍是贯穿于历史长河之中的唯一可资依赖的线索。故而,精神与思想,应当先于技术与制度,构成了美国城市蔓延的首要因素。技术是城市蔓延的外部条件,为精神与思想的实现提供了便利,为人类提供了更为广阔的空间和更多的选择权。技术特别是交通技术与信息技术并不是城市蔓延的决定性因素。分析城市蔓延必须从思想与精神的原点开始。技术是城市蔓延的物质基础,制度是城市蔓延的社会条件。这三者一体共同推进了美国的城市蔓延。

第一节　美国城市蔓延的原因与形成机理

美国的城市蔓延是世界上最为典型与突出的。它根源于美国的自由主义传统和反城市思想,也受到技术特别是交通技术进步的作用。随着现代化生产和产业结构的发展,城市空间相应地发生变化。当然,利益的推动与制度因素在美国城市蔓延过程也扮演着重要角色。利益集团和制度设计在美国城市蔓延过程中起到重要作用。

一、美国的自由主义传统与反城市思想

早在西方国家的欧洲,存在着色彩较为浓厚的反城市思想、乡村思想与个人主义传统,这些思想对美国的城市蔓延起到了精神原点的作用。工业城市形成之前,人们便向往单纯的农村生活。农村地区的自然、浪漫与健康,以及适合于家庭的成长,对于中产阶级而言,具有较大的吸引力。农村小镇既没有城市膨胀的权力与欲望,也没有城市复杂与繁琐,往往成为农民与乡间绅士的最佳生活之地。"人寿保险表已经表明,就动物生命而言,在郊区最为优越;在英国,农民乡间绅士的寿命最长。"①农村的秩序与稳定,农村的空间一般顺应河流与山谷的自然态势,农村的时间顺应一年四季不断轮回,给了人类应有的社会秩序。这也是欧洲和美国民众所追求的生活方式。欧洲的生活方式及其对郊区宁静的追求深深地影响了美国人的城市观。在古罗马时期,"很多罗马人都厌倦了罗马的嘈杂与匆忙,而躲到安静平淡的乡间去。不分贫富,都养成了爱好自然的感性,把古希腊的

---

① [美]刘易斯·芒弗德. 城市发展史——起源、演变和前景[M]. 宋俊岭,倪文彦,译. 北京:中国建筑工业出版社,2005:496.

任何可见的一切抛诸脑后"。"家境优裕的人,每年初春都会迁出罗马,住进亚平宁山麓(Appnnines)或者在湖海之滨的别墅中"。① 对于富裕的罗马人来讲,他们都会选择在意大利的某一个宁静的城镇中买一栋漂亮的房子,而不是住在罗马一间阴暗的小阁楼里。此后,在工业化之前,欧洲的中心城市就已有两种郊区,一类是社会边缘群体从事的制陶和墓葬业;另一类是富豪与名门望族的第二家园,以逃避城市的拥挤与疾病。例如罗马,为追求宁静环境、远离噪音和拥挤以及逃避城内恶劣的环境卫生条件与犯罪问题,许多贵族在罗马的郊区建设别墅,或者干脆在远离罗马的小城镇上建设住宅。

工业化带来的财富为富有阶层的空间迁移提供了经济能力。在英国工业化时期,工业化推动了新富的社会群体在郊区开辟家园。例如,在17世纪和18世纪的伦敦,新兴的资产阶级与贵族在伦敦郊区开发他们的私有土地,建设贵族社区,并利用私家马车往返于城市与郊区之间。在欧洲工业化时期,"欧洲中产阶级无意勇敢地面对其成功带来的令人不快的城市副产品。该阶级成员尽可能地设法住在远离工业化所产生令人不快的景象与臭味地方。他们通常居住在城市的西部,以免受到经常吹个不停的西风的影响,从而避开了工业污染"。② 在1866年的伦敦,由于城市人口的剧增,城市变得极为拥挤,原来的小城市变成了城市中心,建成了大量的建筑,"这里不再合富人的心意了,于是他们搬到爽心悦目的郊外去"。③

美国人有某种程度的城市恐惧感。"美国人与欧洲人一样对城市生活具有非常矛盾的情感。这是一个充满巨大诱惑和强烈激情的地方,也是一个异化人性和消融个性的地方,人们从事的是体现有限个性的特殊劳作。对某些人来说,城市还是降低人格和剥削盛行的

---

①［美］威尔·杜兰.奥古斯都时代——名人与时代[M].北京:东方出版社,2005:207.
②［英］菲利普·李·拉尔夫.世界文明史[M].赵丰,等译.北京:商务印书馆,1999:279.
③［德］马克思.资本论[M].中共中央编译局,译.北京:人民出版社,1975:725.

地方。"①早期移民于美国的新教徒,就是为追求精神自由而来到这块新大陆。新大陆广袤无垠的空间给来自欧洲大陆的移民自由的空间,自由与民主成为这个国家民众的价值观之一。自由在农村可以得到更好的发展。在农村基础之上的乡镇,孕育了美国的乡镇精神——独立与参与管理。"美国依恋其乡镇的理由,同山区居民热爱其山山水水类似。他们感到故乡有一种明显的和与众不同的特色,有一种在其他地方见不到的特征"。② 在农村、乡镇与城市郊区,个人可以有更多的自由,具有更多的空间,由于人数较少与区域较小,也可以更好地参与社区管理。相对于城市,郊区的房屋可以有更多的个人隐私权、个人和社会的灵活性以及选择权。③ 移民到美国的人们依靠农业求得生存,也获得他们梦想之中的自由;而欧洲的政权与城市,导致了社会分化与压迫。这使得人们否定城市与政权,肯定农村与农业以及依靠土地的直接劳动。在美国立国之初,托马斯·杰斐逊(Thomas Jefferson)认为,工业与城市都是罪恶的来源,会导致政府腐败,需要坚持农业立国,农业与乡村生活才是一个国家民主与国民正常的生活所需要的。"大城市的暴民之于纯洁的政府,正如脓疮之于健康的身体。"④只有从事与农业有关并与土地紧密相关的行业,人类的自然之心才不会腐化,制造业、交易以及城市是导致道德腐化的根源,并会渗透到一个国家的宪法与法律之中去。托马斯·杰斐逊对美国国民精神的塑造具有十分较大的影响,也代表了第一代美国人对自然与农村生活的肯定。

以托马斯·杰斐逊为代表对城市及其工业的看法不无道理。美国是移民国家,人口在 19 世纪增长速度极快,许多城市都是选择平

---

① [美]艾伦·布林克利.美国史[M].邵旭东,译.海口:海南出版社,2009:535.

② [法]托克维尔.论美国的民主(上卷)[M].北京:商务印书馆,2004:75.

③ [美]罗伯特·布鲁格曼.城市蔓延简史[M].吕晓惠,许明修,孙晶,译.北京:中国电力出版社,2009:106—107.

④ [美]梅利尔·D.彼得森注释编辑.杰斐逊集[M].刘祚昌,邓红风,译.北京:生活·读书·新知三联书店,1993:312.

原或者地面宽阔一点的地点以极快的速度建成一些住宅与道路等城市基础设施。例如,以加利福尼亚州的旧金山为例,"1849 年的淘金热使这座城市一夜之间拔地而起,而 1869 年跨大陆铁路线建成时,它已成了座没有法律的新兴城市,到处是妓院和肮脏的饮水坑"。①刚进入美国的移民往往选择在城市落脚。因此,美国人口在 19 世纪增长了 12 倍,而城市人口增长了 87 倍。以纽约市为例,纽约市在1840—1870 年期间,每十年城市增加 50%,其城市人口从 1840 年的31.2 万人增加到 1900 年的 343.7 万人。② 由于城市人口增加迅速,导致城市住房供不应求,居住条件简易甚至恶劣,许多公寓都是速成建成的,往往十分狭小,朝向采光排水都存在着较为严重的问题,这使得许多公寓居住条件十分差,噪音污染十分严重。同时,城市的公共服务建设也没有跟上城市人口增长的步伐,导致公共卫生条件恶劣、环境污染严重、城市疾病流行等问题。在工业化时期,无论欧洲城市或是美国城市,人类与动物的排泄物直接释放在街道之上,并同取暖以及工业化污染一起,形成严重影响城市居民身心健康的环境,使得流行病与瘟疫在 20 世纪之前一直在西方国家流行。这个时期美国的城市建设无一不以解决城市人口住宅问题为重点,它们通过简单的方式以极高速度建成,城市外观简单沉闷,建筑直角方框单一,毫无美学可言。最为严重的是,这个时期美国的城市犯罪率居高不下,城市的公共安全始终是困扰城市居民的重要问题。"美国的凶杀犯罪率在 19 世纪后期迅速上升(欧洲的比率在下降),从 1880 年的每百万人中 25 起,上升到世纪末的每百万人的 100 起——略高于1980—1990 年的最高比例。"③这种状况更加增强了新美国人对农村的热爱与城市的反感,其反城市的思想得到提高。

然而,工业化与城市化是 19 世纪以来美国不断发展的趋势,工

---

① [英]尼克·雅普. 美利坚千年史[M]. 金森,译. 上海:百家出版社,2004:316.

② 孙群郎. 美国城市郊区化研究[M]. 北京:商务印书馆,2005:62.

③ [美]艾伦·布林克利. 美国史[M]. 邵旭东,译. 海口:海南出版社,2009:535.

业化带来的物质丰富与城市化带来的便利性是不可逆转的。在这样的背景之下，一些思想家与城市学者企图在城市与农村之间取得平衡。因此，埃比尼泽·霍华德(Ebenezer Howard)的思想在美国具有一定影响力，他认为，城市远离自然但有社会机遇，乡村缺乏社会性但有自然美，因此，最理想的人类居住环境是城市—乡村的结合体，它可以使人们享有与拥挤的城市相等的，甚至更多的社交机会，也可使居民拥有自然的美景；它既可使人们拥有高工资，也可以承担低租金与低税收等等。① 托马斯·西弗特(Thomas Sieverts)认为人类既不喜欢高度密集，也不喜欢高度分散，而是喜欢簇集。因此，城市正在园景化，农村正在城市化。② 这两人都企图在城市与农村之间取得平衡与折衷，而弗兰克·劳埃德·赖特(Frank Lloyd Wright)的"广亩城市"(Broadacre City)走得更远一点，企图创造"没有城市的城市"，强调城市必须融入自然环境之中去。他的思想对美国城市空间扁平化发展具有重要影响。

这样，在 18 世纪和 19 世纪，在美国和欧洲，那些有经济能力在郊区建设和购买别墅的社会群体不断在城市郊区开辟第二家园，使得城市的外围出现了与城市密切相联的城堡或别墅区，形成了一片较为豪华与气派的中产阶级郊区建筑群。无论伦敦、巴黎还是芝加哥都是这样。"郊区梦是一个对住房、自然和社区的梦"。③ 郊区是中产阶级设想在城市之外田园般环境建设家园的地方，被设想为希腊文艺复兴与浪漫主义的歌德文艺复兴式的住房社区。实际上，无论是早期或工业化时期的欧洲或美国城市居民，都已存在着迁往郊区的思潮，而关键在于是否具备这样的空间迁移能力。那些上层社会

---

① ［美］埃比尼泽·霍华德. 明日的田园城市［M］. 金经元，译. 北京：商务印书馆，2006：6—9.

② https://en.wikipedia.org/wiki/Thomas_Sieverts

③ ［美］特里·S. 索尔德，阿曼多·卡伯内尔. 理性增长——形式与后果［M］. 丁成日，冯娟，译. 北京：商务印书馆，2007：17.

或者资产阶级是率先在城市开辟住所的社会群体,包括季节性或是永久性的居住场所。在工业化推动之下,社会财富不断增多,在利润与收入积累的推动之下,资产阶级与中产阶级不断地到郊区探索与农村相结合的生活,并形成了一股社会潮流。"所有的这些别墅,不管是民用还是商用,周年的还是季节性的,都分散在邻近已有的城市聚居地或者穷乡僻壤的郊区或者远郊。到 19 世纪末,分散化与城市蔓延已经在整个发达国家的大城市中普遍存在"。[①] 实际上,至现在,尽管大多数美国人居住在城市,但是这种城市并不是中国或欧洲标准意义上的城市。美国大多数城市是由小到中等居住社区组成的。在美国历史上,从来没有超过 30% 的人口居住在 10 万人口的城市之中。[②] 至今美国拥有百万人口的城市数量不超过 10 个。

二、技术的进步及其大众化运用

在城市空间的扩张过程,技术的创新起到释放人类精神与提供必要的基础条件的作用。这些技术创新包括交通、通信与能源等三种技术,它们融为一体,共同对城市蔓延起到推进的作用。三大技术进步是美国城市蔓延的条件。如果没有交通技术的进步,那么美国城市的郊区化和蔓延不会形成社会潮流与运动,尽管城市居民存在着向外迁移的追求自然之心。随着交通技术不断更新换代与大众化,城市居民的空间迁移能力不断加强,越来越多的城市居民加入到郊区化大

---

① [美]罗伯特·布鲁格曼.城市蔓延简史[M].吕晓惠,许明修,孙晶,译.北京:中国电力出版社,2009:28.

② 依据美国调查统计的定义,一个城市化地区(Urbanized Area)包括一个大城市和周边地区,人口密度必须超过每平方英里 1 000 人,总人口必须超过 5 万。1990 年,美国拥有396 个城市化地区,占全国人口的 63.6%。一个大都市区(Metropolitan Area)是一个大的人口聚集中心以及周边同其在经济相关的社区,它包括拥有 5 万人口的中心城市或者城市化地区,以及围绕着这个中心进行通勤的社区,总人口必须达到 10 万。1990 年,美国拥有 284 个大都市区。

军之中,他们的空间迁移范围也在不断拓宽,从而使得城市空间不断扩大,城市空间以较快的速度不断向外扩张。交通技术从公共马车、有轨马车、通勤火车、有轨电车、硬化路面道路以及私人汽车发展直至航空技术发展,通信技术从电报、电话和互联网,能源从畜力、电、汽油和柴油以及由此产生动力的汽车发动机,三者共同都对城市居民的空间迁移起到释放的作用。交通技术、通信技术和能源提取技术的进步,不断使得交通大众化,运输大量化,使得郊区化的社会范围不断扩大而不仅仅局限于精英阶层,最终迎来了美国郊区化时代。从交通技术来看,推动城市蔓延的美国城市交通时间阶段包括了公共马车时代、有轨电车时代和汽车时代,促进了美国城市蔓延不断发展。而汽车对有轨交通的替代,更彰显了美国的自由主义精神与反城市传统。

在美国内战之前,美国的大城市如纽约和费城已经在使用公共马车,公共马车的票价较为低廉,普通民众都可以乘坐,富有阶层则拥有私人马车。然而,由于当时的路面多为土面或石子路面,道路没有坚实的路面,使得公共马车在道路之上行驶上较为不便,并受到气候的影响,下雨时候路面泥泞不堪,刮风时候路面会扬起大量的灰尘,使得当时的公共马车使用颠簸不止,公共马车空间范围受到较大的限制。为此,许多城市地面专门为公共马车铺设了轨道,有轨马车的使用推动了公共马车的普及,因为其运行平稳,速度较快,乘客量增加到30名左右。在1860年纽约,有机马车的总运客量达到3 600万人次,平均每天约10万人次。另一方面,在美国内战之后到19世纪结束,许多的马路被改造成为硬化路面,使用了石头、木板、砖头或者沥青对路面进行硬化处理。这对于公共马车的使用起到了促进和提高的作用,从而拉大了城市空间面积,使得城市建成区有所扩大。到19世纪80年代中期,美国共有415个马拉街车公司,线路里程长达6 000英里,每年客运总量达到1.88亿人次。[①] 城市拥挤的空间在有轨马车拉动

---

① 孙群郎.美国城市郊区化研究[M].北京:商务印书馆,2005:52.

之下,城市空间开始变得开阔起来,城市空间开始膨胀,从城市的某个地点到另一个地点开始变得遥远,已经超越了人类的步行与目视距离。有轨马车使得普通民众梦想在拥有一座郊区别墅成为现实,开启了城市郊区化的进程,往来于中心城区与郊区的别墅是一部分城市居民的经常性活动。城市蔓延在美国内战之前就已经开始并有所发展。

在美国内战之后,电的广泛使用开始对城市公共交通产生深入影响,使得城市公共交通突破了畜力使用的生理限制,城市的交通成为源源不绝的城市循环运动。这个时期,美国陆续开发了或者使用了蒸汽机车、电缆车、电车、地铁等交通工具。蒸汽机车拉动的机车于1870年首先在纽约高架轨道上使用,虽然使得城市交通的效率大大提高,但是其产生的噪音与环境污染是城市的一大公害。但是由于较为实用,高架铁路在纽约获得较大的发展,并延伸到郊区,如法拉盛,极大地拉动了城市空间。至今,这种用钢铁支架建立起来的高架轨道仍然在使用,带动了城市空间扩张,但是其产生的负面效应是不可忽视的问题。随后,电缆车在芝加哥和旧金山开始使用,电缆车依靠地下电缆拉动,由于造价昂贵且操作不便,电缆车没有普及化应用。1870年2月,纽约市建造了第一条试验性的地铁。[①] 1888年,里士满市开发了美国第一条有轨电车。随着,有轨电车发展异常迅速,不断取代了公共马车成为城市的主要公共交通工具,到1895年,有轨电车在美国有850个城镇使用。随后在1897年,波士顿把一部分有轨电车转入地下,开创了美国第一条地铁。[②] 1904年,纽约市的第一条地铁也投入运作。此后,纽约和其他城市的地铁和有轨电车的延伸工程不断开展。19世纪末和20世纪初,有轨电车基本上取代了有轨马车。有轨电车与城市之间的铁路一起,把美国的城市用铁轨联结在一起。城市的交通网络与全国的铁路一起,促进了城市之间

①［英］尼克·雅普.美利坚千年史［M］.金淼,译.上海:百家出版社,2004:322.
②［美］艾伦·布林克利.美国史［M］.邵旭东,译.海口:海南出版社,2009:533.

的交流与运输。美国轨道交通（包括有轨电车和铁路）在 1916 年达到巅峰，达到 25.4 万英里左右。[①] 可以说，在有轨电车与铁路的推动之下，轨道时代的来临极大地推进了城市人口郊区化，城市通过电车不断地把周边农村区域转变成为自己的范围，城市蔓延与城市人口的分散化特征在这个时期已经在美国广泛存在。

汽车的发明及应用对美国城市空间形态起到极为重要的影响。相对于有轨电车，汽车小巧灵活，更适宜于个人与家庭的空间移动，它的灵活性使得它更具个人的选择权与隐私权，而有轨电车笨拙与大批量运输，不适合于过于繁忙的地面运输，过多线路的有轨电车往往造成地面交通瘫痪。从 20 世纪初到第一次世界大战之前，福特式汽车生产使得普通民众可以购买得起汽车，1914 年福特公司的 T 型车售价仅为 260 美元。在第二次世界大战之前，美国生产汽车的公司将近 180 多家。第二次世界大战之后，汽车在美国城市快速地普及，1930 年美国平均每 5 人有 1 辆汽车，到 1978 年，美国拥有汽车1.4 亿辆，平均每 1.5 人就拥有一辆汽车。[②] 美国基本上成为生活在

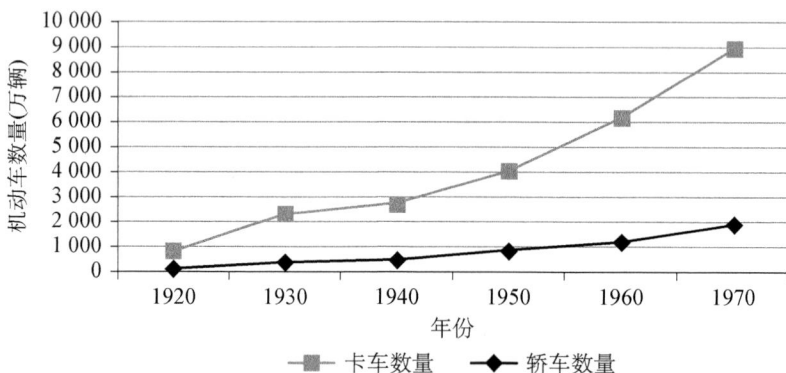

图 5 - 1　1920—1970 年美国机动车数量增长

资料来源：孙群郎.美国城市郊区化研究［M］.北京：商务印书馆，2005：132.

---

① 孙群郎.美国城市郊区化研究［M］.北京：商务印书馆，2005：127.
② 孙群郎.美国城市郊区化研究［M］.北京：商务印书馆，2005：133.

车轮上的国家。汽车成为美国城市蔓延的最直接推动的技术力量，如果没有汽车，城市蔓延也会存在，但绝不会达到如此的广度与深度。

　　与此同时，公路在美国不断得到修建。硬化路面的铺设以及"公路改良运动"（Good Roads Movement）在全国范围展开，林荫大道在城市之中修建。到 1920 年，美国的公路里程为 37 万英里。"到 20 世纪 20 年代，在北欧和美国，向城市外围迁移的潮流不再主要限于有钱人和权威的人，已经成为一种大众运动。"[①]与之相对应的是城市有轨电车与城市之间铁路交通的逐渐衰落，这一方面根源于有轨电车公司的经营不善以及对电车经过区域的过度地产投机，另一方面也根源于城市及地方对有轨电车以及铁路的财政投入不断收缩和限制，许多城市停止甚至拆除了电车的轨道，使得第一次世界大战之后的美国轨道里程数不断萎缩和衰退。轨道交通在美国逐渐式微。第二次世界大战之后，联邦政府的深度介入与资助是城市之间和城市公路大发展的重要因素。1956 年，美国国会两次通过《州际公路法》，联邦与州合作修建公路。州和联邦两级政府合作修建城际公路，联邦向州和地方提供资金修建公路，重点资助高速公路的修建，促成了彼时人类史上最大的道路修建工程。1940 年，美国的公路里程数为 137 万英里；1950 年，美国的公路里程数为 194 万英里；1960 年，美国的公路里程数为 256 万英里；到 1970 年，美国的公路里程数为 295 万英里。[②] 美国具备了联邦、州和地方三级公路网，把城市有机地联系在一起，许多高速公路横穿城市中心，带动了城市空间发展。由于公路更适合于美国的自由主义传统和反城市思想，因而得到了长足的发展，使得联邦、州和地方三级政府的财政更多地投入这个交通项目建设之中，从而使得铁路和城市有轨电车的发展受到削弱。公路

---

① ［美］罗伯特·布鲁格曼.城市蔓延简史［M］.吕晓惠，许明修，孙晶，译.北京：中国电力出版社，2009：31.

② 孙群郎.美国城市郊区化研究［M］.北京：商务印书馆，2005：132.

在第二次世界大战之后便取代了有轨交通,成为美国城市交通的主要力量,美国的公路主导交通时代在第二次世界大战之后正式到来,并20世纪70年代形成绝对优势。

由于汽车与公路的作用不同于轨道,美国的城市蔓延进入了全新阶段。轨道交通时代的美国城市蔓延以城市中心城区为中心,向四周扩散,具有较为浓厚的向心性。许多城市空间布局以铁路和有轨电车的轨道为轴线展开,形成了串珠式或向心式的城市空间形态。从总体上仍以聚集和集中为主要特点。美国在进入公路交通时代之后,城市人口与企业迅速地在更大的空间范围展开,城市空间以前所未有的深度与广度扩张,从而使得郊区化成为现代美国城市的主要发展趋势和特征。以汽车的普及和公路网的形成为标志,美国也从城市化阶段过渡到郊区化和大都市区化阶段。

通信技术的发展对美国城市蔓延起到推波助澜的作用。在信息传播不流畅的年代,企业生产需要集中,以面对面交流的方式来处理信息,不同企业和企业内部的生产部门需要集中到同一地点,以获得相应的信息并进行处理。这对于生产性服务业尤其需要强调信息的流动与传播准确无误。在通信技术不断发展的状况下,企业可以借助于通信技术,分散到不同地方生产,以减少生产成本和土地租金。在近代,电话的发明对企业生产的空间分布具有一定影响。到20世纪70年代,以互联网为代表的通信技术对企业和居民的生产与生活具有重要影响。借助于现代通信技术,企业可以进行适时适地的弹性生产,城市居民可以进行在家办公或者在郊区进行后方办公,而不需要进入中心城区进行通勤。这样,城市居民的与企业的郊区化在更深与更广的范围展开。以互联网为代表的通信技术对城市蔓延产生重要影响,再加上产业的服务业化,进一步促进了城市居民和产业向郊区迁移,从而使得美国城市从郊区化进一步向后郊区化发展。电话、广播和电视对城市蔓延具有较大的促进作用。近六成的美国家庭安装互联网和近八成的美国拥有家庭电视,家庭成员观看电视节目的时间不断增加。这使得电影院不断翻新花样以吸引顾客维持经营,但是仍不可抑制地走向衰落。与此同时,利用电话与互联网进行工作的工作者,从 1990 年 400 万发展到 1998 年的 1 600 万,到 2000 年,这个数字发展到 2 400 万人。[①] 美国的联邦代理机构近四分之一的工作人员在家里工作。于是,"在 1970—1990 年间,加利福尼亚的人口增加了接近 40%,而城市和近郊土地面积扩张了 100%。这些年间,这个国家经历了称之为'第二次城郊化'的革命","从 1970 年开始,巨大的郊区化过程以前所未有的规模和数量发展着。"[②]在以互联网为主导的服务业带动之下,美国由经济资本主义向信息资本主义过渡,城市空间进一步蔓延,从原来的有心有核的郊区化发展成为无心无核的后郊区化。这种城市空间形态以洛杉矶为代表。本书将在下一节详细研究信息化对城市空间集中化与分散化的影响。

三、产业结构发展的影响

在 19 世纪早期至美国内战之前,美国的工业以纺织、服装和制鞋等轻工业为主,这些产业以劳动密集型为主,企业大都集中到城市中心区,集中和吸引了劳动力。在这个时期城市空间扩张并不明显。但是到了 19 世纪中后期,大量移民涌入和工业化的推动促进了城市在短时间之内建成,成为所谓的"速成式城市"(Instant City)。这些速成式城市以旧金山为代表,城市建设过于匆忙,企业、人口和社会机构集中到空间场所,没有规划和空间划分,造成了城市空间的混乱。这些速成式城市同重化工业发展具有紧密的关系,如钢铁、采矿和能源生产、石油化工等企业。在 19 世纪时期中后期即美国内战结

---

① [美]奥利弗·吉勒姆.无边的城市——论战城市蔓延[M].叶齐茂,倪晓晖,译.北京:中国建筑工业出版社,2007:16.

② [美]理查德·瑞吉斯特.生态城市——建设与自然平衡的人居环境[M].王如松,胡聃,译.北京:社会科学文献出版社,2002:4—5.

束之后,工业化时期的美国城市空间是较为混乱和肮脏的。城市依据其主导产业的需要靠近于采矿场所接近于工作场所,接近于河流、海洋港口或者铁路站点便于运输,接近于能源矿产便于获得动力。这些产业由于资本有机构成的提高,企业规模不断扩展,资本不断积聚和集中,企业合并高潮不断,有的大工厂雇用的工人人数达到1万人以上,使得工厂必须选址于郊区,或者建设工业新城。企业的大规模化与外迁都是拉动就业与居住郊区化的重要力量,也是城市蔓延的推动力量之一。

从这个时期直至1920年,工业部门的就业人数增长速度最快,工业部门的就业成为三次产业之中占据主导地位。但是,从1920年以后,服务部门的就业人数增长速度居于三次产业之首。它在第二次世界大战由于军需生产略有下降之后,战后重新迅速提高。第二次世界大战之后,美国已有一半以上就业人口不从事食物、衣着、房屋和汽车或其他实物生产。服务部门的就业人数在全国就业总人数的比重从1929年的40%增长至1967年55%。农业部门的就业人数降至1968年的4.6%。[1] 从1947年至1965年,服务部门的就业人数增加了1 300万,而工业部门只增加400万,农业部门还减少300万。[2] 与物质生产直接相关的产业就业人数从1950年的40.9%,1970年下降到33.3%,1988年为23.9%;与服务相关的产业比例不断上升,1950年为59.1%,1970年上升到66.7%,1988年达到76.1%。制造业就业人数在1988年为18.4%。[3] 服务业的扩张,包括公共部门作为就业的主要领域发展起来。到1980年,服务业人数比重为68.4%,政府公共部门就业人数比重为16.9%,而商品生产部门就业人数比重为31.7%。包括教师在内政府公共部门就业增长

① [美]丹尼尔·贝尔.后工业社会的来临——对社会预测的一项探索[M].高铦,译.北京:商务印书馆,1984:153.
② [美]维克托·R.富克斯.服务经济学[M].许微云,等译.北京:商务印书馆,1987:10.
③ 孙群郎.美国城市郊区化研究[M].北京:商务印书馆,2005:142.

速度最快。从 20 世纪 70 年代,美国已经成为后工业化社会,白领从 1920 年以来成为社会增长最快的社会群体,并在 1956 年第一次超过了蓝领工人的就业人数,并且呈稳定扩大的发展态势,1970 年两者之比为 5 : 4,这个比例至当前已经大大提高了。[①] 进入 20 世纪 80 年代以来,在信息产业的带动之下,美国的服务业及服务经济在城市得到长足发展。

表 5 - 1　美国和纽约:各产业的就业变化

	1977—1985(变化%)		1993—1996(变化%)	
	纽约	美国	纽约	美国
所有的工业	11	25	3.3	7.8
建筑业	−30	25	−3.3	15.1
制造业	−22	−1	−12.9	2.1
运输业	−20	−20	14.2	7.7
批发业	14	23	−4.0	6.5
零售业	17	26	8.2	14.4
金融保险房地产(FIRE)	21	31	6.3	4.2
银行业	23	36	−20.1	−1.6
保险	−2	21	12.3	0.3
房地产	8	33	3.9	6.5
服务业	42	53	4.2	10.8
私人服务	−2	85	5.2	2.9
商务服务	42	85	9.3	23.9
法律服务	62	75	−2.6	0.3
其他	44	48	25.2	16.5

　　资料来源:Saskia Sassen. The Global City - New York, London, Tokyo, Second Edition[M]. Princeton : Princeton University Press, 2001. p132.
　　注:保险包括保险承担商、代理商、经纪人和服务;其他包括行政和其他服务。

[①] [美]丹尼尔·贝尔. 后工业社会的来临——对社会预测的一项探索[M]. 高铦,译. 北京:商务印书馆,1984:23、148.

服务业成为美国的支柱产业,对城市空间具有双重影响。在服务业之中,需要信息处理的服务业如生产者服务业,这些服务业需要城市中心城区便捷的交通、发达的基础设施和相对完善的社会公共服务,以利于信息的处理和传播。因此,专业服务以及需要高人力资本的服务业会趋于在城市的中心城区集中,也推进了20世纪70年代以来城市中心城区的更新与复活。另一方面,在信息技术的解放之下,就业已经越来越不依赖于能源动力、交通干线,而是依赖于信息的获取与处理。这使得管理、办公和技术研发可以脱离集中化的工厂生产模式,而找到合适的空间,从而促进了就业向郊区迁移。与公路和私人汽车的作用一起,第二次世界大战之后美国的服务经济发展,推动了美国大都市区化和郊区化。20世纪80年代开始的信息经济或知识经济,推动了城市蔓延跃上了新的阶段,开启了美国城市蔓延的新阶段,许多城市进入了无心无核的后郊区化或后城市阶段。

四、制度、政策和社会等因素

制度在美国城市蔓延过程中扮演着重要角色。这些制度包括土地制度、贷款制度、城市居民自治体较多、城市与区域规划缺乏有效协调以及利益集团的作用等。在美国,70%以上的土地私有,拥有土地表明地主同时拥有与土地相关的权利,包括买卖权、继承权和开发权等。由于美国是地多人少的国家,许多土地特别是边远地区的土地价格相对较为低廉,这使得土地交易特别是以房地产开发为目的的土地交易较为活跃。在电车时代,由于土地私有和可交换,使得电车公司在线路两旁进行投资,建筑住宅和商业地产进行销售,获得较为丰厚的回报。许多电车公司竭力不断地将电车线路向郊外拓展,甚至扩展到农村,从而将大量的城市外围土地纳入城市的空间范围。通过可交易制度与低廉的土地成本,城市通过电车线路,犹如章鱼一样把外围空间纳入自己怀中。与电车时代一样,当汽车普及和区域高速公路网形成之后，这意味着更多的土地可以纳入以工业生产与居住为目的的使用范围。在远郊土地价格低廉以及交通便利可获得的情况之下，许多企业搬迁到远郊，可以获得较低的土地租金或土地成本。城市居民选择在远郊居住，可以获得较低价格的住宅。房地产在郊区在不断发展，形成相对集中的住宅区。"低廉的土地和便利的交通相结合，便构成了蔓延式发展的基础"。[①] 在东北部地区工业化需要中部与西部的原料之时，美国政府为鼓励铁路的修建，把铁路沿线的土地归属于铁路开发公司，从而掀起了铁路和土地投机热。铁路公司并不是无差别在铁路沿线进行土地投资，而是选择重点站点及其中心城市进行土地和住宅的开发，从而提高利润总额。在铁路穿市而过的城市，城市空间沿着铁路分布的特点特别明显，城市空间显现出串线型分布的特征。

第二次世界大战之后，有近 1 600 万军人复员，社会需要大量的住宅。美国联邦政府依据《国家住宅法》推动联邦住宅局（FHA）成立，有力地推动了住宅的建设。普通住宅贷款和退伍军人管理局的贷款担保指标使得普通家庭能得到住宅贷款。住宅建设也为复员军人提供了工作机会。这使得第二次世界大战结束到 1955 年，大城市周边地区建设数以百万的住宅，也大大拉动城市空间扩张和蔓延，形成了工业化式郊区化的浪潮。许多新建的住宅社区成为睡城，都位于大城市的近郊或远郊地区，形成中心城区与郊区之间的通勤。

在美国郊区大发展的时代，郊区的政治经济实体得到发展，形成了种种利益集团与政治实体，他们之间利益纠葛十分复杂，矛盾也较多，许多需要在大都市区层面运用统一的机制来解决的问题，由于没有事实上没有统一的政府机制而长久得不到解决，这使得中心城区

---

① ［美］奥利弗·吉勒姆.无边的城市——论战城市蔓延［M］.叶齐茂，倪晓晖，译.北京：中国建筑工业出版社，2007：12.

与郊区、郊区与郊区之间矛盾长期积累而愈发严重。这种情况相似于欧洲巴尔干半岛上小国林立的状况,被学者为"碎片化"(fragmentation)或"巴尔干化"(Balkanization)现象。美国是联邦制国家,实行分权制和地方自治制度。具备一定人口数量与密度的地方可以依法组成自治市,形成相对独立的政治与经济实体,提供市政服务,并可以拒绝来自中心城区的兼并或合并。这些自治市、县和州之间并不具有隶属关系,基本上都是自治之间的关系。许多郊区成立了自治市,包括市、镇和乡村。由于这些自治的"块块"之间存在着需要运用整体性的体制加以解决,所以便产生了专区(special district),如学区、灌溉区、消防区和公园区。这些专区在地理范围同市、镇和乡村是重叠或交叉关系。这使得美国大都市区的地方管理在"块块"之上加入了"条条",从而使地方管理体制在巴尔干化基础再加上"雾化",妨碍了大都市区政府的形成和地方政府对区域的规划。^① 还有,由于城市自治制度,历史上许多小城市与乡镇实际处于"城市私人老板"的经营管理之下或是无政府的真空状态。美国大城市与大都市区"巴尔干化"管理体制使得增长管理和精明增长的政策对城市边界的设定与增长的控制变得无足轻重。许多外迁的城市居民和企业可以轻易地跳过地方政府为他们发展设定的城市边界,到别的不受该地方政府管辖的社区或区域建造住宅或厂址。因此,美国大都市地方政府管理体制的"巴尔干化"把所谓在精明增长理论、区域主义以及新区域主义指导下的政府对城市空间控制与规划政策或者化解于无形之中,或者使这些政策无从着手。

在大城市与大都市区"巴尔干化"管理体制之下,市场与社会起着主导的作用,让城市空间发展显现出随意发展的特征,彰显市场失灵与无效率的一面。由于郊区迁入人群是经过空间过滤机制的,形

---

① 雾化形容极度碎片化.引自:王旭.美国城市发展模式——从城市化到大都市区化[M].
北京:清华大学出版社,2006:404.

成的社区在环境、公共服务配套如教育和治安等都优于中心城区。这使得郊区一方面在美国迁徙自由的法律之下，不断吸引了外来人群；另一方面，郊区社会群体由于在收入与社会地位较中心城区的衰落地区拥有更高的层次，因而可争取到更多的社会资源与财政投入到基础设施与社会公共服务方面，这些因素使得郊区自身也在不断膨胀，并促进居住人口进一步郊区化，即郊区也在郊区化。这些自治市可以拒绝来自于中心城市的合并与兼并，并使得大都市区规划失去作用。

此外，在美国城市公路修建之中，利益集团也在起着较为重要的作用。由道路修建公司、收费机构、石油和汽车销售公司之间结成了一个相互关联的系统，形成了所谓的"路帮"。这些利益集团不断推动联邦和州政府继续投入更多的财政支出到公路修建之中。历史上这些公司甚至通过各种手法收买并破坏了电车轨道，让城市居民逐渐陷入依赖于汽车与公路的交通系统之中。因为这会使得政府动用更多的钱投入到高速公路修建之中，城市居民会花费更多的开支到汽车、汽油等交通支出之中。

总之，美国的自由主义传统和反城市思想是城市蔓延的思想原点，这种思想通过交通、能源与通信技术得到放大，并具备了空间自由迁移的能力。它在美国人对家庭主义追求和住宅政策的推动之下，在土地交易制度条件下，迂回过巴尔干化的地方政府体制，受城市集中产生的问题的推动，在产业结构轻型化的拉动之下，城市空间不断扩展，最终停止于城市蔓延这个终点。工业化时期由于城市拥挤产生的交通拥堵、环境污染和公共卫生问题也是城市蔓延的直接推动因素。在信息化时期，产业结构的轻型化使得后方办公和家庭办公成为可能，这也是现阶段城市蔓延的一个因素。利益集团以及"路帮"对城市交通的投机是推动交通、能源和通信技术广泛应用并使其发生不断替代的幕后推手。

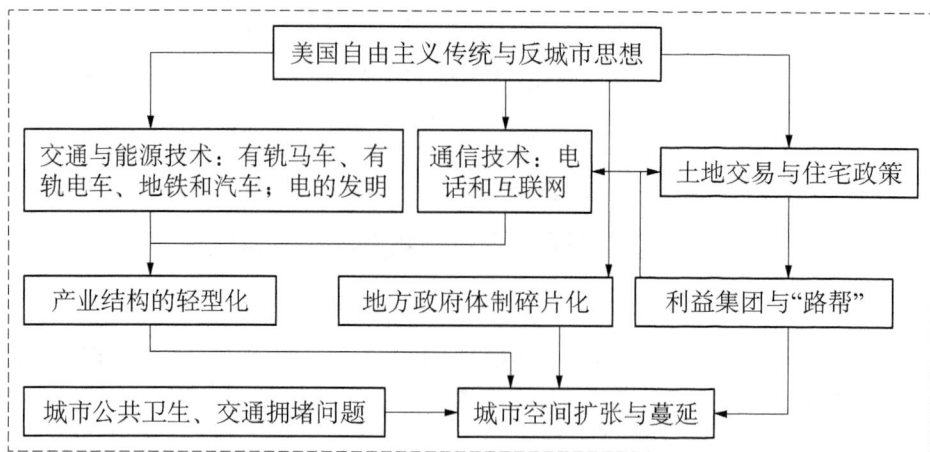

图 5-2 美国城市空间扩张与蔓延的原因与形成机理

第二节 经济信息化和美国城市空间新发展

从 20 世纪 70 年代信息技术革命以来,信息化成为经济发达国家提高劳动生产率,促进经济增长的关键生产要素。以互联网为代表的信息技术从 20 世纪 80 年代初开始逐渐成为推动美国经济增长的重要因素。在 90 年代呈风起云涌之势,信息逐渐超越资本、人力与土地等传统的生产要素,成为经济增长的源泉。在信息成为关键生产要素并优化产业结构的时候,它对城市空间产生重要影响,推动了美国中心城市空间重构:中心城区获得重新发展,进入复兴的绅士化阶段;郊区发展进入新时代,一方面继续发展与蔓延,另一方面则在接连之后集中发展,进入了"后郊区化时代"。这都使得城市空间结构打破了中心与边缘的界限,从而在总体上呈现了多中心化的结构模式。它一方面遵循着以信息结构为基础的生产价值链地域分工原则,城市空间呈现新特征——中心化与分散化并存,中心城区是生产者服务业的聚集地,中心城区重新发展;另一方面也呈现出复杂性与自组织特征,郊区向外扩张并且也在集聚,郊区也在城市化。本节通过对信息结构的分析,研究美国中心城市的空间重构机理,分析为什么其中心城区会重新获得发展,为什么生产者服务业集聚在中央商务区带来了城市空间重新发展;分析其郊区化不断推进、郊区出现城市化现象的内在原因。在某些美国中心城市,城市空间出现均衡化现象,城市空间呈现出"后城市"空间的复杂性。

一、信息的生产与传播和城市空间中心化与分散化

不同经济形态的经济空间与城市空间同其关键生产要素紧密相关。农业经济必须借助于土地生产力,其呈现出来的是分散的空间布局。在经济实现工业化以后,经济增长摆脱了土地生产力的局限,然而运输成本与规模经济是企业必须考虑的因素,因而聚集是工业经济的特征。经济服务化与信息化使得信息与知识等无形生产要素成为生产的关键因素,从而也决定了经济的空间特征。信息技术主导的经济形态有着与以往工业经济不同的性质。以信息的生产与处理为产品或服务的产业部门不同以物质为产品的产业部门。传统以运输成本为主要解释变量的区位论,包括韦伯(Alfred Weber)工业区位论、穆斯(Moses)区位模型和中间区位定理,在失重的经济面前可能已经失去了解释信息产业空间区位的能力。以权衡土地租金与空间运输成本的竞价租金模型在解释信息产业的空间分布存在着局限性。解释信息产业的空间位置分布的关键在于解构信息的结构,信息的结构决定了信息生产与处理的空间区位特征。

信息的生产是个比较复杂的过程,依赖于生产信息的劳动力的灵感和他们之间的相互激发。因此,在信息生产的最初阶段,信息是默示的内容,它们离不开从事信息生产人员工作的场所与情景。共同的情景、相同的场所有利于信息生产人员讨论与研发,有利于处于胚胎时期思想的产生与交流。在向未知领域探索与创新时,激发、顿悟与灵感在这个过程显得尤为重要。信息技术对于这类内容的作用

是微乎其微的。所以,卡斯特尔斯(Manuel Castells)认为信息产业对信息的依赖意味着生产的基本要素即劳动力科技素质的重要性。他们需要一个组织环境,使得创新能力得以发挥。这样的组织环境包括创新过程发生的公司或机构的微观环境、创新组织和个体之间相互联系所形成的宏观社会环境。信息技术产业的空间逻辑首先由创新性劳动力位置以及形成创新性社会环境的地域条件来决定。①迈克尔·波特(Michael E. Porter)认为各个产业中的关键要素都会出现地缘集中的特征。② 信息的生产和技术的创新依赖于一个具有共同地域的组织环境。在以后的阶段里,信息的结构使得企业在竞争的压力下加强了先前的创新环境。信息的生产依赖于科技人员与专业化人员的素质,这些人员需要空间临近性来生产信息。在某个地方聚集了高等教育机构、政府主办的研发中心、与技术先进的大公司相联系的研发机构或企业联合体中的研发中心网络,这个地方往往成为科技信息与技术创新的发源地。

科技人员和专业服务者在一定地域的集中是信息生产的首要条件,而创新环境所需的投资是信息生产得以持续的动力。卡斯特尔斯把投资来源分为三种:政府对研发的直接投资和间接资金资助;大公司对研发的长期投资;高风险高回报的风险资金,它来自高收入家庭、没有证券交易所或商品市场的金融中心和风险投资公司。③ 这样,科技创新的地方,是复杂信息的生产与处理的地方,如金融衍生工具的开发与复杂金融交易的处理等,通常也是专业人员和财富聚集的地方。生产者服务业和信息技术开发产业呈现出聚集的特征,它们往往聚集于城市中心区或一个共同的区域内。美国中心城市的中央商务区因其交通通达与基础设施完备,成为创新与信息处理的

---

① [美]曼纽尔·卡斯泰尔.信息化城市[M].崔保国,等译.南京:江苏人民出版社,2001.
② [美]迈克尔·波特.国家竞争优势[M].北京:华夏出版社,2002.
③ [美]曼纽尔·卡斯泰尔.信息化城市[M].崔保国,等译.南京:江苏人民出版社,2001:94.

理想地点；美国中心城市的郊区则不具备信息产业发展所具备的综合功能与风险资本投入条件。

一般的信息处理与传递传播不需要从业人员的空间接近，人们从文字与图像就可以辨别和认知信息所包含的内容。人们在这个信息处理过程中只要同信息的发送者拥有一定相同程度的文化背景和专业知识，解读信息和处理信息并不存在特定的困难。因此，处于这个阶段的信息产业具有空间分散的特征。信息产业由于运输成本的无足轻重而在空间分布上取决于劳动力的空间分布态势。生产与处理信息的劳动力的能力素质成为决定产业空间分布的关键因素。劳动力的、组织的、文化的与区域的隔离造成了信息产业空间分布的态势。在信息产业的信息生产与处理的不同阶段，对于劳动力有着不同的要求。这种情况导致了在信息产业里，生产过程中相应不同的生产阶段的空间区分。

由于信息产品的运输成本几乎没有或者极低，技术含量低的生产过程可以分布在各个地区。在信息处理上如果是高度编码与高度抽象的工作，则这类工作可以分布到世界各地。生产与市场的空间联系日益紧密，信息处理以及简单的信息应用扩展到更大的空间，个性化的产品与适合当地市场需求的产品可以更快地被开发出来，而生产中所需的最关键要素——劳动力可以在最大限度的空间范围内找到最佳结合点。在办公室组织方面，也出现了明显的分散化趋势。日常事务性工作转移或传送到驻外办事处；转移到或传送到公司总部所在地的市郊；在比公司总部所在地租金便宜也较远的地方设立办公室，后方办公室（back-office）方兴未艾，将办公室工作分包给其他公司是一种节约经营成本的做法。广泛分布的信息产业通过信息技术进行自动化控制和社会化管理。信息产业一般分布在交通比较便利特别是空中运输方便的地方，以便人际交往、设备与产品的运输。

信息产业的集聚与分散是新的产业空间二元化的表现。信息产业的空间二元化分布特征是新的产业空间的内容。智力性与创新性经济活动的聚集是由于大量的默示性内容无法通过信息技术传播。信息技术对于这部分内容是无能为力的,或者作用是微乎其微的。它们的编码程度低,抽象程度不高,不能够被标准化。它们在人们之间传递依赖于信任与相互理解。个人之间关系在这类信息的交易中是相当重要的。利默(Edward E. Leamer)和斯托普(Michael Storper)发现,智力性与创新性经济活动比物质产品生产和贸易更受地域的限制,聚集是这类活动获得发展的途径。这些活动具体包括:(1)诸如时尚、设计和艺术等创新和文化功能活动;(2)游览观光事业;(3)金融商业服务业;(4)科学与技术研究活动;(5)权力与影响(政府、公司总部、贸易联合会和国际组织)。[①] 这些产业大部分属于信息技术产业和信息服务业。对于非物质的智力性活动来说,处于"行动的中心"具有重要的价值,在此能够进行精细的分工,能够跟上快速的观念与产品变化。在这个"行动的中心",复杂但可以理解的合作能以简单的方式进行,生产者与需求者能通过面对面的直接交流共同创造价值,由此产生了产业集聚现象。

信息产业的二元化空间可以表现为产业空间分级化分布。在工业经济信息化之后,导致了产业部门按照技术等级进行空间排列。高级制造业占据了一个较为中心的位置,这种位置数量相对较少,而装配工作或劳动密集的生产部分分散到了特定地区。产业内部结构之间的关系以及企业管理可以靠通信技术来维持。信息技术可以让企业的各个部门分布到占据比较优势的地区,从而让生产的特征与地区的要素禀赋有机地结合,让产品与市场需求保持有机联系。技术、不同层次的劳动力、市场需求与地区的要素禀赋可以更加紧密地结合。在信息化程度越高的产业里,这种特征越明显。在产品运输

---

① Edward E. Leamer, Michael Storper. The Economic Geography of the Internet Age [J]. Journal of International Business, 2001,(4): 649.

成本比较高的产业部门里，信息化导致了生产同市场接近，引发了对外直接投资的浪潮。在工人工资成本较高的国家里，信息化导致了制造业大批地向发展中国家转移，以利用其相对较低廉的工人工资。资本流动出现了跨国化和大规模化浪潮，跨国公司通过对外直接投资、合并、收购或合资等形式实现了生产转移，而管理与控制的核心部分仍然留在国内。

　　因此，信息的结构导致了信息产业在空间上两元分化的结果，高级的信息生产聚集在某个财富集中、创新环境良好的地方，而一般的信息处理分散到各个地区。产业空间二元化不仅表现在发达国家与发展中国家的产业空间二元化，而且表现在美国中心城市空间内部二元化。金融市场是信息产业的空间二元分化的最佳例子。由于金融管理、金融衍生工具的创新与开发较为复杂，而一般金融服务则较为简单。所以，在金融服务业里，一方面是金融的专业管理高度集中于美国中心城市，而一般的金融交易则遍布全世界。进一步地，信息的结构导致了信息产业的地域空间二元化，也产生了社会空间的二元化特征。由于一般信息特别是高度编码的信息工作要求的专业化知识不高，妇女与儿童现在可以进军信息简单处理工作了，但是薪酬并不高。信息处理人员的失业和收入差异通过租金和房地产价格的作用直接作用到城市的空间分布，城市内部社会空间也出现了二元化特征。在这里，需要注意的是，"二元化的城市结构不是带来两个不同的社会区域，而是使城市多样化。多样化的基本特征是城市的分化、边界的严格定义以及与其他社区的低层次交流。二元化城市是一个多面体，在城市结构上表现为对立统一的辩证法向二元分法的转化。正是在这个意义上，也只有在这个意义上，我们才可谈论二元化。"①

---

① ［美］曼纽尔·卡斯泰尔.信息化城市［M］.崔保国，等译.南京：江苏人民出版社，2001：250.

二、产业信息化与城市产业扩散

在信息技术作用下,产业信息化使得产业按照信息结构特征进行空间排列。首先,经济服务化、新的产业空间和更为繁杂的经济活动内容推动了经济空间表现形式变化。不同区位的产业构成了新的经济空间。信息化经济空间不同于传统工业经济空间。首先,在信息化条件下,制造业的生产过程与要素禀赋有机结合,部分制造业能够超越过去能源与运输成本的约束,根据客户需要选择合适的地点进行生产。在信息技术产业中,生产采取了以信息为基础的工业区位空间逻辑。生产过程分散到不同区位,同时又通过信息技术联系重新整合为一个整体。在信息产业生产过程中,劳动力存在着的明确分工。它与地域空间相结合,并产生了新的产业空间。以卡斯特尔斯的观点,信息化的制造业具有四种不同的区位类型:(1)研发、创新与原型制作,集中于核心地区高度创新的工业中心;(2)分支工厂里技术性的制造,通常位于母国的新兴工业化地区;(3)技术、大规模的组装与测试工作,相当部分位于发展中国家,尤其是东南亚;(4)售后服务、技术支持与调整设备等生产者服务在全球范围各区域中心内组织起来,形成了一个网络,然而其中心位于美国与西欧发达国家。①

其次,在经济服务化条件下,服务业不同于传统制造业受制于运输成本的约束。社会性服务业与消费者服务业的生产与消费在同一地点同时发生,生产者服务业在与信息技术结合以后,生产与消费可以在不同地点与不同时间进行。生产者服务业并不依赖于消费者的空间邻近性。生产者服务业可以在远程进行生产、通过网络进行跨国服务。所有的生产者服务业都可以简化为知识生产与信息流动。

① [美]曼纽尔·卡斯泰尔.信息化城市[M].崔保国,等译.南京:江苏人民出版社,2001.

由于生产者服务业中信息生产与处理的复杂性,它必须集中于某个大城市才能进行。大城市或高能级的城市由于基础设施完善、人才完备和资金充足能够提供适宜的环境。在这样适宜的环境中,人们可以面对面对话、交谈,快速处理紧急事务。大城市可以提供一种创新氛围,激发人们的新思想,产生新信息,之后又向其他地区传播。从这个意义说,大城市如美国中心城市相当于一个转换器、一部翻译机,不同的信息在这里交汇,而后又向其他地方传播。事实上大城市就是一个加工中心,无数的各种各样的货物,物质的或精神的,都被机械地分类整理,简化为数目有限的标准化物品,统一包装好,通过控制好的渠道,分配到它们的目的地,贴有大城市的标签。生产者服务业生产上的集中与服务上的分散使得它在世界主要城市取得了最高的就业与投资增长率。

其三,在办公实现自动化后,复杂的信息生产与处理集中城市中心城区,而一些相对简单的信息处理工作分散到了郊区。办公室工作具体可以区分为总部、分支机构、后勤部门和零售办公。企业一般把总部设立在大城市的中心城区,尽管其统治地位已经受到了都市地区本身和郊区的挑战。大城市的中心城区在艺术、智力与精神方面都领先于郊区。后勤部门的办公分散到郊区。这是由于郊区的土地价格和办公租金较低、拥挤程度较低、空气较为清新以及与居住地较近等原因造成的。后方办公另一个重要原因是郊区的工资价格相对较低。在人们居住郊区化以及办公郊区化带动下,零售业在郊区得到了发展,从而零售办公在郊区也得到了发展。这样,城市中心城区的办公室专注于复杂信息的处理,企业总部仍集中于城市的中心地带,郊区则负责信息的传播,负责销售工作。与城市中心城区的总部办公相比,后勤办公的自动化与集中化较高,被认为是比较自由的工作,也是相对程序化程度较高的工作,它们的主要联系是与企业总部决策中心的联系。这可以容易地通过信息技术达到。在信息化条件下,以远距离办公、时间安排松弛和弹性工作时间为特征的办公似乎越来越多。

总之,在产业信息化、经济服务化与办公自动化过程中,制造业与信息产业的空间位移从城市中心城区扩散到了郊区,从大城市发展到了小城市,从城市分散到了农村,从发达国家扩散到了发展中国家。连绵不断的郊区环扩大了城市建成区的面积。在发达国家,城市郊区化进一步发展,郊区化成为一种较为典型的现象,促使原本互不相连的郊区逐渐黏合。这种情况直接推动了边缘城市(edge city)的兴起。边缘城市是办公与零售活动在城市中心区之后的新聚集中心。它聚集了混用的办公空间,为居民提供工作、居住、购物与服务。加鲁(Joel Garreau)认为在美国最大的 35 个城市周边出现了 123 个边缘城市,正在出现 77 个边缘城市。[①] 边缘城市的出现使得城市空间继续扩张,城市蔓延继续发展,即城市的人口密度下降,城市交通系统特别是公路向城市周边地区大幅度扩张,人口与工作向郊区大量迁移,占用了大量土地。农田大量消失。城市扩张使得巨型城市和特大城市不断出现,大都市带的数量与规模都比以前增大了。由于城市面积扩张得很快,一些相邻城市的区域出现了连接和重叠的现象。

然而,边缘城市作为城市副中心出现并没有减少城市中心城区的重要性,芝加哥城市中心商业区清晰的、高价位的土地租金标明了自身的价值,旧金山城市中心商业区至今仍是最大与最密集的就业中心,洛杉矶的中心区主导着周边副中心的发展。从经济关系来看,边缘城市作为城市的副中心仍依赖于城市中心商业区。事实上,城市规模的巨大改变是发生在陈旧的城市框架内的,所有这些分散的场所总共加在一起,也不产生新的城市形式。所以,边缘城市并没有独立化。城市郊区与中心城区的经济联系与信息往来不但是必要的,而且相当频繁。

---

① Arthur O'Sullivan. Urban Economics[M]. The McGraw-Hill Companies, Inc., 2000: 289.

三、产业区位选择、城市空间多中心化与城市蔓延

　　新的产业空间二元化特征不仅表现在发达国家与发展中国家在技术进步的区别和生产阶段在不同地区的分布上，而且表现在城市内部空间的分布上。从创新性产业的高附加值以及一般竞租模型说明产业在城市空间中定位只是表明一种可能性，但是并不是具有最高附加值的产业才占据城市中心位置。换个角度讲，高利润率与高附加值是产业活动的结果，产业的信息层次要求才是决定产业空间区位分布的初始原因。如果把城市功能与创新性产业的要求叠加，只有产业性质与城市功能相互补充的产业才能占据城市中心位置。只是借助城市功能的产业，无法占据城市中心区位置。如果把信息产业分为信息服务业与信息制造业，那么信息服务业进驻美国中心城市的中央商务区才符合城市综合功能发展要求。对于对信息服务业尤其是生产者服务业而言，产业创新性要求和对城市与外界乃至全球生产过程协调与管理使其成为城市发展要求的产业。产业性质与城市综合功能相互吻合。它不仅是要求聚集的产业，而且作为知识与技术的产品成为城市扩散效应的有效形式。所以，生产者服务业能够占据城市中心区位置。生产者服务业在城市中心城区定位使得传统城市的中央商务区获得了新生，中央商务区功能强化与发展是世界城市的普遍现象。中央商务区聚集了人力资本与知识资本，成为财富集中的地点。专业化服务业在这里集中。办公室数量不断增加。中央商务区的产业密度不断增加。中央商务区不仅对整个城市生产起到协调与调配作用，而且成为城市对外发挥扩散功能的主要地点。

　　信息技术产业借助于城市聚集经济的劳动力市场、知识信息的外溢和相关行业的发展，所有它们一般聚集在城市郊区，它们只是形成一个产业区，成为城市经济发展的增长极，如美国的硅谷位于加利

福尼亚州旧金山南端的圣克拉拉县、波士顿郊区 128 号公路聚集大批的科技企业和华盛顿的科技公司分布。信息技术产业的产品融进生产过程,促进了生产分工,带动了城市郊区化,但是它们的交易性质并不是一个持续的过程,因而无法成为城市对外的直接控制和影响力量,它们所在区位不是处于城市的核心区。除了生产者服务业在城市中心城区聚集外,信息产业如高新技术产业在城市郊区如开发区聚集,形成产业集群,成为城市经济发展的增长极。对于高新技术产业来说,郊区便利的交通、较低的租金、优雅的环境和清新的空气是吸引它们的重要因素。这类产业集群选择在郊区发展即可以利用城市的信息交换功能和其他城市基础设施,也可以利用郊区较低的租金获得地理空间。它们带动了城市空间发展。即使郊区演变成为城市副中心,到目前为止,城市中心城区的综合功能仍是副中心无法与之匹敌的。城市郊区只是承接了从中心城区转移过来的部分功能。创新性活动要求与外界高度链接、接受并传送信息,内部进行思想交流与互动的条件只有城市中心城区具备。这是生产者服务业选择城市中心城区的原因,也是美国中心城市中心城区重新发展的原因。许多世界城市的多心多核的空间分布形式并没有消除城市中心区的作用。毕竟,哈里斯(C. D. Harris)和乌尔曼(E. L. Ulman)的城市多核心理论并没有完全排斥伯吉斯(E. Burgess)的同心圆理论。

新产业空间理论从区位规格与区位能力两个概念分析产业的空间分布。[①] 从这个角度也可以说明生产者服务业分布在城市中心城区的原因。区位规格是企业及其部门根据生产特点和投入要素所提出的区位要求,区位能力是企业及其部门在给定的区位满足其要求的能力。城市中心城区拥有便捷的交通设施和发达的通信设备。在美国中心城市的中央商务区显然比其他位置具有无可比拟的综合优

---

① 王缉思. 创新的空间[M]. 北京:北京大学出版社,2001.

势。这种优势具备了生产者服务业的所要求的区位规格。同时,生产者服务业具备了区位能力,可以满足城市中心城区的综合功能要求,成为城市扩散效应的形式。服务业不仅具有人力资本积累与财富创造功能,而且对于陶冶人的情操与提高个人修养具有重要作用。城市对人进行熏陶的主要形式与渠道是服务业。服务业、人力资本和城市综合功能三者关系紧密,特别是城市综合功能提升与服务业具有直接关系,而信息技术产业过于理性化的产业内在特征与人文思想的培育有相互不容的一面,因而是不利于人的全面发展的。因此可见的是服务业在中心城区的集聚与高新技术产业在郊区的发展。

总之,在信息结构的作用之下,城市空间发展中心化与分散化并存,聚集与扩散两者同时得到加强。但是,这并不表明中心城区重新取得绝对支配地位并会重新演化成为单心单核的城市空间,它只是表明中心城区重新发展及其重要性,成为城市空间多中心之中重要一极。从区域城市来看,美国的中心城市一方面在城市空间上呈现多中心的总体结构;另一方面,信息化使得美国中心城市与周边地区形成生产分工与协作关系。现有美国中心城市与周边地区之间存在着共同的生产价值链地域分工现象,即中心城市从事总部管理、金融服务和法律审计等服务业,利用中心城市的知识交流与信息转播功能,服务业占据支配地位;近域周边城市从事研发与实验中试等产业,避开中心城市高昂的土地租金;远域周边城市主要从事批量生产,制造业占据主导地位(见图 5-3)。由于服务业发展离不开制造业的支撑,国际大都市与周边地区实际上是以其核心结成的区域经济体系,这些城市的产业主要依据产业性质和产业利润率在空间进行定位。

在城市人口居住方面,由于信息交流对于城市居民的相对不重要,郊区成为中产阶级最为青睐的场所。美国城市发展在 20 世纪 70 年代以来,郊区的居住人口与产业在城市经济发展占有举足轻重的地位。这都带动了城市空间不断向外围向发展。由于城市人口大量地转移到郊区居住,1950 年在郊区居住的人口比重为 41%,1970 年

功能

| 中枢管理 | 研究开发 | 实验中试 | 生产技术开发 | | 大批量生产 |

部门

| 总部 | | 研究所 | 开发型工厂 | | 批量生产工厂 |

地域

| 都市圈核心地域 | → | 近域周边城市 | → | 远域周边城市 |

中心地域 - → 周边地域

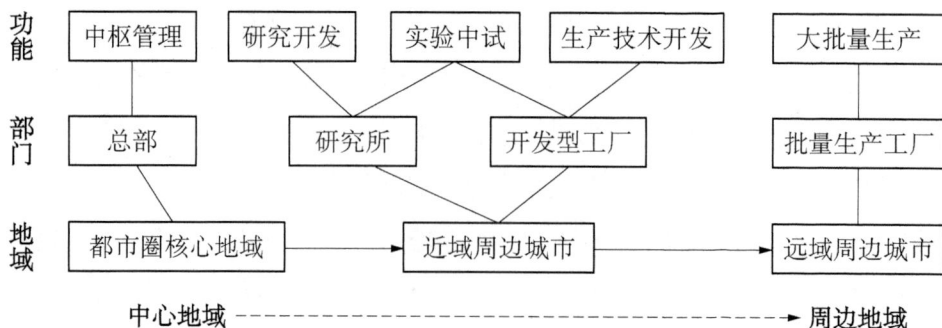

图 5 - 3 都市圈生产价值链的地域分工

资料来源：转引自高汝熹.转变经济发展方式的国际比较与经验借鉴（上）[J].科学发展，2009,(3)：87—102.

达到 54%，2000 年达到了 62%（见表 5 - 2）。由于服务业充分发展，郊区功能综合化与城市化，美国城市已经进入后郊区化时代。美国中心城市不断把郊区纳入城市经济生产分工与协作的空间范围。

在城市产业空间分布相对均衡化的时候，美国中心城市的中心城区由于交通条件便利与功能综合化能够聚集金融以及专业服务等高利润行业，从而改变衰退状态开始获得重新发展。从 20 世纪 90 年代以来，世界上的主要城市都出现了金融和生产者服务业向中央商务区集中的趋势，形成了专门的金融区或者银行区。以纽约市为例，1997 年在整个纽约市金融、保险、房地产的就业中，中央商务区曼哈顿占到 92%；在整个商务服务就业中，曼哈顿比重达到 83%。曼哈顿的金融、保险、房地产部门的集中程度从 1970 年的 86% 上升到1997 年的 92%。在曼哈顿总就业的份额中，即金融、保险、房地产的比重从 1970 年的 17.8% 上升到 1985 年的 23.5%，1997 年的 23%；商务服务业的比重从 8.4% 上升到 11%。[1] 因此，在服务业逐渐占据支配地位的状况下，美国中心城市产业空间一方面延续了先前郊区化发展趋势，另一方面则逆转了制造业主导时代中心城区衰落的状况，

---

[1] Saskia Sassen. The Global City：New York, London, Tokyo [M]. Princeton：Princeton University Press，2001，p.138.

促进了中心城区的重新复兴与城市更新,导致旧城区重新发展。

表 5 - 2 1950—2000 年,美国中心城市和郊区的人口分布

	1950		1960		1970		1980		1990		2000	
	人口(百万)	%	人口(百万)	%	人口(百万)	%	人口(百万)	%	人口(百万)	%	人口(百万)	%
中心城市	49.7	59	58	51	63.8	46	72.4	42	77.8	40	85.4	38
郊区	35.2	41	54.9	49	75.6	54	99.3	58	114.9	60	140.6	62
大都市	84.9	100	112.9	100	139.4	100	171.7	100	192.7	100	226	100

资料来源:[美]奥利弗·吉勒姆.无边的城市——论战城市蔓延[M].叶齐茂,倪晓晖,译.中国建筑工业出版社,2007:20.

第三节 美国城市蔓延的状况

城市蔓延的重要特点是土地使用速度超过人口增长速度,低密度与“蛙跳式”开发并依赖汽车交通。由于美国城市空间的过度扩张,目前美国的国土开发面积不断增加,家庭的住宅拥有率不断增加,郊区成为人口居住和就业的重点,城市空间不断地从单中心模式向多中心或无心无核模式发展。这种城市空间扩展状况从资源耗费的角度来看是不可持续的。

一、城市建设用地面积不断增加

由于城市空间不断蔓延,城市周边的土地不断被开发并纳入城市建成区范围,城市用地不断增加。美国大型城市用地面积速度大大高于人口增长速度,到了 20 世纪 90 年代,虽然速度有所放缓,但是城市空间仍在扩大。自 1970 年到 1990 年,美国 100 个最大的城市化地区的总人口增加了 23.6%,但总用地增加了 51.5%,有近30% 的城市化地区人均土地消费量增长超过了 40%,有 12% 的城市化地区人均土地消费量增长超过了50%。① 在过去50年,美国许多州开发的土地面积是第二次世界大战之前300年开发面积的总和还要多。在这些州之中,城市远郊扩张更为迅速,这主要是因为大型项目的建设。美国城市远郊有一半以居住为目的的新土地单元用地规模超过10英亩,有90%单元用地规模超过1英亩。这使得城市远郊占据了近48个州30%的土地,居住着6 000万美国人。② 城市郊区在保持与中心城区联系的同时,向外扩张十几甚至几百英里。这使得被开发为城市化地区的面积不断增长。

表 5-3 1970—1990 年美国 12 个城市化地区人口与用地增长百分比

序号	城市化地区	人口增长百分比	用地增长百分比
1	得克萨斯州奥斯汀	112.5	218.4
2	佐治亚州亚特兰大	84.0	161.3
3	路易斯安那州巴吞鲁日	46.7	119.3
4	新墨西哥州阿尔伯克基	67.1	97.4
5	马里兰州巴尔得摩	19.6	91.4
6	阿拉巴马州伯明翰	11.5	77.6
7	加利福尼亚贝克斯菲尔德	71.8	71.9
8	宾夕法尼亚州州阿伦敦—伯利恒—伊斯顿	12.9	44.3
9	纽约州特罗伊—香奈—塔第	4.6	38.7
10	马萨诸塞州波士顿	4.6	34.1
11	俄亥俄州阿克伦城	—2.7	26.3
12	康涅狄格州布里奇波特—米尔福德	0.1	8.0

资料来源:李强,杨开忠.城市蔓延[M].北京:机械工业出版社,2007:51.

目前,根据美国农业部1997年的《国家资源目录》,美国有19亿

---

① 李强,杨开忠.城市蔓延[M].北京:机械工业出版社,2007:50.
② [美]罗伯特·布鲁格曼.城市蔓延简史[M].吕晓惠,许明修,孙晶,译.北京:中国电力出版社,2009:81.

英亩国土面积,已经被开发 5.2%。东北部地区的 13%、中西部 6%、南部 7% 和西部 2% 被开发成为城市建成区。由于城市蔓延,美国每年用于郊区开发而失去了数百万亩基本农田与荒野,并导致了野生动植物生存危机。在美国 19 亿英亩的土地中,扣除国有土地或已经被开发的土地,剩下 12 亿英亩。在这些 12 亿英亩的土地之中,扣除掉 15%—20% 因为地形地貌、海拔以及气候因素不能被开发之外,如果以每年 200 万英亩的速度开发,那么 500 年之后美国所有的土地将被建成为城市建成区。[①] 这样,地球表面的美国部分将变成蜂巢式的城市形状。现阶段,许多州的土地已有 20% 以上被开发,如康涅狄格州、马里兰州、特拉华州和马萨诸塞州等。以目前的年开发速度,到 2050 年,这些州将有 50% 左右的面积被开发为城市用地。

表 5-4　美国若干州设想的开发速度和结果

	1997 年			2050 年		
	可开发土地(英亩)	已开发土地(英亩)	已开发的百分比(%)	年度开发速度(英亩)	被开发的土地(英亩)	被开发的百分比(%)
加利福尼亚	47 558 600	5 456 100	11	138 960	12 820 980	27
康涅狄格	2 874 900	873 900	30	12 680	1 545 940	54
特拉华	1 216 400	225 500	19	7 020	597 560	49
乔治亚	33 111 800	3 957 300	12	210 640	15 121 220	46
马里兰	5 737 400	1 235 700	22	44 460	3 592 080	63
马萨诸塞	4 653 500	1 034 000	22	56 300	4 017 900	86
密西根	26 014 200	2 725 300	10	110 160	8 563 780	33
北卡罗利拉	26 430 700	2 416 700	9	156 300	10 700 600	40
佛罗里达	24 371 100	5 185 000	21	189 060	15 205 180	62
新泽西	3 822 000	17 78,200	47	56 640	3 822 000	100

资料来源:[美]奥利弗·吉勒姆.无边的城市——论战城市蔓延[M].叶齐茂,倪晓晖,译.北京:中国建筑工业出版社,2007:91.

———————————

① [美]奥利弗·吉勒姆.无边的城市——论战城市蔓延.叶齐茂,倪晓晖,译.北京:中国建筑工业出版社,2007 年,第 89—90 页。

在这些已被开发的土地之中,绝大部分是优质的土地资源,如可用于耕种的农田,靠近于河流和海港的肥沃的土地。这导致农田的日益消失。如果以每年 200 万英亩的速度进行开发,将来美国的基本农田即用来生产粮食和农产品的土地会越来越少。美国的基本农田面积不断收缩,正面临着越来越严重的威胁。在将来的 50 年之内,预计美国人口将会增加一半以上,这预味着美国将会进口更多的粮食和农产品。此外,在城市空间不断扩张的时候,不仅仅基本农田不断减少,许多自然景观、原野和开放空间也面临着越来越严重的威胁。许多美丽的自然风光被高速公路横穿而过,阻隔成为两半,不仅原有的风光受到较大的影响,而且生态系统也受到破坏。在大量高速公路和郊区建设项目之下,原有的生态系统无法实现正常循环。

二、美国家庭住宅拥有率不断增加

有了汽车与道路,郊区较为便宜的土地可获得性越来越高,再加上政府提供的低息贷款与模块化预制的快速建筑方式,郊区的房地产开发快速地进行。在第二次世界大战期间,由于战争对物质需求的挤压,房地产特别是住宅开发较为缓慢,也无利可图。战后,在复员军人需求和婴儿潮的推动之下,住宅需求成为当时社会的主要需要,并发展成为"房荒",住房十分紧缺。因此,美国战后上下一致大力促进住宅房地产发展,以快速的方式建造了数百万套住房。这些住宅的选址都是选择在近郊或远郊,建设连片的社区,采用预制模件,以标准化的方式建设房屋。以莱维敦(Levittown)为例,威廉·莱维特父子公司在 20 世纪 50 年代左右时期能在一天之内建造 30 套住房,先后在纽约的长岛、宾夕法尼亚州的巴克斯县、新泽西的伯灵顿县建设多个莱维敦,共 14 万套住房。这种低成本与大批量的住房建设方式、社区风格与建设速度曾经一度引领美国城市郊区发展潮流,成为以后美国城市郊区住房建设的模板。

　　郊区的快速膨胀使得越来越多的美国家庭能够拥有住宅。美国家庭住宅拥有率从 1900 年的 46.5％提高到 2000 年的 67.4％,增加了 20.9 个百分点(见图 5 - 4)。美国的私人住宅拥有率比德国、瑞士、奥地利、法国、瑞典和日本都要高。城市蔓延使得更多的美国人实现了"美国梦"。它符合了美国对家庭和自由的追求。在住宅不断增加的条件下,许多美国人实现了在自然环境条件下抚养家庭的梦想。

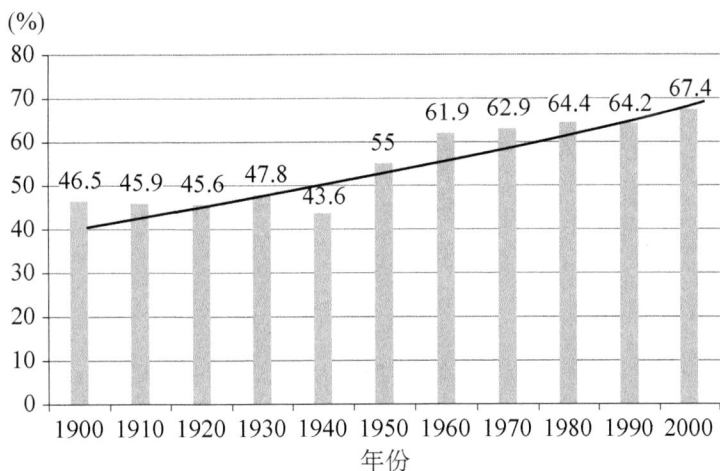

图 5 - 4　1900—2000 年美国家庭住宅率拥有率及其趋势(％)

　　资料来源:〔美〕奥利弗·吉勒姆.无边的城市——论战城市蔓延[M].叶齐茂,倪晓晖,译.北京:中国建筑工业出版社,2007:76.

三、郊区成为人口居住与就业重点

　　在城市蔓延条件之下,郊区不断发展,吸引了新增人口和城市中心城区的居民,其人口比重超过了中心城区,成为人口居住的重点地区。第二次世界大战之后,在州际高速公路和住宅以史前无例的速度发展的条件下,美国郊区化也以空间的速度的发展。城市郊区新开发社区与良好的环境吸引着来自中心城区的居住人口。在中心城市、郊区和农村的人口增长之中,郊区的居住人口增长速度最快。大都市区的规模越来越大,而郊区的发展速度越来越快。20 世纪 70 年代左右,郊区的居住总人口已经超过了中心城市与农村人口两者各自的比重,美国在此时已经完成成为一个郊区化的国家。这种趋势随着 20 世纪 80 年代信息化社会的到来而进一步发展。到 20 世纪 80 年代,在美国郊区居住的人口接近总人口的一半,在部分地区接近 70% 以上。由于郊区日益成为居住重点,以至于郊区出现了城市化(citification)的现象。

表 5-5　美国十五个最大的大都市区的郊区人口比重(1980 年)

	大都市区	大都市区人口	郊区人口	郊区人口比重(%)
1	波士顿	3 448 122	2 885 128	83.7
2	匹兹堡	2 263 894	1 839 956	81.3
3	圣路易斯	2 355 276	1 902 191	80.8
4	华盛顿	3 060 240	2 422 589	79.2
5	亚特兰大	2 029 618	1 604 596	79.1
6	底特律	4 618 161	3 414 822	73.9
7	克利夫兰/阿克伦	2 834 062	2 023 063	71.4
8	费城	5 547 902	3 859 682	69.6
9	旧金山湾	5 179 784	3 524 972	68.1
10	洛杉矶/阿纳海姆	11 497 568	7 620 560	66.3
11	巴尔的摩	2 174 023	1 387 248	63.8
12	芝加哥	7 869 542	4 864 470	61.8
13	达拉斯/沃思堡	2 974 878	1 685 659	56.7
14	纽约/新泽西	16 121 297	8 721 019	54.1
15	休斯敦	2 905 350	1 311 264	45.1

资料来源:Kenneth T. Jackson. Crabgrass Frontier [M]. New York:Oxford University Press,1985,p284.

同时,许多企业选择在郊区作为办公和生产地址,一方面可以避开中心城区的高地价与交通拥挤问题,另一方面也可以接近于劳动力供给区域。对于郊区居住人口而言,就近就业可以节省交通的费用成本与时间成本。近郊的办公与小型生产企业、远郊大型生产企业和大型项目建设,都在不断发展。在这种情况之下,郊区已经超过了中心城区,成为人口居住和就业的重点。以休斯敦为例,在 1969 年,中央商务区的办公仍占据主导地位,郊区人口集中的中心区域的办公比重是 39%,其他地区是 9%。但是到了 1989 年,可以从图 5-5 看到,休斯敦的中央商务区办公比重下降到 23%,而郊区中心上升到 54%,其他地区是 23%。郊区中心的办公数量是中心城区的两倍还要多。郊区已经不再是"卧城",而是就业的重点区域,已是大都市经济发展的带动力量了。

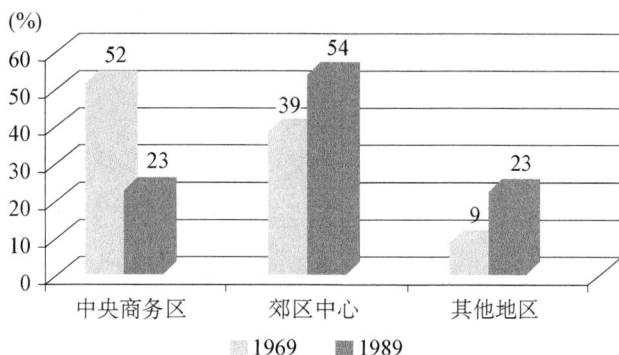

图 5-5 休斯敦市的中央商务区、郊区中心和其他地区办公就业百分比变化(1969 年和 1989 年)

资料来源:Arthur O'Sullivan. Urban Economics,Fourth Edition [M]. McGraw-Hill Companies,2000:288.

较为极端情况出现于洛杉矶,郊区中心之外其他地区的居住人口和就业都处于绝对支配地位(见图 5-6)。处于郊区中心之外的其他地区的居住人口比重为 66%,就业是 90%。郊区无论是居住人口还是就业比重,都比中央商务区和郊区中心高出许多。

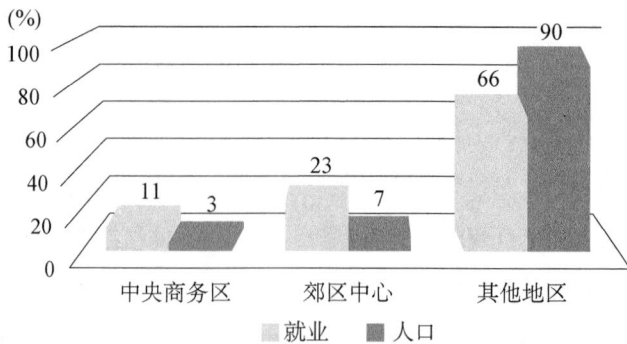

图 5 - 6 1980 年洛杉矶中央商务区、郊区中心和其他地区的就业与人口比重

资料来源：Arthur O'Sullivan. Urban Economics，Fourth Edition [M]. McGraw-Hill Companies，2000，p. 285.

四、城市空间从"芝加哥模式"向"洛杉矶模式"转变

城市空间的"芝加哥模式"是单中心型的城市空间结构，城市的中心城区是就业与居住重点区域，也是城市及大都市区的税收主要来源。城市土地使用密度、产业密度和人口密度随着与中央商务区的距离增加而减少，城市空间呈现金字塔形的结构。芝加哥是这类城市较为典型的代表。前工业化城市以及工业化初中期的城市空间结构基本上是"芝加哥模式"，中心城区代表着权力与地位，主导着城市空间的政治、经济与社会发展。城市空间的"洛杉矶模式"是后现代、后郊区或后城市的空间结构代表形态，城市空间呈现无心无核的状态，没有城市中心区域。城市中心城区在大都市区和城市之中的作用已经无足轻重。目前美国的洛杉矶市和奥兰治大都市区就是这种空间模式，它起源于历史上开矿和采油的多点式集合城市，并沿着这种空间路径发展下来。20 世纪 80 年代这种城市受到后工业化和高科技产业的影响，在其转移过来之时城市就已经采用分散式的企业集中和蔓延式的人口模式。从人口集中来看，在美国经济重心向西部和南部转移时，在产业轻型化、汽车和道路发展相对完善之时，这些城

市发展相对于东北部老工业区更具有分散性与蔓延性特征。

城市蔓延推动郊区化,促使城市从单个城市空间走向大都市区化,促进城市空间走向多心多核化,或是走向无心无核化的空间模式。在第二次世界大战之前,有近美国总人口的一半居住在大都市区。1940 年,美国 11 个百万人口以上的大都市区,总人口 3 490 万人。第二次世界大战之后,城市蔓延推动美国大都市区不断发展。到了 20 世纪 90 年代,在大都市区居住的人口占到美国总人口 80％以上。百万以上的大都市区已有 40 个,总人口已经达到 1.4 亿,大都市区的人口增长近 1 亿。到了 2000 年,拥有百万以上的大都市区有 47 个,居住人口数量不断增长,占全国人口比例进一步增长到57.5％。纽约、洛杉矶、芝加哥、旧金山和费城等五大都市区拥有全国五分之一人口。①

表 5 - 6　1920—2000 年美国大都市区情况比较

年份	所有大都市区			百万人口以上的大都市区		
	数量	人口数(万)	占美国人口(％)	数量	人口数(万)	占美国人口(％)
1920	58	3 593.6	33.9	6	1 763.9	16.6
1930	96	5 475.8	44.4	10	3 957.3	24.8
1940	140	6 296.6	47.6	11	3 369.1	25.5
1950	168	8 450.0	55.8	14	4 443.7	29.4
1960	212	11 959.5	66.7	24	6 262.7	34.9
1970	243	13 940.0	68.6	34	8 326.9	41.0
1980	318	16 940.0	74.8	38	9 286.6	41.1
1990	268	19 772.5	79.5	40	13 290.0	53.4
2000	317	22 598.1	80.3	47	16 151.8	57.5

资料来源:王旭.对美国大都市区化历史地位的再认识[J].历史研究,2002,(3):110—119.

① 王旭.对美国大都市区化历史地位的再认识[J].历史研究,2002,(3):110—119.

美国的郊区化进程和城市蔓延,分解和解构了前工业化城市和工业化时期在城市形成了单中心空间结构,使得城市空间不断地向多中心或无心无核方向发展。洛杉矶是个较为极端的例子,它是由于历史上形成的城市空间以及产业发展的影响。许多城市空间形态是处于"芝加哥模式"与"洛杉矶模式"之间。到 20 世纪 60 年代,美国形成了规模巨大、结构松散复合结构的若干个大都市连绵区。20 世纪 80 年代,郊区在就业与人口数量及其比重全面超过中心城区。在许多城市,郊区的作用不断地超越中心城区。在 1980 年,美国洛杉矶中央商务区、副中心和其他地区在就业与人口的对比分别是 11%:23%:66% 和 3%:7%:90%。[①] 伴随着郊区化浪潮的快速推进,在郊区为中心的城市空间条件之下,美国城市各类空间相对隔离,蛙跳式的土地利用模式、商业地带沿公路条件分布、土地开发密度低和用途单一等问题进一步出现,使得人们的工作、上学和购物等经常性社会活动的出行需要借助汽车或火车才能实现。

第四节　美国城市蔓延的经济与社会后果

空间是社会的表达,空间的生产通过社会机制实现,反过来又进一步强化原有的社会机制。第二次世界大战之后,美国城市快速蔓延带来了较大的社会问题,包括种族的隔离与社会阶层持固化、黑人的民权运动发展以及社会贫富分化进一步加剧等。

---

① Arthur O'Sullivan. Urban Economics, Fourth Edition [M]. McGraw-Hill Companies, 2000, p. 285.

一、城市蔓延导致的经济问题

（一）城市蔓延导致产业结构进一步服务业化

城市蔓延对产业结构的影响是制造业的成本不断提高，由于人口分布于较大的空间范围，通勤于厂区和居住地址之间成本不断加大，间接提高了工人的生活成本，并在一定范围之内形成了劳动力供不应求的态势，从而提高了工人的工资，也提高了产品的生产成本。再而，由于空间较为分散，原料、中间产品与最终产品的集中与分散需要耗费更多的交通成本，这是美国制造业外迁的重要原因之一。相比较而言，服务业特别是信息服务化在空间摩擦成本上具有其他产业无可比拟的优势。在美国城市蔓延程度愈高的地区，其产业轻型化程度也愈高，产业的高科技化和服务业化程度也愈高。美国中西部以及南部地区的产业轻型化程度远高于东北部地区。

实际上，产业结构与城市蔓延之间形成相互促进的自我累积循环机制，产业结构轻型化促进城市蔓延，而城市空间扩张与蔓延反过来又促进了产业结构轻型化，只有轻型化与服务业化的产业结构才能适应美国的生产空间结构。美国的城市空间结构特点适合轻型化与服务业化的产业结构生存和发展。1870年，美国服务部门就业人数比重是25.6%，1900年为31.7%，1920年是34.8%，到1930年达到42.3%，1950年是48%，1960年是54%。[1] 1968年进一步提高到64.1%。[2] 从1990年到2001年，美国服务业的就业和增加值继续发展，一直保持在70%以上，接近于80%。相对于经济合作组织其他

---

① [美]维克托·R.富克斯.服务经济学[M].许微云,等译.北京：商务印书馆,1987：34、42.
② [美]丹尼尔·贝尔.后工业社会的来临——对社会预测的一项探索[M].高铦,译.北京：商务印书馆,1984：148.

国家,美国服务业无论是就业或是增加值的比重都要高出许多。

表5-7   美国劳动力就业与国内生产总值在三次产业的分布(%)

时间	劳动力就业在三次产业分布			按照当年价格国内生产总值在三次产业分布		
1990	2.7	26.1	72.2	1.9	24.1	73.5
1991	2.8	24.2	73.1	1.7	22.9	75.0
1992	2.8	23.5	73.8	1.8	22.2	75.4
1993	2.6	23.1	74.4	1.6	22.0	75.2
1994	2.6	22.9	74.5	1.7	22.5	75.0
1995	2.7	22.9	74.4	1.5	22.6	75.6
1996	2.7	22.3	75.1	1.7	22.2	75.6
1997	2.6	22.1	75.3	1.6	22.1	75.6
1998	2.4	21.2	76.4	1.4	21.8	77.0
1999	2.5	20.1	77.5	1.3	21.8	77.7
2000	2.6	18.9	78.4	1.3	21.5	78.5
2001	2.3	18.5	79.2	1.3	20.3	79.6

资料来源:景跃军,王晓峰.美国三次产业结构现状及未来趋势变动分析[J].东北亚论坛,2006,(1):112.

(二) 城市蔓延导致美国经济的房地产化

以住宅为原始拉动力的城市蔓延使得房地产发展成为美国经济发展的重要支柱。在第二次世界大战之后,建筑业与公路建设一度成为美国战后的重要支柱产业,从事住宅与房地产开发一度成为复员军人的重要职业。虽然在战后美国经济经历了多次低迷与繁荣,但是房地产始终是美国推动经济增长的重要工具。先是建筑与公路建设,其后是房地产交易,成为战后美国经济增长的重要推动力。由于住宅的过度开发以及把住宅作为拉动经济增长的重要手段,许多住宅出现供过于求和超过居民购买能力现象,房地产泡沫不断产生。

"从 1940 年到 2007 年,美国住宅价一路上涨,势不可挡,形成了世界经济史上最大的资产泡沫。这一时期长达 67 年之久,尽管历经衰退和经济低迷,但是,美国住宅的平均价格还从来没有出现过连续两年停止上涨的情况,没完没了的泡沫扩张,掩盖了多少恶行。"[①]以房地产为基点的金融与保险业成为左右美国经济发展的重要力量。在战后,以房地产为基点的金融、保险、房地产和租赁业一直在美国国内生产总值占据 20％左右的比重,其中房地产和租赁业占据其中 60％,占美国国内生产总值的 12％左右。这表明以房地产及其相关服务业一直是美国国民经济的重要支柱。房地产市场与美国经济休戚相关。由于房地产对经济增长功能的过度借用,直接导致了 2008 年次贷危机。实际上,如果没有信息技术拉动的信息技术革命推动美国服务业升级,那么这场次贷危机可能来得更早,危机是在信息技术对经济增长的拉动力量释放完毕之后发生的。

在城市蔓延之下,美国经济的服务业化与房地产化以及制造业的外迁,使得其产业发展出现空心化问题,许多原有的制造业就业人员失业较为严重,就业出现困难。目前,美国联邦政府和地方政府正在试图重新吸引制造业回流,利用信息化和智能技术提高制造业的竞争力,但是在城市空间铺得过大的状况,制造业的成本较大,其回流存在较多的障碍。

(三) 城市中心城区的衰落与重新发展

由于中心城区人口不断迁移向郊区,特别是中产阶级的迁出,对城市中心城区产生重要影响。在郊区化时代,随着企业及其就业迁移向郊区,中心城区的衰落就成为不可抑制的趋势。人口的迁出使得中心城区的人口密度不断下降,就业机会的丧失使得中心城区贫困化。在 20 世纪 70 年代,美国许多城市中心城区失去数十万就业

---

① ［美］罗伯特·M.哈达威.美国房地产泡沫史(1940—2007)[M].陆小斌,译.福州:海峡出版发行集团海峡书局,2014:12.

岗位,而郊区却相应增加了数十万个就业岗位。区域贫困问题使得政府的财政税收数额不断下降,接下来是财政投向教育、治安以及公共设施的数额不断减少,从而形成恶性循环机制。贫困阶层停留于城市中心城区,富裕阶层迁往郊区;有色人种特别是黑色人种集中在城市中心城区,白人迁往郊区甚至远郊。这些人口迁移都造成了许多城市中心城区趋于衰落而亟须重新发展。在巴尔干化的大都市区治理架构之下,中心城区的财政危机无法利用郊区的资源进行弥补或解决,使得城市中心城区的财政问题、社会犯罪问题以及公共设施问题迟迟得不到解决。值得一提的是,随着美国生产者服务业的发展与政府重视城市更新问题,美国许多中心城市正在重新崛起,这是由于其方便的交通区位和综合功能优势所造成的。

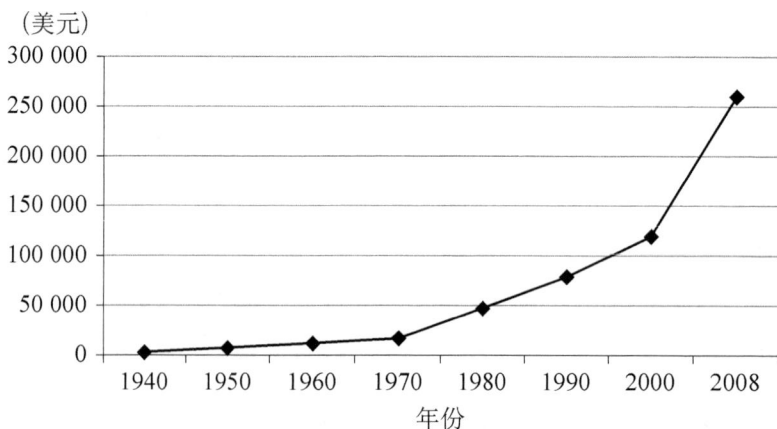

图 5-7   1940—2008 年美国住宅中位价格

资料来源:〔美〕罗伯特·M.哈达威.美国房地产泡沫史(1940—2007)〔M〕.陆小斌,译.福州:海峡出版发行集团海峡书局,2014:13.

二、城市蔓延导致的社会问题

(一) 社会与种族的隔离进一步加强

美国是市场化国家,居民空间迁移范围取决于收入水平及相关能力。在城市空间不断扩张的状况下,城市空间形成过滤机制,有能力的城市居民不断地向郊区迁移,而经济收入较差的社会群体倾向于居住在中心城区,或者是迁入原来迁移出的居民所居住的社区之中。受过良好教育与收入水平高的社会群体可以在城市郊区形成相对封闭的居住社区,并排斥外来有色人种的迁入。这些郊区的豪华住宅可以利用其昂贵的价格、规划标准和税收等间接手段,阻止较低收入水平社会群体特别是有色人种的加入。通过形成无形的藩篱,它们形成相对独立的社区,保护本社会群体与社区居民的利益。如果原有的居住社区受到有色人种的不断侵入,那么那些收入水平高的社会群体会利用其较高的空间迁移能力,再度向远郊迁移。于是,美国的城市及大都市区,在城市蔓延之下,城市空间的过滤机制使得阶层与种族之间距离进一步固化,并通过空间表现出来。

因此,在城市蔓延条件下,美国的社会与种族之间的隔离问题变得愈来愈突出。在纽约大都市,这些问题正在愈演愈烈。相对于城市中心城区,郊区的种族与社会群体隔离问题更为明显。郊区白人的居住比例相对称于中心城区黑人的居住比例。由此,美国正在形成中心城市与郊区两个世界,中心城市的有色人种、贫困化、社会犯罪问题和混乱;郊区优美的环境与富足的生活方式,两者之间形成了鲜明的对比。郊区的教育水平高,有利于家庭成员特别是儿童成长;中心城区的教育问题以及财政收入危机,两者之间形成文化教育之间较大的差距并通过空间形式不断固化。

(二) 社会贫富分化进一步加剧

城市蔓延对社会贫富分化的作用是促进贫困人口的集中,导致贫困问题陷入恶性循环之中。城市蔓延引发经济学意义的公平问题。城市蔓延问题引起较高的基础设施投入、隐形补贴、税收负担问题和公共服务事业配置问题。城市蔓延所需要道路与交通设施投入,实质上是用全市的税收补贴了居住在郊区的社会群体。其次,中心城区集中了较大的免税机构,包括教堂、政府机构、博物馆、图书馆以及动物园等。这些都是中心城区提供给郊区居民的免费公共产品。从税收公平原则角度来看,城市蔓延实质上是一种转移支付,隐性补贴了拥有郊区房产和私家车的社会群体,从而进一步扩大社会贫富差距。

伴随着城市蔓延过程,美国社会贫富进一步分化。就业机会在不断向郊区集中,而贫困逐渐集中到城市中心城区,并开始向部分郊区蔓延。在城市蔓延的条件下,制造业与服务业向郊区迁移,城市中心城区能够提供给贫困人口的就业机会变得越来越少。城市之中就业的技术与教育含量也变得越来越低。由于贫困向城市集中,城市贫困人口占据着美国贫困人口的主导地位,并有部分贫困人口陷入贫困的恶性循环机制之中,形成绝对贫因。1959 年,农村人口的贫困率达 43%,大城市仅为 12%,但是到 1990 年,美国城市贫困人口占据国家总贫困人口的 70%,其他的 30% 在农村和边远城镇。[1] 在 20世纪 70 年代之后,随着美国城市蔓延进入新阶段之后,居住在郊区意味着需要更多的通勤成本与时间,需要汽车,大户型住宅需要交纳更多的房地产税、取暖费用以及同房地产相关的其他费用。更重要的是,居住在郊区已经形成了种族与收入阶层相对同一的社会群体,外来人员一般很难插入。所以,贫困人口趋于向城市中心城区集中。这些贫困人口受教育水平、劳动技能和健康状况都处于相对较低水平,个人收入和家庭收入都是较低的,他们把这种情况传递给下一代或邻里,从而形成了贫困的恶性循环。贫困人口在城市的集中直接导致了"贫民窟"的形成与发展,它长期存在,解决"贫民窟"问题正变得越来越难。

从 20 世纪 60 年代以来,美国的社会收入分配陷入贫者愈贫与

---

① 梁茂信. 战后美国城市贫困人口的特征分析[J]. 东北师范大学学报(哲学社会科学版),2000,(1):6—11.

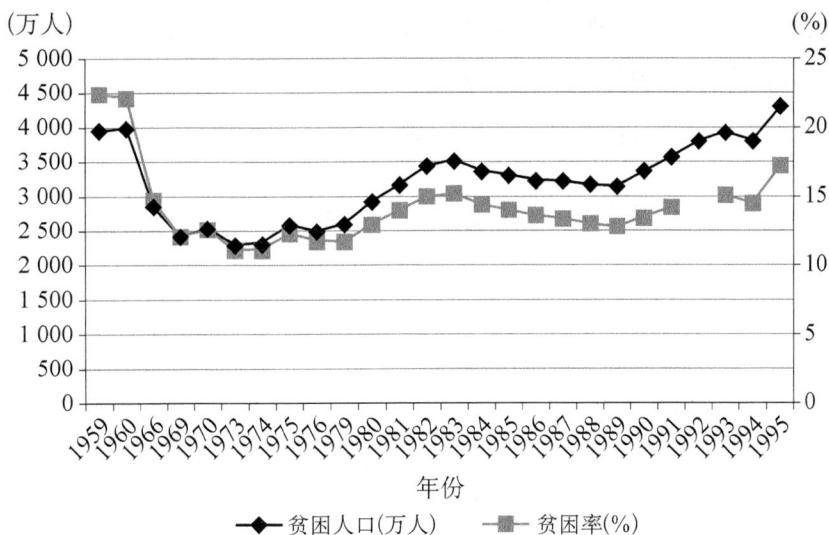

图 5 - 8　1959—1995 美国贫困率和贫困人口

资料来源：陈恕祥.美国贫困问题研究［M］.武汉：武汉大学出版社,2000：104.

富者愈富的怪圈之中,这不能不与城市空间发展具有一定联系。从
1978 年到 1989 年的 12 年间,美国占家庭总数的 1％的最高收入家
庭的收入增加了 77％；占家庭总数的 20％收入最低家庭的收入下降
了 9％；占 20％的收入较低家庭的收入也下降了 1％。1960 年,美国
处于贫困线以下人口为 3 990 万,1969 年下降为 2 410 万,到了 1995
年重新回升到 3 640 万。1979 年到 1994 年,美国 6 岁以下儿童的贫
困率从 18％增长到 25％。[1] 美国的贫困率在 20 世纪 50 年代达到了
22％之后,逐年呈现下降趋势,1973 年达到历史性最低点 11.1％,然
而进入 80 年代以后,贫困率呈现上升态势。[2] 到了 2013 年,贫困率
14.5％,2014 年略微升至 14.8％,贫困人口总数为 4 670 万。[3] 目

---

[1]　陈恕祥.美国贫困问题研究［M］.武汉：武汉大学出版社,2000：37—38.

[2]　胡爱华.美国贫困线及其反贫困政策研究：1959—2010［D］.上海：华东师范大学,2011：22.

[3]　美国 2014 年贫困人口超过 4 670 万［EB/OL］.［2015 - 9 - 16］. http://finance. sina. com. cn/world/20150916/230223267533. shtml.

前,大约有 12％左右的美国人没有医疗保险。在纽约市,大量贫困儿童与学校教育的失败,以至于被认为是美国国家治理的最大问题。中产阶级作为美国社会支柱,正在遭受到越来越多方面力量的削弱。

(三) 黑人民权运动的发展

在黑人分散于南方及其他地方的时代,在种植园年代,分散于各种种植园和社区的黑人没有形成统一的意识,黑人的民权意识没有觉醒。此后,虽然林肯《解放黑人奴隶宣言》发表多年,但是美国黑人的权利仍迟迟未得到保证。美国内战和第二次世界大战由于黑人的参与和贡献,黑人的各项权利有所提高,但是仍不充分的。到 20 世纪 60 年代,黑人的民权仍犹如马丁·路德金所说那样,是"空白的支票"得不到兑现。黑人的权利与种族平等化问题未得到实质性解决,极大地阻碍了其就业与受教育权利的实际运用,也是其贫困化问题得不到解决的重要原因之一。

黑人的城市化水平在美国所有种族之中处于最高水平,由于城市的集中作用,推动了黑人形成较为统一的意识形态,从而使得黑人争取平等权利的运动进一步开展。在城市蔓延的条件下,白色人种向郊区迁移,黑人在城市集中,黑人城市化水平在美国各种肤色人群之首。由于集中,黑人之间可以进行更的沟通与交流,形成共同的意识形态,涌现了一大批黑人组织与民权领袖。黑人通过运动、暴乱和游行等各种合法与非法的方式,使得其民权运动在战后达到历史的高峰,并由此争得了较多的平等与权利,使社会注意到黑人受到的不公正待遇。黑人在中心城区及其部分社区相对数量和比重的提高,极大地方便了其进行政治斗争,使得美国国会分别在 1957 年、1960 年、1964 年、1965 年、1968 年和 1970 年通过一系列涉及黑人的民权法案与选举权法等。黑人的民主权利和社会平等程度得到较大提高。

三、城市蔓延导致的生态环境问题

城市蔓延会产生较为严重的生态环境问题,使得城市及其区域的可持续发展受到较大的威胁。城市蔓延产生的直接问题是城市交通量大幅度增长,人们的交通依赖于私人汽车而不是节省能源的公共交通,导致汽车尾气排放不断增长。尽管美国的人口只占世界的5％,但其消耗的汽油占世界总消耗量30％以上。汽车尾气排放的二氧化碳产生的温室效应正在变得越来越明显,其产生烟雾以及有害气体对人们的身心健康产生较大的危害。其次,城市蔓延还导致供水、废水以及粪便无法纳入管道统一处理。由于每家每户的面积较大并且摊得较开,集中化处理需要耗费大量的财政投入。因此,郊区化的住宅一般每家每户都自行处理生活废水与粪便等问题,开挖井道取水。由于化粪池与水井之间的水循环存在相通之处,这导致了水资源的污染,并滋生出许多疾病问题。其三,城市蔓延导致对地球表面植被过分开发,使得地球表面过多裸露,使得山体滑坡与洪涝灾害发生的频率不断增长,水土流失与河道淤积现象时有发生。沼泽和湿地被过分侵蚀。这种自然灾害在气候干燥的西部地区发生得更为频繁,因为被破坏的地表植被在西部地区不易恢复。其四,城市蔓延使得人类活动范围过多的侵入到野生动物的活动范围之中并占有它们的活动空间,从而使得野生动物种类与数量不断减少。

第五节　美国城市蔓延的治理对策

美国的反城市蔓延的思想与运动源于欧洲和美国工业化时期推动之下城市化导致的城市问题,直接受到20世纪20年代英国的反城市蔓延运动的影响,发展于20世纪50年代和60年代经济繁荣时期郊区扩展高潮时期。在城市郊区建设高潮时期,一些经验主义的研究注意到了城市蔓延的成本与代价和社会问题,并提出限制发展和对过度使用汽车的质疑。这些思想伴随着世界范围的可持续发展思想的发展而发展,并最终在 20 世纪 80 年代和 90 年代演变成为政府的政策与社会的行动。

一、区域主义与新区域主义

由于城市蔓延的重要原因之一是区域之内地方政府体制的"巴尔干化"。第二次世界大战之后,为控制城市蔓延,强调城市的形成有赖于整个区域地方政府管理体制的统一化及构建大都市区域政府与减少政府层次和数量的"区域主义"(Regionalism)思潮于 20 世纪 50 年代和 60 年代得到发展。通过建立强有力的大都市区政府和设立新的区域服务区与税收区的方法,处理城市之间与区域之间的空间冲突与矛盾,进行区域成长控制(Regional Growth Control),控制城市蔓延。区域主义试图通过构建统一的地方政府主体以及不同利益主体和组织结构化的方法,减少碎片化的地方政府管理体制带来的弊端,包括政府提供的公共服务的重复、质量低下、效率低下和不统一问题,还有政府职责不清问题以及管理体制的混乱局面。俄勒冈州(Oregon)的波特兰(Portland)都市区逐步形成了区域政府,负责都市区成长边界的管理与调整。然而,这种构建统一大都市政府的收效从总体上看收效甚微。由于美国历史上根深蒂固的自治传统,这样的政府架构设想总体上并不成功。除了 1949 年路易斯安那州的巴吞鲁日(Baton Rouge)和东巴吞鲁日教区(East Baton Rouge Parish)的合并和 1962 年的田纳西州的纳什维尔市与戴维林县合并成功之外,其他企图成立大都市区政府成功者较少。

在 20 世纪 80 年代末期,经济全球化凸现了区域作为单元参与国际经济竞争的重要性。"新区域主义"(New Regionalism)得以兴起。与旧区域主义不同的是,新区域主义不再强调区域内部的一致性和成立大都市区政府,它强调通过治道变革与政府机制协调,减少政府的层次,提高政府的效能,而不是以成立大都市区政府作为唯一途径。新区域主义强调区域主体互动、互利与互补,改进区域之内制度治理状况,强调政府之间合作与协作,利用经济、社会与文化的联系,形成相对一体的经济共同体,并同外界加强经济、社会与文化往来。通过政府之间合作与协作,改善公共服务的质量,提高政府的服务效率。在城市空间之上,新区域主义强调中心城区的作用,注重恢复中心城市的重要性,主张控制城市蔓延与郊区的过度扩张,强调可持续发展。新区域主义认为,解决中心城区的衰落与郊区的过度扩张问题必须把其置于整体的区域框架之内,这两个问题其实是同一个问题的两个侧面,必须以区域的整体发展应对城市与郊区的失衡发展局面,解决中心城区的贫困问题。

虽然区域主义与新区域主义在治道之上有不同观点与看法,但是两者都强调要控制城市蔓延,州是整个美国联邦体制的基石,州政府在中心城市重新发展与郊区蔓延控制之上,具有十分重要的作用。在城市蔓延问题的协调之上,只有州政府与州议会才能起到协调的作用。相比较而言,虚化的大都市区政府以及地方的自治市,只能起到有限的作用。

二、新城市主义

针对城市蔓延问题,起源于 20 世纪 80 年代"新城市主义"(New Urbanism)作了回应。新城市主义的思想源于 20 世纪早期的城镇规划。新城市主义提出有节制与有规划的城市扩张和以人为中心的城市空间,强调城市空间可持续发展,主张以人为尺度、步行与公共交通,反对以汽车为主导的城市空间无节制蔓延与城市空间非人性化,强调对中心城区的填充式与紧凑式开发,主张以现代的需求更新和改造中心城区的重要部分,使之符合现代城市居民的需求,但是必须保持旧城市的尺度。在新城市主义思想之中,"传统邻里发展模式"与"公交主导发展模式"两种具体思想并没有本质的区别,只是传统邻里发展模式偏重于城镇内部街坊社区层面,而公交主导发展模式更偏重于整个大城市区域层面。在新城市主义的规划实践中,两者经常交互一起运作,强调紧凑、适宜步行、功能复合的城市发展思想。

新城市主义给自己制订了明确的任务:"修复大城市区域现存的市镇中心,恢复强化其核心作用;整合并重构松散的郊区使之成为真正的邻里社区及多样化的地区;保护自然环境;珍视建筑遗产,其最终目的是要扭转和消除由于郊区化无序蔓延所造成的不良后果,重建宜人的城市家园。"①新城市主义者积极参与城市规划,参与新开发项目与城市中心城区改造,修复历史建筑以及参与对郊区发展约束与填充的实践之中。新城市主义者强调土地综合利用与混合开发,主张紧凑式空间发展。新城市主义者认为,中心城区的衰落、郊区的无限制蔓延、种族的隔离与社会收入差距进一步拉大,这些问题是相互关联的。解决这些问题需要从整体的层面,以人为中心,综合历史、生态与经济因素,不断地用插入式与填充式发展,更新中心城区,发展步行与公交,发展邻里社区,减少对小汽车的依赖,实现城市空间紧凑发展,实现历史、生态与空间三者之间平衡。

三、精明增长理论与运动

从 20 世纪 60 年代到 90 年代,对美国城市蔓延治理具有较大影响力的是精明增长(Smart Growth)理论。精明增长理论与增长管理具有相通之处,或者说许多概念与措施直接来源于增长管理。从某个角度来讲,精明增长是目标,增长管理是工具与手段。从时间来

---

① 张京祥.西方城市规划思想史纲[M].南京:东南大学出版社,2005:230.

看,精明增长产生于 20 世纪 60 年代与发展于 70 年代和 80 年代的增
长管理,并从增长管理政策与法令之中脱颖而出,在 20 世纪 90 年代
进入政策实施的目标领域。美国马里兰州州长帕里·格里宁(Parri
N. Glendening)于 1997 年正式提出精明增长概念。此后,精明增长
理论为政府与城市规划界广泛接受,发展成为运动。1999 年,美国规
划协会(American Planning Association)完成了对精明增长的城市
规划的立法纲要。到 2000 年,美国已有近 20 个州制订了增长管理
计划或"精明增长法"(Smart Growth Act)与"增长管理法"(Growth
Management Act)。2000 年,美国规划协会与 60 家公共团体组成了
"美国精明增长联盟"(Smart Growth America)。2003 年,美国规划
协会通过丹佛会议指出了精明增长的三大主要要素:保护城市周边
的乡村土地;鼓励嵌入式开发与城市更新;发展公共交通、减少对小
汽车的依赖。

表 5 - 8　精明增长的工具箱

精明增长措施	技术手段
开敞空间保护	规制控制(环境限制、分区控制、开发权转移等) 土地和建筑物限制 税收优惠 购买许可
成长边界	地方城市成长边界 区域城市成长边界
紧凑发展	传统邻里开发 公共交通导向开发 公共交通村式开发
老地区的复兴 (城市更新)	市中心和商业街再开发 褐色地区的再开发 灰色地区的再开发
公共交通	地方公共交通项目 区域公共交通项目

(续表)

精明增长措施	技术手段
区域规划的协调	区域政府 区域管理机构 区域基础设施服务区 州的规划目标
资源和负担共享	区域税收共享 区域可负担住宅项目

资料来源：[美]奥利弗·吉勒姆.无边的城市——论战城市蔓延[M].叶齐茂,倪晓晖,译.北京：中国建筑工业出版社,2007：169.

注：部分翻译根据英文原文作了调整,以更接近于作者原意。

精明增长理论认为,人类不可以无限制地开发地球之上的空间,城市空间增长应有一个限度。传统的经济增长所产生的城市空间扩张是无序与放纵的,因而是"愚蠢"的,所以造成了无序的城市蔓延问题,促使人们需要耗费更多的时间驾驶小汽车在路上奔忙。精明增长试图通过有管理而不是放纵与无序的增长,尤其是通过控制无序的城市空间扩张与蔓延,既满足经济、社会发展与人口增长的需要,又限制开发所产生的负面影响;既满足当前人口增长所产生的空间需求,又避免郊区化所产生的负面效果。

在最初阶段,精明增长理论比较重视通过设定新开发的限度来保护环境资源,如纽约的瑞曼波（Ramapo）、加利福尼亚的帕塔鲁马（Petaluma）和科罗拉多的漂石（Boulder）等社区。这些社区限制住宅的开发数量和开发速度,以使公用设施和环境能够承受新的开发住宅。随后,增长管理和精明增长的手段包括了政策、规划和行政管理方式,逐步成为指导社区开发的一个纲领,以期能够达到保护社区特征、环境资源和开敞空间的目的。目前,精明增长的手段与工具包括:"保护开敞空间,划定边界以限制向外扩张,紧凑式开发和土地的混合使用、适于步行和公共交通,更新旧城镇中心、近郊区和濒临倒闭的商业区,发展可靠的公共交通以减少对私家车的依赖和支持其他开发模式,区域的规划协调(特别是交通和土地使用),公平分配公共财政和公平负担税赋,包括大都市区内的经济住宅。"①

　　针对大城市与大都市区化的地方政策管理体制,精明增长理论倡导从区域的范围之内考虑控制城市蔓延问题,而不是简单地从行政边界的范围之内寻找解决方案。与新城市主义自下而上的规划协会推进方法不同,精明增长理论是一种政府倡导的自上而下的城市发展和控制理念,侧重于从政府的政策与法规方面强调城市扩张应当走紧凑型的道路,倡导填充式开发和再开发,强调保护城市周边的乡村土地,鼓励嵌入式开发和城市更新。精明增长理论力图通过有管理的增长,使得经济与社会可持续发展,实现财政与社会的代际时间与横向空间公平,遏止城市蔓延,保护生态环境与土地资源。

四、生态城市

　　在西方城市发展史上,工业化给城市带来较大的负面影响,城市的肮脏与非人性化使得一些人认为需要运用生态学原则来建设和改造我们的城市。霍华德的"田园城市"思想、欧美国家在工业化时期的城市美化运动都是生态城市思想的来源。在 20 世纪 50 年代以后,随着现代生态学科的发展,运用生态学原理建设和改造美国城市的思想随之发展。生态城市概念在 20 世纪 80 年代被正式提出并发展,90 年代城市规划师和政府官员在城市规划之中贯彻入生态城市的原则,在城市的可持续发展之中运用生态学原则提高城市宜居性和可持续发展程度,在经济增长与城市空间扩张的同时,保护环境与生态平衡,同时也促进社会公平正义与收入平等,

---

① ［美］奥利弗·吉勒姆.无边的城市——论战城市蔓延［M］.叶齐茂,倪晓晖,译.北京:中国建筑工业出版社,2007:169.

如图5-9所示。

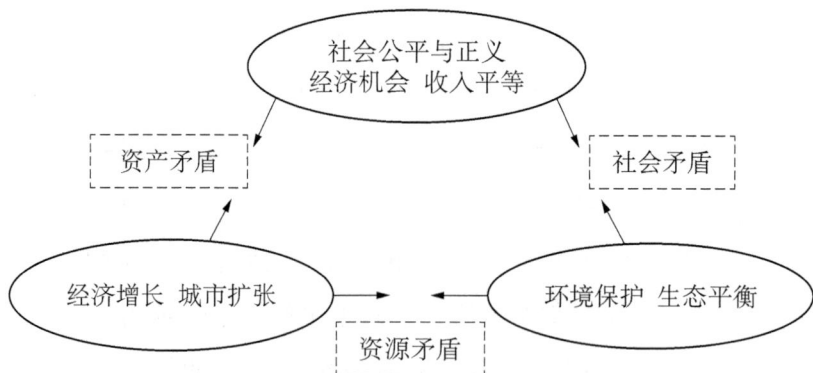

图5-9 城市规划三大目标的矛盾

以理查德·瑞吉斯特(R. Register)为代表的生态城市(Ecocities)理论认为,逆转城市蔓延的可能性是存在的。这必须借助于法律的帮助。逆转城市蔓延的战略是要找到阻止土地的扩张并把发展引向城市中心的方法。理查德·瑞吉斯特认为,城市规划及其发展是否健康发展,首先是必须有一个正确的城市理念作为规划与发展指引。他借用肯尼思·奇纳德(Kenneth Schneider)的话说,"任何服务于深层文化理想的过程都不可避免地服务于那些掌管它们的人的野蛮的权力。大部分规划者都试图通过专注于规划过程去实现规划服务于公众的目的,……除非一个普遍接受的城市理想给它们提供专门的内容与正确的方向,否则,城市发展的过程总是危险的。"①他认为,把城市看作是一个有机体有利于我们正确地认识城市,城市是一个生命体,建筑、道路、管道以及车辆分别是这个复杂系统之中的一部分,必须采用就近、紧凑与三维的原则来建造我们的城市,而不是平面铺张开来的城市。由于城市在平面之上铺张过开,如果我们的城市的目的是纯粹为了汽车,那么将有近六分之一的劳动

---

① [美]理查德·瑞吉斯特.生态城市——建设与自然平衡的人居环境[M].王如松,胡聘,译.北京:社会科学文献出版社,2002:98.

力在从事与汽车工业及相关产业工作,另六分之一的人将建造与维修汽车需求相关的建筑和基础设施。我们建什么样的城市,我们就怎么样生活。目前美国的城市正在朝着汽车的城市方向发展。

在 1993 年,理查德·瑞吉斯特提出了生态城市设计的十个原则:恢复退化的土地;与当代生态条件相适应;平衡发展;制止城市蔓延;优化能源;发展经济;提供健康和安全;鼓励共享;促进社会公平;尊重历史;丰富文化景观;恢复生物圈。他特别是强调,应当按照生态系统的本来面目建设城市,即基本上是三维的、一体化的、紧凑的复合模式,而不是平面的、随意的和单调的。城市是有机的,为人类与生命设计的,而不是为汽车、钢铁和汽油所设计的;城市必须表现出创造性和激情,除了生命之外,城市应当为人类创造正义、真理、美丽和勇敢提供方便,运作法律、哲学和艺术的手段鼓励这些创造并使其具体化;无论是新建一座城市,还是对现有的城市进行修建和改造,从土地利用与空间角度来看,必须符合生态学的原则;交通系统对城市的健康发展至关重要,因为它直接影响城市土地利用与空间格局,发展交通系统顺序应当是步行、自行车、铁路、轨道公共交通、小轿车和卡车;此后,还要提高生物的多样性。①

为达到建成生态城市的目的,理查德·瑞吉斯特认为,不仅需要从城市土地规划与城市生态规划的角度,而且从提高公众参与的角度,从政府的规划设计与区域和街道层面插入果树等小步前进的方法,不断推进生态城市的发展,起到抑制城市蔓延的作用。生态城市的建设需要城市居民的参与和共同努力,需要城市规划者与政策实施者和周边的群众共同行动,不断积累,集体一致行动,才能发展起来。因此,宣传与鼓动、思想认识十分重要。

---

① [美]理查德·瑞吉斯特.生态城市——建设与自然平衡的人居环境[M].王如松,胡聃,译.北京:社会科学文献出版社,2002:167—169.

第六章

控制城市蔓延的郊区新城建设

——以上海市为例

　　在我国，上海与北京是我国较早建设郊区新城的城市。随着上海与北京的人口规模越来越大，建设郊区新城成为疏解中心城区过于集中的人口与产业的重要途径，是控制中心城区空间无节制蔓延的重要方法和分散中心城区空间的方式。以上海市为例，上海作为我国长江三角洲的首位城市，自开埠以来一直吸引国内外人口的流入，成为国际性大都市。随着城市人口不断增多以及城市拥挤程度不断提高，上海城市空间与郊区新城的规划工作也被提上日程。从20世纪20年代的城市规划一直到"十三五"城市空间规划，一方面表明上海力图控制城市建成区蔓延式扩张的努力，另一方面也体现了上海城市对理想城市空间的追求，以及城市居民对充足城市空间、清新城市空气以及更好宜居环境的偏好。追寻这些城市规划及其实施效果，可以提高今后上海城市空间及其郊区新城的规划水平，帮助我们不断接近于理想城市空间。

第一节　上海城市郊区化与郊区新城的规划历程

　　上海正向着"卓越的全球城市"发展，建立和完善与全球城市空间布局相适应的空间结构是必要条件。作为长三角都市圈的首位城市，上海城市中心城区存在的居住拥挤、环境污染和交通堵塞等问题。上海迫切需要分解中心城区功能空间,疏散中心城区过于集中的人口与产业,重塑城市空间结构,改变城市建成区呈"摊大饼"向外蔓延的态势。上海必须改变单心单核状的城市空间结构,才能使城市空间适应日益高级化的产业结构与复杂化、多元化的城市功能。正因为此,上海一直试图改变城市空间结构状况。建设郊区新城、发展多心多核开敞式的城市空间结构是上海建设国际化大都市的重要步骤。从这个角度讲,新城建设成功与否直接关系到上海城市能级提升,也直接关系到上海城市发展高度。

一、现阶段上海郊区化与城市空间扩张分析

一个大城市的发展始终存在着聚集与分散两种力量,成为影响城市空间发展的重要因素,并表现为乡村城市化与城市郊区化两种发展趋势。如果把产业与人口的空间迁移作为判断城市发展阶段的分析依据,那么可以发现在城市发展的不同时期到底是产业与人口的聚集还是分散处于主导地位。较多的学者以发达国家的城市发展历程为分析样本,认为城市发展具有城市化→郊区化→逆城市化→再城市化→城市化这样的循环过程;相应地,城市空间结构也就具有即离散态→聚集态→扩散态→成熟态等自组织状况。一个进入成熟发展阶段的城市空间,其节点等级体系应该是完善有序的等级规模序列,呈现出明显的自组织特征。

(一)上海人口郊区化进程

进入20世纪90年代,党中央开发开放浦东的决策,为上海经济的腾飞,提供了发展的广阔空间。在这样的条件下,上海逐步由改革开放的"后卫"变成了改革开放的前沿阵地。1992年,党的十四大确立了建设社会主义市场经济体制目标,为上海的改革开放进一步奠定了政策基础。党的十四大做出了"以浦东开发开放为龙头,进一步开放长江沿岸城市,尽快把上海建设成国际经济、金融和贸易中心城

市之一,带动长江三角洲和整个长江流域地区经济的新飞跃"的重大战略定位。在这样的背景与条件下,从 20 世纪 90 年代开始,上海对城市产业结构战略性调整,使城市空间的大规模调整成为产业结构调整的物质基础,中心城区主要发展现代服务业,郊区主要发展制造业;"市区要体现繁荣繁华,郊区要体现实力水平"。上海不断加大产业结构战略性调整的力度,到"九五"期末,产业结构战略性调整目标如期实现,二、三产业共同推动经济增长的格局基本形成;第三产业持续加快发展,2000 年第三产业占全市国内生产总值比重超过 50%。①

在产业结构战略性调整的条件下,从 20 世纪 90 年代开始,上海郊区由于大量的工业企业搬入与旧城区改造拆迁安置居民迁入而进入快速发展的阶段。上海的郊区化进入产业带动、居住跟进的发展新时期。一方面,传统工业的外迁与开发区建设导致大量的企业职工跟随着企业迁离城区,这是上海郊区化的主要推动力。在开发开放浦东的带动下,大量外商合资、合作、独资企业纷纷落户上海,形成了大量的工业用地需求。郊区各级政府为推进地区经济的发展,建成了一批国家级、市级、区县、乡镇级的开发区,带动了城市郊区化。另一方面,与工业郊区化相对应的是中心城区的空间改造与功能置换,上海市实行了大规模的城区危旧房改造,而住房制度改革后城区的房价远远高于郊区,许多城区的拆迁户只能考虑在郊区重新购房,这也在一定程度上推动了上海的郊区化进程。在对城市空间功能置换过程中,对中心城区居民的安置地点往往安排在中心城区外围。这促进了人口居住郊区化,推动了城市空间向南北东西扩展。

从 1987 年到 2000 年短短十四年间,上海城市建成区面积半径从 5 公里扩大到 15 公里左右,面积从 1994 年的 350 平方公里增长至 2013 年的 998.8 平方公里左右,增长了 1.85 倍。② 城市建成区从原

---

① 上海市人民政府.上海市国民经济和社会发展第十个五年计划纲要[Z].2011-4-1.

② 资料来源:2014 年中国城市统计年鉴、1995 年长三角城市统计年鉴、1995 和 2014 中国统计年鉴.

来集中在外滩、老西门和十六浦一带沿着黄浦江和地铁一号线作南北方向伸展,同时沿着延安高架路和陆家浜路、徐家汇路和肇家浜路作东西方向扩展。[①] 城市建成区从原本的城市中心区向外围急剧扩大。这一方面源于中心城区较高的人口密度与产业密度的内在扩张压力所致;另一方面也源于城市产业战略性调整、外向型开发区的区域性拉动以及快速交通网络的诱导性扩张所致。

　　因此,在城市政府主导与市场的相应作用下,上海的郊区化趋势已经相当明显。如果把 1999 年与 2013 年上海各城区的户籍人口密度作对比,在 14 年时间里,上海的中心城区人口密度在总体上是下降的,在人口最密集的城区黄浦、静安和虹口三个中心城区里,人口密度降低的幅度较大(见图 6-1)。这三个城区是也是服务业最集中的城区。在郊区县中,除了青浦区、金山区、奉贤区和崇明县户籍人

(人/平方公里)

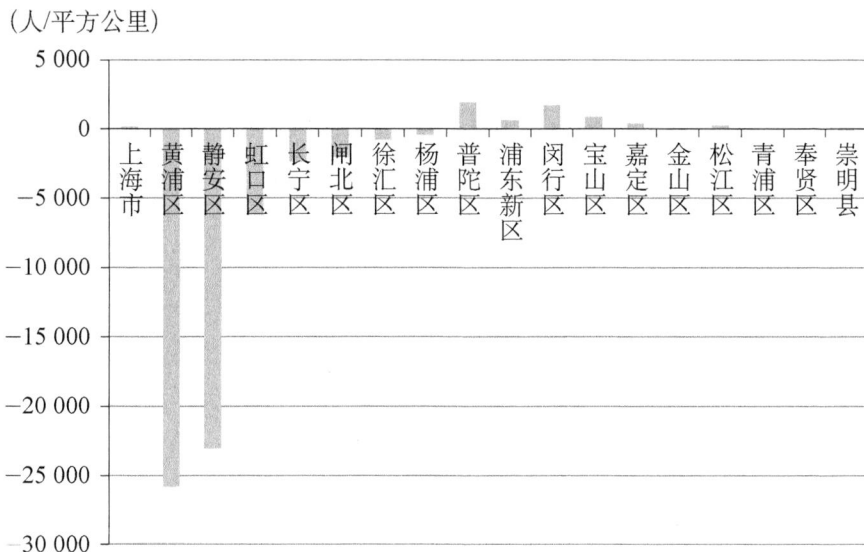

图 6-1　1999 年与 2013 年上海市及各县区户籍人口密度变化量

　　资料来源:2000 年、2014 年上海统计年鉴 2000、2014.

　　注:1999 年上海统计人口为户籍人口,原南市、卢湾区和南汇区分别合并入黄浦区和浦东新区计算。

---

① 李晓文,方精云,朴世龙.上海城市利用转变类型及其空间关联分析[J].自然资源学报,2004,(4):438.

口密度出现了轻微的下降外,其他的城区都出现了上升的情况。但是,郊区县人口密度上升的幅度并不大。这种情况表明,在上海的核心城区人口出现郊区化现象,城市郊区作为人口居住区域的吸引力正在不断上升,尤其是宝山区与浦东新区,它们的吸引力表现得特别明显。如果以常住人口来衡量,从 1999 年到 2013 年,黄浦区与静安区的常住人口绝对量出现较大幅度下降,虹口区、长宁区和闸北区保持相对稳定,其他各区县的人口密度都是上升的。[①]

目前,上海的郊区化进程正在展开。上海经济与社会发展状况对城市郊区化进程具有较大影响。城市经济总量和人均 GDP 不断增加、工业的轻型化和产业结构的服务业化对于推动城市郊区化具有重要影响。截至 2016 年,上海常住人口总数为 2 419.70 万人;其中,户籍常住人口 1 439.50 万人,外来常住人口 980.20 万人。[②] 上海城镇化水平已经达到较高水平,2014 年上海统计的非农业人口为 1 299.50 万人,农业人口 139.19 万人,非农业人口比重为 90.3%。[③] 2016 年,上海实现国民生产总值(GDP)27 466.15 亿元。按常住人口计算,上海市人均国民生产总值为 11.36 万元,其中,第一产业增加值 109.47 亿元;第二产业增加值 7 994.34 亿元;第三产业增加值 19 362.34 亿元;第三产业增加值占上海市生产总值的比重为 70.5%。[④] 上海第三产业对经济增长的贡献率超过了第二产业。上海的制造业在城市产业结构比重不断下降,服务业比重不断上升,上海经济服务化的趋势已经较为明显。如果以轻重工业的比例来衡量,上海已经

---

① 1999 年上海统计人口为户籍人口,原南市、卢湾区和南汇区分别合并入黄浦区和浦东新区计算。资料来源:上海统计局.上海统计年鉴[M].北京:中国统计出版社,2000、2013.

② 从 2015 年始,上海取消农业户口和非农业户口性质区分。资料来源:上海统计局.2016 年上海国民经济与社会发展统计公报[R].上海:上海统计局,2017 - 2 - 28.

③ 上海统计局.上海统计年鉴 2015[M].北京:中国统计出版社,2015.

④ 上海统计局.2016 年上海国民经济与社会发展统计公报[R].上海:上海统计局,2017 - 2 - 28.

进入工业化中后期阶段。它对于上海的城市郊区化具有较大的推动作用。构筑上海未来城市空间,特别是根据上海形成以服务经济为主的产业结构,发展相应的多心、多核与开敞式城市空间,发展有机集中与有机分散的城市空间体系,成为上海新一轮发展的要求。

(二)上海中心城区与郊区的经济与社会发展差距

从国际大都市发展经验来看,如果没有中心城区强大的经济与社会发展作为基础与支持条件,郊区新城要建设成功是较为困难的。如果说新城建设在第二次世界大战之前还处于意识形态方面的追求与社会自发行动的话,那么第二次世界大战之后发达国家的新城建设就进入如火如荼阶段。新城建设与中心城市的发展阶段具有直接的关系,国际大都市的新城建设与城市的郊区化同步进行。在城市原有的空间结构在无法容下较多的人口与产业的情况下,城市居民向外扩展寻求新的发展空间,当然这是在城市居民具有充分的空间迁移能力的条件下进行的。伦敦、巴黎、东京等国际大都市在经济与社会发展到相当程度之后通过新城建设,有效地扩大与增强了城市发展的空间物质基础。

上海正处于郊区化过程之中。从人口迁移来看,上海的农村户籍人口向城市迁移浪潮已经过去,城市化已经不是上海城市经济与社会发展的主要推动力。中心城区人口向郊区迁移与外来人口流入是上海当前城市人口迁徙的两大主流。在土地私有化的西方国家国际大都市中,各种产业和人口的空间配置遵循着土地级差地租的规律,因此导致郊区化的主要原因是城市居民真实收入增加、私人汽车的普及、交通基础设施的完善和信息技术的应用。这些因素使得城市居民获得空间迁移能力,在寻求宽敞的空间、新鲜的空气与充足的阳光的同时又能够进行正常的生活与工作,从而郊区的经济与社会综合性功能甚至超过中心城区。然而,这些因素在上海市的郊区化过程中起的作用非常小。由我国政治经济体制和上海城市经济与社会发展阶段及特征所决定,上海的郊区化必然不是市场主导而是由政府主导的进程,城市居民的可支配收入水平使其空间迁移能力受到较大限制,政府对城市生产空间的战略调整构成了上海城市郊区的最重要力量。

目前,上海的郊区化进程正在从第一阶段向第二阶段过渡,即郊区从构建单一的生产制造或居住功能阶段向以构建郊区城市综合功能的阶段过渡。从这个意义上讲,上海郊区必须着眼于不同产业、不同功能间的分工与协调,着眼于郊区服务业从简单配套角色到提升、带动和拉动作用的转变,实现服务业从少到多、从单一到复合、从配套产业向支柱产业的转变,减少纯粹的"卧城"或者功能单一的产业区或开发区,促进郊区功能复合化与多元化,实现郊区城市化,从而实现城市空间均衡化。

然而,如果由此判断上海已经开始从向心集聚发展阶段向离心分散发展阶段转变,那还为时过早。尽管上海已经进入了郊区化阶段,但上海市还远没有发展到人口大量自发地迁离中心城区的阶段,中心城对居民仍然具有很强的吸引力。市民最理想的居住地区仍然是中心城区。从上海近年的城市发展情况来看,旧城改造和传统工业外迁所置换出的城市空间总是会很快地被各种开发项目和新迁入的人口所占据。其次,从工业企业与居民的迁移目的地来看,近郊成为最为青睐的区域,它不仅是开发区发展最快的区域,也是人口数量增长最快的地方。因此,上海中心城区过于密集的人口与产业密度并没有得到根本性改变。目前上海郊区化进程呈现出新特征:近郊以中心城区为依托、以房地产为主要方式向外围猛烈发展;远郊呈现板块化发展,以制造业园区或低密度居住社区为主,功能单一,并不具备城市的综合性服务功能。这种郊区化使城市空间向外"摊大饼"发展特征更为明显,从而使城市空间扩展并不是"有机集中、有机分散"的,即是不可持续的城市空间扩展方式。

从上海郊区状况来看,郊区的人口与产业并不是有机集中的,还处于过于分散的状态。新城对于郊区的集聚还较为有限,目前上海郊区新城发展相对滞后。除了松江新城已具规模并发展较好,嘉定初具新城形态之外,上海郊区新城聚集功能不强,服务功能不完善。新城还没有能够完全分担中心城市过于集中的功能,尚没有与中心城区形成充分互补的功能关系。如果说新城是一种规划形式,其目的在于通过在中心城区以外重新安置人口,形成新的、相对独立的社会,那么目前上海新城建设还未达到上述要求。

从近十多年上海郊区新城建设与发展状况来看,新城建设必须协调好吸引人口与产业发展这两者之间的关系。吸引到足够多的人口,同时为这些人口提供足够多的就业岗位,确立新城的产业基础,避免新城过于单一依赖母城。形成相对独立的城市功能体系,是新城建设能否成功的关键。目前上海的七座郊区新城普遍存在着产业功能单一和综合功能不足等问题。此外,上海郊区新城发展需要制度结构的支撑。目前,上海中心城区过高的人口密度与新城发展的滞后不仅源于郊区硬件设施建设相对滞后,而且也源于城市社会保障制度和公共服务在郊区发展相对滞后。工业企业向郊区搬迁未能有效地带动居民向郊区迁移,城乡二元经济结构与公共产品供给的不足使郊区新城缺乏吸引城市居民与郊区农民进驻新城的能力。新城成为城市外来人口的最佳选择,但不是上海中心城区户籍人口的最佳选择。新城建设发展需要从制度上破解城郊二元经济结构难题,促进社会保障服务、城市公共服务以及高质量的教育与医疗资源从中心城区向郊区延伸。

从郊区新城的城市社会发展状况来看,上海郊区新城的社会治理与社区发展有待进一步完善,特别是郊区的城市社会重塑与城市文化重构问题。如果产业聚集区与开发区是城市经济与社会的经济基础,那么社区同样是城市不可缺少的微观社会基础,社区与产业聚集区处于同等重要的位置,成为促进城市能级提升的两个动力。

二、上海市对郊区新城的规划与建设历程

(一) 中华人民共和国成立前上海对城市的初步规划与副中心建设

从 19 世纪末开始,上海逐渐成为具有贸易金融中心、交通运输枢纽和轻纺工业基地的多功能的经济中心城市,并成为当时中国最重要的对外贸易中心。在这个过程中,上海以浦西的外滩、新开河、十六铺和南京路一带为中心,城市空间逐渐向外扩展。尽管上海是国内经济中心,但是其城市布局极不合理。这些城市空间布局严重阻碍了上海城市的进一步发展。到 20 世纪 30 年代,由于民族工业飞速发展和外资的涌入,上海已经发展成拥有近 300 万左右人口的城市。抗战爆发,特别是淞沪会战之后,上海城市人口下降。在抗战胜利之后,上海人口增长迅速。到 1946 年,上海人口大概为 330 万人。到 1949 年,上海大概拥有 540 万人。[①]

在 1927 年,当时上海市政府开始城市规划,根据孙中山的《建国方略》于 1929 年提出了"大上海计划"。1929 年的《大上海计划》把五角场作为城市发展的新中心。这个规划以建设港口城市为目标,主张把新市区放在江湾一带,即原有市区以北和黄浦江下游两岸,将城市建设的重心转移到新市区建设上来。"大上海都市规划"打算跳出现有的城市框架,开辟新城,形成双中心城区框架。这个规划在 1929年到 1936 年期间实施了一些,陆续建成了中山北路和四平路、市政府大楼和体育场等大型项目,在一定程度把城市人口分布拉伸城市北部,形成城市的多中心结构。然而,由于日寇入侵和抗战爆发,这

---

① 上海地方志办公室. 上海通志(第三卷)人口[EB/OL]. [2008 - 7 - 9]. http://www. shtong. gov. cn/Newsite/node2/node2247/node4564/index. html.

个规划被迫停止实施。

1945年我国抗日战争取得胜利之后,上海城市人口开始不断增加,给城市基础设施带来巨大压力,拥挤与混乱成为较为普遍的现象。如何正确应对上海未来发展对于城市空间扩张的需求,合理布局城市空间,是当时迫切需要解决的问题。为此,1946年上海市政府成立"都市计划委员会",对城市空间进行规划与设计。都市计划委员会陆续制定了以"大上海都市计划"为名的共三稿上海城市发展规划。该规划以1946年上海市人口370万作为基数,推算上海在50年后口将达1 500万。该规划认为上海市最高人口容量仅为700万人。对于剩余的800万人口,规划认为应当建设卫星市镇为这些人口提供居住与就业,便于中心城区人口疏散。每个卫星城具有相对独立的功能,但仍以中心城区为经济与社会中心。然而,由于内战爆发,该规划实际上并没有得到实施。

纵观中华人民共和国成立前上海城市规划建设的宗旨,《大上海计划》和《大上海都市计划》一脉相承,参与上海城市规划人员相当一部分为留学归国人员,主要借鉴"田园城市"之思想,参考国外城市规划经验,以城市有机疏散的思想为指导,以理性规划为路径,推动城市中心区的人口与产业向新市区和新市镇疏解。

(二)1949—1978年上海城市空间规划与郊区新城建设历程

中华人民共和国成立后,工业生产成为上海的首要经济功能,上海成为综合性的工业基地,是我国最大的工业品加工基地。同时,随着上海城市经济与社会趋于稳定,上海重新成为人口流入的城市。1949年新中国成立时上海市域面积636平方公里,其中中心城区82.4平方公里。与此同时,上海城市人口进一步增加到750.8万人。[1] 在城市空间布局之上,上海基本沿袭了以前的城市空间分布格局,城市

---

[1] 上海地方志办公室.上海通志(第三卷)人口[EB/OL].[2008-7-9].http://www.shtong.gov.cn/Newsite/node2/node2247/node4564/index.html.

空间布局较为杂乱和拥挤。因此,中华人民共和国成立之后,对上海城市空间与郊区新城的规划便提上了日程。

在中华人民共和国成立初期,苏联专家提出把消费型城市转变为生产型城市,上海城市空间布局应以现有市区为中心,中心城区呈团块状集中发展布局形态,通过环形放射状道路向四周扩大。[①] 在这样的规划指导下,上海城市团块状、环状与扇形特征继续保持并发展。上海在距中心城区 2—3 公里的城市边缘相继配置了 8 个各具特色的近郊工业区。随着 1958 年上海城市空间的巨大扩容,上海工业逐步向远郊扩展,并相继建设了吴泾煤化工基地、安亭汽车工业基地等 7 个工业基地。

由于上海的中心城区仍过于拥挤,而郊区过于分散,郊区亟待城市化与进一步发展。由于工业生产是城市的首要功能,为减少工业污染对中心城区的有害作用,1951 年上海市建委编制了《上海市发展方向图(草案)》,提出了将市内有污染的或有危险性的工业转移到市区以外的建议。转移出市区的工业有效集中能带来一定的产业集聚效应。为了满足上海作为重化工业基地和产业结构调整的要求,1956 年上海市人民政府提出建设卫星城镇的设想,以承接从市区转移出来的有污染和有危险性的工业。

1957 年,上海进一步提出在中心城区周边建立卫星城,分散一部分工业企业与中心城区的人口。为给城市卫星城提供土地空间,1958 年国务院先后两次批准将江苏和浙江的宝山、嘉定和川沙等 10 个县划归上海管辖,上海市域面积突然增加到 6 340 平方公里,使上海卫星城建设拥有必要的空间条件。随后,1959 年,上海启动了闵行、吴泾、安亭、松江和嘉定五个卫星城建设,同时对中心城区周边 25—30 公里区域内的宝山、嘉定、金山、青浦和松江等作为工业企业选址条件进行调

[①] 上海地方志办公室.上海通志(第二十六卷)城市建设人口第一章城市规划与管理[EB/OL]. [2008 - 7 - 14]. http://www. shtong. gov. cn/Newsite/node2/node2247/node4584/index. html.

研。由于这五个卫星城在位置和数量未能满足上海城市整体发展的需求,所以,1959 年上海市规划局编制的《城市建设规划初步总图》提出,卫星城镇要作为接纳外迁的工厂和人口的基地,每个卫星城 10—20 万人左右,并具有相对独立的城市生活与生产的配套基础设施,并追加了青浦、南汇、川沙、崇明等 12 个新卫星城。在这样的规划指导下,上世纪 60 年代这些郊区卫星城先后接收了数百个工厂,并吸引了一定的人口流入,使得中心城区的人口分流一部分到郊区。

1972 年,上海石化产业基地建设和 1978 年上海宝山钢铁厂建设,推动了金山卫和吴淞—宝山两个卫星城的发展,这两座卫星城建设推动了长江南岸与杭州湾北岸的上海两翼发展,并形成一城九镇加两"山"的开格局保持至今。上海通过近七个卫星城的规划与建设,力图促使上海城市空间结构从单中心突出特征转化为具有集聚与辐射的城市空间体系。上海以工业项目充实城市规划空间推动了卫星城建设。

在这个时期,上海以工业发展带动卫星城镇,以工业迁建和新建为契机,发展工业区,在有条件的工业区基础发展卫星城镇,控制中心城区人口,大力有计划地发展具有独立经济基础和城市基础设施的卫星城,中心城区人口控制在 300 万人,卫星城总人口规划达到100 万—200 万人。这些都为改革开放以后上海郊区新城建设打下了必要的基础。上海卫星城或郊区新城的主要功能是作为"工业城",以嵌入式的大型国有企业作为产业主体,因而与当地经济社会发展的融合性差,新城的聚集与辐射功能较小,在综合配套功能上仍然较大地依赖于中心城区。新城自给自足性和独立性均较差,对人口和其他产业的吸引力不足,对城市郊区经济的推动作用较小。因此,这个时期上海郊区新城发展较为缓慢。

(三) 1978—2000 上海城市空间规划与郊区新城建设历程

从 1978 年改革开放之始到 1990 年左右,上海处于改革开放的"后卫"地位,上海经济体制市场化的步伐落后于东南沿海省市的速度。上海城市空间继续保持蔓延式的扩张路径。在郊区新城发展之上,其住宅和生活服务配套设施建设跟不上需求,新城的工业门类相对单一,发展速度较为缓慢,人口规模达不到集聚经济的基本要求。到1985年,7大卫星城吸纳人口52万,[①]仅占到上海市人口规模的7.44%。[②] 由于城市中心城区过于拥挤造成的交通堵塞、空气污染和流行疾病问题,上海市政府认为有必要对城市空间进行合理化规划,疏解中心城区人口与产业。为此,上海于1984年制定了全国第一个城市经济发展战略,并率先提出"城乡一体"的发展理念,提出建设和改造中心城区,充实和发展卫星城,有步骤地开发南北两翼和有计划地建设郊区小城镇。

1986年,上海编制完成了《上海城市总体规划方案(1985—2000)》,整个城市按照"中心城区—卫星城—郊县小城镇—农村集镇"方案有层次、有体系方向发展。建设和改造中心城区,中心城区按照多心、开敞式发展,同时发展卫星城,继续发展北翼和南翼。上海形成以中心城区为主体、市郊城镇相对独立、中心城区与市郊城镇有机联系的城市。然而,上海郊区新城的发展状况并没有得到明显改善,到1990年,上海把七座新城的人口规模调整为210万,但当年实际新城的总人口为65.07万人,同中心城区人口753.68万人相比较,郊区新城远未达到规划的预期人口规模水平。[③]

1990年以后,上海进行产业结构战略调整,在上海快速郊区化的过程中,郊区新城得到较快发展,七座郊区新城特别是松江新城人口与产业发展迅速,逐渐初具疏解中心城区人口与产业的功能,并具有郊区产业集聚功能。以高速公路为主的交通要道建设有力地推动

---

① 上海地方志.上海城市总体规划方案(1985—2000)[EB/OL].[2006 - 11 - 2].http://www.shtong.gov.cn/newsite/node2.

② 上海市人民政府发展研究中心咨询课题.加快推进上海郊区新城建设,促进城市空间结构调整研究[EB/OL].[2009 - 4 - 9].http://www.fzzx.sh.gov.cn.

③ 林涛.郊区新城发展与大城市空间结构调整:松江案例[J].人文地理,2010,(5):75—80.

了中心城区与郊区新城的联系。闵行、宝山、金山、嘉定、松江相继撤县建区，为这些区内的新城建设进一步提供了条件。

（四）2000 年至"十二五"上海城市空间规划与郊区新城建设历程

进入 21 世纪以来，上海产业结构经过 20 世纪 80 年代适应性调整和 90 年代战略性调整，上海的工业初步形成了以高新技术为主导，以支柱产业为主体的现代工业体系。上海第三产业初步形成以现代服务业为主导，传统服务业为配套，以金融保险业、贸易和餐饮业、运输仓储邮电通信业、房地产业为支柱的服务业体系。进入 21 世纪，上海产业结构继续向以服务经济为主体的方向发展。2000 年，上海第三产业的增加值与就业比重都超过了 50%。这表明上海的"三、二、一"的产业发展方针得到贯彻，第三产业持续发展，中心城区"退二进三"继续发展，中心城区的商务综合功能得到强化。这些产业结构调整及其空间变动都对上海郊区新城发展形成较大影响。在全球化与信息化的条件下，区域—城市—新城之间关系联系更为紧密，从而也使新城发展的制度与体制协调需求进一步地从中心城市—新城的层面上延伸到区域—城市—新城的范围上。

2001 年 5 月《上海市城市总体规划（1999—2020）》提出要把上海建设成为现代化国际大都市和国际经济、金融、贸易、航运中心。规划提出上海要形成"中心城—新城—中心镇—集镇"多层次的城镇体系，形成由沿海发展轴、沪宁、沪杭发展轴和市域各级城镇等组成的多核、多轴空间布局结构。新城是以区（县）政府所在城镇，或依托重大产业及城市重要基础设施发展而成的中等规模城市。上海规划新城 11 个，分别是宝山、嘉定、松江、金山、闵行、惠南、青浦、南桥、城桥及空港新城和海港新城。新城人口规模一般为 20 万—30 万人。[①]

[①] 上海市人民政府.上海市城市总体规划（1999—2020）[Z].2000 - 1 - 1.

　　在随后的规划中长期行动计划之中,上海提出郊区实施"三个集中",依托大交通和大产业支撑,充分发挥郊区城镇在人口集中、产业集聚和土地集约利用中的作用,突出重点,有序推进,集中力量建设新城,规划形成若干个城市功能完善、产业结构合理、2010 年人口规模在 30 万人以上的新城,充分发挥新城规模效益。[①] 此后在上海"十五"规划之中,上海市提出"一城九镇"为郊区城镇建设的示范,其中的一城即松江新城。

　　在"十一五"期间,上海发展"1966"四级城镇体系。1 个中心城:上海市外环线以内的 600 平方公里左右区域内;9 个新城:宝山、嘉定、青浦、松江、闵行、奉贤南桥、金山、临港新城、崇明城桥,规划总人口 540 万左右,其中松江、嘉定和临港新城 3 个发展势头强劲的新城,人口规模按照 80 至 100 万规划,总人口在 270 万左右。按照逐步建设成为服务功能完善、人口集聚功能较强的现代化综合性城市的要求,依托产业基地、开发区和高速公路、轨道交通等重大基础设施,加快推进以嘉定、松江和临港为重点的新城建设,加快其他新城的规划与建设。

　　在"十二五"规划之中,由于宝山区和闵行区同中心城区基本上连为一片,宝山与闵行两个新城已经同中心城区进行一体化建设,上海的新城变为七座:嘉定、松江、青浦、南汇、奉贤、金山与崇明。由于七座新城的发展水平不同,上海在"十二五"规划之中根据不同新城分别给予不同定位。由于嘉定与松江新城前期投入较大,并有轨道交通同中心城区相互连接,已经初步具有产业与居住的新城功能。因此,上海在"十二五"规划之中提出,优化提升嘉定、松江新城综合功能,建设长三角地区综合性节点城市。对于南汇新城,由于前期投入大,其所处地理位置较为独特,同中心城区距离相对较远,对上海

---

① 上海市人民政府.上海市城市总体规划(1999—2020)中、近期建设行动计划[Z].2003 - 12 - 4.

物流与航运具有重要影响。因此,上海提出南汇新城在原有基础之上建设综合性现代化滨海城市。对于青浦、奉贤和金山新城,上海提出要根据产业发展提高综合配套水平,提升居住功能,加强功能性开发。由于崇明岛距中心城区较远,崇明重点发展特色生态产业,所以上海提出城桥新城应当走特色发展道路。

2011 年,上海市政府印发《关于本市加快新城发展的若干意见》通知,提出"十二五"时期上海城市建设的重心将向郊区转移,新城建设对郊区发展具有十分重要的带动作用。到 2020 年,新城建设取得突破性进展,在郊区基本形成与中心城区功能互补、错位发展、联系紧密的新城群。嘉定新城和松江新城初步确立长三角地区综合性节点城市地位,集聚 100 万左右人口;浦东临港新城、青浦新城、奉贤南桥新城具备较高能级的城市综合集聚辐射功能,集聚 60 万—80 万人口;金山新城、崇明城桥新城对周边地区发展的服务带动作用明显增强,集聚 20 万—40 万左右人口。[①]

(五)"十三五"期间上海城市空间规划与郊区新城建设

目前,上海正在向"创新驱动、转型发展"方向发展,不断提升高新技术产业比重,加快形成以服务经济为主的产业结构,服务业增加值比重到 2016 年达到 70.5％。[②] 这不但涉及产业结构的调整,还不可避免地涉及城市空间特别是产业空间布局的调整。服务经济要求城市空间的一体化与高效率利用,需要综合开发城市空间的不同功能,对城市空间进行混合化与一体化利用,才能高效率地利用城市空间,推进服务业经济的发展。因此,上海城市经济向服务经济与创新型经济方向发展,客观上要求城市空间一体化、混合化、高效率与紧凑式利用。

---

① 上海市人民政府.关于本市加快新城发展的若干意见[Z].2011 - 5 - 18.
② 上海统计局.2016 年上海市国民经济和社会发展统计公报[R].上海:上海统计局 2017 -02 - 28.

为此,上海在《上海市城市总体规划(2016—2040)》提出构建开放紧凑的市域空间格局,形成"网络化、多中心、组团式、集约型"总体空间结构。主城区要提升功能能级,以中心城为主体,将中心城周边的宝山、闵行、虹桥、川沙 4 个主城片区共同纳入主城区统一管理。郊区新城要突出综合性节点城市功能,以区域重要功能廊道为依托,将嘉定、松江、青浦、南桥、南汇等 5 个新城培育成为在全球城市区域中具有综合性辐射带动能力的节点城市。金山滨海地区、崇明城桥地区,发展形成相对独立的门户型节点城市。①

上海在"十三五"规划提出,强化中心城区周边城市化地区生态约束,控制城市蔓延,加强基础设施、公共服务设施配套,激发地区活力。大力推进新城功能建设。发挥新城优化空间、集聚人口、带动发展的重要作用,按照控制规模、把握节奏、提升品质的原则,分类推进新城建设。将松江新城、嘉定新城、青浦新城、南桥新城、南汇新城打造成为长三角城市群综合性节点城市,强化枢纽和交通支撑能力,完善公共服务配套,加快人口和产业集聚,加强与周边地区联动发展,成为相对独立、产城融合、集约紧凑、功能混合、生态良好的城市。优化金山新城、城桥新城发展规模,优化人居环境,发展城市个性和特色风貌,推进金山国家新型城镇化试点建设。②

第二节 上海建设郊区新城的方式与绩效

近二十年来,上海建成区面积增长率高于人口城市化增长率,实际上其空间扩张已经演变成为城市蔓延,已经成为威胁区域经济与社会可持续发展的重要问题。从上海大都市区化的经济与社会绩效

---

① 上海市人民政府.上海市城市总体规划(2016—2040)[Z].2016-10-8.

② 上海市人民政府.上海市国民经济和社会发展第十三个五年规划纲要[Z].2016-2-1.

来看,中心城市空间向外围无节制地扩张,城市用地增长速度超过人口增长速度,土地城市化速度超过真正的人口城市化速度,也超过工业化、社会化与现代化速度。上海发展新城目的在于疏解中心城区过于集中的人口与产业,集中郊区的人口与产业,形成有机的城市空间结构,起到控制城市蔓延的作用。

新城发展方式与建设的动力十分重要,不同的新城具有不同的推动力量。如果能够综合各种力量形成合力推动新城发展,就能更好地促进新城建设达到预定的目标。国外新城有的是理想城市的试验,有的完全是政府投资推动,有的是凭借交通轴线位置进行建设,有的是凭借新兴产业推动,有的是凭借中心城区的人员、居住与商业外溢形成边缘城市形成的,还有的新城企图借助于行政力量进行发展。因此,国外郊区新城开发模式有田园城市模式,如莱奇沃斯城(Letchworth)和韦林(Welwyn);以交通为主导模式的新城,如日本多摩;边缘城市模式,如美国马里兰州的哥伦比亚(Columbia);依赖于新兴产业推动的新城,如日本筑波;城市副中心新城,如巴黎的拉德方斯;行政中心新城,如堪培拉和巴西利亚。如果以新城选址距离中心城区的路程来划分,早期英国新城偏远,第二次世界大战后新城偏近。前者源于理想的试验,后者源于解决城市问题的需要。

一、上海郊区新城的建设方式及其绩效——以松江新城和嘉定新城为例

作为新城建设,新城必须首先解决的两大关键性问题:吸引人口和确立产业基础。吸引到足够多的人口,同时为这些人口提供足够多的就业岗位,确立新城的产业基础,避免新城功能过于单一依赖母城,形成相对独立的城市功能体系,是新城建设能否成功的关键。人口、企业及其产业迁移需要以一定程度便捷的交通基础设施为基础。郊区新城在发展初期无法形成相对独立的综合功能优势,需要

借助母城的综合功能优势,因此需要相对便捷的交通促进人口与企业在中心城区与新城之间往来。如果期待新城自然发展,那么将是一个较长的过程。为使新城能够较快发展,解决中心城区或母城发展面临的产业、人口与交通问题,国外都希望新城能够以超越常规的速度发展。

从浦东开发开放到 20 世纪末,上海城市建设集中对中心城区进行产业结构战略性重组。与之相对应,上海城市空间快速扩张。但是同中心城市建成区快速发展形成鲜明对照的是,郊区新城发展缓慢。新城尚不具备产业集中、人口集中和形成综合优势功能。特别是若干新城距离中心城区比较远,已经入住的郊区新城居民需要经常往返于中心城区和卫星城之间,再加上中心城区与郊区道路状况较差,公共交通运营力薄弱,导致中心城区与郊区交通较为不便。这些情况妨碍了城市居民和企业向新城迁入,从而不利于新城的建设与发展。

为此,进入 21 世纪以后,上海市政府决定通过主要交通轴线,通过工业化、现代化、城市化之间的互动,加速郊区城镇化建设。上海选择具有一定基础与条件的松江、嘉定和南汇新城作为新城建设重点。上海重视利用高速公路与轨道交通把新城与中心城区联结起来,使得郊区新城可以利用中心城区的综合功能优势。上海以原有的工业区为基础,注意产业发展与人口导入,重视大型项目建设与功能定位,重视新城形象塑造与概念宣传,提升新城的知名度与居民归属感,以期新城能得到较快发展。

在政府主导下,以大交通、大产业、大项目和大企业建设为抓手,上海大力推进郊区新城特别是松江新城、南汇新城与嘉定新城发展。在政府的强有力推动之下,以新城所在的区县产业基地为基础,以大企业为带动力量,以大产业为推动力量,利用大交通如高速公路与轨道交通把新城与中心城区联结起来,根据新城的地理位置、历史渊源与产业基础对新城进行合理功能定位,重视新城的新理念与新形象宣传,这成为了上海郊区新城开发的模式。经过近十年发展,目前松江新城建设取得一定成就,嘉定新城初具新城形态。

(一) 以产业发展奠定新城经济基础

表 6 - 1　上海郊区新城的产业导向与新城定位

新城名称	产业导向	新城定位
松江新城	装备制造、电子信息、旅游业、文化教育、总部经济、生物医药	集商务休闲、教育研发与现代教育于一体的长三角综合性节点城市
嘉定新城	现代服务业、总部经济、汽车制造、新能源、新材料、体育运动	具有科技特色与高端制造功能的长三角综合性节点城市
南汇新城	现代装备、航空制造、现代物流、海洋科技、研发服务、出口加工	具有国际航运中心功能的综合性现代化湖滨城市
青浦新城	旅游业、现代服务业、高科技创意、研发产业和先进制造	商旅文一体化、生态环境优美的上海西部综合性现代化湖滨城市
金山新城	新材料,现代服务业、石油化工	上海南翼集先进制造与综合功能于一体的滨海城市
奉贤新城	新能源、生物医药、新材料、光仪电	杭州湾北岸综合性服务型核心城市
城桥新城	旅游休闲、现代农业、生态服务、科技创新	上海北翼生态宜居的现代田园城市

资料来源:上海市人民政府.上海国民经济与社会发展第十二个五年规划[Z].2006 - 2 - 8;松江区、崇明县、奉贤区、金山区、青浦区、南汇和嘉定区人民政府的国民经济与社会发展第十五个五年规划[Z].2006.

产业是新城发展的生命,没有产业,新城就没有就业与税收,也就失去了发展的动力。产业是上海郊区新城开发与建设的推动力,也是新城的发展基础。上海注意以产业推动新城发展。上海确立的郊区新城都具有原有的工业区与产业基地支撑。这些工业区和产业基地是原先上海发展大产业的产物,如宝山钢铁与金山石化。上海郊区新城注意以原有新城的工业区为基础,强调每个新城的产业导向,结合新城的历史传承与地理位置,合理定位新城的功能。为此,上海"十二五"规划提到,优化提升嘉定、松江新城综合功能,建设长三角地区综合性节点城市。加快青浦新城建设,提升产业和居住功能。大力发展浦东南汇新城,建设综合性现代化滨海城市。加快奉贤南桥新城发展,加强功能性开发和提高综合配套水平。与产业结构调整相结合推动金山新城发展。支持崇明城桥新城走特色发展道路。[①]

1. 松江新城

为控制上海城市中心城区无序蔓延,引导中心城区人口与产业有序郊区化,历次上海城市规划都提出建设至少 7 个新城,上海"十五"规划提出重点建设松江新城,以试点的形式进行建设,待取得成功经验再进行推广。松江新城也是上海"十一五"规划中"1966"四级城镇体系中 9 座新城之一,也是上海"十二五"规划提出建设的 7 座新城之一,成为上海有序推进郊区化的重点。规划的连续性确保了松江新城经济与社会不断发展。上海期望通过松江新城建设,疏解上海市中心城区过度集中的人口,合理调配城市的产业结构,体现上海郊区综合实力与水平,并将成为居住环境优越的园林城区和旅游历史文化名城。

2001 年 8 月,松江新城建设正式开始。松江新城进入快速发展的轨道,其发展具有明显的突进式发展与"大推进"特征。2001 年松江新城初期规划面积 36 平方公里,人口规模 30 万,远期规划面积共60 平方公里,人口规模 50 万,在原有规划的基础之上进行扩张。上海与松江两级政府利用政府调动与市场化运作相配合的方式,每年对松江新城投入大量资金进行住房、绿化、交通与信息基础设施建设,推进松江新城交通网络的形成,特别是加紧交通基础设施建设推

---

① 上海市人民政府.上海国民经济与社会发展第十二个五年规划[Z].2006-2-8.

进松江新城与上海中心城区的联系。松江新城在发展之初,就确立了以产业发展带动新城发展的战略,以外向型经济为特征,以科技创新为重点,以松江出口加工区与松江工业区为依托,以大工业、大市场和大规模为发展目标,构筑支柱产业,淘汰和改造纺织、服装与机电等传统产业,扶持培育生物技术与新材料等产业,优先发展电子信息制造业、精细化工和现代装备业,争创上海制造与出口创汇基地,以松江工业区和松江出口加工区为载体,不断促进经济增长。目前,从松江工业内部结构来看,已形成了电子信息、现代装备、新型材料、精细化工和生物医药五大主导产业。主导产业对松江区工业经济发展和产业结构调整具有强大的促进和带动作用,也为全区经济增长提供了主要支撑力。五大主导产业平均年增长率达到20%以上。高新技术产业与文化创意产业不断发展。

在农业发展方面,松江区按照"大农业"发展思路和上海市畜禽养殖区域设置要求,积极推进农业结构战略调整。松江区积极推进城郊型农业向都市型现代农业的发展,目前其农业产业结构已经完成了从畜牧业为主到以种植业为主的转变。松江新城以第二产业作为主导和支柱产业,不断推进产业发展,带动了松江全区经济快速发展。在第三产业方面,松江新城在开发之初,确立了以旅游业以龙头,带动第三产业发展,形成旅游业、商业、服务业、房地产业和仓储业五大行业共同发展的局面。实际上,松江新城在发展过程之中,以工业为支撑的服务业发展迅速,房地产业、批发零售业、金融业以及旅游业成为带动经济增长的重要引擎。

经过十几年建设,2016年松江区实现地区生产总值1 040.45亿元,第一产业实现增加值7.89亿元,第二产业实现增加值540.71亿元,第三产业实现增加值491.85亿元,经济增长速度较快。[①] 从人口增速看,第六次全国人口普查松江新城常住人口为694 811人,与第

① 松江区统计局.2016年上海松江区国民经济与社会发展统计公报[R].2017-3-3.

五次全国人口普查相比增长了 169.23%,而全区常住人口比第五次全国人口普查增长了 146.80%,新城人口增速远大于全区人口增速。松江新城成为吸引人口导入的核心地区。① 2010 年 40% 的人口居住在松江新城中的岳阳街道、永丰街道、方松街道和中山街道,非农业人口比例达到 49%,松江新城成为松江区的居住中心。②

2. 嘉定新城

根据规划,嘉定新城占地面积 220 平方公里,规划人口 80 万—100 万,嘉定新城中心区 17.23 平方公里,规划人口 15 万。在"十一五"期间被上海市确立为三大重点建设新城之一以前,嘉定区是上海的汽车制造基地。目前嘉定的汽车研发、汽车文化、整车制造及零部件配套等产业在全国处于领先位置,已经成为我国的重要汽车产业基地,已经拥有汽车城核心区、新能源汽车与关键零部件产业基地、汽车整车制造区、上海嘉定区汽车产业园区、汽车文体运动区等汽车相关产业区。以汽车产业基地为基础,嘉定新城以汽车制造业与现代服务业相融合的综合性国际汽车城为发展目标,以汽车制造业为支柱产业,积极拓展和拉长汽车产业链培育和发展清洁型、广就业的都市型工业,积极推进嘉定市级工业区(南区)的建设,推动相关产业进一步发展,发展汽车研发与汽车体育运动活动,推进新城开发与发展。目前,新城汽车零部件行业规模效应与集聚效应日益凸显,其产业的主导作用较为明显。

嘉定新城在第三产业发展上重点发展以汽车产业为核心的现代服务业,发展世界级体育休闲产业和高科技产业。新城重点引进总部经济、上市企业、股权投资等高端服务业;加快培植教育培训等公共服务业,稳步推进商贸服务、商住办公、社区服务等生活性服务业;加快发展文化信息、电子商务等战略性新兴产业。目前,嘉定区形成

① 松江统计局.松江新城人口规模研究[EB/OL].[2013-2-2].http://tjj.songjiang.gov.cn.
② 吴瑞芹.上海松江新城的发展现状分析[J].城市,2012,(9):68—70.

强大的电子商务产业集群,成为新兴支柱产业。嘉定新城充分利用同上海中心城区间交通便利和土地租金相对便宜优势,发展批发与零售业、房地产业、租赁与商务服务业、金融业。

2016 年嘉定区国民经济保持平稳增长态势。全年实现增加值1 875.9 亿元。其中属地完成 1 303.6 亿元。属地增加值中,第二产业完成 724.1 亿元,对经济增长的贡献率为 37.8%;第三产业完成575.3 亿元,对经济增长的贡献率为 62.4%。在嘉定新城的汽车产业带动之下,截至 2016 年末,在嘉定区全区常住人口 157.96 万人,户籍常住人口 67.28 万人,户籍人口保持增长态势。[1] 虽然目前新城的人口数还远未达到规划人口数,但是初步显示了以产业带动人口集聚的发展趋势。嘉定新城以汽车产业为基础带动新城发展的战略取得了一定成效。

(二) 以"大交通"推动新城与中心城区积极互动

开发初期,郊区新城同中心城区的交通显得十分重要,新城需要借助中心城区的综合功能优势,弥补其发展初期功能缺陷。上海重视新城同中心城区之间交通基础设施的建设,特别注意以高速公路、高速铁路或轨道交通的"大交通"把新城与中心城区联结起来。三大重点建设新城——松江新城、嘉定新城和南汇新城都积极利用高速公路、高铁枢纽或轨道交通等大交通工具,促进其成为城市对外与对内多种交通方式的汇聚点,特别是利用高铁建设与轨道交通对位于线路节点上的新城产生放大效应与优化效应,进而产生的同城效应加快新城经济与社会发展。

上海选择松江新城作为上海新城建设的示范性工程,首先是因为其交通位置特殊且方便,既具有相对独立的发展空间,又同上海市中心城区相对较近,其距离上海市中心 30 公里,距离虹桥机场 25 公

---

[1] 嘉定区统计局 . 2016 年上海嘉定区国民经济与社会发展公报[R]. 2017 - 2 - 22.

里,位于沪杭高速公路、沪杭铁路和沪青平高速公路附近,是上海连接整个长三角、辐射长江流域的过渡区域,也是上海联接浙江与我国南部地区的门户。松江区的交通基础设施已有相当程度的投入,并已具备一定基础。

松江新城开始建设之初就十分重视其与中心城区的高速公路建设。在沪杭高速公路、沪杭铁路的交通基础设施之上,推进上海"153060"高速公路网在松江区域段建设,包括上海绕城高速公路、沈海高速公路和申嘉湖高速公路在松江区域段,理顺从松江新城进入上海中心城区的通道。同时,上海及松江两级政府借鉴国外新城建设成功经验,积极推进松江新城与上海中心城区之间的轨道交通建设。除了挖掘并提升沪杭铁路的运营能力之外,2007 年市郊第一条轨道交通线 9 号线的开通,进一步把松江新城与市中心连成一个整体,推进中心城区居住人口向松江新城迁移。

2010 年沪杭高铁建成通车,进一步推进了松江新城与中心城区联结与一体化。这些都推进了松江作为上海重点发展新城快速发展。松江新城是上海城镇体系中沪杭城市发展轴上的一个重要节点城市。随着沪杭高铁通车,以松江南站枢纽为核心的南部区域成为新城空间拓展的方向,这对松江新城空间格局和城镇体系变化带来巨大影响。现阶段,松江新城正在加快建设轨道交通,进而形成以沪杭高铁、轨道 9 号线与轨道 22 号线(金山支线)为骨干,以地面公交为基础,以出租汽车为补充的新城交通方式。目前,松江以沪杭高铁、申嘉湖高速公路、沈海高速公路、沪杭高速公路、轨交 9 号线为交通主干,加速融入上海与长三角的经济与社会大环境之中,成为上海第一座与高铁以及城市轨交紧密联系在一起的新城。

同样的,嘉定新城也重视同中心城区的交通联系。沪嘉高速公路、沪翔高速公路、上海绕城高速公路以及嘉闵高架路把新城与上海中心城区以及其他地区紧密相连,特别是轨道交通 11 号线的开通,对于嘉定新城的发展具有重要意义。2012 年沪嘉高速公路调整为城市快速路,全面取消收费,这紧密了嘉定新城同中心城区的联系。嘉闵高架终点设立于嘉定新城中心区内,无疑将嘉定新城与虹桥枢纽的距离大大缩短,同时通过与之相连通的各条高速公路,联通整个长三角地区。2009年开通的轨道交通11号线提升了嘉定新城同中心城区的客流交通便捷化程度。此外,嘉定新城还注意其他公共交通基础设施建设,现阶段嘉定新城公共交通得到了较好较快的发展。目前嘉定客运中心新站与轨道交通11号线嘉定西站毗邻,使得嘉定新城与中心城区能够很好地联接起来。

(三)积极塑造郊区新城形象吸引人口迁入

新城作为相对独立的城市空间,要形成对中心城区的"反磁力",不仅需要产业发展提供经济基础,而且需要文化的积淀与地域属性的认同。这是因为城市发展不仅需要经济的繁荣,而且需要城市赖于维系的精神支柱与形象,也就是"神圣"。[1] 上海在建设郊区新城如松江新城与嘉定新城之时都较为注意形象宣传,积极挖掘新城的历史,塑造现代生态宜居形象,以期吸引更多高技术产业、现代服务业和人口迁入。

松江是上海历史文化的发祥地,古代松江曾是织染工业的中心,经济发达,现存古迹也较多,历史上松江府曾管辖上海县。城内历史文物众多,有唐代的经幢和明代的照壁,还有天主教佘山圣母大堂和佘山天文台等。松江镇老城区具有历史韵味。老城区10里长街,占地10平方公里,人口超过10万,新城区大约2平方公里。[2] 松江新城积极打造城市发展新概念,塑造城市形象,提高城市宜居性,吸引人口迁入。它以松江大学城为依托,提高城市品位,提高城市经济与社会发展水平。松江还注重的旅游项目建设与品牌塑造。目前松江

---

① 乔尔金·科特金.全球城市史[M].王旭,译.北京:社会科学文献出版社,2006.
② 王炳根,庄寿云.建设面向21世纪的松江新城[J].上海农村经济,2001,(8):17—19.

新城已建有具有外国风情的泰晤士小镇。松江新城还通过建设上海欢乐谷,提升佘山国家森林公园的旅游深度来促进新城发展。

嘉定新城积极利用历史文化积淀与现代生态风貌塑造宜居城市形象,将新城的现代与老城文化有机结合,吸引上海中心城区人口迁入,增加新城的居住人口。嘉定新城主城区建县于南宋嘉定十年,距今已有近八百年的历史,是江南历史文化名城,现有较为完好的孔庙、秋霞圃、古猗园等众多的文化古迹。嘉定新城致力于提高城市知名度。目前,嘉定大力宣传现代居住、文化居住与生态居住的概念,以传统古镇风貌和都市工业为特色,以汽车文化与体育运动为居住配套建设,建设远香湖、紫气东来、环城林带和石冈门塘等"四大景观"为地标的生态环境体系,承接部分上海中心城区疏导人口,以期形成传统与现代景观风貌协调融合的现代化城区。

(四) 以大型项目建设提高新城经济发展速度

在大城市的空间布局之中,中心城区适宜发展精细、高端与交流式的产业,而大型项目适宜分布在郊区。这些都是基于城市土地级差以及不同城市活动形式交流的需要程度。在上海城市空间的战略性重组过程中,上海的郊区新城抓住这个机会,重视引进大型项目,利用大型建设项目的牵引力与推动力,推进了新城的经济增长与社会发展。

松江新城重视大型建设项目对新城推动作用。由于松江新城采用突出式与大推进的建设方式,大型项目在松江新城发展初期对于吸引人口与资金特别是劳动人口的进入具有重大作用。松江新城已经完成的大型项目有松江大学城、泰晤士小镇和欢乐谷,也投入资金推进新城之外的佘山国家森林公园进一步建设与旅游品牌塑造。这些大型项目的财政大量投入与强有力的带动作用,推动松江新城快速发展。

嘉定城新城积极利用大型建设项目推进新城发展,提升新城的环境与文化基础设施建设水平。嘉定新城建设的大型建设项目有上海国际赛车场、远香湖、紫气东来公园、环城林带、石冈门塘和嘉定保利大剧院等。这些大型建设项目优化了嘉定的生活、环境与文化设施，促进了新城经济社会与文化发展。

经过多年建设，目前松江新城和嘉定新城成为吸引中心城区人口与引导产业向郊区发展的重要地带，在一定程度上抑制上海城市空间蔓延发展，它们加快了上海郊区工业化、城市化发展的步伐，也推动了上海市产业结构的调整和中心城区的功能转变。这两座新城现阶段已经能在一定程度上起到了分担中心城区过于集中的人口与产业的作用，也吸引了大量外来人口，对于促进上海城市郊区化，推进上海城市空间结构向多心多轴方面发展起到了一定作用。

二、上海郊区新城对中心城区的疏解作用分析

虽然上海持续进行郊区新城建设，但是上海中心城区的人口郊区化以近郊为主而不是集中到新城之中，远郊还不是外迁城市人口的首选。新城的人口导入数量不足，松江新城和嘉定新城对中心城区的人口导出作用总体上较为有限，迁入新城的总人口还较为有限，对于中心城区千万规模的人口疏导作用还不明显。郊区新城的产业聚集效应与社区发展程度有待提高，从而未能在总体上根本性实现城市空间规划目的，即目前从总体为看上海郊区新城还未达到规划的目的，尚未起到有效分散中心城区过于密集人口的作用。上海中心城区的城市蔓延仍在继续。

（一）新城对中心城区的"反磁力"作用仍然有限

在上海郊区化方式之下，上海郊区新城发展状况是，距离中心城区越近而且拥有城市快速交通干道的新城发展越快，反之，距离中心

城区越远而且交通相对不便的新城发展相对滞后。新城范围的人口增长,主要有以下四个途径:一是新城规划区及周边小集镇、农村居民的城市化人口;二是中心城区及周边区县人口的迁入;三是诸如大学城等城市设施带来的迁居人口;四是外省市人口的迁入。然而,上海大部分新城人口数量远远未达到规划的规模经济要求,外来常住人口在上海郊区县数量与比重不断增加(见图 6-2)。外来人口成为郊区及其新城的主要导入群体。目前上海郊区新城人口规模还未达到规划的人口数,新城的人气还不够,对中心城区"反磁力"能力还不足。

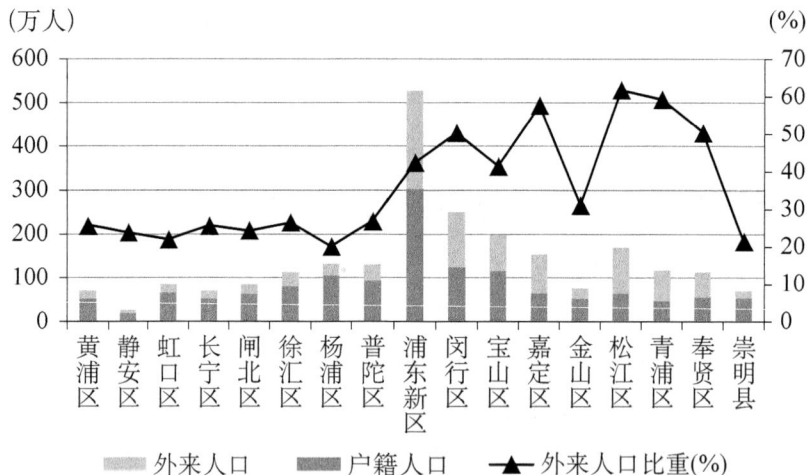

图 6-2 2013 年上海各县区外来人口及户籍人口

资料来源:上海统计局.上海统计年鉴 2014[M].北京:中国统计出版社,2014.

以南汇新城和松江新城为例,南汇新城的中心区(主城区)规划面积为 74.1 平方公里,规划居住人口 50 万—60 万;产业区规划初期人口 15.2 万人,其中城镇人口 2.4 万人。[①] 然而,目前,南汇新城镇的申港街道为 20 219 人,芦潮港镇 27 850 人,其中部分还是上海海

① 上海临港新城管委会.上海临港新城"十一五"发展规划纲要[Z].2005-11-1.

事大学和上海水产大学的师生。^① 2001 年松江新城的规划目标是
2010 年人口达到 50 万。这个目标基本实现，全国第六次人口普查其
常住人口为 694 811 人，与第五次人口普查相比增长了 169.23%，而
松江区常住人口比第五次人口普查增长了 146.80%，其中户籍人口
275 660 人，外来人口 379 507 人，新城人口增速远大于全区人口增
速。松江新城成为吸引人口导入的核心地区。但是，松江新城外来
迁移人口中，仅有 5% 的人口是来自上海其他区县，而有 95% 的人口
来自外省市，松江新城人口主要来源于外省市人口的导入。^②

此外，上海"十二五"规划的其他五座新城如金山新城、青浦新
城、奉贤城桥新城、崇明城桥新城以及嘉定新城居住人口数量都还达
不到预期目标。嘉定新城人口规划 80 万—100 万，然而嘉定区的常
住人口 152.8 万人，其中外来常住人口 88.1 万人，户籍人口 56.7 万
人，属于嘉定新城的嘉定镇街道 6.1 万人，南翔镇户籍人口 6.1 万
人，安亭镇户籍人口 8.7 万人，马陆镇户籍人口 5.1 万人。^③ 这些人
口基本以原有嘉定居民构成，目前嘉定新城吸引到的人口还远未达
到规划数量目标。

2013 年，上海中心城区的黄浦、静安和虹口区每平方公里常住
人口密度分别达到 35 000 人左右。然而，尽管松江新城是上海迄今
为止发展较为成功的新城，但是松江区每平方公里人口密度依然只
有 3 000 人左右，远远低于中心城区的人口密度，郊区新城所在的区
县常住人口密度同中心城区之间存在着较大的落差，见图 6 - 3。^④
由于近郊区是人口的主要导入区域，松江和青浦两个区由于区位和

① 浦东新区统计局.浦东新区 2010 年第六次全国人口普查主要数据公报[R].2011 - 05 -
05.

② 松江统计局.松江新城人口规模研究[EB/OL].[2013 - 2 - 2].http://tjj.songjiang.
gov.cn.

③ 嘉定区统计局.2013 年嘉定区国民经济与社会发展统计公报[R].2014 - 02 - 27.嘉定
区统计局.嘉定区统计年鉴 2015[M].上海：中国年鉴出版社,2015.

④ 上海统计局.上海统计年鉴 2014[M].北京：中国统计出版社,2014.

(人/平方公里)

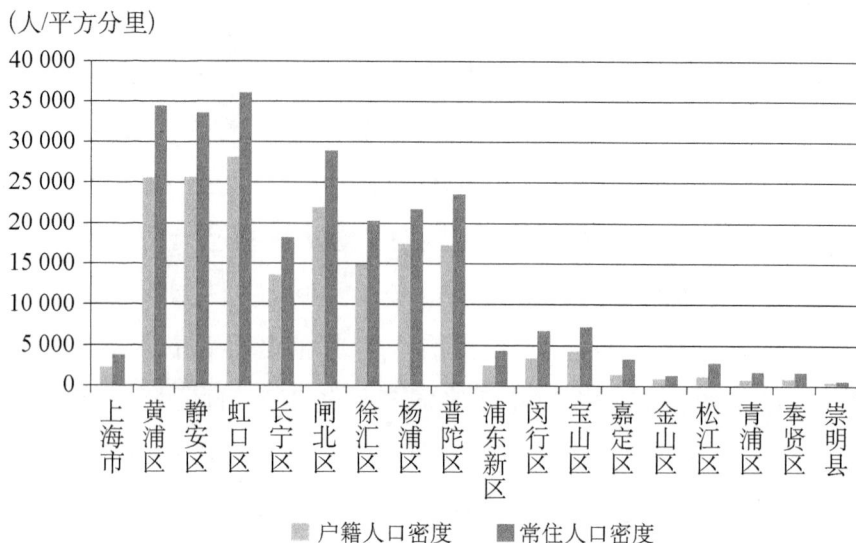

图 6-3　2013 年上海各县区户籍人口密度与常住人口密度

资料来源：上海统计局.上海统计年鉴 2014[M].北京：中国统计出版社,2014.

交通便捷等方面的优势,人口流动表现为区内农村人口向经济较发达的城镇中心流动。虽然新城社会经济发展对劳动力的需求导致外来流动人口的注入,使得迁入总人口大于迁出总人口,但是从市内迁入的人口数并没有明显超过迁往市内的人口数。在迁入人口中,有近80%是从市外迁入的,说明松江区很大程度上是依靠位居上海的优势吸引外地人口,还未能形成克服中心城区"反磁力"的能力。这种状况导致了上海的新城建设成为外来人口的主要导入地,近郊与远郊成为外来人口的主要迁入地,而中心城区的外来人口数量则呈下降态势。外来人口聚集地主要是上海规划之中的新城。这些外来人口由于户籍的障碍以及我国控制特大城市人口政策,使得他们始终游离于上海城市及郊区新城的主流社会之外,无法形成相对稳定的社会群体结构。这必然不利于新城的经济与社会可持续发展。

（二）新城亟须提高产业聚集效应

从 20 世纪 90 年代开始,新城承接了从中心城区转移出来的大量产业,并且把工业企业集中到园区或开发区,以求能够取得聚集效应,并且能够成为新城经济运行的经济支柱。新城的开发区以工业的某一行业为主,生产性服务业配套条件较差,生活性服务业发展相对滞后,导致新城的产业结构并不是完整的,也不是综合性的产业体系。这些状况使新城较为功能单一,综合性功能低,宜居程度不高,从而使得新城对中心城区郊区化群体吸引能力较弱,影响到新城的聚集性。

同时,这些园区或开发区大量接受外商直接投资。新城大部分是基于以前上海对产业结构进行战略性调整的基础之上进行建设,这种模式的优点是使得新城发展初期具备发展动力,缺点是新城建设不等于产业区发展。大部分开发区的产业关联程度不高,特别是新城的园区或开发区创新能力不足,尚没有能力成为新兴产业的聚集地,主要表现在第二产业比重过高,某一行业占据绝对优势地位,一业独大,相关产业配套能力亟须加强,第二产业仍然是新城的支柱和主导产业,新城内部科技人员数量急需增加,自主开发和创新能力亟待增强。

新城的产业聚集效应不高还表现在服务业特别是生活性服务业发展相对滞后,优质的社会事业如医疗、教育和社会保障服务不尽如人意。这也是新城建设不能吸引中心城区的户籍人口的一个重要原因。目前郊区新城的服务业内部结构紊乱、缺乏条理性与层次性,服务行业之间缺乏必要的联系,更没有形成产业集群。许多郊区新城服务业只是依托一些产业园区发展单一的某一服务业,服务业与周边区域特别是郊区居民生活没有必然联系。虽然新城、集聚区或交通枢纽等大型建设对局部地区或个别行业起到较好的带动作用,但总体而言所发挥的综合辐射效应较小,对服务业的拉动作用不明显。

(三) 新城社区建设与社会治理亟须加强

在新城以政府为主导并以工业为产业推动力量的条件下,工人成为新城开发区的重要社会群体。这些工人之中,外来人口特别是青壮年外来人口占据了新城人口较大的比重。由于新城人口结构较为单一,导致了新城的人口结构并不是成熟且多样化的。新城的社会结构较为特殊,并不是常态的社会结构。新城社会既不是传统的社会结构,也不是现代社会结构。这些都给新城社会治理与社区发展带来较大的难度。

在工业比重较高的松江区、宝山区和奉贤区,外来人口比重已经超过了本地户籍人口。上海在控制城市人口数量实行相对严格的管理规定,外来人口除了具有一定技能和高学历的劳动力之外,很难获得上海户籍。这使得外来人员始终无法融入上海城市社会,使得外来人口短期性行为不断增加。数量如此巨大的外来人口在城市之中的无序流动,游离于城市正常经济与社会生活之外,不仅给城市社会带来很多问题,而且对于外来人口的长期发展也是不利的。这使得新城的社会关系网络始终无法形成,新城的社会秩序与社会形态始终在较低级的状态之中徘徊,新城的社会结构无法发育成熟。这些状况导致社区的公共活动及社区治理的公民参与积极性不高,大多数社区居民对公共活动缺乏热情。这些因素加大了新城社区治理的难度,降低了新城的宜居程度,阻碍了中心城区居民的迁入,也使得外来人口本地化进行创业的意愿不高。

(四)新城亟须发展属地意识与文化积淀

目前,上海郊区新城许多居民还缺乏居住归属感,新城"空城"现象同这个因素有直接关联,即新城在基础设施与建筑建设之后从中心城区迁来的城市居民不多。虽然政府在不断挖掘新城的历史文化,宣传新城现代化概念,但是社会响应并不热烈。郊区新城居民城市归属感有待加强,新城居民拥有上海城市居民的意识,但还没有次级的新城归属意识。同时,上海的郊区新城在建设过程之中,部分区域没有注意历史风貌的延续,大拆大建现象较为普遍,从而破坏了城市的硬件环境、文化环境与社会结构赖以形成的物质设施。城市的特色、文化、神圣感以及灵魂与自然形成的地理风貌是有联系的。城市原有的道路格局和水系，都是特色与文化的体现，这些都不能被随意打破。

新城居民如果没有神圣与骄傲感，没有一种相对独立的城市与区域观念，那么它在持续导入户籍人口方面必然是不可持续的，因为那是新城的灵魂。产业的大规模导入与大学城等大型项目建设并不能消除这种归属感缺乏与文化轻薄。产业不能形成文化，企业与工业园区更无法构成属地意识与灵魂。换句话说，大学生与产业工人特别是外来人口并不能够在新城形成一个稳定的社会群体与结构，文化与软城市实力依赖于稳定的人群及其社会结构。如果城市人口流动性过高导致城市无法形成的社会群体与结构，便无法形成文化积淀，更无法进一步吸引到从中心城区迁移过来的人口。虽然上海试图弘扬新城如松江、嘉定、南汇等历史文化，但是在把历史与现代结合起来，特别是因时因地制宜创造一个宜居城市环境方面，仍然存在许多不足之处。

三、改善郊区新城发展方式，提升新城"反磁力"作用

上海以大产业、大交通与大项目发展郊区新城时，虽然这种模式可以大力快速推动新城发展，但是存在着忽视社区微观构造、对社会与文化维度重视不够等问题。上海不仅应当重视大项目的建设，而且也要重视微小项目特别是从郊区新城居民的生活小事，这样才能使得新城宜居化。简而言之，上海不仅应当重视大产业、大交通与大项目在新城开发与建设过程之中的作用，而且应当重视小产业、小交通与小项目的作用，尤其是在新城建设基本框架形成之后，后者的作用可能超过前者。要把郊区新城的社区与社会发展当作同产业发展置于同等重要的位置，改变过去重经济发展、轻社会构建的做法，改

变过去的行政化与单一性的做法。在新城文化与概念宣传注意要立足于新城原有的历史基础,切忌不切合实际情况与历史的概念创造与形象塑造。具体地,应当从以下几个方面发展上海郊区新城。

(一)优化上海城市产业结构,加强发展郊区生活性服务业

从根本上讲,解决上海郊区新城发展出现的问题必须从中心城区或是整个城市着手,它并不是单纯新城的局部的问题。郊区新城建设绝不是单纯新城的问题,而是必须从城市整体上着手进行。从经济上看,必须从调整上海整个产业结构入手。从根本上看,一个大城市的郊区新城建设成功与否同其母城经济发展阶段有直接关联。城市的产业结构及其所处经济发展阶段直接影响着新城的建设。如果一个城市的制造业单纯片面发展,则其新城发展必然不是成功的。因此,一个城市的产业结构必须符合本市与本经济区域的消费需求,构建合理化的经济生产体系。以此为生产目的,当前上海的产业结构需要进行相应调整,应当促进第一、第二和第三产业协调发展,不断提高产业结构的合理化与高度化程度。从长期来看,上海作为长江三角洲的首位城市向国际大都市发展,上海要发挥龙头作用与辐射作用,需要发展生产性服务业,带动城市能级上升;但是从短期来,由于上海是全国重要工业生产基地,重化工业一直是上海的重要经济支柱,制造业过早过快萎缩,会造成上海城市经济空洞化问题。较好的发展策略是制造业与服务业交融性发展,立足于制造业较为发达的基础,不断拓展产业链,使制造行业向服务业延伸。同时大力发展金融服务、第三方物流和服务外包,不断壮大生产性服务业,使制造业由于服务业的支持而进一步发展,也使服务业由于制造业的支撑而获得发展基础,使先进制造业与生产性服务业成为推动上海经济的两个动力与支柱。这是上海郊区新城发展的必要条件。

上海应当加大对社会事业的财政投入,在郊区和新城建设中加强服务业特别是生活性服务业的基础设施投入,应当在基础教育、基

本医疗保健、治安以及市政等方面增加财政投入。上海应当特别注重生活性服务业的基础设施投入,政府有必要采取税收、土地等方面优惠措施,建立和强化郊区的产业基础,优化产业结构,推进关联产业发展与配套产业发展,注重社会事业配套,有序培育一些可以拉动郊区服务业较快发展的载体,充分依托大项目推进关联服务业的发展,有效推动本区域服务业集聚区建设,提高功能区的能级、水平和辐射带动效应,促进郊区功能综合化,实现郊区城市化。在发展郊区新城时,应当利用土地政策提高郊区新城的综合容积率,提高土地利用率,运用土地租金级差管理,反对低密度的工业、服务业与居住的低密度分布,避免走美国式的郊区城市蔓延道路。

(二)提高城市居民可支配收入,优化新城生活与工作环境

只有城市居民可支配收入提高并进入较高水平,城市居民的空间迁移能力才会加强,他们才会寻求新鲜的空气、宽敞的空间与充足的阳光。这也是西方国家大城市郊区化的经验。只有城市居民可支配收入得到真正提高,上海城市的郊区化才会进入以居住带动的阶段,才能提高城市居民对新城管理的参与程度,从而提高新城居住人口数量,新城人口达到规模经济的要求,并成为发展范围经济的基础。从这个角度来看,城市经济发展阶段真正的表现在于城市居民的富裕程度,城市居民收入必然影响到城市居民的工作、交通、娱乐与游憩,这也是新城建设成功的必要条件。为此,上海应当提高城市居民的可支配收入,逐步减少政府公共财政收入占国民收入的比重,要加强推进各种转移支付体系建设,不断提高中产阶级在社会的比重,促进社会形成良性的收入与支出机制。

同时,构建宜居化的生活与工作微观环境对上海郊区新城发展十分重要。上海郊区新城是以政府主导下,以大交通、大产业、大项目和大企业推进建设,必然导致新城在微观宜居化环境建设存在缺陷。这种新城开发模式往往体现的是政府与资本的需求,而市民与

社会需求的体现不足。为此,上海不仅应当加快建设高速、便捷、无障碍的"大交通"体系,加强新城同中心城区的对接,而且应当改善郊区新城尤其是农村地区的"小交通"体系建设,创建地方化与宜居化的新城交通环境。注意构建健全多层次、一体化的对内与对外公共交通立体服务网络,推进区内交通便捷化,促进新城宜居化。郊区新城不仅要发展大产业,而且要发展诸如生活性服务业的小产业,还有惠及民生的小项目建设。要重视郊区新城的社区构造与社会发展,构筑宜居化的生活与工作环境,才能不断吸引中心城区人口迁入。

(三)改善新城发展的制度环境,夯实新城的微观社会基础

上海郊区新城发展需要制度结构的支撑。上海的户籍制度、社会保障制度、土地制度、规划制度和财政制度等制度结构需要进一步改革以适应城市郊区化要求。在现有制度约束之下,工业企业向郊区搬迁未能有效地带动居民向郊区迁移,城乡两元经济结构与公共产品供给的不足使郊区新城缺乏吸引力。新城成为城市外来人口的最佳居住与工作选择,但不是上海中心城区户籍人口的最佳选择。新城建设发展需要从制度上破解城郊二元结构难题,促进社会保障、城市公共服务以及高质量的教育与医疗资源从中心城区向郊区延伸。

在新城的基本框架形成之后,建设新城的微观社会基础对今后新城发展至关重要。上海新城微观社会基础发展首先需要解决的问题是外来人口的本地化问题。上海应当根据现存的户籍制度,有计划有步骤渐进式地改革户籍制度,使之符合当前上海城市发展的需求。大量的流动人口在城市之中无序流动,不仅不利于城市发展,也不利于郊区与新城发展。上海应当进一步把流动人口纳入社会保障体系并且提高保障程度,实行城镇与农村统一的社会保障制度,有利于流动人口完全城市化,融入上海城市的经济与社会生活,建构完全

意义上的城市社会与现代社会,形成相对稳定的城市社会微观基础,实现真正意义的城市化,达到城市化的真正目的。要改革制度推进新城社会治理与社区发展,特别是提高居民对社区管理与社会事务参与的兴趣,构建稳定的邻里与社区结构,同时切实建设渠道与机制让更多的民众参与新城项目建设的论证与管理中来。

(四) 发展新城居民归属感,提高新城文化积淀

上海郊区新城要不断提高居民的城市归属感与认同感,要把发展郊区新城的神圣感与自豪感当作发展上海城市总体归属感的有机组成部分来对待;要不断打造郊区新城精神,不断培育和提升城市居民郊区新城心理认同。实现这一目标有赖于培育城市居民的社区意识、完善城市居民的参与机制和推动社区组织的全面发展,营造安全的社会环境,特别是要营造公平正义的人文环境,公平对待社会各界的不同群体,尤其是保证外来人口在就业、社会保障以及教育的平等权利,使得外来人员能够成为新城建设与管理的参与者以及成果的分享者。这样才能提高这部分人员的新城归属感。

同时,要不断夯实郊区新城的文化积淀。文化发展是新城发展过程必不可少的构成因素。要不断提升郊区新城的文化软实力,提升郊区新城作为城市的知名度与美誉度。在加快推进经济发展的同时,大力加强文化建设,树立城市文化形象、提高市民基本素质和满足市民基本文化需求。要不断发展郊区新城文化积淀的社会主体,减少政府在新城形象塑造与概念宣传的主导性作用,逐步形成新城文化,特别是要不断构筑相对稳定的社会群体结构,培育居住、生活和工作在新城的长期稳定的社会群体,减少外来产业工人与大学生在新城发展过程中临时性与主导性作用,优化常住人口包括外来常住人口的经常性的社会治理作用,形成稳定的社会微观结构,推进郊区新城发展。

（五）兼顾新城与中心城区发展，推进新城与内城平衡建设

上海从"十五"以来不断加大对郊区新城的财政投入力度，引导社会资金向新城投资，在"十二五"时期上海城市建设的重心更是向郊区转移，上海认为新城建设对郊区发展具有十分重要的带动作用。① 然而，必须注意兼顾新城与中心城区发展，大量资金投入郊区新城建设必然会影响到中心城区即母城的发展。由于入住人口较少，目前上海投入郊区新城的资金收益期较长，郊区新城的基础设施使用率较低，这是经济的无效率现象。房屋居住率低、道路使用率低都是较为突出的表现。为此，必须防范资金过度投向郊区新城。

以英国为例，从 1946 年《新城法》发展郊区新城到 1978 年《内城法》防范内城经济与社会衰退，仅仅 32 年时间，伦敦及其大城市发展重点就从郊区新城转向到内城的建设与发展，因为大城市的经济衰退与社会动荡成为突出的问题，中心城区亟须更新，母城的基础设施老旧与经济衰退成为妨碍城市进一步发展的重要问题，由此导致的中心城区犯罪率居高不下也是突出的社会问题。城市民众质疑大量资金投入新城基础设施与住宅建设是否是造成内城衰落的财政原因。对于上海而言，虽然上海中心城区如静安、黄浦、虹口和长宁的经济依然在增长，但是，它的户籍人口密度在大幅度降低，居住人口数量在不断下降。中心城区如静安与黄浦的白天与夜晚的人流状况出现较为鲜明的对比，白天较为繁忙，而夜晚较为冷清。在空间遴选机制的作用之下，许多迁出中心城区到近郊就业的户籍人口正是中心城区所需要的劳动力。如果这些情况持续下去，上海就应当防范中心城市的经济衰退及其社会问题出现。

---

① 上海市人民政府.关于本市加快新城发展的若干意见[Z].2011-5-18.

下篇　实证研究

第七章

长江三角洲都市圈城市蔓延实证分析

实证分析有助于研究更加接近于现实,有助于检验我们在理论演绎推理得到的结论与观点。从本章开始,我们将对我国三大都市圈城市蔓延进行测度,设计我国城市蔓延指数,通过对都市圈城市空间扩张状况的度量与城市蔓延指数的横向比较,比较不同都市圈及其城市之间空间扩张状况,对都市圈不同城市蔓延状况进行分类,接着分析不同类型的城市城市蔓延特征,得到城市蔓延的相关结论,再研究我国三大都市圈城市蔓延的具体成因,包括经济成因与制度成因。

本研究以 2003 年长三角都市圈(城市群)经济协调会确定的长三角都市圈 16 个城市为主要研究对象,兼论浙江省、江苏省和安徽省其他城市发展情况,理由是这 16 个城市是目前长三角区域"三省一市"的核心经济区域,发展时间最早,在近 30 多年产业与空间发展过程之中,这 16 个城市已经演化出较多过程性与结构性特征。它们对于本书城市蔓延规律的研究起到较多积极作用。这也是本书以 16 个城市作为长三角都市圈重点城市进行研究的理由。因此,本章实证研究的长三角都市圈是以 16 个城市为主体构成的。

第一节　长江三角洲都市圈经济概况

一、长江三角洲都市圈的经济地理状况

长江三角洲都市圈或城市群(以下简称长三角都市圈)处于长江入海口与东海交接处,处于我国区域中部。作为一个相对完整的经济区域,长三角都市圈的雏形来自于 1982 年 12 月国务院成立的上海经济区,当时上海经济区包括上海、苏州、无锡、常州、南通、杭州、嘉兴、湖州、宁波和绍兴等 10 个城市。此后,长三角都市圈不断有其他城市加入,包括 1996 年新成立的地级市泰州。相对珠江三角洲都市圈具有省级政府的协调,长三角都市圈的协调机制相对比较松散。在协作机制方面,长三角都市圈有成立于 1997 年长三角城市经济协调会和沪苏浙两省一市主要领导定期会晤制度。2003 年,台州作为城市加入到原有的 15 个城市组成的长三角都市圈。此时,长三角都市圈明确了由 16 个城市组成,形成了经济意义的都市圈或城市群。在以后的时间,江苏省与浙江省其他地级市不断加入长三角都市圈。在交通设施不断进步以及区域经济一体化的条件下,2004 年 11 月在上海召开的长三角城市经济协调会决定,除了现有 16 个长三角城市之外,还有江苏盐城市、浙江温州市和金华市、安徽马鞍山市、芜湖市、滁州市、宣城市、巢湖市和铜陵市等 9 个地级以上城市被包括进长三角都市圈。随后,长三角经济与社会一体发展较为迅速,建设了许多合作平台与协作机制,更多的城市加入到长三角都市圈之中,以适应不断一体化与区域化的经济与社会发展需要。不同于长三角都市圈概念的是长江三角洲地区和长三角区域概念,在 2008 年《国务院关于进一步推进长江三角洲地区改革开放和经济社会发展的指导

意见》中,文件指出长江三角洲地区包括上海市、江苏省和浙江省"两省一市"全部区域。此后,在长三角经济发展的推动之下,2010年3月底安徽合肥市、马鞍山市,浙江金华市、衢州市,江苏淮安市、盐城市等六个城市正式加盟长江三角洲经济圈。2010年5月,国务院正式批准实施的《长江三角洲地区区域规划》明确了长江三角洲地区发展的战略定位,对长三角都市圈发展具有十分重要的指导意义。长三角区域是指上海市、浙江省与江苏省组成的经济区域,长三角都市圈是长三角区域的最重要与核心经济区域。这是此时两者之间的关系。

此后,由于长三角区域高速铁路的快速发展,长三角区域一体化与"同城化"效应明显提高,城市与城市之间空间与时间距离大幅度缩短,特别是上海市、浙江省和江苏省同安徽省的距离不断缩短。长三角都市圈或城市群在空间上涵盖了更广阔的领域。因此,2013年安徽芜湖市、滁州市、淮南市,江苏连云港市、徐州市、宿迁市,浙江丽水市和温州市加盟长江三角洲地区。在这样的交通与经济一体的背景之下,2014年,国务院文件《国务院关于依托黄金水道推动长江经济带发展的指导意见》首次明确了安徽作为长江三角洲城市群的一部分,参与长三角一体化发展,长江三角洲城市群包括了上海市、浙江省、江苏省和安徽省"三省一市"。2015年12月3日,在安徽合肥市举行的长江三角洲地区三省一市主要领导座谈会总结了"十二五"以来长三角地区合作与发展情况,深入交流了三省一市2015年以来参与"一带一路"和长江经济带等国家战略建设,推进长三角地区协同发展的政策举措和经验做法。这标志着长三角区域"三省一市"协作机制正式形成。

目前,长三角都市圈的城镇化水平基本都达到60%以上,其中上海达到89%。[①] 南京、杭州、无锡与宁波都达到70%以上。长三角都

---

① 李上涛.上海城镇化率89%全国第一,新一轮建设需靠质量[EB/OL].2014-7-31.
　　http://www.chinanews.com/gn/2014/07-31/.

市圈总面积为 109 617 平方公里,占全国总面积的 1.14%,户籍人口 8 846.23 万人,常住人口 11 021.29 万人,常住人口占全国 8% 左右,外来人口达到 2 175 万人,是我国流动人口的主要目的地与就业区域。① 长三角都市圈是我国人口与产业最为密集的区域,也是我国十分重要的经济区域。为适应经济快速增长和容纳不断增长的经济增长总量,长三角都市圈规划和发展了 66 个国家级开发区、135 个省级开发区和 201 个城市开发区,其中国家级开发区占全国开发区比重 20%。② 长三角都市圈成为带动我国经济参与国际经济循环的主要经济区域,成为带动长江三角洲、长江流域乃至全国经济增长与社会发展的经济增长极。进入 21 世纪以来,长三角都市圈吸引的外商直接投资速度与数量不断提升,我国近五分之二的外商直接投资落户于长三角都市圈,近三分之一的进出口贸易来自长三角都市圈。

长三角都市圈还拥有较为密集的交通基础设施,包括港口、铁路、公路与机场等。在铁路运输之上,长三角基本形成以上海、杭州、南京为中心的"1—2 小时交通圈"城际轨道交通网络,具有"同城效应"。目前,长三角拥有三条主要交通轴线:一是沿沪宁高速公路和铁路的城市发展轴;二是沿沪杭高速公路和铁路的城市发展轴;三是沿杭甬高速公路和铁路的城市发展轴。这样,三条轴线相互交织构成了长三角以上海为中心,以南京、杭州为副中心的都市圈空间格局。以交通轴线为依据,目前,长三角都市圈形成了以上海为主要中心、以南京、杭州和宁波为次中心和以沪杭、沪宁以及杭甬交通轴线的都市圈空间架构。从经济发展水平来看,长三角都市圈在城市规模、基础设施水平和城市空间发展方面均在全国平均水平之上。

---

① 根据 2014 年长三角 16 个城市国民经济与社会发展公报整理计算所得。
② 王兴平等.开发区与城市的互动整合——基于长三角的实证分析[M].南京:东南大学出版社,2013:5—6.

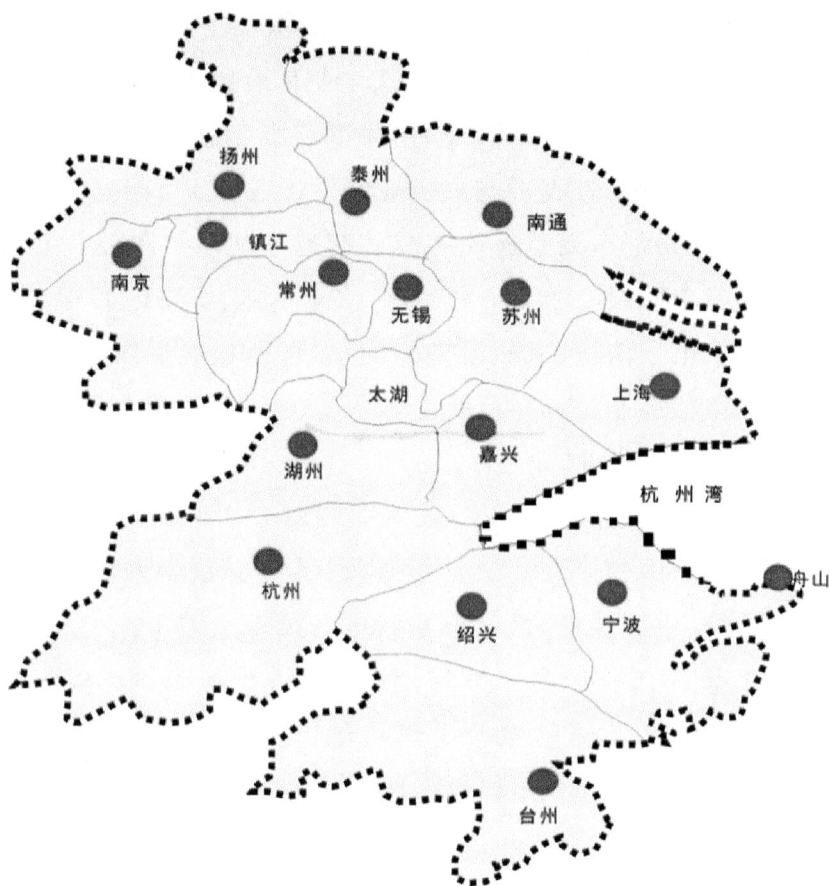

图 7 - 1 长江三角洲都市圈 16 个城市区域

资料来源：根据长三角都市圈行政区域自制。

二、长江三角洲都市圈的产业发展状况

长三角都市圈拥有全国六分之一的生产总值，它对我国经济增长与社会发展起到较大的影响，也是世界具有较大影响力的都市圈与城市群。2014 年，长三角都市圈地区生产总值 106 011.25 亿元，占全国 16.65%，其中第一产业增长加值 3 308.92 亿元，第二产业增加值 48 341.43 亿元，第三产业增加值 54 360.9 亿元，三次产业比重

分别是 3.12：45.60：51.28。第三产业的增加值比重已经超过了
50%，成为地区经济的主要产业。[①] 从工业化阶段来看，长三角都市
圈已经处于工业化的中后期阶段，上海市的服务业增加值与就业比
重均已经超过 64%。制造业与服务业成为长三角都市圈经济发展的
主要力量，长三角都市圈是我国重要的制造业基地与服务业发展地
区。长三角都市圈制造业在钢铁冶炼、汽车制造、石油化工与精细化
工、生物医药、电子信息、机械设备方面，服务业在航运物流、金融贸
易、批发零售、旅游业、酒店餐饮、会议展览方面等产业发展较好，成
为地区经济的支柱产业。

目前，长三角城市圈已经形成层次相对分明的城市群体结构。
作为长三角都市圈的首位城市上海在地区生产总值与人口数量方面
都在 16 个城市占据首位，目前也是我国的第一大城市，正在向国际
经济、金融、贸易与航运中心发展，对其他 15 个城市具有较大影响
力。1990 年浦东开发开放成为上海乃至长三角都市圈经济进入快
速发展轨道的标志。长三角都市圈从此以后以高于全国平均水平的
增长速度发展。截至 2014 年，上海的常住人口 2 425.68 万人，地区
生产总值 23 560.94 亿元，其中，第一产业增加值 124.26 亿元，第二
产业增加值 8 164.79 亿元，第三产业增加值 15 271.89 亿元，第三产
业增加值占上海市生产总值的比重达到 64.8%。上海的人口与地区
生产总值占长三角都市圈的比重分别为 22% 和 21.56%，达到五分
之一强，具有中心的功能与作用。作为第二层次的南京、杭州、宁波、
苏州与无锡 4 座城市的常住人口 650 万以上，地区生产总值在 7 600
亿元以上，其他的 11 座城市的地区生产总值也均已达到 1 000 亿元。
长三角都市圈是我国人均生产总值较高的区域，2014 年人均生产总
值达到 9.91 万元，远远高于全国平均水平。苏州、南京、杭州、无锡

[①] 根据 2014 年长三角 16 个城市国民经济与社会发展公报和 2014 年中华人民共和国国
民经济与社会发展公报整理计算所得。

和镇江的人均生产总值均已超过 10 万元,高于全国平均水平一倍多
(见表 7-1)。①

表 7-1　2014 年长三角都市圈地区生产总值、三次产业增加值与人均生产总值

城市名称	地区生产总值 (亿元)	第一产业 (亿元)	第二产业 (亿元)	第三产业 (亿元)	人均生产总值 (万元)
上海	23 560.94	124.26	8 164.79	15 271.89	9.73
南京	8 820.75	223.96	3 671.45	4 925.34	10.75
苏州	13 761	392.49	6 869.51	6 499	13
杭州	9 201.16	274.36	3 858.9	5 067.9	10.38
无锡	8 205.31	156.96	4 186.34	3 862.01	12.64
宁波	7 602.51	275.18	3 935.57	3 391.76	9.89
南通	5 652.7	367.1	2 873.8	2 411.8	7.74
常州	4 901.9	138.5	2 458.2	2 305.2	10.44
绍兴	4 265.83	194.25	2 213.51	1 858.07	8.61
泰州	3 370.89	217.08	1 728.64	1 425.17	7.27
扬州	3 697.89	240	1 886.26	1 571.63	8.27
镇江	3 252.4	122.2	1 662.6	1 467.6	10.27
台州	3 387.51	215.62	1 588.88	1 583.01	5.69
嘉兴	3 352.80	145.14	1 811.31	1 396.35	7.34
湖州	1 956.0	121.0	1 001.6	833.4	6.69
舟山	1 021.66	100.82	430.07	490.77	8.93
合计	106 011.25	3 308.92	48 341.43	54 360.9	9.61

　　资料来源:2014 年长三角 16 个城市国民经济与社会发展公报。

　　长三角都市圈是我国流动人口的主要流入地,拥有 2 175 万城市
外来人口(包括长三角都市圈内部的人口流动),其中上海的外来人

---

① 根据 2014 年长三角 16 个城市国民经济与社会发展公报和 2014 年中华人民共和国国
　民经济与社会发展公报计算所得。

口达到 996.42 万人,接近一千万人。苏州、宁波、南京和杭州作为长三角城市的次级城市也是吸引外来人口就业的地方。除了苏北地区的南通、泰州和扬州之外,长三角都市圈 13 个城市常住人口都超过了户籍人口(见图 7-2)。长三角都市圈成为解决我国就业与吸引外来劳动力前往就业的经济区域,对于消化我国从第一产业转移出来的劳动力、拉动我国产业结构升级具有重要作用。

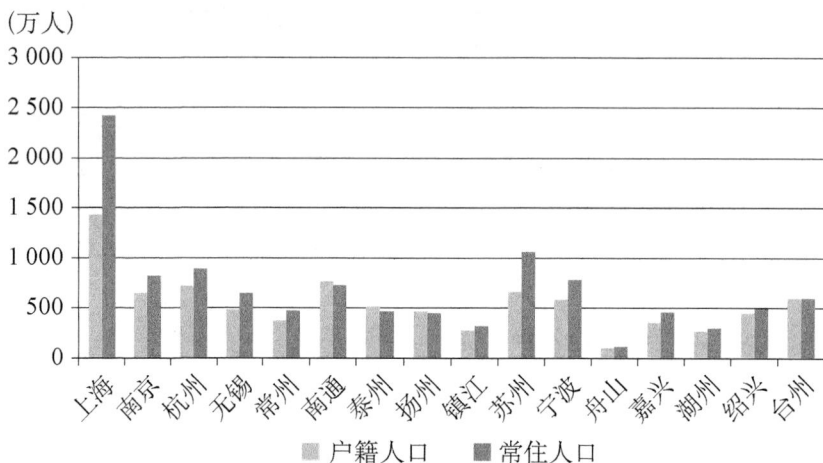

图 7-2　2014 年长三角都市圈 16 个城市户籍人口与常住人口

资料来源:2014 年长三角 16 个城市国民经济与社会发展公报和 2015 年 16 个城市统计年鉴。

　　长三角都市圈是我国国有企业与民营企业的发展基地,在全国占有重要地位。长三角都市圈的国有企业具有优良的传统与悠久的历史,上海作为我国重要的生产基地,聚集一大批具有雄厚资本、生产能力与科技创新能力的生产企业与服务企业,能够生产重、大、厚与长的产品。浙江省与江苏省的 15 个城市的民营企业活力十足,创新动力强劲,适应市场速度较快。这些企业形成了分工与协作的产业集群,包括电子产业集群、钢铁与精品钢材产业集群、汽车产业集群、生物医药产业集群、机械设备产业集群、石油化工产业集群和纺织产业集群等等。此外,长三角都市圈还是我国重要的航运物流中心、国际贸易中心和金融中心,对于促进我国经济资源的配置具有十分重要的作用。

第二节　长江三角洲都市圈城市蔓延的测度

对长三角都市圈城市蔓延的测度有利于人们充分了解城市蔓延的程度与结构,从而采取有效的治理对策。因此,城市蔓延的测度构成了城市蔓延的重要内容。通过对城市蔓延的测度可掌握城市蔓延的程度、发展方向与治理对策,才可以进行空间横向与时间纵向比较,得出正确结论。然而,无论国内外有关城市蔓延的测度都是初步发展的研究领域,尤其是国内,有关我国城市蔓延的方法与理论还比较薄弱,本书将从城市蔓延定义的核心内容——城市空间扩张超过城市人口增长出发来构建城市蔓延指数。

一、城市蔓延指数的设计分析

测度城市蔓延可以分为单指标与多指标两种方法。单指标的测度比较常用的是密度指标,包括城市建成区居住人口密度、产业密度、就业人口密度等。在城市蔓延定义之中,城市土地使用面积增长速度超过人口增长速度受到较大重视,因此,密度指标在实际测度也受到较多重视,尤其是居住人口密度与就业人口密度对于城市蔓延具有代表性意义。在美国城市蔓延的相关研究之中,人口密度测度作为城市蔓延评价指标,具有较好的代表性。许多美国学者通过对美国城市人口增长和城市土地面积扩张的比率进行研究,进行时间纵向和空间横向比较,得出了美国绝大多数城市在 20 世纪最后二十年仍存在着城市蔓延的状况,大多数城市的土地消耗快于人口数量增长速度,人口快速增长与高人口密度城市消耗的土地资源以及不可再生资源更少、更集约地利用环境资源。

除了利用密度测度城市蔓延并构建城市蔓延指数之外,国外学者还有通过测度城市美学维度与分形维度来度量城市蔓延的。城市美学采取城市空间地面对太阳光线的反射率差异来测量城市蔓延,它利用建筑技术和图像技术,使建成区的图像、已知的基本物体和城市土地覆盖物进行对比。城市图像美学测量的原理是,在一个紧凑的城市之中,城市地面对太阳光线的反射差异较大,而在一个蔓延的城市空间之中,城市地面对太阳光线的反射相对较为均质,各个部分的反射率比较接近。这样,通过计算数字照片的像素方差就可以度量蔓延的程度。但是,从总体来看,利用城市美学来反映城市蔓延及其程度,还比较粗略,并且停留在测量的表面之上,无法深入城市蔓延的原因与机理的原因层次。

城市蔓延的分形维度测量,是通过计算城市空间区块的分形维度来计算城市蔓延的程度。城市蔓延的区块呈现出来是已开发与紧凑的城市建成区和空置土地空间的交互间隔,它并不是规则的空间形状,具有较大的不规则性。因此,通过简化为周长与面积的比例关系的分形维度计算,可以间接地反映出城市蔓延的程度,分形维度越低,表明城市空间区块越不规则,则城市蔓延越严重,反之则不是。

由于单指标测度城市蔓延存在着过于强调某一面而忽略另一面的缺陷。所以,目前国外学者已经开发出多指标测度方法,构建综合城市蔓延指数。目前美国精明增长组织主要采用四项指标测量城市蔓延状况:居住密度,居住、就业和服务的混合度,城市中心职能强度以及街道联系的方便程度。还有的学者采用了以下多个指标来构建综合城市蔓延指数:人口密度、土地利用的协调联接性、建设用地的不连接性及蛙跳程度、区域规划不一致性、新建设基础设施的无效率程度、替代运输工具的不可达性、土地资源的损失程度、开放空间受损受侵蚀程度以及城市增长轨迹等。总体而言,在度量方法上,西方学者已经从单指标过渡到综合多指标体系,收集统计数据,采用统计分析方法,借用经济计量模型,分析变量关系,运用城市蔓延的一些基本方法包括分形维度测量法、可及性度量法和"蔓延指数"模型法,并借用 GIS、RS 和 GPS 技术,为运用多指标方法测度提供现代技术支撑,使得城市蔓延测度与指数更接近于蔓延的客观现实。目前美国已有多种城市蔓延指数,许多研究机构会定期发布城市蔓延指数,以提醒城市规划组织与政府需要采取相关政策应对。

二、城市蔓延指数的设计与长三角都市圈城市蔓延测度

我国三大都市圈城市蔓延指数的设计原则是,城市蔓延的指标与指数既要抓住问题实质又要尽量简单,过于繁琐的指标测度与复杂的指数设计无助于我们进行空间横向比较与时间纵向比较,也使指数可能脱离实际而无助于本书研究。城市蔓延的研究并不是十分抽象或是纯粹逻辑推理的研究领域,它是在人们日常现实与实践之中可以感知的经济与社会现象。经过多年的争论,目前国外大多数学者认同低密度开发、单一化土地使用和汽车导向是城市蔓延的三大特征,并被公认为会造成环境、经济与社会不可持续发展。其中,低密度应当是城市蔓延的最重要内容,这已经在学者们之中取得相对一致的意见。许多学者认为城市空间扩张超过人口增长及其经济增长应当增长的城市空间增长,那么就构成了城市蔓延。在城市化与郊区化过程之中,城市人口增长会推动城市空间增长,同时,人口增长带来的经济增长及收入增长也会推动城市空间增长,这两个部分的城市空间增长是合理的,它们并不构成城市空间扩张的不合理部分。城市空间扩张的不合理部分在于城市空间超过了这两部分空间之和的额外部分。在这个城市空间扩张过程之中,相对人口增长,城市空间扩张速度与程度在多大范围之内合理是需要考虑的问题。当期城市空间扩张速度是否应当等于基期的速度,或者应当快于基期的速度?简而言之,找到城市空间扩张的基准是一个难点。

本书采取简化的方法,采取的城市蔓延定义是城市土地增长速度超过城市人口增长速度,与之相对应的是农村土地减少速度高于农村人口减少速度,那么即构成城市蔓延。因此,我国三大都市圈城市蔓延测度综合这两个方面的数据可以反映出城市蔓延的程度,并构建如下城市蔓延指标的公式:

SI(Sprawl Index)是蔓延指数

L(Land)是土地面积

L_0 是基期城市土地面积

L_t 是 t 期城市土地面积

因此,新增的城市土地面积,为 t 期城市土地面积 L_t 减去基期城市土地面积 L_0,即:

$$\Delta L = L_t - L_0$$

t 期内城市土地面积增长速度是:

$$\frac{\Delta L}{L_0} = \frac{L_t - L_0}{L_0}$$

P(Population)是人口数量

P_0 是基期城市人口数量

P_t 是 t 期城市人口数量

因此,新增城市人口,为 t 期城市人口 P_t 减去基期城市人口 P_0,即:

$$\Delta P = P_t - P_0$$

t 期内城市人口增长速度是:

$$\frac{\Delta P}{P_0} = \frac{P_t - P_0}{P_0}$$

这样,城市土地面积增长速度与城市人口增长速度的比值为

$$SI_1 = \frac{\dfrac{\Delta L}{L_0}}{\dfrac{\Delta P}{P_0}} = \frac{\dfrac{L_t - L_0}{L_0}}{\dfrac{P_t - P_0}{P_0}}$$

如果 SI_1 值大于 1，表明城市土地面积增长速度高于城市人口增长速度，存在着城市蔓延；如果其值小于 1，表明城市土地面积小于城市人口增长速度，则存在城市紧凑现象。

另一方面，城市土地面积扩张是通过征用农村土地得到的，可以说，城市土地面积扩张的另一方面农村土地面积的减小，为更客观地反映城市蔓延状况，我们构建以下 SI_2 公式：

L'_0 是农村基期土地数量

L'_t 是 t 期农村土地数量

因此，农村土地面积的变化量，为 t 期农村土地面积 L'_t 减去基期农村土地面积 L'_0，由于长三角都市圈的农村土地在近二十年以来都是减少的，为取得正值，减少的农村土地面积是基期农村土地面积 L'_0 减去 t 期农村土地面积 L'_t，即：

$$\Delta L' = L'_0 - L'_t$$

t 期内农村土地面积减少速度是：

$$\frac{\Delta L'}{L'_0} = \frac{L'_0 - L'_t}{L'_0}$$

P'_0 是基期农村人口数量

P'_t 是 t 期农村人口数量

因此，减少的农村人口为基期农村人口数量 P'_0 减去 t 期农村人口数量 P'_t，即：

$$\Delta P' = P'_0 - P'_t$$

t 期内农村人口减少速度是：

$$\frac{\Delta P'}{P'_0} = \frac{P'_0 - P'_t}{P'_0}$$

这样,农村土地面积减少速度与农村人口减少速度的比值为:

$$SI_2 = \frac{\frac{\Delta L'}{L'_0}}{\frac{\Delta P'}{P'_0}} = \frac{\frac{L'_0 - L'_t}{L'_0}}{\frac{P'_0 - P'_t}{P'_0}}$$

如果 SI_2 值大于1,表明农村土地减少速度大于农村人口减少速度;如果 SI_2 值小于1,表明农村土地减少速度小于农村人口减少速度。综合 SI_1 值与 SI_2 值,可以得到:

$$SI = aSI_1 + bSI_2$$

即:

$$SI = a \left(\frac{\frac{L_t - L_0}{L_0}}{\frac{P_t - P_0}{P_0}} \right) + b \left(\frac{\frac{L'_0 - L'_t}{L'_0}}{\frac{P'_0 - P'_t}{P'_0}} \right)$$

其中,a 与 b 是权重系数,由于城市土地面积增加与农村土地减少是同一个空间进程的两个方面,我们可以假定其权重各为 50%,即 $a = 0.5$,$b = 0.5$。

这样,如果 SI(综合城市蔓延指数)值大于1,则存在着城市蔓延现象;如果 SI 值小于1,则存在着城市紧凑现象。

现在,根据上述的指标设计对长三角都市圈城市蔓延状况进行分析。长三角都市圈在 1994 年和 2013 年的城市建成区(市辖区)面积、农作物播种面积、非农村人口和农村人口(见表 7-2 和表 7-3)。上海市的城市建成区面积从 1994 年的 350 平方公里上升到 2013 年998.8 平方公里,增长了 1.85 倍;南京市的城市建成区从 150 平方公里增长到 713 平方公里,增长了 3.75 倍,苏州的城市建成区从 66 平方公里增长到 441 平方公里,增长了 5.68 倍;杭州的城市建成区从

96 平方公里增长到 462 平方公里,增长了 3.81 倍。在整个期间之内,上海、南京、苏州和杭州的城市建成区增长量占长三角都市圈增长量的百分比分别为 19％、17％、11％和 11％。上海作为首位城市,城市建成区增长量领先于次级城市,但并不形成绝对优势(见图 7 - 3)。

表 7 - 2 1994—2013 年长三角城市建成区面积和农作物总播种面积

城市	建成区面积(平方公里)			农作物播种总面积(千公顷)		
	1994	2013	增长率	1994	2013	减少率
上海市	350	998.8	1.85	537.14	378.1	0.30
南京市	150	713	3.75	396.73	324.47	0.18
无锡市	74	325	3.39	251.70	178.67	0.29
常州市	57	186	2.26	302.12	224.17	0.26
苏州市	66	441	5.68	575.05	257.63	0.55
南通市	53	172	2.24	902.96	843.53	0.07
扬州市	43	132	2.06	450	510.27	−0.13
镇江市	50	128	1.56	214.86	238.29	−0.10
泰州市	22	96	3.36	650	582.32	0.10
杭州市	96	462	3.81	479.78	365.68	0.24
宁波市	61	295	3.83	504.73	286.61	0.43
嘉兴市	28	93	2.32	422.73	340.15	0.20
湖州市	27	92	2.40	297	223.07	0.24
绍兴市	22	197	7.95	443.38	330.71	0.25
台州市	37	116	2.14	401.30	252.86	0.37
舟山市	20	60	2	42.94	23.13	0.46
长三角都市圈	1 156	4 506.8	2.89	6 872.42	5 358.81	0.22

资料来源:2014 年中国城市统计年鉴、1995 年长三角城市统计年鉴、2013 年长三角城市统计公报。1994 年部分城市由于数据缺失,根据复种指数从耕地面积对农作物播种面积进行推算。1994 年泰州地级市尚未成立,数据为原属扬州地区的推算数。

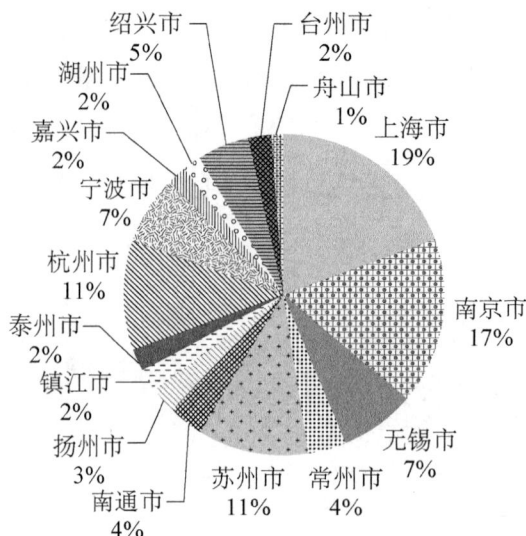

图 7-3　1994—2013 年长三角都市圈 16 个城市建成区增长量占个都市圈比重

资料来源：2014 年中国城市统计年鉴、1995 年长三角城市统计年鉴、2013 年长三角城市统计公报。

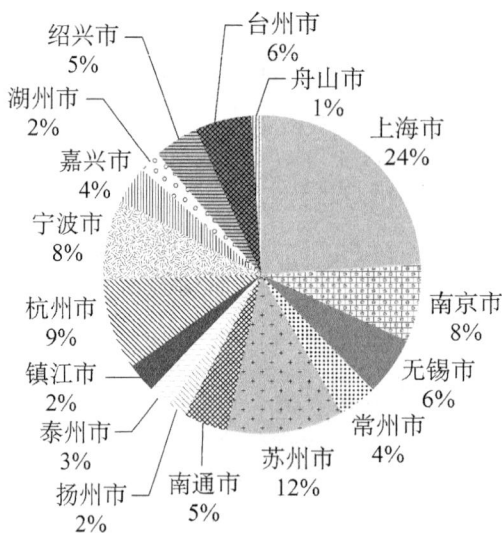

图 7-4　1994—2013 年长三角都市圈 16 个城市非农人口增长量占个都市圈比重

资料来源：1995 年中国城市统计年鉴、2014 年中国城市统计年鉴，其中 1994 年泰州人口数为估算数。

表 7-3　1994—2013 年长江三角洲都市圈各城市非农人口和农村人口

城市	非农人口（万人）			农村人口（万人）		
	1994	2013	增长率	1994	2013	减少率
上海市	910.49	2 149.48	1.36	388.32	265.67	0.32
南京市	253.81	659.12	1.60	264.47	159.66	0.40
无锡市	169.96	477.89	1.81	258.36	170.52	0.34
常州市	115.98	316.72	1.73	215.46	152.49	0.29
苏州市	161.98	773.83	3.78	409.45	284.04	0.31
南通市	203.47	437.13	1.15	578.96	292.64	0.49
扬州市	171.57	268.2	0.56	765.39	178.8	0.77
镇江市	80.54	207.02	1.57	182.02	108.52	0.40
泰州市	120.78	273.4	1.26	382.22	190	0.50
杭州市	186.5	662.42	2.55	406.43	221.98	0.45
宁波市	112.68	534.88	3.75	410.17	231.41	0.44
嘉兴市	63.96	260.3	3.07	260.50	195.5	0.25
湖州市	48.88	163.3	2.34	202.07	128.3	0.37
绍兴市	62.58	301.89	3.82	359.25	193.01	0.46
台州市	53.89	350.81	5.51	472.42	252.99	0.46
舟山市	22.53	75.14	2.34	75.46	39.06	0.48
长三角都市圈	2 739.6	7 911.53	1.89	5 630.95	3 064.59	0.45

资料来源：1995 年中国城市统计年鉴、2014 年中国城市统计年鉴，其中 1994 年泰州人口数为估算数。

但是，相对于上海城市建成区增长量在都市圈的比重，上海的非农人口增长量在都市圈的百分比是较高的，达到了 24%，作为次级城市的苏州占据 12% 的比重，杭州只有 9%，宁波和南京分别为 8%。它表明了在都市圈之中，首位城市是国内迁移人口的首要目标城市，其次才是次级城市。首位城市作为吸引迁移人口的主要城市，城市人口规模比次级城市要大。这种人口规模状况会对城市空间蔓延状况产生影响。

从表 7-2 和表 7-3 的数据，根据城市蔓延指数计算方法，得到表 7-4，综合 SI_1 和 SI_2 值，从 SI 值可以看到，从总体上看，长三角的城市蔓延指数为 1.009,从这个指数角度来看,长三角都市圈从区域整体层面上城市蔓延似乎并不存在。但是,长三角城市蔓延 SI_1 值达到 1.529,表明了其总体上城市空间扩张的速度还是高于城市人口增长速度;长三角城市蔓延的 SI_2 值只有 0.489,表明其处于加速时期的城市化过程之中,农村人口减少的速度高于农作物播种面积减少的速度。受到人口加速城市化和外来于长三角的流动人口大量流入的影响,长三角的城市蔓延程度受到较大程度的消解。在 2 175 万外来人口(含长三角都市圈城市之间人口流动)的流入促进城市建成区以及城市空间的集约利用,降低了长三角都市圈城市蔓延问题的总体严重性。

表 7 – 4　长三角都市圈城市蔓延指数

城市	SI_1	SI_2	SI
上海市	1.360 3	0.937 5	1.148 9
南京市	2.343 8	0.450 0	1.396 9
无锡市	1.872 9	0.852 9	1.362 9
常州市	1.306 4	0.896 6	1.101 5
苏州市	1.502 6	1.774 2	1.638 4
南通市	1.947 8	0.142 9	1.045 3
扬州市	3.678 5	−0.168 8	1.754 9
镇江市	0.993 6	−0.250 0	0.371 8
泰州市	2.666 7	0.200 0	1.433 3
杭州市	1.494 1	0.533 3	1.013 7
宁波市	1.021 3	0.977 3	0.999 3
嘉兴市	0.755 7	0.800 0	0.777 9
湖州市	1.025 6	0.648 6	0.837 1
绍兴市	2.081 2	0.543 5	1.312 3
台州市	0.388 4	0.804 3	0.596 4
舟山市	0.854 7	0.958 3	0.906 5
长三角都市圈	1.529 1	0.488 9	1.009 0

资料来源:根据表 7 – 2 和表 7 – 3 自制,数据采取四舍五入方法取小数点后四位。

三、长三角都市圈16座城市蔓延的类型分析

从表7-4可以看出，由于人口流动与空间扩张的不平衡，长三角都市圈的城市蔓延问题更多是结构性的问题，城市蔓延主要发生在人口流出的城市以及次级城市之中，如苏北的三座城市以及南京、苏州、无锡和绍兴，它们在上海中心城市的聚集效应之下，次级城市往往不能有效地吸引到直接投资与人口，导致了较为严重的城市蔓延问题。相比较而言，在首位城市的上海和人口空间发展均衡的地区城市蔓延问题并不突出，有的城市由于人口城市化问题还出现了城市紧凑问题。长三角16个城市的城市蔓延状况出现了较为复杂的情况，具体可以分以下四种类型：

第一种类型的城市是上海，其城市蔓延程度不高，蔓延指数为1.149。作为长三角都市圈首位城市上海，城市化基本达到相对较高的水平，城市常住人口的增长主要是外来人口注入，它是长三角地区及其他地区外来人口的主要流向地，因而城市人口规模不断扩大，尽管其城市建成区较大、城市空间扩张速度较快。但是996.42万的外来人口促进上海城市空间高效率利用，减少了城市空间的无效率利用，因而，城市的蔓延程度仍然较小，城市建成区、相关建筑设施和公共空间得到有效率利用。大规模已开发空间空置与远距离蛙跳式开发现象在上海受到土地空间约束并没有大量发生。

第二种类型是常州和宁波，其城市空间增长与人口增长速度相对平衡与对称状态，城市蔓延指数分别为1.101和0.999，在城市空间增长与城市人口增长保持一定均衡性的条件下，城市的蔓延程度较小。它们同上海距离适当，在中心城市上海的聚集与扩散效应作用之下，保持相对均衡性特征，城市空间扩张速度与人口增长速度保持相称状态。

第三种类型是南京、苏州、无锡、绍兴和杭州，城市蔓延程度较

高,城市蔓延指数分别为 1.397、1.638、1.363、1.312 和 1.014(杭州的 SI_1 值较高,为 1.494)。作为长三角都市圈的次级城市或是次中心,城市建成区扩张速度快于人口流入城市的速度,农作播种面积缩减速度虽然小于人口减少速度,人口城市化加快,有一定外来人口注入,但是城市空间的扩张超过了人口增长速度。造成次级城市的蔓延程度较高的原因在于它们受到首位城市的聚集效应的作用,迁移的人口(包括这些城市自身人口的迁出以及外来流动人口)流向往往以上海作为主要目的地,而不是这些次级城市;另一方面,这些城市作为本省的省会城市与重点城市,往往为促进本市经济增长而采取了相同吸引资本政策,导致了多头竞争与产业同构化问题的出现,从而加重了城市蔓延程度。

第四种类型是扬州、泰州与南通,它们是人口外流与劳动力输出的地方,城市蔓延指数分别为 1.754、1.433 和 1.045(南通的 SI_1 值较高,为 1.947)。其原因应当为其户籍人口不断流出,城区人口增长相对缓慢而城市建成区扩张相对较快造成的。2013 年泰州年末全市常住人口 463.40 万人,市区(含姜堰区)161.68 万人但户籍总人口 507.80 万人,其中市区(含姜堰区)163.27 万人;南通 2013 年末全市常住人口 729.8 万人,城镇化率 59.9%,年末户籍人口 766.5 万人;扬州 2013 年年末全市户籍总人口 459.84 万人,年末全市常住人口 447 万人。[①] 这些城市的户籍人口数量高于常住人口。在人口流出为其他地区提供劳动力来源的城市,这样的城市的蔓延程度较高,原因在于城市建成区和相关住宅与设施的空置率较高,造成了无效率利用。

第五种类型是台州、舟山、嘉兴、镇江和湖州,城市蔓延指数分别为 0.596、0.906、0.778、0.371 和 0.837。城市人口不断增长而城市空间扩张速度相对缓慢,从而产生了一定城市紧凑现象的城市。

---

① 2013 年泰州、扬州和南通国民经济与社会发展统计公报。

在加速城市化的状况之下,这些城市的非农业人口增长相对迅速,台州非农人口增长 5 倍,嘉兴非农人口增长达到 3 倍,湖州与舟山的非农人口都增长 2.34 倍。但是,这些城市的空间扩张没有跟上城市人口的增长,虽然城市空间仍有所扩大,但还是产生了城市紧凑现象。

表 7 - 5　长三角都市圈 16 个城市蔓延类型

城市类型	城市	蔓延程度	城市空间集约利用程度
第一种类型	上海	一定程度的蔓延	有效率利用 外来人口的主要流向地
第二种类型	常州　宁波	一定程度的蔓延	有效率利用
第三种类型	南京　苏州 无锡、绍兴　杭州	蔓延程度高	城市空间扩张过快,无效率利用 有一定外来人口流入
第四种类型	扬州　泰州　南通	蔓延程度高	无效率利用 人口流出
第五种类型	台州　舟山 嘉兴　镇江　湖州	城市空间相对紧凑	人口加速城市化 城市空间扩张没有跟上人口增长

资料来源:根据分析自制。

综合上述五种类型城市蔓延状况,如果长三角都市圈的劳动力市场与土地市场都是完全竞争并富有弹性,那么从苏北城市流向上海的人口会促进城市空间转变,即流出城市的空间建设相对缓慢或者萎缩,流入城市的空间建设相对较快并且扩张,城市根据人口状况理性地决定城市空间建设与扩张程度,同时次级城市不采取竞争性的引资政策与城市空间扩张策略,那么整个长三角都市圈的区域城市空间会在总体上保持相对均衡状态。造成长三角都市圈结构性城市蔓延问题的根源在于城市空间转化受到城市政府的阻碍,大部分城市无论是外来人口流入城市或是流出城市都采取了以城市空间扩张推进经济增长的方式,从而造成了城市空间的无效率利用。次级城市的多头对外与同质化竞争也是城市空间扩张与无效率利用的原因。

第三节　长江三角洲都市圈城市蔓延的具体成因分析

在长三角都市圈城市蔓延过程之中,正如前述分析,"二元化"经济增长模式、经济的房地产化与服务化业是主要推力。加工型产业发展和工业化深化推动了城市空间扩展,此后经济房地产业以及服务业化成为主力;另一方面,我国的制度有效供给不足,城市政府追求经济增长的动力以及由此造成的城市之间竞争,造成了产业同构化问题也是城市空间扩张的重要因素。目前,长三角都市圈的产业分工与协作不断走向细化与深化,但是在城市对经济与税收的增长的追求下,产业同构化问题较为突出。还有,长三角都市圈对城市空间扩张规范不足,制度发展相对滞后成为城市蔓延的重要原因。换言之,长三角都市圈城市蔓延是其经济增长与社会制度问题在空间上的反映。

一、工业发展对城市空间扩张的作用

长三角都市圈工业发展具有重型化、同构化与外贸化特征。在长三角都市圈的 16 个城市之中,工业长期占据较为重要位置,工业是长三角经济腾飞的关键,也是成为地区经济的支柱产业,第三产业一直到 2014 年才超过工业成为最主要的产业,此前一直是工业占据支配地位。长三角都市圈的工业发展使得城市土地消耗不断加快。同时,工业数量的增长必然伴随着产业结构与空间结构转变,工业的调整与升级转型需要城市土地扩张作为配合,从农村土地转为城市土地为工业转变与转型提供空间。同时,在长三角都市圈工业发展过程的重型化、同构化与外贸化特征使得出口加工型与资源消耗型特别是占地面积占有较大的产品生产占据着重要位置。各个城市为

发展工业,成立了较大的各种各样的功能开发区,集中地域发展工业,以求能利用空间临近性发展产业链,促进产业关联性不断提高,形成良性的产业循环,成为地方经济的带动力量。这些因素都是长三角都市圈城市蔓延的重要原因。

(一) 长三角都市圈的工业重型化

长三角都市圈的工业在区域经济占据重要地位,是地区的支柱产业。2014年,长三角都市圈的第二产业增加值48 341.43亿元,占据45.6%的比重,此前一度接近或高于50%。[①] 目前,长三角都市圈工业生产规模巨大,增加值达到48 000亿元。以上海市为例,1991年到2014年,上海第二产业增加值以每年10.62%的速度不断增长,也使得上海在全市范围之内的工业密度不断提高。[②] 2015年实现上海市生产总值(GDP)24 964.99亿元。其中,第一产业增加值109.78亿元;第二产业增加值7 940.69亿元;第三产业增加值16 914.52亿元。第二产业增加值占上海市生产总值31.8%,第三产业增加值占比为67.8%。[③] 第二产业的绝对量仍在不断增长之中,包括工业总产值与增加值,其在2014年分别达到34 071.19亿元和7 362.84亿元。2015年上海的工业总产值33 211.57亿元,实现工业增加值7 109.94亿元,同比有所下降。相同情况可见于苏州、南京与杭州等长三角都市圈次级中心城市。2012年,苏州的工业总产值开始超越上海,成为长三角都市圈工业总产值最高的城市,2013年和2014年,苏州工业总产值达到35 685.52亿元和35 772.99亿元。[④] 苏州的工业增加值增长率也接近于10%。2014年,杭州和南京市的工业生产总值超过了1万亿的规模,分别达到了12 853.05亿元和13 909.03

---

① 根据2014年长三角16个城市国民经济与社会发展公报计算所得。
② 上海统计局.上海统计年鉴2015[M].北京:中国统计出版社,2015.
③ 上海统计局.2015年上海市国民经济与社会发展统计公报[R].2016-2-29.
④ 苏州统计局.苏州统计年鉴[M].北京:中国统计出版社,2015.

亿元。工业在长三角都市圈的规模与数量都已经达到了较大与较高的水平。

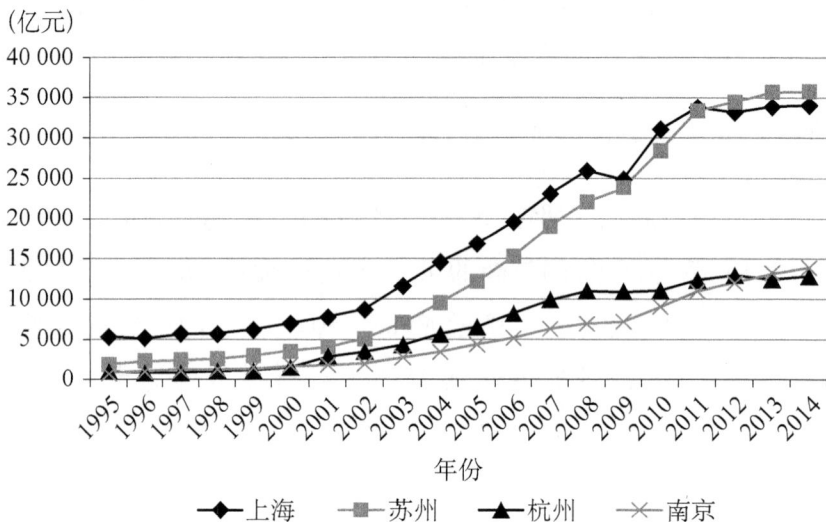

图 7 - 5　1995—2014 年上海、苏州、杭州和南京工业总产值

资料来源：2015 年上海统计年鉴、2015 年苏州统计年鉴、2015 年杭州统计年鉴和 2015 年南京统计年鉴整理所得。

现阶段，长三角都市圈的工业不断向纵深发展，轻重工业比例不断下降，工业的重型化发展较为明显。以苏州和杭州为例，苏州的轻重工业比例已经从 1998 年的 1.2 下降到 2014 年的 0.34；杭州也从 1998 年的 1.0 下降到 2014 年的 0.63。重工业在工业结构的比重越来越高，工业发展的重型化特征较为明显。重型化的工业生产对空间要求较轻型化的工业生产要求高，占地面积大。许多工业产品大、重与长，所需要的企业及其生产厂房都需要较大的占地面积，这使得许多工业企业或者在本来生产空间进行扩张，或者进行生产空间转移。这些因素都会促进长三角都市圈城市扩张与蔓延。

（二）长三角都市圈的产业同构化问题

长三角都市圈存在着一定程度的产业同构化现象使得其工业就

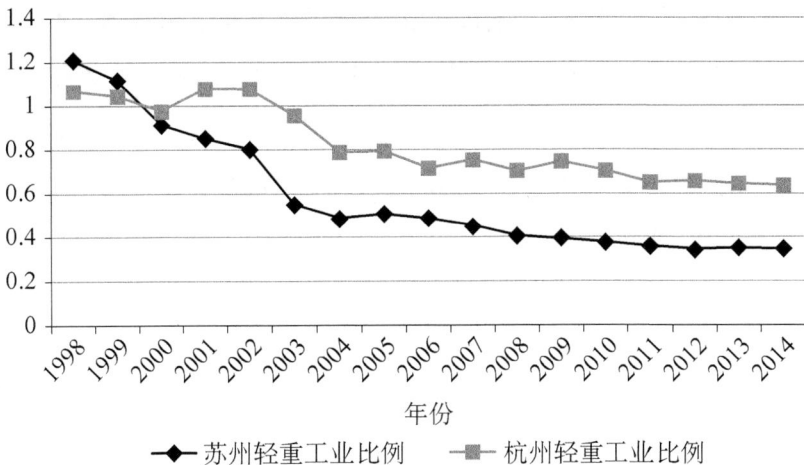

图 7-6　1998—2014 年苏州与杭州的轻重工业比例

资料来源：根据 2015 年苏州统计年鉴和 2015 年杭州统计年鉴整理所得。

业与增加值比重居高不下，这也是城市蔓延的重要原因。长三角都市圈的工业经过长达二十多年高速发展，已存在着一定程度分工与协作的关系，专业化分工与产业集聚已有一定程度的发展。部分产业在地区与城市之间的分工与协作正在发生发展，如电子产业方面，上海目前已经形成了芯片设计、生产、封装与测试产业集群；苏州形成了笔记本电脑、显示屏的产业集群；无锡偏重于通信和 PC 相关零部件生产。在纺织业发展方面，上海处于设计与展览上游，而苏州与杭州等城市处于生产与制造下游。

　　但是，产业同构化问题是困扰长三角都市圈经济发展的重要问题，部分工业行业的同构化是较为突出的矛盾。经过十几年的市场分化，长三角产业同构化程度有所降低，但是在部分产业领域仍存在着产业同构化问题，特别是化学化工、金属制品以及机械设备产业方面的产业同构化问题较为突出。如果选取苏州作为江苏 8 市的代表，杭州作为浙江 7 市的代表（见表 7-6），2014 年上海、苏州和杭州工业行业总产值居于前十位的，上海与苏州的同构率达到 70%，上海与杭州的同构率达到 60%，苏州与杭州的同构率 60%。相同情况出现于长三角都市圈的其他城市。由于产业同构化的存在,不同城市发展相同的工业行业,导致了资源特别是土地资源的无效率或低效率利用,许多产业没有达到规模经济效益所要求的标准,而是在多地小规模同时发展而依赖于土地和劳动力的数量型投入,从而推动城市蔓延不断发展。

表 7-6 2014 年上海、苏州和杭州总产值居于前 10 位的工业行业比较

位序	上 海	苏 州	杭 州
1	汽车制造业	计算机、通信和其他电子设备	化学原料和化学制品制造业
2	计算机、通信和其他电子设备	黑色金属冶炼和压延加工业	纺织业
3	化学原料和化学制品制造业	电气机械和器材制造业	电气机械和器材制造业
4	通用设备制造业	通用设备制造业	计算机、通信和其他电子设备
5	电气机械和器材制造业	化学原料和化学制品制造业	通用设备制造业
6	黑色金属冶炼和压延加工业	纺织业	橡胶和料制品业
7	石油加工、炼焦和核燃料加工业	医药制造业	化学纤维制造业
8	专用设备制造业	汽车制造业	非金属矿物制品业
9	金属制品业	金属制品业	有色金属冶炼和压延加工业
10	橡胶和塑料制品业	纺织服装、服饰业	金属制品业

资料来源:根据 2015 年上海统计年鉴、2015 年苏州统计年鉴与 2015 年杭州统计年鉴整理所得。

(三) 长三角都市圈的产业外贸化问题

在长三角都市圈经济发展过程中,出口加工型工业占据较为重要的地位,城市经济外贸依赖度较高。在 20 世纪 90 年代和 21 世纪初,长三角都市圈吸引到的外商直接投资曾经一度占据全国三分之一强,这些外商直接投资大部分是出口加工型工业,属于劳动密集型与资源消耗型企业,主要在于利用长三角都市圈低廉劳动力成本与环境污染成本,产业主要集中在低端生产以及环境、资源与土地消耗较大的环节之上。这些产业具有大进大出、"两头在外"和附加值较低的特征,从而使得长三角都市圈的对外贸易依存度居高不下。以上海市为例,上海的关区进出口总额、进出口总额和外商直接投资的增长速度远远高于上海市生产总值以及三次产业增加值增长速度,它使得上海市的外贸依存度较高,同时也说明了上海市的进出口生产与贸易的附加值不高的现实。

2014 年,长三角都市圈的外贸依存度为 77%,江苏省 8 个城市外贸依存度为 65.16%,浙江省 7 个城市外贸依存度为 62.79%,上海为 124.77%(见表 7-7)。可以发现,长三角都市圈经济增长较快的城市,它们的外贸依存度也较高,如上海、苏州、无锡与嘉兴等。

目前,长三角都市圈的外贸依存度已经有所下降,受到 2008—2009 年全球金融危机以及发达国家经济需求疲软的影响,长三角都市圈的进出口有所下降。此前经济增长迅速的城市外贸依存度都是较高的,如 2006 年和 2007 年,苏州的外贸依存度达到 224% 和 228%,是历史性的最高点。相同情况也出现于长三角都市圈的其他经济增长快速的城市。这些经济增长迅速的城市既是外贸依存度较高的城市,也是城市空间扩张较快的城市。

表7-7 上海市生产总值、进出口总额以及外商直接投资增长速度比较

指标	2014年比下列各年增长			
	1990	2000	2010	2013
上海市生产总值	11.8倍	3.0倍	34%	7%
第一产业	9%	−14%	−3.4%	0.1%
第二产业	10.1倍	2.6倍	20.9%	4.2%
第三产业	15.4倍	3.4倍	43.8%	8.8%
上海关区进出口总额	47.9倍	5.9倍	26.1%	6.3%
进口额	37.4倍	5.1倍	30.2%	8.7%
出口额	58.4倍	6.5倍	23.6%	4.8%
上海市进出口总额	60.8倍	6.5倍	26.5%	5.7%
进口额	119.5倍	6.7倍	36.3%	8.1%
出口额	37.5倍	6.3倍	16.3%	3%
外商直接投资				
合同项目	22.1倍	1.6倍	20.3%	25.6%
合同金额	83.4倍	3.9倍	1.1倍	26.8%
实到金额	101.5倍	4.7倍	63.3%	8.3%

资料来源：上海统计局.上海统计年鉴2015年[M].北京：中国统计出版社,2015.

在城市外贸依存度与城市蔓延程度之间,两者之间存在着较为紧密的联系。虽然两者之间是否存在线性正相关的关系尚有待验证,但是,出口加工型产业对于城市蔓延具有较大的推力,大量进出口贸易以及工业生产所需要的空间也较大,从而使得城市空间蔓延趋于严重。这主要是城市在吸引外资方面采用的土地优惠政策以及外资直接投资主要在于利用我国的土地成本、环境污染成本与劳动力成本较低的比较优势。这些对于城市空间扩张都具有促进作用。

表 7 - 8　长三角都市圈 16 个城市进出口贸易总额、地区生产总值和外贸依存度

城市名称	进出口贸易总额（亿美元）	地区生产总值（亿元）	外贸依存度（%）
上海	4 666.22	23 560.94	124.77
南京	572.21	8 820.75	40.87
苏州	3 113.1	13 761	142.52
无锡	741.7	8 205.31	56.95
常州	288.1	4 901.9	37.03
南通	316.5	5 652.7	35.27
泰州	108.9	3 370.89	20.35
扬州	100.12	3 697.89	17.06
镇江	103.1	3 252.4	19.97
江苏 8 市小计	5 343.73	51 662.84	65.16
杭州	679.984	9 201.16	46.56
宁波	1 047	7 602.51	86.76
舟山	336.49	1 021.66	207.50
嘉兴	337.34	3 352.8	63.39
湖州	99.9	1 956	32.18
绍兴	346.84	4 265.83	51.22
台州	220.79	3 387.51	41.06
浙江 7 市小计	3 068.344	30 787.47	62.79
长三角都市圈合计	13 078.29	106 011.25	77.72

资料来源：根据 2014 年长三角都市圈 16 个城市统计公报计算，1 美元＝6.3 元人民币。

二、经济房地产化及其服务业化的影响

长三角都市圈由于其优越的经济地理位置,成为我国人口迁移的目的地,特别是作为首位城市的上海以及次级城市的南京、杭州、

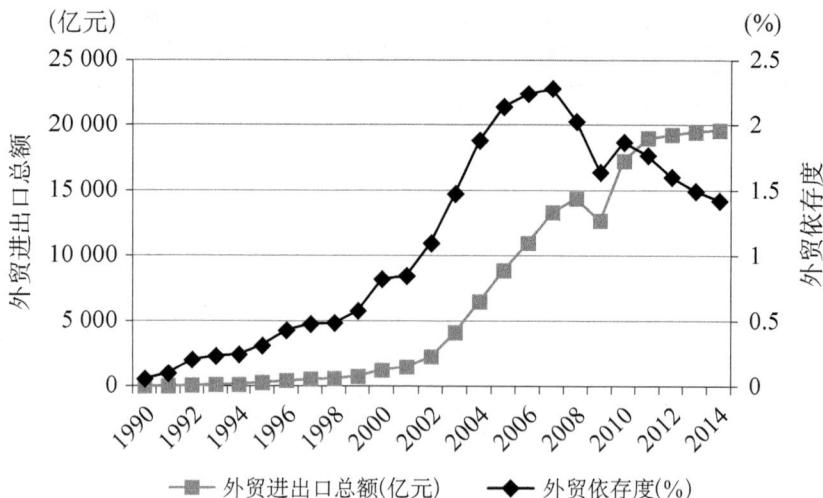

图 7 - 7 1990—2014 年苏州外贸依存度与进出口总额

资料来源：根据 2014 年苏州统计年鉴计算，外贸进出口额以 1 美元＝6.3 元人民币换算所得。

苏州和宁波等城市。在此条件下，房地产业特别是住宅房地产业逐渐成为需求量较大的行业。对房地产业的投资逐渐成为长三角都市圈的经济支柱，第二产业之中的建筑业与第三产业的房地产业成为地区国民经济之中的重要行业。近 25 年特别是进入 21 世纪以来，上海、南京、杭州、苏州以及其他城市的第二产业的建筑业增加值、第三产业的房地产业增加值增长速度是惊人的。以上海市为例，2014 年上海市建筑业增加值 831.86 亿元，房地产业增加值 1 531.96 亿元，房地产业成为第三产业之中仅次于批发零售业和金融业的第三大行业，其年增长率也是位居第三，增加值占据上海市生产总值 6.5%，对于城市经济增长的影响较大。① 如果把以房地产为支点的金融业计算在内的话，那么上海的房地产业对城市经济的影响更大。相同情况出现于苏州与南京，2014 年苏州与南京的建筑业增加值为 533.96 亿元和 504.36 亿元，分别是这两个城市经济增长的重要因

① 资料来源：上海统计局.上海统计年鉴 2015 年[M].北京：中国统计出版社，2015.

素。以房地产为支点的服务业发展正在对长三角都市圈城市空间形成越来越大的影响与作用。不断增加的房地产投资对城市空间扩张起到较大的促进作用。在长三角都市圈的交通轴线如公路和高速公路进出口处、铁路沿线以及高速铁路进出口处、城市轨道交通沿线，这些城市空间缝隙不断地被新开发的住宅房地产填充，住宅房地产顺着城市中心城区向外延伸的交通轴线向外发展，不断地扩大城市建成区的面积，把城市近郊的空间纳入城市空间范围，使得城市空间不断扩张蔓延。

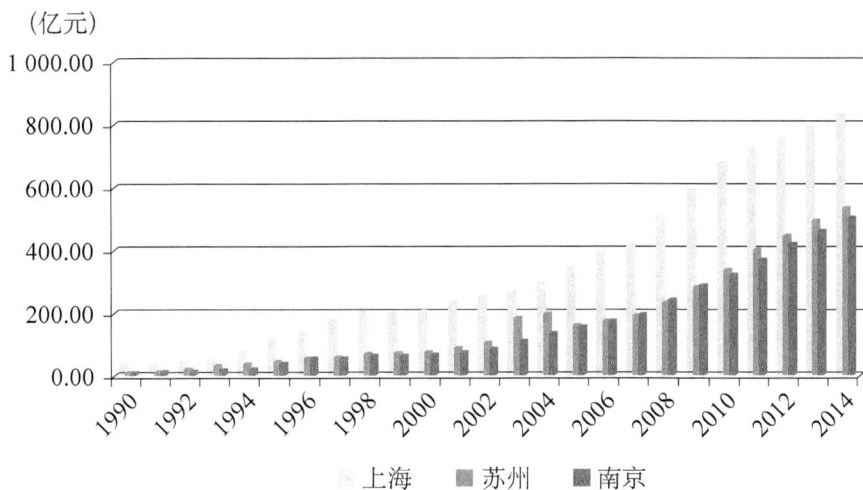

图 7-8　1990—2014 年上海、苏州和南京建筑行业增加值

资料来源：2015 年上海统计年鉴，2015 年苏州统计年鉴和 1991—1996 年、2007 年、2015 年南京统计年鉴。

从 2008 年以来，长三角都市圈的出口受到发达国家需求疲软的影响，进出口数额有所下降。在此情况之下，许多城市经济转向于依赖于开发城市空间来继续推动城市经济增长，防止地方经济硬着陆，房地产经济越来越成为地区经济保持持续增长的支柱。部分从工业经济游离出来的资本投入到房地产业、金融业以及其他相关服务业发展之中，经营城市空间也正在越来越成为城市经济的重要支柱。

一些服务业在采纳和运用了信息技术之下,原本只能在城市中心城区发展,现在由于郊区化的发展,这些行业可以迁移到城市郊区。郊区服务业的发展使得城市的中心城区和远郊的居民与企业倾向于迁移到近郊,以期能减少商务成本。在这种情况之下,城市空间扩张以较快的速度进行。以苏州市为例,苏州市区建设用地从 1990 年的 49.2 平方公里增长到 2014 年的 443.7 平方公里。苏州城市建设用地增长可分为两个阶段:第一阶段是从 1990 年到 2000 年,苏州城市建设用地增长相对较为缓慢,从 1990 年的 49.2 平方公里增长 2000 年末的 86.5 平方公里,十年增长 75.81%;第二阶段是从 2001 年到现在,从 2001 年开始,苏州城市建设用地开始进入快速增长的轨道,年均增长率超过 20 世纪 90 年代的增长率,从 2000 年的 86.5 平方公里增长到 2014 年的 443.71 平方公里,增长近三倍多(见图 7 - 9)。[①]

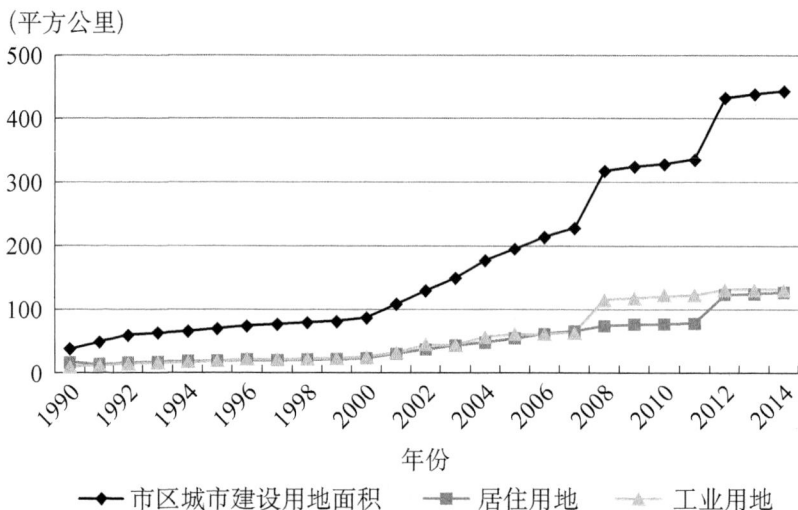

图 7 - 9　1990—2014 年苏州城市建设用地、居住用地和工业用地

资料来源:苏州统计局.苏州统计年鉴 1991—2015 年[M].北京:中国统计出版社,1991—2015。

---

① 苏州统计局.苏州统计年鉴 1991—2015 年[M].北京:中国统计出版社,1991—2015。

三、长三角都市圈城市蔓延的制度因素

　　长三角都市圈城市蔓延的产生具有制度成因。城市规划的软约束、都市圈的协调机制的有效性问题以及社会参与机制的不足都是城市蔓延的成因。以上海市为例,对于城市人口与用地规模的控制,历年上海的城市规划都提到过,但是受到我国经济快速增长的影响,规划的限制要求都会不断被突破。城市规划对城市用地的限制没有起到刚性约束的作用。1986年上海编制完成了《上海城市总体规划方案(1985—2000)》,2001年5月国务院正式批复并原则同意《上海市城市总体规划》(1999年—2020年),中心城常住人口2020年控制在800万人以内。方案与规划对城市土地空间特别是城市建设用地提出了具体的控制目标。最近出台的《上海市城市总体规划(2015—2040)纲要》对城市建设用地提出较为严格的控制目标。不仅如此,《上海主体功能区规划》《上海市基本生态网络规划》和《上海市环境保护和生态建设"十二五"规划》都试图构建上海有机集中的城市空间布局,以期上海城市中心城区形成"环、楔、廊、园"为主体、中心城区周边地区以市域绿环、生态间隔带为锚固、市域范围以生态廊道、生态保育区为基底的"环形放射状"的生态网络空间体系。

　　然而,从过去城市总体规划对城市空间的约束来看,城市空间不仅在不断地突破现有的控制目标,而且在城市空间没有形成区隔与协作,城市的中心城区空间呈蔓延状向四周扩张。目前上海的中心城区建成区面积接近一千平方公里。不仅如此,上海城市空间特别是中心城区建设用地拥挤成为一个团块,城市空间没有自然生态空间作为分隔,不同类型的城市空间没有形成协作关系。城市建设空间沿着交通轴线从中心向外围扩散,蔓延状与"摊大饼"特征较为明显。它突出地表明了城市空间的扩张并没有得到制度的约束与支撑,实际上它的扩张是较为随意的和不受控制的,因而呈现一种无序

的状态。

其次,长三角都市圈的区域协调机构亟待完善。长三角都市圈的 16 个城市还没有一个刚性的协调机制,长三角都市圈的经济协调会与"三省一市"主要领导洽谈会对各个城市的约束与规制亟须发展。但是,这并不意味着长三角都市圈需要一个超越于 16 个城市的行政机构,或者构建统一的治理体制与机制。而是说明,长三角都市圈整个区域的产业规划需要有进行有效协调,改善各个城市之间协调性不足的状况。虽然国务院在 2008 年下发了《国务院关于进一步推进长江三角洲地区改革开放和经济社会发展的指导意见》,在 2010 年 5 月正式批准实施《长江三角洲地区区域规划》,然而,指导意见与区域规划需要落到实处,防止产业同构和重复投资仍需要相关政府部门进行协调。受困于都市圈协调机制不足问题,长三角的产业同构与重复投资建设对土地消耗较大,导致的城市空间扩张与蔓延亟待重视。

其三,社会参与机制与渠道缺失。我国在公民参与城市空间规划、农民有效保护土地权利两个方面还没有形成有效的法律与机制,城市规划偏重于政府层面,重视企业需求而忽略农民与市民的需要。由此产生的城市空间往往体现的是政府权力与企业资本的意志,较少体现城市居民与农村农民的需求。这在长三角都市圈城市空间具有十分明显的外在表现。城市政府掌握城市空间扩张与发展的整个过程,从空间规划、土地征用、项目建设和收益分配等都占据着主导地位,使得城市空间不断扩张与发展。

总之,长三角都市圈城市蔓延问题是经济与制度问题交互作用的结果。产业结构的重型化、同构化与外贸化使得经济对城市空间扩张的作用过大,有效制度供给不足使得城市空间扩张显得无序与混乱。城市空间蔓延问题显示出城市扩张过程没有得到有效制度结构的支撑。

四、长三角都市圈城市蔓延的途径与状况

数量巨大的工业生产总值需要相应的生产空间,再加上工业生产的重型化、同构化与外贸化,长三角都市圈建立了较多的功能开发区来接收外商直接投资与国内投资,容纳不断扩张的工业产能,发展园区经济。1984年10月,国务院批准成立了宁波市国家级经济技术开发区,面积为3.9平方公里,这是长三角都市圈的首个开发区。此后到1990年浦东开发开放之间,相继有南通国家经济技术开发区、闵行、虹桥和漕河泾经济技术开发区成立。1990年,上海浦东开发开放揭开了长三角都市圈经济高速发展的序幕。

以上海市为例,在整个90年代,上海对产业结构进行战略性调整。上海工业从过去传统产业战略性地调整向主要支柱产业和高新技术。到2000年,上海的工业增加值与就业比重都超过50%的比重。上海确立了汽车、电子及通信设备、电站成套设备及大型机电设备、家用电器、石油化与精细化工和钢铁六大支柱工业,以及现代生物与新药、计算机和大规模集成电路、新材料三大高新技术产业。此后又用精品钢材与生物医药取代了钢铁与家用电器产业,使其成为六大支柱工业行业的两大行业。与产业结构战略性调整相对应的是,上海加快了中心城区的"退二进三"进程,中心城区各工业行业及企业进行第二次创业规划,结合工业结构调整及郊区县工业区的开放建设,按照产业结构梯度转移规律,以土地级差地租为杠杆,以城市功能定位为导向,进行空间战略转移。"八五"期间,全市制造业系统按产业结构调整和城市功能转变的要求,对内环线内的450家中央和市属企业的700多家个生产点,利用级差地租。进行了搬迁。上海浦东的陆家嘴金融贸易区、金桥、张江和外高桥先后作为国家级功能开发区成立。到1995年底,上海已有包括闵行和漕河泾在内5个国家级工业开发区。同时,还有9个市级工业区,这些市级工业区

平均面积 17 平方公里,总规划面积达到 153.14 平方公里。在"九五"期间,上海重点推进"1+3+9"工业园区建设和发展要求,"1"是指浦东新区,"3"是指闵行经济技术开发区、漕河泾新兴技术开发区和上海化学工业区,"9"是指崇明工业园区、宝山城市工业园区、嘉定工业区、青浦工业区、松江工业区、莘庄工业区、金山工业区、康桥工业区和上海市工业综合开发区。在上海市 9 个市级工业区的规划面积之中,康桥工业区最大达到 26.88 平方公里,其次为上海市金山工业区 22.8 平方公里,松江工业区 20.56 平方公里,嘉定工业区 20.10 平方公里,上海市工业综合开发区 20.8 平方公里,青浦工业园区 14.03 平方公里,莘庄工业园区 13.65 平方公里。① "九五"期间,上海调整 409 个生产点,占地面积 446.96 万平方米。② 这些都有力地拉大了城市空间,促进了城市空间的扩张与蔓延。特别是上海市中心城区与开发园区之间交通轴线逐渐被城市各种各样的建设用地填满,使得近郊的开发园区逐渐与上海城市中心城区融为一体,如闵行经济技术开发、漕河泾新兴技术开发区、莘庄工业园区、金桥工业园区和张江高科技园区已经与上海的中心城区接壤。上海城市建成区从 1994 年的 350 平方公里增长到 2013 年的 998.8 平方公里,增长速度远远超过了 20 世纪 80 年的城市建成区面积增长速度。③

相同情况出现于苏州。苏州市从长三角都市圈中的中型城市发展成为一个拥有 13 个国家级经济开发区和 5 个省级经济开发区的大城市,工业在苏州占有十分重要的地位。④ 苏州的工业总产值从 1990 年的 563.73 亿元增长到 2014 年的 35 772.89 亿元,工业总产值增长 62 倍,其增长速度十分迅速,直接推动了城市空间膨胀。苏州

---

① 杨上广.中国大城市经济空间的演化[M].上海:上海人民出版社,2009:82.
② 上海经济委员会、中共上海市委党史研究室.上海工业结构调整[M].上海:上海人民出版社,2002:97、104.
③ 资料来源:1995 年中国城市统计年鉴和 2014 年中国统计年鉴.
④ 王兴平等.开发区与城市的互动整合——基于长三角的实证分析[M].南京:东南大学出版社,2013:5—6.

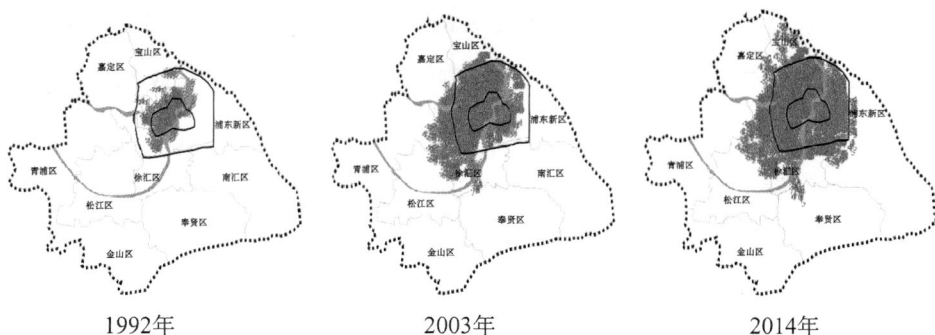

1992年	2003年	2014年

图 7 - 10   1992—2014 年上海城市中心城区扩展状况

资料来源：根据上海城市中心城区面积相关数据自制。

确立了电子信息、装备制造、纺织、轻工、冶金和化工为六大支柱产业，这六大支柱产业保持了较快的增长速度。在"十一五"期间，苏州的电子信息、装备制造、冶金与化工业保持了年均增长率达到 20％左右，工业产业与企业规模不断增大、增长速度较快。[①] 2015 年，苏州六大支柱行业实现产值 20 484 亿元，占规模以上工业总产值的比重达 67.1％，其中占规模以上工业产值 32.6％的电子信息产业产值9 946亿元；新兴制造业行业产值 14 870 亿元，占规模以上工业产值的比重达 48.7％，包括了新材料、新能源、生物医药、新一代信息技术、高端装备制造、节能环保等产业。苏州的支柱工业行业增长迅速，工业增加值与总产值以较快的速度增长。

为容纳不断增长的工业活动，苏州建设了 13 个国家级开发区，其中国家级经济技术开发区 9 家，国家级高新技术产业开发区 2 家，国家级保税港区 1 家，国家级旅游度假区 1 家。此外还有，苏州还有省级开发区 9 家，7 家市级开发区和 6 家县级开发区。"园区经济"已成为苏州工业最具优势和特点的产业载体。开发区成为苏州经济发展的重要空间形式，也是城市空间扩张的重要途径。到"十一五"期末时，在各级各样的功能开发区之中，产值超 4 000 亿的开发区 1 家，

---

① 苏州市人民政府.苏州市"十二五"工业发展暨转型升级规划[Z].2012 - 1 - 21.

产值超3 000亿元的开发区1家,产值超2 000亿元的开发区1家,产值超1 000亿的开发区4家。苏州市省级以上开发区工业总产值达到2万亿元,在全部工业总产值中的占比已超过71%,起到了经济带动作用。[①] 有的开发园区经过长达二十多年的发展,产业已经从制造业向制造—服务一体化方向发展,已经同城市融为一体,具备了城市的功能与作用。如昆山高新技术开发区已经同昆山城市不可分离,成为城市空间不可分割的一部分,直接带动了苏州城市空扩张。截至2014年,苏州整个城市建成区达到735.15平方公里,其中市区建成区面积447.29平方公里,较1995年增长近5倍。

相同情况也出现在南京、无锡、常州、扬州、镇江、宁波、嘉兴和湖州等长三角都市圈城市。从20世纪90年代开始,随着我国不断提高对外经济合作程度,长三角成为外商直接投资、国有企业与私营企业的投资热土,长三角吸引到的外资占全国达到三分之一强。为承接这些工业生产能力,长三角都市圈成立了数量较多的开发区,国家级开发区66个,省级开发区135个,城市开发区201个,分别占全国总数的20%、10%和12%(见表7-9)。这些开发区容纳了长三角各种各样的产业集群,包括电子信息、汽车、钢铁冶金、石油化工、生物医药、机械设备、纺织纤维以及新兴战略性产业等,成为长三角经济发展的重要空间载体与形式。

经过长达二十多年的发展,长三角都市圈在开发园区之内,正在形成产业关联,形成产业集聚效应,工业化向纵深方向发展,这使得其空间扩张的需要变得更为强烈。近郊式开发区成为城市中心城区的一部分,采用蛙跳式的远郊开发区不断扩大其占地面积。这些开发区由于无法容纳不断增加的产能,采用联合开办开发区和"一区多园"的方式,突破了原有的行政区域限制,走出原有的开发区地域范围到别的地方开办园区。目前已采用"一区多园"和异地共建方式的

---

① 苏州市人民政府网站.苏州市"十二五"工业发展暨转型升级规划[Z].2012-1-21.

工业园区有上海漕河泾、苏州工业园区、宁波经济技术开发区、宁波
保税区等。这些"一区多园"、联合办园和走出开发区开办园区的做
法使得其占用土地面积不断增加。

表 7 - 9　长三角都市圈 16 个城市开发区数目

城市名称	国家级开发区数	省级开发区数	城市开发区合计
上海	15	25	40
南京	5	9	14
苏州	13	5	18
无锡	5	7	12
常州	3	7	10
南通	2	9	11
泰州	2	8	10
扬州	2	9	11
镇江	2	4	6
江苏 8 市小计	34	58	92
杭州	4	8	12
宁波	6	9	15
舟山	1	3	4
嘉兴	2	7	9
湖州	2	5	7
绍兴	2	9	11
台州	0	11	11
浙江 7 市小计	17	52	69
合计	66	135	201
占全国开发区的比重	20％	10％	12％

资料来源：王兴平等.开发区与城市的互动整合——基于长三角的实证分析[M].南
京：东南大学出版社,2013：5—6.

目前,长三角都市圈工业正面临着劳动力成本与土地成本上升的压力,也受到来自东南亚地区和我国中西部地区低成本的竞争压力。长三角都市圈的工业存在着转型升级与空间转移的需要,许多高技术与高附加值的产业由于其具有较强的空间竞争力,可以继续在开发园区里发展;而高污染与低附加值的产业不仅需要转移出城市的中心城区,而且需要进行第二次迁移,迁移出长三角都市圈。工业的不断外迁必然会降低工业在长三角都市圈之中的比重。这可以腾出更多的空间发展服务业。然而,在城市政府防止产业空心化以及保证财政税收的政策之下,工业是长三角都市圈的经济重要支柱,在长三角都市圈仍得到较大的发展,仍被作为地方经济发展的支柱产业。这些开发区与城市中心城区之间建立较为繁忙的交通联系,也直接拉大了城市建成区面积。

第八章

京津冀都市圈城市蔓延实证研究

　　我国是地域面积较广的国家,三大都市圈的经济发展与城市扩张既具有相同之处,又受到各自所在地理因素、经济增长方式以及其他历史因素的影响。因此,我国三大都市圈城市蔓延的特征及其成因既有共性,又有各自的独特性。京津冀都市圈经济发展具有较为明显的"二元化"特征,北京在人口规模与经济总量方面都远远超过天津市和河北 11 个城市,过于悬殊的区域差距必然会对都市圈空间结构扩张产生较大影响与作用。在近三十多年发展历程之中,京津冀区域涵盖的范围不断拓宽,所指的范围有所变动。本书的京津冀都市圈指的是北京、天津,河北省的保定、张家口、秦皇岛、唐山、石家庄、廊坊、邢台、邯郸、衡水、沧州、承德等 11 个城市,总共 13 个城市。这是因为京津冀经济区域两市一省提法已有较长历史,合作已有一定基础,河北省的邯郸、刑台和衡水作为同属河北省的地级市,应当加入到京津冀区域范围之内。

第一节　京津冀都市圈经济概况

一、京津冀都市圈经济地理概况

　　京津冀都市圈或城市群位于我国华北、东北和华东三大区域的接合部,背山面海,是我国北方区域入海的重要通道,拥有我国首都北京市和港口工业城市天津,又有河北省的保定、张家口、秦皇岛、唐山、石家庄、廊坊、邢台、邯郸、衡水、沧州、承德等 11 个城市,总共 13 个城市。京津冀都市圈"两市一省"土地总面积 216 289 平方公里,占全国的 2.25%。2015 年,京津冀都市圈的常住人口 11 142.37 万人,占全国 8%左右。① 京津冀都市圈形成了以政治、文化和科技中心北京为首位城市和工业化港口城市天津为次级城市,以河北省丰富的资源及其城市为经济腹地的大都市区与城市群。京津冀都市圈三个省市优势互补,共为一体,对于我国政治、经济与社会生活具有重要影响。京津冀都市圈智力资源较为丰富,大学和科研院所众多,拥有较密集的人力资源。在我国改革开放初期,京津冀都市圈是我国最大的工业生产区域,经济生产实力位居于全国城市群之首。随着我国改革开放,我国经济生产重心向南移动,京津冀都市圈的经济比重在全国地位有所下降。目前,随着京津冀都市圈协同发展与一体化进程加快,京津冀都市圈经济与社会发展较为迅速,是拉动我国北方地区经济发展的重要引擎之一。

京津冀都市圈或城市群概念的形成与发展走过了较长的历程。在 20 世纪 80 年代,北京联合周边城市进行区域一体化研究,对首都经济圈划分两个层次,内圈包括北京、天津、唐山、廊坊和秦皇岛 5 个城市,外圈包括承德、张家口、保定和沧州 4 个城市。在 20 世纪 80 年代成立的我国最早的区域协作组织——华北地区经济技术协作会,在 80 年代到 90 年代初期多次举办会议,促进地区之间物资调剂与互用。在 20 世纪 90 年代,京津冀经济与社会发展使得区域经济联合与协调的需要不断增加。1996 年国家在"九五"计划之中把环渤海地区作为我国跨省市经济区域提出。同年,由北京市科委制定的

---

① 根据 2015 年河北省经济统计年鉴、2015 年天津市统计年鉴、2015 年北京市统计年鉴和 2015 年中国统计年鉴计算所得。

《北京市经济发展战略研究报告》提出,首都经济圈包括北京与天津市和河北省北部地区 7 个市,面积 16.8 万平方公里。这里的首都经济圈已经类似于京津冀都市圈的概念了。2004 年 2 月,国家发展与改革委员会召集召开的北京、天津和河北省"两市一省"发展与改革委员会会议——京津冀区域发展战略研讨会,决定加强区域之间的横向合作,特别是选择易于突破的领域进行合作。

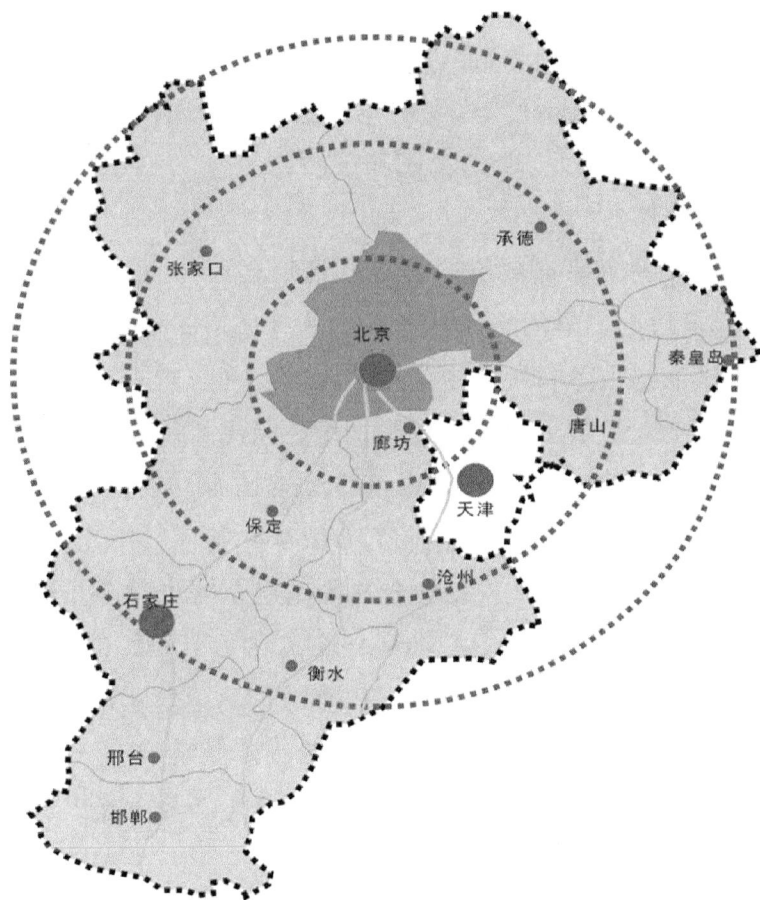

图 8-1　京津冀都市圈的区域构成

资料来源:根据京津冀都市圈行政区域自制。

为加强区域合作,也为了疏解北京市过于集中的人口与产业,国家发展与改革委员会于 2004 年 11 月正式启动京津冀都市圈区域规划的编制工作,京津冀都市圈按照 2＋8 模式,包括北京、天津两个直辖市和河北省的石家庄、保定、唐山、秦皇岛、廊坊、沧州、张家口、承德 8 个地级市。《京津冀都市圈区域规划》成为我国"十一五"规划中的重要规划。按照这个规划,北京、天津和河北省之间的交通基础设施、环境治理和产业发展分别开展了一系列分工与协作活动,推进了京津冀都市圈的区域协作和发展,特别是两市一省之间的高速公路与城际铁路建设,有效地推进了都市圈的一体化。在产业方面,北京利用首都功能和智力资源,重点发展高新技术产业和高端服务业;天津利用港口和工业基地优势,发展先进制造业和现代服务业;河北省8 个城市发展重化工业、现代农业和旅游休闲业,为京津的产业提供转化与配套基地。

2015 年 4 月,《京津冀协同发展规划纲要》得到中共中央政治局通过,京津冀协同发展的区域从先前的 8 个城市扩展到河北全境,并把山东德州也纳入协同发展的范围之内。这标志着京津冀都市圈的分工与协作步入了实质性的新阶段。纲要指出推动京津冀协同发展是一个重大国家战略,必须有序疏解北京非首都功能,要在京津冀交通一体化、生态环境保护、产业升级转移等重点领域率先取得突破,明确了北京、天津与河北三个地方的区域定位:北京市是全国政治中心、文化中心、国际交往中心和科技创新中心,天津市是全国先进制造研发基地、北方国际航运核心区、金融创新运营示范区以及改革开放先行区,河北省是全国现代商贸物流重要基地、产业转型升级试验区、新型城镇化与城乡统筹示范区、京津冀生态环境支撑区。

二、京津冀都市圈的经济与产业发展概况

京津冀都市圈拥有全国十分之一的国内生产总值,成为对我国政治、经济、文化与社会具有重要影响力的都市圈或城市群,是我国北方区域最重要的经济地带。2015 年,京津冀都市圈的地区生产总

值 69 312.89 亿元,占全国国内生产总值的 10.24%,其中第一产业增加值 3 790.11 亿元,第二产业增加值 26 638 亿元,第三产业增加值 38 884.78 亿元,都市圈区域三次产业增加值结构 5.46∶38.43∶56.10。第三产业增加值占比 50% 以上,这主要是由于北京的第三产业增加值 18 302 亿元的作用,其比重达到 79.68%,对第三产业在整个都市圈的产业结构起到提高与拉动作用。天津的第三产业增加值为 8 604.08 亿元,其占比 2015 年首次突破了 50%。[①]

　　从表 8-1 可以看到,京津冀都市圈形成以北京市、天津市为中心,以河北省 11 个地级市为经济环绕腹地的都市圈,北京市与天津市的城镇化率和人均生产总值都比都市圈内其他 11 个城市高出一倍,都市圈内的中心城市与其他城市之间的发展距离较为明显,区域的"二元化"特征较为明显。2015 年,北京与天津的人均地区生产总值达到 10 万元左右,而河北省的人均地区生产总值在 4 万元左右。从城镇化水平来看,京津冀都市圈城镇化率达到 62.53%,常住人口 11 142.37 万人,城镇人口 6 967.31 万人,其中北京与天津的城镇化较高,北京 2 170.5 万人,城镇人口 1 877.7 万人,占常住人口的比重为 86.5%;天津常住人口 1 546.95 万人,城镇人口 1 278.40 万人,城镇化率为 82.64%;河北省常住人口 7 424.92 万人,城镇常住人口 3 811.21 万人,城镇化率为 51.32%。[②] 北京与天津城镇化率达到较高水平,进入郊区化与大都市区化阶段。此外,京津冀都市圈是外来人口特别是北方流动人口的主要流向地。2015 年,北京的常住外来人口 822.6 万人,天津市的常住外来人口 500.35 万人。[③] 城镇化率较高与常住外来人口的流入使得北京与天津的人口密度远远高于河北省的平均人口密度。

---

① 资料来源:2015 年北京、天津和河北省国民经济与社会发展统计公报.
② 资料来源:2015 年北京、天津和河北省国民经济与社会发展统计公报.
③ 资料来源:2015 年北京、天津和河北省国民经济与社会发展统计公报.

表 8 - 1　2014 年京津冀都市圈地区生产总值、三次产业增加值与人均生产总值

城市名称	地区生产总值（亿元）	第一产业（亿元）	第二产业（亿元）	第三产业（亿元）	人均生产总值（万元）
北京市	21 330.80	159	4 545.50	16 626.30	9.91
天津市	15 722.47	201.53	7 765.91	7 755.03	10.36
石家庄市	5 170.27	487.51	2 417.51	2 265.25	4.87
承德市	1 342.55	225.74	671.04	445.77	3.80
张家口市	1 348.97	239.64	575.45	533.88	3.05
秦皇岛市	1 200.02	174.66	449.23	576.13	3.92
唐山市	6 225.30	558.70	3 595.24	2 071.36	8.01
廊坊市	2 175.96	205.54	1 045.66	924.76	4.81
保定市	3 035.20	425.37	1 563.15	1 046.68	2.64
沧州市	3 133.38	317.74	1 628.29	1 187.36	4.25
衡水市	1 149.13	166.54	549.93	432.67	2.60
邢台市	1 646.94	273.38	780.05	593.51	2.27
邯郸市	3 080.01	403.10	1 543.46	1 133.44	3.29
河北省总计	29 421.15	3 447.46	15 012.85	10 960.84	3.98
都市圈合计	66 474.42	3 807.99	27 324.26	35 342.17	6.01

资料来源：2015 年北京市统计年鉴、2015 年天津市统计年鉴和 2015 年河北省经济统计年鉴。

京津冀都市圈由于其中心城市北京是我国首都，集聚了我国其他地区不可拥有的政治、信息、科技和人才优势，具有较为发达的总部经济，为都市圈发展提供了较好的条件。目前，京津冀都市圈已形成颇具规模与影响力的产业集群，现代服务业方面有金融服务业、文化创意业、信息传媒产业、会议展览以及旅游业；现代制造业方面有电子信息制造业、汽车制造、生物医药制造和通用与专用设备制造；基础生产方面有钢铁、石油加工以及农业生产等。北京的首都经济功能和天津的航运港口功能对京津冀都市圈的产业发展具有积极影响。京津冀都市圈是我国北方的主要陆路与海运交通中心，以天津

港、唐山港和秦皇岛港等港口组成的渤海湾枢纽港口群的航运交通物流业也是区域的重要产业之一。北京的传统工业如通信设备、工艺品、造纸印刷、纺织服装、钢铁和石化工业已向郊区和河北迁移,不同产业在都市圈经济区域之内初具分工与协作关系。

进入 21 世纪以来,在高速公路、城际铁路和高速铁路的带动之下,京津冀都市圈的城市空间扩张与一体化进程进入快速发展阶段。以京津为主轴,以石家庄和秦皇岛为两翼的环渤海地区城际客运轨道网络建设,特别是京津城际铁路和津秦客运专线(天津到秦皇岛)的开通与运行,大大缩短了城市之间的时间与空间距离,有力推动了都市圈经济与社会发展,也推动了城市蔓延。此外,在北京房价高企的背景下,河北接近于北京的地区如燕郊、固安和涿州正在接收越来越多的来自于北京的居住者。住房的建设也是京津冀都市圈城市蔓延的重要途径。

第二节　京津冀都市圈城市蔓延的测度

一、京津冀都市圈城市蔓延的测度

根据第五章城市蔓延测度方法与计算公式,现对京津冀都市圈进行测度。京津冀都市圈在 1994 年和 2013 年的城市建成区(市辖区)面积、农作物播种面积、非农村人口和农村人口如表 8－2 和表 8－3 所示。北京市的城市建成区面积从 1994 年的 467 平方公里上升到 2013 年 1 306.5 平方公里,增长了 1.8 倍;天津市的城市建成区从 339 平方公里增长至 747.3 平方公里,增长了 1.2 倍;河北省的 11 个地级市城市建成区总面积从 899 平方公里增长至 1 787.2 平方公里,增长了近 1 倍。从三个省市的比较来看,北京和天津的城市建成区面积增长数量比河北省多。[①]

---

① 资料来源:1995 年中国城市统计年鉴、2014 年中国统计年鉴、2014 年中国城市统计年鉴、2014 年河北省经济统计年鉴、2014 年天津市统计年鉴和 2014 年北京市统计年鉴。

表 8 - 2 1994—2013 年京津唐都市圈城市建成区
面积(市辖区)和农作物总播种面积

城市	建成区面积(平方公里)			农作物播种总面积(千公顷)			
	1994	2013	增长率	1994	2013	减少率	有效减少率
北京市	467	1 306.5	1.80	550.10	240.2	0.56	0.62
天津市	339	747.3	1.20	564.40	470.35	0.17	0.28
石家庄市	95	216.5	1.28	941.47	1 006.9	−0.07	0.07
承德市	34	114	2.35	348.73	382.70	−0.10	0.05
张家口市	29.6	86	1.91	890.07	703.1	0.21	0.31
秦皇岛市	65	97	0.49	229.44	219.7	0.04	0.17
唐山市	117	249	1.13	775.78	804.4	−0.04	0.10
廊坊市	22	65	1.95	517.92	480.6	0.07	0.19
保定市	55	144	1.62	1 211.00	1 218.0	−0.01	0.13
沧州市	33	64	0.94	1 033.32	1 135.5	−0.10	0.04
衡水市	18	46	1.56	722.34	846.1	−0.17	−0.02
邢台市	25	79	2.16	964.04	1 018.7	−0.06	0.08
邯郸市	74	121	0.64	1 022.64	1 062.2	−0.04	0.10
河北省总计	899	1 787.2	0.99	8 649.30	8 749.2	−0.01	0.12
都市圈合计	1 705	3 841	1.25	9 763.80	9 459.4	0.03	0.16

资料来源:根据 1995 年中国城市统计年鉴、2014 年中国统计年鉴、2014 年中国城市统计年鉴、2014 年河北省经济统计年鉴、2014 年天津市统计年鉴、2014 年北京市统计年鉴、1995 年和 2014 年河北省 11 个城市的统计年鉴、2013 年河北省 11 个城市统计公报整理计算得到。

注:河北省 11 个城市建成区面积为市辖区建成区面积,河北省的城市建成区为全省包括城镇的城市建成区面积,都市圈是两市一省的合计数。河北省农作物播种面积根据河北省经济统计年鉴 1995 年和 2014 年所得,11 个城市根据各自城市统计年鉴和中国城市统计年鉴 1995 年和中国城市统计年鉴 2014 年所得。

北京和天津从 1994 年到 2013 年的农作物播种总面积减少速度要比河北省 11 个城市整体上要快,北京在 19 年期间大约减少了 309 千公顷,减少了 56%;天津减少了 94 千公顷,减少了 17%。但是,整个河北省的农作物播种面积从 8 649.3 千公顷增长到 8 749.2 千公顷。由于城市建成区的扩张必然会占用农作物播种面积,这是因为城市都是位于交通较为方便的地带,城市周边都是一般都是可以利用的农田。如果一个市辖区的 2013 年农作物播种面积比 1994 年的要多,表明其复种指数和从山林用地转化为农业用地不仅可以抵消掉城市空间扩张的面积,而且还有剩余。在河北省的石家庄、承德市、唐山市、保定市、沧州市、衡水市、邢台市和邯郸市,农作物播种总面积在 19 年期间都出现了上升的情况,因此这里必须考虑复种指数和山林土地转化农作物播种面积的因素。这里主要考虑复种指数的因素。从 1994 年到 2013 年的 19 年期间,京津冀都市圈特别是河北省的复种指数有所提高,在 19 年期间,假定复种指数提高 15 个百分点,相对于 1994 年的农作物播种总面积,扣除复种指数 15% 的增长率,2013 年相对农作物播种总面积应为 2013 年农作物播种面积除以 1.15,以此计算出农作物播种面积的有效减少率。这 19 年期间河北省的农作物总播种面积的有效减少率为 12%,见表 8-2。

从 1994 年到 2013 年,北京市的常住非农业人口从 683.8 万增长到 1 825.1 万,增长了 1.67 倍;天津市的常住非农业人口从 504.03 万增长到 1 073.14 万,增长了 1.13 倍;河北省 11 个地级市的非农业总人口人 1 916 万增长到 3 528.45 万。北京在三个省市之中,非农业人口增长最多,这种状况表明了首位城市优先增长规律在起作用。北京为京津冀都市圈的首位城市,它是迁移人口的首要目的地,是吸纳常住外来人口的主要城市,城市也吸收了来自北京的农村人口。北京是都市圈城镇化率最高的城市,2013 年达到 86.3%,天津的城镇化率为 74.27%。相比较之下,河北省城镇化率水平是较低的,2013 年全省的城镇化率 48.09%,11 个城市除了石家庄市和廊坊市超过 50% 以外,其他的 9 个城市城镇化率均低于 50%。从城镇化率和城市地区生产总值可以看出,京津冀都市圈具有明显的"二元化"空间特征,北京的地区生产总值和城镇化率居于首位,天津居于其次,河北省 11 个城市在地区生产总值和城镇化率两个方面都与北京和天津有较大的差距。[①] 京津冀都市圈"二元化"空间特征对其都市圈及其城市空间结构产生较大影响。从 1994 年到 2013 年,京津冀都市圈的市辖区城市建成区扩张了 1 961.7 平方公里,其中北京城市建成区扩张了 839.5 平方公里,占比 43%;天津城市建成区扩张 408.3 平方公里,占比 21%;唐山城市建成区扩张了 132 平方公里,占比 7%;石家庄城市建成区扩张 121 平方公里,占比 6%。[②] 由此可见,在京津冀都市圈城市建成区扩张过程之中,北京与天津成为主导力量,也体现了北京市在京津冀都市圈城市空间扩张之中"一枝独秀"的状况。相比较之下,长三角都市圈的城市建成区扩张之中,没有一座城市的建成区增加量达到 20%,位于首位城市的上海比重也只有 19%,次级城市南京、杭州和苏州分别为 17%、11% 和 11%(见图 7-3)。京津冀都市圈城市建成区扩张的结构特征也表现在非农村人口及其增长之上,具有较为突出的"二元化"特征,即北京市的城市空间增长量"一枝独秀",远远超过其他城市,见图 8-2 和图 8-3。

根据表 8-2 和表 8-3,按照城市蔓延指数计算方法到表 8-4,从表 8-4 可以看到,综合 SI_1 和 SI_2 值,从 SI 值可以看到,从总体上看,京津冀都市圈的城市蔓延综合指数为 1.120 2,其中 SI_1 值为

[①] 资料来源:中国城市统计年鉴 1995 年、中国统计年鉴 2014 年、2014 年中国城市统计年鉴、2014 年河北省经济统计年鉴、2014 年天津市统计年鉴和 2014 年北京市统计年鉴。

[②] 资料来源:1995 年中国城市统计年鉴、2014 年中国统计年鉴、2014 年中国城市统计年鉴、2014 年河北省经济统计年鉴、2014 年天津市统计年鉴和 2014 年北京市统计年鉴。

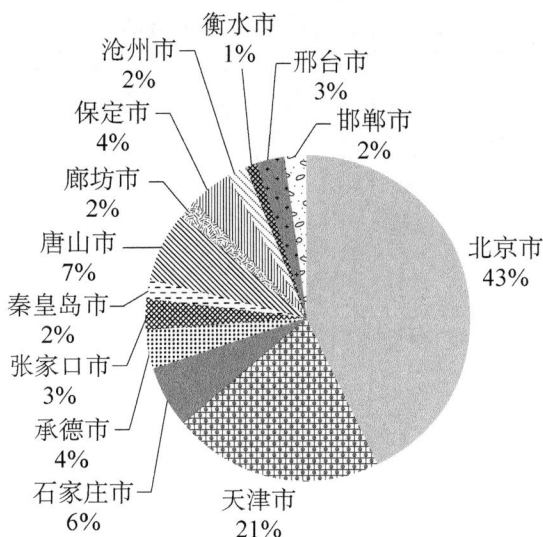

图 8 - 2　1994—2013 年京津冀都市圈 13 个城市建成区增长量占比

资料来源：根据 1995 年中国城市统计年鉴、2014 年中国统计年鉴，2014 年中国城市统计年鉴、2014 年河北省经济统计年鉴、2014 年天津市统计年鉴、2014 年北京统计年鉴、1995 年和 2014 年河北省 11 个城市的统计年鉴、2013 年河北省 11 个城市统计公报整理计算得到。

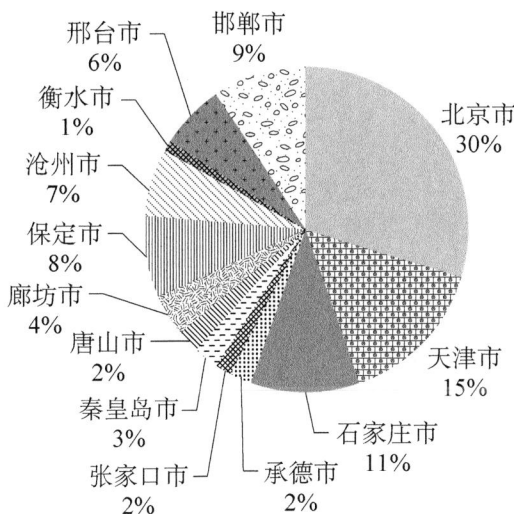

图 8 - 3　1994—2013 年京津冀都市圈 13 个城市非农业人口增长量占比

资料来源：根据 1995 年中国城市统计年鉴、2014 年中国统计年鉴、2014 年中国城市统计年鉴、2014 年河北省经济统计年鉴、2014 年天津市统计年鉴、2014 年北京市统计年鉴、1995 年和 2014 年河北省城市 11 个城市的统计年鉴、2013 年河北省 11 个城市统计公报整理计算得到。

表 8-3　1994—2013 年京津冀都市圈各城市非农村人口和农村人口

城市	非农人口（万人）			农村人口（万人）		
	1994	2013	增长率	1994	2013	减少率
北京市	683.80	1 825.10	1.67	378	289.70	0.23
天津市	504.03	1 073.14	1.13	386.52	371.74	0.04
石家庄市	167	585.04	2.50	669	464.94	0.31
承德市	29.38	115.08	2.92	313.92	263.06	0.16
张家口市	96.99	156.47	0.61	337.48	310.07	0.08
秦皇岛市	55.67	154.73	1.78	201.44	149.79	0.26
唐山市	163.68	248.81	0.52	512.17	498.59	0.03
廊坊市	65.85	225.85	2.43	294.51	213.55	0.27
保定市	128.77	439.10	2.41	883.35	583.80	0.34
沧州市	83.77	340.80	3.07	549.28	413.52	0.25
衡水市	65.34	106.3	0.63	351.97	341.80	0.03
邢台市	71.87	318.98	3.44	556.01	402.71	0.28
邯郸市	124.98	484.82	2.88	663.46	527.13	0.21
河北省总计	1 916	3 528.45	0.85	4 472	3 804.16	0.15
都市圈合计	3 103.83	6 426.69	1.07	5 236.52	4 465.60	0.15

资料来源：根据 1995 年中国城市统计年鉴、2014 年中国统计年鉴、2014 年中国城市统计年鉴、1995 年和 2014 年河北省城市 11 个城市的统计年鉴、2013 年河北省 11 个城市统计公报整理计算得到。

注：河北省人口根据 1995 年和 2014 年河北省经济统计年鉴所得，都市圈是两市一省的合计数。11 个城市根据各自城市统计年鉴和 1995 年中国城市统计年鉴和 2014 年中国城市统计年鉴所得。

1.170，SI$_2$ 值为 1.070。从三个城市蔓延指数来看，京津冀都市圈总体上存在着一定程度的城市蔓延，但是城市蔓延的程度并不严重，城市人口的迁入与城市空间扩张、农村人口的迁出与农作物播种面积的减少之间存在一定程度的总体对应性，其错配程度并不高。

表 8 - 4　京津冀都市圈城市蔓延指数

城市	SI_1	SI_2	SI
北京市	1.077 0	2.655 4	1.866 2
天津市	1.066 7	7.200 5	4.133 6
石家庄市	0.510 9	0.229 5	0.370 2
承德市	0.806 6	0.282 3	0.544 5
张家口市	3.107 0	3.854 9	3.481 0
秦皇岛市	0.276 7	0.652 7	0.464 7
唐山市	2.169 2	3.709 5	2.939 3
廊坊市	0.804 4	0.702 4	0.753 4
保定市	0.671 5	0.369 8	0.520 6
沧州市	0.306 1	0.179 8	0.243 0
衡水市	2.481 5	−0.642 0	0.919 7
邢台市	0.628 2	0.294 3	0.461 2
邯郸市	0.220 6	0.471 1	0.345 8
河北省总计	1.174 0	0.806 2	0.990 1
都市圈合计	1.170 2	1.070 1	1.120 2

　　资料来源：根据表 8 - 2 和表 8 - 3 自制,得到的最后数据采取四舍五入方法取小数点之后四位。

二、京津冀都市圈城市蔓延的类型分析

　　从总体来看,京津冀都市圈城市蔓延并不严重。但是,从京津冀都市圈区域内部的空间结构来看,城市蔓延的特征变得较为突出,这同长三角都市圈有相似之处。长三角都市圈与京津冀都市圈城市蔓延主要在于第二层次的次级中心城市,首位城市北京是常住外来人口的主要迁移目的地,虽然城市规模不断扩大,但是由于规模经济与聚集经济效应,资源的利用还是相对有效率的。除去首位城市与第

二层次的次级中心城市,其他城市受到这些城市聚集效应的影响,城市空间出现紧缩与紧凑的现象。具体地,京津冀都市圈城市蔓延的类型可分为以下三类:

第一类型的城市是北京,城市蔓延综合指数是 1.866,SI_2 值是 2.655,表明了北京市存在一定程度的城市蔓延,农村的农作物播种面积缩小的速度大大高于农村人口减少的速度。北京城市蔓延指数高于上海。但是,北京 SI_1 值为 1.007,在 802.7 万外来常住人口进入的情况之下,城市空间扩张速度同城市人口增长的速度存在相称之处。外来人口促进北京城市空间高效率利用,减少了城市空间的无效率利用。因而,北京市有一定程度的蔓延,但是还没有达到较高的程度。由于北京市人口规模巨大并且仍在增长之中,北京的城市建成区、相关建筑设施和公共空间是得到有效率利用的。从这个角度来看,北京与上海存在着相似之处。北京同上海一样,作为我国地区性的首位城市,由于人口与资源的集中与规模经济的作用,城市蔓延程度并不高。

第二类型的城市是天津市、张家口市和唐山市,城市蔓延综合指数分别为 4.134、3.481 和 2.939,远远高出其他城市蔓延指数,表明了这三座城市的城市蔓延已经达到了较高的程度。这三座城市的城市建成区的扩张速度高于城市人口增长速度,特别是农作物播种面积的减少速度远远高于农村人口的减少速度,表明了城市空间处于快速的扩张过程之中。同长三角都市圈城市蔓延状况的惊人相似之处是:长三角都市圈城市蔓延较为突出的是次级中心城市如南京、苏州、无锡、绍兴和杭州,而京津冀都市圈城市蔓延较高的城市也是位于中心城区外围的次级中心城市天津、唐山和张家口。它表明了在都市圈内部,北京的聚集效应还是较高,而处于次级中心城市尽管采取了相应的措施以期获得中心城市的扩散效应,但是这些结果只是促进了城市扩张与蔓延。

第三类型的城市是石家庄市、承德市、秦皇岛市、廊坊市、保定市、沧州市、衡水市、邢台市和邯郸市。这些城市的城市综合蔓延指数都低于 0.92。这些城市处于空间紧缩之中。受到首位城市北京和次级中心天津、张家口以及唐山的作用。这些城市的城市建成区扩张速度低于人口城市化速度,农作物播种面积减少的速度低于农村人口城市化的速度。

就整个河北省而言,河北省的城市综合指数为 0.990,接近于 1,表明了整体而言,河北省的城市空间建设速度与人口城市化速度大体相当,部分城市的过分扩张与蔓延抵消了其他城市的空间紧缩,河北省的城市蔓延问题主要是结构性不平衡问题。

根据上述对京津冀都市圈城市蔓延的类型分析,总而言之,京津冀都市圈城市蔓延最为严重发生在都市圈的次级城市,并不是在首位城市。作为都市圈的首位城市,北京城市蔓延程度并不严重。尽管市建成区和建设用地面积达到了 1 000 平方公里以上,但是城市蔓延程度较低。作为我国的标杆性中心城市,它们是外来人口与新兴产业的主要流向。由于集聚了较多的人口与产业,虽然城市空间在大幅度扩张,耕地面积在减少,但是人口密度与产业密度在不断提高,城市空间得到有效利用,城市空间基础设施利用程度也是较高的。它突出表明了在首位城市超前于次级城市的发展规律,在聚集经济与规模经济的效应之下,城市空间没有出现严重的蔓延现象。

三、解析京津冀都市圈"二元化"的空间结构特征

在京津冀都市圈之内,首位城市北京经济规模与城市空间都远远超前于都市圈之内的其他城市。都市圈的政治、经济、社会和文化资源集中在北京市。在聚集经济与范围经济的作用之下,北京超前于其他城市发展,城市蔓延指数为 1.866,略高于京津冀都市圈的平均水平 1.120。如果纯粹从空间利用角度来看,北京的城市建成区利用效率高于第二类型城市天津、张家口和唐山,其城市蔓延指数远远

低于天津、张家口和唐山的 4.134、3.481 和 2.939。在都市圈的分工与协作体系与体制尚未形成的条件下,都市圈内部的生产要素在聚集经济与范围经济作用之下中,首先必然选择首位城市,趋向于流向首位城市。这是城市与都市圈发展的规律。

京津冀都市圈的工业化与城市空间扩张过程出现了不同于长三角都市圈的特征是北京与天津城市经济总量大大超过河北省的 11 个城市和都市圈空间"二元化"问题。京津冀都市圈第一类型的城市北京与第二类型的城市天津、张家口和唐山在人口规模、经济总量和城市建成区方面都拉开了距离,北京远远超过天津市和河北 11 个城市。从 1994 年到 2013 年,京津冀都市圈 13 个城市非农业人口增长量占比分别是北京市 30%、天津市 15%、邯郸市 9%、邢台市 6%、衡水市 1%、沧州市 7%、保定市 8%、廊坊市 4%、唐山市 2%、秦皇岛市 3%、张家口市 2%、承德市 2%、石家庄市 11%。① 还有,京津冀两市一省城市建成区面积增长主要集中在北京,在都市圈的市辖区城市建成区扩张的面积之中,其中北京城市建成区扩张占比在 40% 以上。由于外来人口的迁入,在人口增长需要相应的城市空间增长的作用之下,北京城市蔓延问题不像天津、张家口和唐山那么严重,但是过快的城市建成区扩张也带来许多社会与资源问题。这样,从人口规模、城镇化率、城市建成区和城市的地区生产总值方面,京津冀都市圈具有明显的"二元化"空间特征,北京的地区生产总值和城镇化率居于首位,天津居于次位,河北省 11 个城市在地区生产总值和城镇化率两个方面都与北京和天津有较大的差距。

如果从另一个角度来看待聚集经济与范围经济,由于在都市圈经济分工与协作体系未得到相应发展,都市圈的治理机制还没有得

---

① 根据 1995 年中国城市统计年鉴、2014 年中国统计年鉴、2014 年中国城市统计年鉴、2014 年河北省经济统计年鉴、2014 年天津市统计年鉴、2014 年北京市统计年鉴、1995 年和 2014 年河北省城市 11 个城市的统计年鉴、2013 年河北省 11 个城市统计公报整理计算得到。

到有效发展,在过高的首位度和聚集度之下,就会产生过多的人口与资源过于集中地注入北京,产生居住拥挤、交通堵塞以及环境污染问题。还有,北京、天津与河北省的城市经济与社会差距进一步扩大,作为首位城市北京的经济辐射作用弱,产业带动能力弱,河北省 11 个城市难以受惠于中心城市的产业集聚与辐射作用,都市圈的产业分工与协作关系难以深化。河北省 11 个城市可以接收来自北京的轻工业,但是,对于产业配套要求高的产业及其企业,河北省在较多方面尚不能满足这些产业及其企业的要求。那些对产业配套、政策与市场环境要求较高的产业,从北京转移出去并没有选择在河北省的 11 个城市之中落地,而是选择在长三角都市圈作为它们新的生产地点,这是因为长三角都市圈的产业配套能力较好、中小企业发展的环境较好,产城融合相对于河北省要好一些。由于河北的市场环境、产业配套和政策环境差距较大,京津冀都市圈在工业发展出现的聚集效应现在还大于扩散效应,产业及其企业会从河北迁移到天津而不是从天津迁移到河北,如汽车产业、光伏产业等。在服务行业及企业发展方面,京津冀都市圈的集聚效应更是大于扩散效应。

从都市圈空间结构来看,由于京津冀都市圈治理机制尚未形成,区域分工与协作机制还未得到有效发展,聚集经济与范围经济推动北京成为首位度极高的都市圈首位城市,京津冀都市圈的"二元化"结构较为明显。因此,应当注重都市圈城市空间体系的形成与发展,促进都市圈经济分工与协作体系与体制的形成与发展,促进城市空间内部结构的合理化,促进不同经济活动与社会活动在都市圈与城市两个层次空间之中有序叠放,促进中心城市与周边城市形成合理的分工与协作关系。应当不断推进京津冀都市圈体系以及区域性城市体系的形成与发展,促进城市与城市之间形成有机体系,中心城市与周边城市、首位城市与次级城市形成分工与协作模式,并具有一定的生产价值链地域分工。城市要做大做强,不能单靠城市本身的力量,必须结合周边城市的资源与市场,建立起分工与协作关系,形成群体力量,才能促进城市向更高的能级方向发展。城市发展的区域特征是当今世界城市发展的重要性质。全球城市如纽约、伦敦与东京无不是镶嵌在城市带与大都市圈中才得以发展壮大的。京津冀都市圈的城市在崛起过程中必然会遇到土地资源紧缺、环境污染、交通阻塞与居住拥挤等问题,解决这些问题的途径是必须与周边城市建立起合作关系,共同谋求发展。从这个角度来看,雄安新区的设立有利于疏解北京过于集中的政治、经济与文化功能,而更为重要的是,需要发展京津冀都市圈的分工与协作体系,建立有效的都市圈治理机制。

第三节 京津冀都市圈城市蔓延的具体原因分析

在京津冀都市圈城市蔓延过程之中,与长三角都市圈的情况相似,"二元化"经济增长模式、经济的房地产化与服务化业发展是主要推力。我国的制度有效供给不足,城市政府对经济增长的内在动力以及由此造成的城市之间竞争,造成了产业同构化问题是城市空间扩张的重要因素。与长三角都市圈的情况有所不同的是,北京在都市圈之中的城市规模方面占有较高的比重,从人口规模与城市建成区面积来看,北京作为都市圈的首位性明显地比上海突出。还有,京津冀区域大部分行业的外贸出口份额低于全国平均水平,与长三角区域相比差距较大。在城市蔓延的成因方面,北京的首都经济与服务业经济使得其郊区化进程较上海更为深入与广泛。

一、工业化与产业结构调整促进城市空间扩张

(一)北京市的产业结构调整与空间扩张

中华人民共和国成立以后,北京逐步建立起了以化工、机械、冶

金为支柱的重化工业体系,工业占据地区生产总值65%左右,工业企业大部分分布在二环路周边地区,工厂和居民混杂的现象较多。十一届三中全会之后,北京根据党中央和国务院对首都建设"两个中心"和"四个服务"的要求,建设我国政治中心和文化中心,为中央机关正常开展工作服务,为国际交往服务,为国家教育、科技和文化发展服务以及为市民的工作和生活服务,积极发展产业转型与空间布局调整,产业结构从"二、三、一"向"三、二、一"转型,大型工业向郊区或其他地区转移。北京的产业结构调整与转移从20世纪70年代末和80年代开始。北京根据1983年的《北京市城市建设总体规划方案》,确定了北京市工业采取分散集团式格局,工业企业主要安排在中心城区以外建设。2005年,北京市总体明确了"国家首都、国际城市、文化名城、宜居城市"城市发展目标,加快了中心城区产业调整力度,把一些污染高与占地面积大的企业搬出中心城区,截至2007年,超过200家企业搬出城区,东方石化和首钢等大型企业完成搬迁,工业企业加速向开发区、产业基地和园区聚集。在2008年奥运会的推动下,北京市加大了产业结构调整的力度,对产业空间布局进行了相应的调整,通过搬迁改造传统制造业,将其逐步向外迁移,中心城区主要发展金融、商务办公等现代服务。经过产业调整,北京的三次产业结构从1978年的5.1:71.0:23.9改变为2015年的0.6:19.6:79.8。[①] 产业结构的空间战略性调整推进了产业郊区化,同时也通过内城的改造与更新推进了北京的居住郊区化。

到2014年,北京的首都功能核心区(东城区和西城区)的大部分工业企业已经搬出,东城市与西城区的工业总产值占全市总产值的比重下降到6.2%左右。工业企业主要分布在房山、通州、昌平、顺义和大兴等郊区,郊区的工业比重从2006年的39.4%提高到

---

① 2015年北京统计年鉴和2015年北京市国民经济与社会发展统计公报。

49.1%。[1] 在北京产业结构调整过程之中,开发区成为接收中心城区产业的主要空间载体。目前,截至 2014 年底,北京拥有国家级工业开发区 3 个,市级开发区 16 个,国家级开发区规划总面积达到 41 207.3 公顷,累计已开发面积 26 650 公顷;市级开发区规划总面积 8 068.9 公顷,累计已开发面积 6 106.9 公顷。开发区的利润总额 3 291 亿元,开发区的工业总产值为 10 841.7 亿元,占全市规模以上工业总产值的 8.75%,表明了开发区已经成为北京工业生产的主要空间载体形式。[2] 中关村海淀园、北京经济技术开发区和顺义临空经济区三个重点集聚区工业总产值都在 1 000 亿元以上,占全市开发区工业总产值的 80% 以上。此外,北京还有中关村科技园区丰台园、雁栖经济开发区和兴谷经济开发区为载体的一批百亿级产业基地。简而言之,北京的产业空间布局调整、开发区和产业基地的发展极大地促进了城市建成区的扩张与蔓延。

(二) 京津冀都市圈的工业化向纵深方向发展

目前,京津冀都市圈工业发展的绝对量还在不断增长,推动都市圈工业向纵深方向发展。2014 年,北京的轻重工业比例为 0.161,天津是 0.264,河北省 0.297。[3] 两市一省的轻重工业比例都已经低于 0.5,也低于长三角都市圈的轻重工业比例。[4] 京津冀都市圈重化工业生产占支柱地位。根据霍夫曼的工业化阶段划分,京津冀都市圈工业化已经进入了资本品工业生产占据主导地位的第四阶段。同时,京津冀都市圈进出口总额低于长三角都市圈,外贸依存度低于长三角都市圈。2015 年京津冀都市圈的外贸依存度为 44.12%,低于

---

① 张伯旭.北京产业结构高级化研究[M].北京:中国经济出版社,2015:60.
② 北京统计局.北京统计年鉴 2015 年[M].北京:中国统计出版社,2015.
③ 根据北京市统计年鉴 2015 年、天津市统计年鉴 2015 年和河北省经济统计年鉴 2015 年计算。
④ 参见本书第七章第三节部分。

长三角都市圈 77％左右的外贸依存度。京津冀都市圈首位城市北京的外贸依存度是 87.66％,也低于长三角都市圈首位城市上海市的 112.4％。① 由于外贸依存度相对较低,加工出口型的产业及其企业相对较少,京津冀都市圈的工业化可以更快地向纵深方向推进,重型化、资本型与技术型工业生产比重不断增加。以北京为首位城市的都市圈工业不断地向重型化方向发展,使得工业用地不断增加,也推动了城市空间扩张与蔓延。这种工业的发展需要较大的占地面积,尤其是在北京与天津的产业空间调整与转移之中,要求较大的土地空间,这促进了城市空间的扩张与蔓延。

直到现在,工业仍然是除了北京之外京津冀都市圈 12 个城市的最主要产业。2015 年,北京的第二产业增加值 4 526.4 亿元,全年实现工业增加值 3 662.9 亿元,第二产业占全市地区生产总值 22 968.6 的比重 19.6％,下降到 20％以下。但是,同年天津的第二产业增加值 7 723.60 亿元,工业增加值 6 981.27 亿元,第二产业占全市地区生产总值 16 538.19 亿元比重的 46.7％。河北的第二产业增加值 14 388 亿元,工业增加值是 12 626.2 亿元,第二产业占全省生产总值 29 806.1 亿元比重是 48.27％。从京津冀都市圈两市一省总体层面来看,第二产业增加值 26 638 亿元,占地区生产总值 69 312.89 亿元的 38.43％。京津冀都市圈工业增加值占比下降到 40％以下主要是北京的作用,工业是除了北京之外都市圈的重要支柱产业。尽管北京的第二产业增加值比重已经下降到 20％左右,但是其绝对量还是处于增加的轨道之中。工业化向纵深方向发展是京津冀都市圈城市蔓延的重要因素。这也是第二类型的城市天津市、唐山市和张家口市城市空间扩张的重要因素。②

————————

① 根据 2015 年京津冀都市圈两市一省国民经济与社会发展统计公报计算,1 美元＝6.3 元人民币,参见第七章第三节部分。

② 资料来源:2015 年北京、天津和河北国民经济与社会发展统计公报.

表 8 - 5　2015 年京津冀都市圈的地区生产总值、进出口总额和外贸依存度

	进出口总额 （亿美元）	地区生产总值 （亿元）	外贸依存度 （％）
北　京	3 195.90	22 968.60	87.66
天　津	1 143.47	16 538.19	43.56
河　北	514.80	29 806.10	10.88
京津冀都市圈	4 854.17	69 312.89	44.12

　　资料来源：根据 2015 年京津冀都市圈两市一省国民经济与社会发展统计公报计算，
1 美元＝6.3 元人民币。

（三）京津冀都市圈的产业同构化问题

　　在京津冀都市圈之中，北京由于城市人口不断增长，加上资源与
环境的约束，需要周边城市提供支持，在区域内形成分工与协作关
系。在三个省市之中，北京工业增加值占总产值的比例最低，说明了
其产业利润率较低的现状，也表明了其需要产业转移的发展趋势。
北京的产业将继续朝着服务业化方向发展。2014 年，北京的规模以
上工业企业总产值为 18 452.8 亿元，工业增加值 3 612 亿元，增加值
占总产值的比例为 20.3％；同年，天津规模以上工业企业总产值
28 035.03 亿元，工业增加值 7 079.1 亿元，增加值占总产值比例为
25.25％；河北规模以上工业企业总产值 47 675.90 亿元，工业增加值
11 758.3 亿元，增加值占总产值比例是 24.66％。[①] 在三个省市之
中，北京的工业增加值占工业总产值的比率是最低的。
　　从区域层面来看，京津冀都市圈已经建立起初步的产业分工与
协作关系。以轻重工业比例，北京的轻重工业比例从 2005 年的
0.202 下降到 2014 年 0.162，这是符合产业发展规律的。在近 10 年
间，河北省的轻重工业比例处于不断上升的状态，从 2005 年的 0.189

---

① 资料来源：2015 年北京、天津和河北国民经济与社会发展统计年鉴.

上升到 0.298,轻工业的比重处于上升状态。这种现象显然同我国整体上重工业比重上升的趋势相违背。这表明了已有部分北京的轻工产业转移到河北省,使得河北省的轻工业比重不断上升。但是,天津的轻重工业比例出现了较为复杂的情况,2005 年为 0.280,2010 年下降为 0.196,但是 2014 年又上升到 0.264,见表8-6。这在某个程度可以反映出北京与天津的产业自成一体和同构化问题。

表 8-6　京津冀都市圈的轻重工业比例系数

年份	河北	北京	天津
2005	0.188 5	0.201 5	0.280 2
2006	0.178 4	0.181 0	0.229 7
2007	0.179 1	0.184 9	0.230 5
2008	0.146 9	0.191 6	0.201 8
2009	0.256 0	0.190 5	0.206 5
2010	0.248 3	0.170 9	0.195 7
2011	0.247 0	0.181 3	0.210 7
2012	0.256 9	0.182 1	0.248 0
2013	0.277 7	0.171 4	0.273 6
2014	0.297 9	0.161 7	0.264 1

资料来源:根据 2015 年北京市统计年鉴、2015 年天津市统计年鉴与 2015 年河北省统计年鉴整理计算所得。

目前,京津冀都市圈还存在着一定程度的产业同构化问题,以北京与天津为例,两个城市的总产值居于前 10 位的工业行业之中,有 7 个行业属于重复性行业。北京与天津的产业存在一定程度的同构性,两个城市在汽车制造、石油加工、炼焦及核燃料加工业,通用设备制造业、专用设备制造业,通信设备、计算机及其他电子设备制造业和医药制造业在地区生产总值的比重不分上下,存在着产业同构性

问题。北京与河北有 6 个行业属于重复性行业。相比较而言,天津
与河北的产业同构性较低,天津与河北只有 4 个行业属于重复性行
业,见表 8 - 7。

表 8 - 7　2014 年北京、天津和河北总产值居于前 10 位的工业行业比较

位序	北京	天津	河北
1	汽车制造业	有色金属冶炼和压延加工业	黑色金属冶炼和压延加工业
2	计算机、通信和其他电子设备制造业	计算机、通信和其他电子设备制造业	金属制品业
3	石油加工、炼焦和核燃料加工业	汽车制造业	化学原料和化学制品制造业
4	电气机械和器材制造业	食品制造业	农副食品加工业
5	医药制造业	石油加工、炼焦及核燃料加工业	非金属矿物制品业
6	通用设备制造业	专用设备制造业	电气机械和器材制造业
7	专用设备制造业	铁路、船舶、航空航天和其他运输设备制造业	汽车制造业
8	铁路、船舶、航空航天和其他运输设备制造业	通用设备制造业	石油加工、炼焦和核燃料加工业
9	非金属矿物制品业	医药制造业	纺织业
10	农副食品加工业	化学原料及化学制品制造业	专用设备制造业

　资料来源:根据 2015 年北京市统计年鉴、2015 年天津市统计年鉴与 2015 年河北省统
计年鉴整理所得。

　　产业同构化是京津冀都市圈城市蔓延的重要因素。不同的城市
提供较大的土地空间试图吸引国内外资本前来投资,为吸引投资的
各级开发区成为主要空间载体,直接拉大了城市空间。

二、经济房地产化及其服务业化的影响

　　相对于制造业的聚集性,以服务业为主体的服务经济更具有空间位移性,因而更具有空间扩散性,随着信息技术渗透进服务业,许多服务业可以在更宽广的空间范围发展,服务业在集中与分散两个方向都得到加强,一方面需要默示性与信息处理的服务业集中于中心城区;另一方面从事信息传播与传输以及简单化处理的服务业则可以分散到郊区进行。由此,郊区的商业房地产也得到发展,并催生了郊区办公与服务业的发展。经济房地产化及其服务业化是京津冀都市圈的郊区化进入新阶段的重要推动力。北京作为首都经济服务业的超常发展与房地产化,对于城市空间扩张具有重要影响。相对于长三角都市圈的上海,北京城市的郊区化更为深入。

　　以北京市为例,北京市的服务业增加值比重从 1978 年的 23.9%增加到 2015 年的 79.8%,就业比重也从 1978 年的 31.6%增加到 2014 年的 77.3%。[①] 服务业在北京市产业结构之中已经取得了支配地位。服务业中的金融业、批发与零售业、房地产业、信息传输、计算机服务和软件业、租赁和商务服务业、科学研究与技术服务业占据较大比重,超过了 50%。北京和天津市的建筑业与房地产业增加值增长速度较快。2014 年,北京市建筑业增加值 902.7 亿元,房地产业 1 329.2 亿元,合计 2 231.9 亿元,成为北京市的支柱产业,占北京地区生产总值的 10.46%,成为仅次于金融业、制造业、批发与零售业的城市第四大产业。如果计算以房地产为基点的金融、保险和租赁业的增加值,那么房地产对北京经济的影响可能更大。经济服务业程度越高,房地产业对城市经济的主导作用越强。

　　随着房价的高企,北京的房地产投资不断沿着交通轴线从中心城区

---

① 根据北京统计年鉴 2015 年和 2015 年北京市国民经济与社会发展统计公报所得。

向郊区扩展,在不同类型的城市空间之间不断地被房地产填满,包括住宅房地产和商业房地产。房地产业的高速发展不断地把耕地转化为建筑用地。城市外围空间不断地以房地产的形式被纳入城市建成区空间。

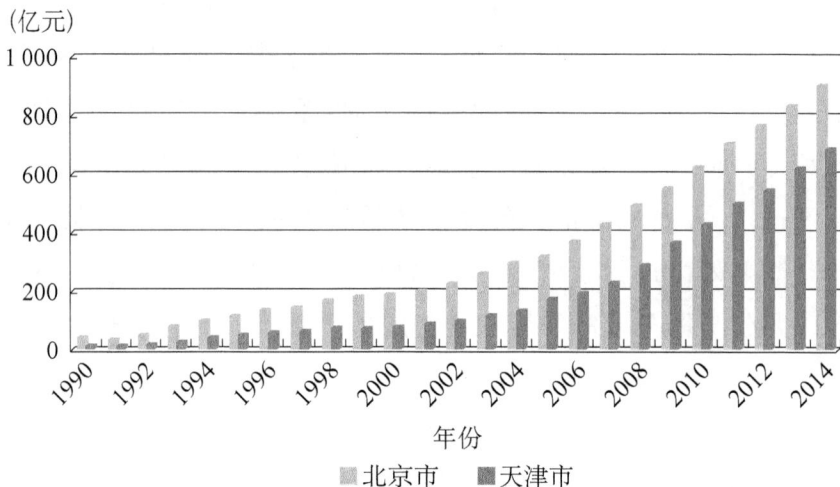

（亿元）

图 8 - 4　1990—2014 年北京市与天津市建筑业增加值

资料来源:2015 年北京市统计年鉴和 2015 年天津市统计年鉴.

　　随着经济房地产化与服务业化,住宅与商业郊区化进一步加快。先前住宅郊区化的动力是北京城市产业结构调整与内城改造更新,现在住宅与商业郊区化更多地来自于中心城区高企的租金与房地产供不应求,从而导致人们在城市边缘区寻找空间。2001 年以来北京居住区向外拓展的速度进一步加快,近郊区新建住宅竣工面积大幅度增加,2004 年较 2000 年增长了1 000万平方米。四环外的新开楼盘与竣工面积的住宅比重已经超过50%。北京城市住宅呈现远郊化态势,昌平、通州、大兴、房山和顺义等远郊的住宅竣工面积迅速上升。北京普通商品住宅集中分布在近郊区,占总数的 66%,远郊区占21%,而中心城区仅占 13%。还有近 76%的公寓集中在近郊。①

① 宋金平、赵西君、于伟.北京城市边缘区空间结构演化与重组[M].北京:科学出版社,2012:178.

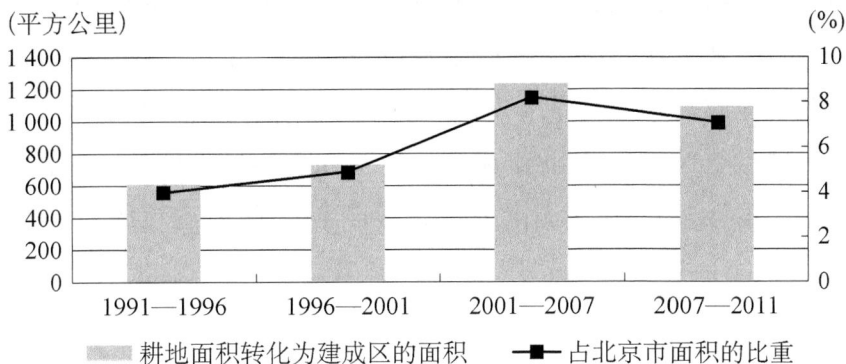

图 8 - 5 1991—2011 年北京市耕地转化城市建成区(含郊区的区县与
乡镇建成区)的面积

资料来源:丛晓男,刘治彦.基于 GIS 和 RS 的北京城市空间增长及其形态演变
分析[J].杭州师范大学学报(社会科学版),2015,(5):122—130.

三、京津冀都市圈城市蔓延的制度因素

京津冀都市圈城市蔓延的制度因素之一是城市规划的软约束、
土地制度以及财政制度的缺陷。从 20 世纪 90 年代初开始,在建立
社会主义市场经济体制的目标之下,包括土地在内的生产要素和相
关制度地从计划经济体制之中释放出来并加以市场化。在资本的诱
导之下,这些生产要素发挥出较大的功用。但是,在新的制度规划尚
未到位之前,从市场化释放出来显现出来不受约束与无序扩张的一
面。从 20 世纪 90 年代开始,我国的土地制度逐渐地从无偿与无限
期使用向有偿和有限期转变;财政税收制度明确了土地的经济收益
主要由于地方政府获得的规定;城市规划制度对城市空间软性约束,
在人口与土地控制无法实行刚性执行制度。这些都在制度方面为京
津冀都市圈以及其他都市圈的城市蔓延提供了动力。

在建设项目审批制和土地收益由各级地方政府分享的体制之
下,城市规划以及城市土地利用总体规划限制不断地被突破。土地

规划应有的约束作用没有得到发挥。在工业化条件之下,城市土地收益不断提高。城市为了获取土地收益,不断地把周边土地转化城市国有用地进行出让。如1992年5月,《北京市实施〈中华人民共和国城镇国有土地使用权出让和转让暂行条例〉办法》,提出除了国家重点建设用地、城市公共建设用地以及其他公共用途的用地之外,其他均按照出让和转让的方式获取土地。1994年7月,北京市印发了《关于本市国有土有偿使用收入征收和使用若干问题的通知》,对各级地方政府从土地转让获得的收益份额做了较为详细的规定。在土地补偿费与土地开发建设之后收益之间巨大的收益差距的激励之下,自1992年以后北京市出让和转让的土地宗数与面积迅速增加。城市规划的面积限制不断地被突破。京津冀都市圈为吸引外来资本投资,竞相以土地和税收优惠政策作为砝码,争取企业的入驻。由此引发中心城区旧城改造与更新、开发区数量不断增加以及城市空间的扩张,城市规划及其控制指标一再被突破,从而促成了城市空间蔓延。

从1978年以来,北京市修编了多个城市总体规划和土地利用总体规划,这些规划分别是1983年7月的国务院《关于北京市城市建设总体规划(1982—2000)的批复精神》、1993年10月的《国务院关于北京城市总体规划(1991—2010)的批复》、2000年1月的《关于北京市土地利用总体规划(1997—2010)的批复》和《北京城市总体规划(2004—2020年)》等。这几个文件分别对北京的人口与用地规模及其时间节点做了较为明确的规定,也对北京城市的土地承载能力做了相应的分析。2000年1月的《关于北京市土地利用总体规划(1997—2010)的批复》提出到2010年,中心城(包括主城区和10个外围组团)城市建设用地规模控制在610平方公里以内。但是规划对北京城市空间的扩张没有起到刚性约束的作用。目前,北京市中心城的城市建设用地已经大大突破了这个限度,目前北京市市辖区

的城市建成区面积达到 1 306.5 平方公里。① 如果包括郊区的区县
和乡镇的城市建成区面积,那么北京城市建成区已经远远突破了 610
平方公里的限制,常住人口规模也突破了城市规划的控制目标。规
划也提出在 2010 年把北京的耕地面积保持在 516 万亩,林地面积保
持在 785 800 公顷,但是到 2010 年,北京的耕地面积为 335.67 万亩,
林地面积缩减为 742 018.50 公顷。②

此外,京津冀都市圈的利益协调机制需要进一步完善,需要进一
步推进都市圈区域一体化发展,有效地利用都市圈 21 万平方公里的
土地,尽量减少重复与低效率的交通设施与生产设施的建设,提高交
通设施与生产设施的有效利用率。目前,京津冀都市圈仍存在地方
利益不协调问题,都市圈内部存在交通基础设施不对接和产业同构
化问题。北京、天津和河北省的道路不相衔接问题使得郊区的土地
空间无效利用问题变得突出。产业同构化问题使得生产空间重复
建设问题变得极为突出,从而浪费了较多的城市外围土地空间。

四、北京城市蔓延的途径与状况

交通技术进步与城市交通基础设施的长足发展是城市蔓延的技
术因素,也是城市蔓延的重要途径与形式。高速公路、高速铁路以及
城际轨道交通是京津冀都市圈城市蔓延的重要因素,也是都市圈城
市蔓延的重要途径与形式。对交通运输的需求不断增加、不断增长
的货物与人流使得京津冀都市圈的交通基础设施建设不断增长。以
北京为例,作为我国首都,其拥有四通八达的辐射状的交通轴线对城
市空间扩张具有重要影响。京哈、京沪、京新、京台、京藏、京昆与京
港澳高速公路以及环线高速公路的建设,拉大了城市空间面积,对北

---

① 中国城市统计年鉴 2015 年[M].北京：中国统计出版社,2015.
② 北京市统计局.北京市统计年鉴 2015 年[M].北京：中国统计出版社,2015;北京市人民
　政府.北京市土地利用总体规划(1997—2010)[Z].1997 - 2 - 3.

京城市空间扩张具有重要影响。高速公路形成的路网实际上把周边的土地空间囊括其中,加速了农村土地空间转化为城市空间的速度。同时,北京高速铁路网的建设与形成也会对北京城市空间扩张与蔓延产生重要影响。京沪、京津、京唐、京张以及环北京高速铁路的建设,使得房地产开发顺着交通轴线及其站点进行。交通基础设施网络的形成与发展,会促进城市郊区住宅和开发区的开发与建设,促进城市的居住与产业在土地空间上蔓延与聚集。如果采用城市道路面积和道路里程来衡量城市建设用地增长的话,从图 8－6 可以看出,北京的城市空间在不断增长。

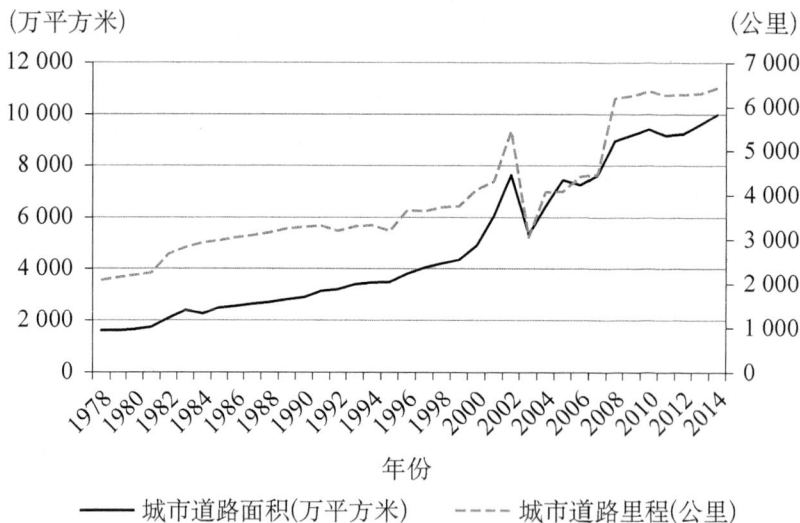

图 8－6　1978—2014 年北京城市道路面积和道路里程

资料来源:北京市统计局.北京市统计年鉴 2015 年[M].北京:中国统计出版社,2015.

在经济增长的背景下,北京的城市空间快速增长,城市建成区不断扩大。城市空间扩张主要通过城市边缘区增长、沿着交通轴线及其站点空间开发、开发区的生活功能区域和新兴建成区增长等多种方式。在实际城市空间增长过程,这三种方式都会混合在一起,共同推动了北京城市空间扩张。城市空间增长的模式基本上是经济增长推动、城市空间调整、新兴建成区如新城与开发区拉动以及交通轴线推动之下形成的混合动力。在 1991 年,北京市城市建成区(含郊区的区县与乡镇建成区)面积为 1 042 平方公里,占北京市土地总面积的 6.4%。到 21 世纪初,2001 年北京市城市建成区(含郊区的区县与乡镇建成区)面积为 1 944 平方公里,占北京市建成区面积的 11.88%。到 2011 年,北京市城市建成区(含郊区的区县与乡镇建成区)达到3 502平方公里,占北京市土地总面积的 21.4%。[①]

表 8 - 8　北京市建成区(含郊区的区县与乡镇建成区)面积变化

	1991	1996	2001	2007	2011
面积(平方公里)	1 042.43	1 479.45	1 944.95	2 686.25	3 502.01
占北京市土地总面积比重(%)	6.37	9.04	11.88	16.40	21.38

资料来源:丛晓男,刘治彦.基于 GIS 和 RS 的北京城市空间增长及其形态演变分析[M].杭州师范大学学报(社会科学版),2015,(5):122—130.

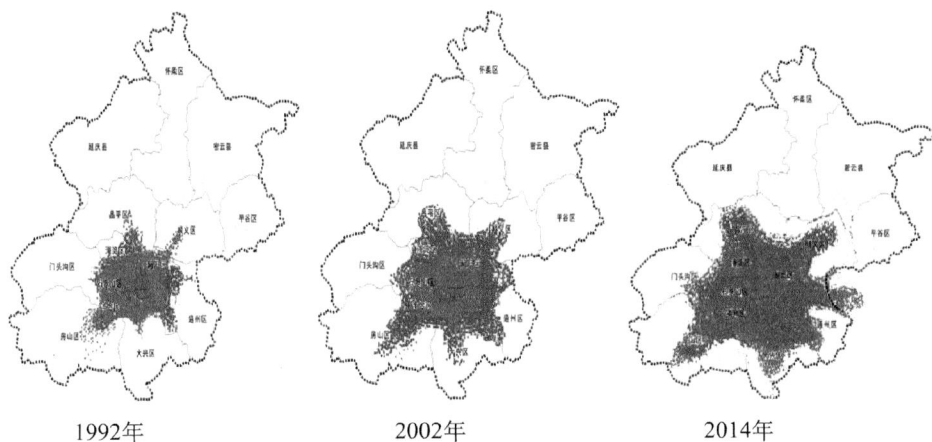

| 1992年 | 2002年 | 2014年 |

图 8 - 7　1992—2014 年北京城市建成区扩展状况

资料来源:根据北京城市中心城区面积相关数据自制。

---

① 丛晓男,刘治彦.基于 GIS 和 RS 的北京城市空间增长及其形态演变分析[M].杭州师范大学学报(社会科学版),2015,(5):122—130.

北京城市空间扩张基本上是蔓延状与"摊大饼"的,《北京城市总体规划(1991—2010)》和《北京土地利用总体规划(1997—2010)》提出的严格控制、组团式发展以及郊区相对集中的发展原则并没有得到体现,城市空间结构的"多心多核"发展目标并没有实现。城市空间沿着北京-天津、北京-承德、北京-石家庄和北京-张家口的交通廊道发展的形状较为明显。20 世纪 90 年代初期,北京的城市建成区集中在东城、西城、海淀、朝阳和丰台等五个中心城区,到了 2012 年,北京的城市建成区几乎涵盖了石景山、大兴、通州、昌平和房山,中心城区与昌平新城、顺义新城、通州新城、亦庄-大兴新城和房山新城等几乎连接成片。

第九章

珠江三角洲都市圈城市蔓延实证分析

　　珠江三角洲都市圈(以下简称珠三角都市圈)是我国最早实行对外开放的都市圈,是我国重要的出口加工型基地,都市圈外贸依存度较高,是我国目前人均生产总值与城市化水平较高的地区。与长三角都市圈与京津冀都市圈不同的是,珠三角都市圈在治理体制与机制具有超越于9个城市之上统一的行政组织即广东省政府。珠三角都市圈空间规划不需要上升到国家区域层次即可以发布并实施。具备统一的治理体制对于珠三角都市圈城市空间扩张具有重要影响与作用。珠三角都市圈具有狭义与广义之分,本书研究采用狭义的珠三角都市圈定义,是指由广州、深圳、佛山、东莞、中山、珠海、江门、肇庆、惠州共9个城市构成的都市圈,实证分析主要围绕着这9个城市展开研究。理由主要是这9个城市地理相近,经济关联度较高,城市空间扩张拥有同我国内地其他都市圈相同的原因与结果,而香港与澳门由于特别行政区的作用,其城市空间扩张遵循着不同的路线与进程,故不在本书研究范围之内。

第一节　珠江三角洲都市圈经济概况

一、珠江三角洲都市圈的经济地理状况

　　珠三角都市圈地处中国大陆南部,毗邻港澳,包括广州、深圳、佛

山、东莞、中山、珠海、江门、肇庆、惠州共 9 个城市,这是狭义的珠三角都市圈。广义的珠三角都市圈是指原珠三角九个城市,加上深汕特别合作区、香港特别行政区、澳门特别行政区三地构成的城市群区域。珠三角都市圈被称为中国的"南大门",与东南亚地区以及世界各地区和国家具有较紧密的贸易往来。珠三角都市圈 9 个城市的土地总面积 54 754 平方公里,占广东省的 30.48%,占全国的 0.57%。2014 年,珠三角都市圈的常住人口 5 763.38 万人,其中城镇人口 4 848.41 万人,城镇化率达到 84.12%,珠三角都市圈常住人口占广东省的 53.69%,占全国 4.20% 左右。[①] 都市圈在区域交通上形成了以广州为中心,铁路、公路、水路、民航等多种运输方式相配合,衔接港澳、沟通全省和全国的较为发达的综合交通网络。珠三角都市圈是我国城镇化率最高的经济区域,也是我国人均地区生产总值最高的经济区域。

珠三角都市圈是我国对外经济贸易往来最早与最为繁忙的区域,与东南亚和世界的贸易及其经济往来在我国各都市圈之中居于首位。珠三角都市圈也是在我国最早实行对外开放的经济区域,从 20 世纪 80 年代开始,深圳与珠海作为我国最早实行的经济特区,引领我国经济对外开放与发展,是我国改革开放的先行区。珠三角经济区最早于 1994 年 10 月在广东省委在七届三次全会上提出,包括了广州、深圳、佛山、东莞、中山、珠海、江门、肇庆、惠州。1997 年香港和 1999 年澳门的回归,促进了珠三角都市圈与这两座城市的经济往来与地理互通,对于促进都市圈经济与社会发展起到了较为重要的作用。在短短的 20 年中,珠三角都市圈从农业社会转变为工业社会。广东省政府发布的《珠江三角洲地区改革发展规划纲要(2008—2020 年)》以广州、深圳、珠海、佛山、江门、东莞、中山、惠州和肇庆市为主体,辐射泛珠江三角洲区域,并将与港澳紧密合作的相关内容纳

---

① 广东统计局.广东省统计年鉴 2015 年[M].北京:中国统计出版社,2015.

入规划。

　　由于珠三角都市圈是我国改革开放的先行区,吸引了大量的外来人口,2014年都市圈的外来人口达到2 555.44万人,外来人口占常住人口的44.33%,是我国吸引外来劳动力最多的都市圈与经济区域(见表9-1)。①

表9-1　珠三角都市圈常住人口、户籍人口和外来常住人口

年份	常住人口 (万人)	户籍人口 (万人)	外来常住人口 (万人)
1990	2 369.93	2 371.57	-1.64
1995	3 292.03	2 372.76	919.27
2000	4 289.78	2 563.60	1 726.18
2001	4 376.10	2 595.24	1 780.86
2002	4 414.68	2 595.24	1 819.44
2003	4 463.55	2 660.46	1 803.09
2004	4 516.50	2 714.08	1 802.42
2005	4 547.14	2 763.32	1 783.82
2006	4 735.47	2 821.27	1 914.20
2007	4 930.68	2 872.47	2 058.21
2008	5 138.48	2 920.82	2 217.66
2009	5 361.72	2 967.02	2 394.70
2010	5 616.39	3 024.57	2 591.82
2011	5 646.51	3 073.87	2 572.64
2012	5 689.64	3 105.01	2 584.63
2013	5 715.19	3 156.02	2 559.17
2014	5 763.38	3 207.94	2 555.44

资料来源:广东统计局.广东省统计年鉴2015年[M].北京:中国统计出版社,2015.

---

① 资料来源:2015年广东省统计年鉴.

目前,珠三角都市圈已经形成以广州和深圳为双中心的城市群体,正在按照《珠江三角洲地区改革发展规划纲要(2008—2020年)》的规划要求,以广州、深圳为都市圈的两个中心,以广州为核心形成中部都市区,以珠江口东岸、西岸为重点,建成珠江三角洲地区一小时城市圈。中部都市区以广州市为中心,进一步优化功能分区和产业布局;珠江口东岸地区以深圳市为核心,以东莞、惠州市为节点;珠江口西岸地区以珠海市为核心,以佛山、江门、中山、肇庆市为节点,推进珠江三角洲地区区域经济一体化,带动整个珠江三角洲经济区域加快发展,在都市圈内部以及珠三角地区形成资源要素与禀赋互补与优化配置、9个城市与其他城市之间比较优势充分发挥的协调发展新格局。目前,珠三角都市圈正在向着探索科学发展模式试验区、深化改革先行区、扩大开放的重要国际门户、世界先进制造业和现代服务业基地及全国重要的经济中心的目标迈进。[①]

二、珠江三角洲都市圈的经济与产业发展概况

珠三角都市圈作为我国改革开放的先行地区,经济对外开放较早,其开放的范围与深度也是我国都市圈之中最大的与最深的。由于毗邻港澳,珠三角都市圈与其具有较为紧密的经济往来,也成为珠三角都市圈经济起步与发展的重要因素。改革开放以来珠三角都市圈经济区域凭着集聚国内廉价的劳动力发展"三来一补"与"大进大出"的出口加工型制造业,构成了以轻工业为主的生产基地。珠三角经济具有较为明显的外资导向型和进出口导向型特征。2014年,珠三角都市圈实际利用外资248.61亿美元,出口额6 137.68亿美元,

① 广东省人民政府:珠江三角洲地区改革发展规划纲要(2008—2020年)[Z].2009-07-29.

进口额 4 153.86 亿美元,都市圈的外贸依存度高达 112.47%,远远高于长三角都市圈 77.72% 和京津唐都市圈 44.12%,是我国三大都市圈外贸依存度最高的都市圈。[①] 就轻重工业比例而言,2014 年广东省的轻重工业增加值比例为 0.62,其中广州的轻重工业增加值比例是 0.60,东莞 0.74,深圳 0.23。珠三角都市圈是我国三大都市圈轻重工业比例最高的都市圈。2014 年,珠三角都市圈的地区生产总值为 57 650.02 亿元,占全国国内生产总值的 9%,第一产业增加值 1 068.60 亿元,第二产业增加值 25 941.48 亿元,第三产业增加值 30 640.14 亿元。三次产业增加值结构为 1.85∶45.00∶53.15。目前珠三角都市圈的人均地区生产总值达到 10 万元。[②] 目前,珠三角都市圈形成以广州、深圳、东莞、珠海、佛山、中山为中心的都市圈,是我国人均地区生产总值、城镇化率和生活水平最高的经济区域。

目前,珠三角都市圈的汽车、钢铁、石化、船舶制造、计算机以及其他电子设备等制造业是区域的支柱产业,工业在除了广州之外的其他 8 个城市之中占有较为重要位置。服务业之中,批发与零售业、金融业、房地产业、租赁和商务服务业正在成为重要的地区产业。近年来,随着劳动力生产成本的上升以及土地与资源环境约束,珠三角都市圈产业进一步向科技型、资本集中型和服务业方向转变。服务业在城市之中所占的比重不断增加,金融业、物流业和文化产业不断成长,成为地区经济增长的支柱。2015 年,珠三角都市圈的地区生产总值 62 267.47 亿元,占广东省的比重为 79.2%。在珠三角都市圈之中,广州的第三产业增加比重最高,2014 年,广州的服务业增加值比重达到了 65.22%,就业比重达到 55.78%。[③] 2015 年,广州市的

---

① 资料来源:2015 年广东省统计年鉴和本书第七章与第八章的统计数据。
② 资料来源:2015 年广东省统计年鉴、2014 年广东省国民经济与社会发展统计公报以及 2014 年珠三角 9 个城市统计公报。
③ 资料来源:2015 年广州统计年鉴。

第一、二、三次产业增加值的比例为 1.26∶31.97∶66.77。三次产业对经济增长的贡献率分别为 0.4%、29.0% 和 70.6%。①

表 9 - 2   2014 年珠三角都市圈地区生产总值、三次产业增加值与人均生产总值

城市名称	地区生产总值（亿元）	第一产业（亿元）	第二产业（亿元）	第三产业（亿元）	人均生产总值（万元）
广州	16 706.87	218.70	5 590.97	10 897.20	12.85
深圳	16 001.98	5.29	6 823.05	9 173.64	14.95
珠海	1 857.32	48.79	939.04	869.49	11.59
佛山	7 603.28	142.47	4 687.02	2 773.80	10.34
中山	2 823	70.91	1 559.94	1 192.15	8.84
东莞	5 881.18	20.84	2 697.90	3 162.44	7.05
江门	2 082.76	168.14	1 024.47	890.15	4.60
惠州	3 000.7	142.9	1 697.6	1 160.2	6.37
肇庆	1 845.06	272.03	922.79	650.24	4.58
都市圈合计	57 650.02	1 068.60	25 941.28	30 640.14	10.04

资料来源：2014 年珠三角都市圈 9 个城市国民经济与社会发展统计公报,其中广州市和珠三角都市圈为其 2015 年统计年鉴数据。

现阶段,珠三角都市圈的产业正在转型升级,力图突破劳动力成本上升与环境资源的硬性约束,在"十三五"期间建设世界级的先进制造业和现代服务业基地,建设若干规模和水平居世界前列的先进制造产业基地,发展与香港国际金融中心相配套的现代服务业体系,建设与港澳地区错位发展的国际航运、物流、贸易、会展、旅游和创新中心。珠三角都市圈力图经过若干年建设,形成资源互补、产业关联、梯度发展的多层次产业圈与都市圈,建设打造亚太地区最具活力和国际竞争力的城市群,成为带动全国经济增长与社会发展更为强大的都市圈与城市群。

① 资料来源：2015 年广州市国民经济与社会发展统计公报.

　　此外,进入 21 世纪以来,珠三角都市圈在高速公路、高速铁路和地铁的带动之下,单个城市的扩张与都市圈的一体化进程进入发展新阶段。广州与深圳的高速铁路以及广州与佛山、深圳与东莞之间地铁开通,不仅推动了广州与深圳的产业梯度转移,而且有力地促进了作为都市圈两个中心——广州与深圳城市建成区的扩张与蔓延。

第二节　珠三角都市圈城市蔓延的测度

　　由于经济发展阶段与空间区位的不同,城市蔓延在我国三大都市圈的表现及其结构特征是不同的。珠三角都市圈是我国改革开放的先行区,处于我国南方,对外贸易自古以来就是我国最发达的地区,都市圈在城镇化率、人均地区生产总值、外来人口数量方面都处于我国三大都市圈前列,由此其城市蔓延的程度与结构性特征也与其他两大都市圈有所不同。

一、珠三角都市圈城市蔓延的测度

　　根据本书第五章第二节城市蔓延测度方法与计算公式,现对珠三角都市圈 9 个城市进行测度。1994 年,根据《1995 年中国城市统计年鉴》数据,珠三角都市圈的市辖区城市建成区的面积为 513 平方公里,到 2013 年,建成区面积增长到 2 884 平方公里,增长了 4.62 倍(见表 9-3)。在这个期间,由于城镇化率不断提高,从农村人口和外来人口不断迁入珠三角都市圈的 9 个城市,促使了其城市人口不断增长,其常住人口从 1 447.16 万人增长到 4 789.23 万人,增长了2.31 倍(见表 9-4)。显然,城市空间扩张的速度超过了人口增长的速度,整个都市圈已经构成了城市蔓延。

相对而言,珠三角都市圈的主要农作物播种面积并没有随着城市建成区扩张而出现明显的缩减,1994 年到 2013 年的 19 年间,珠三角都市圈的主要农作物播种面积减少了 261.55 公顷(见表 9-3),城市建成区的增长率与主要农作物播种面积的减少率并不大致等同,由于珠三角都市圈城市的周边土地空间基本上是可利用的耕地面积,这种情况的出现主要是由于复种指数提高的因素,它在广州的表现特别明显,所以需要考虑复种指数提高的因素。

表 9-3　1994—2013 年珠三角都市圈城市建成区(市辖区)
面积和农作物总播种面积

城市	建成区面积(平方公里)			农作物播种总面积(千公顷)		
	1994	2013	增长率	1994	2013	有效减少率
广州	216	1 024	3.74	249.72	267.51 (232.61)	0.07
深圳	84	871	9.37	10.92	5.43	0.50
珠海	70	124	0.77	37.48	18.70	0.50
佛山	29	157	4.41	160.87	107.54	0.33
中山	19	106	4.58	73.31	46.25	0.37
东莞	15	112	6.47	67.30	24.59	0.63
江门	37	158	3.27	375.55	288.00	0.23
惠州	23	237	9.30	284.31	258.75	0.09
肇庆	20	95	3.75	370.41	351.53	0.05
都市圈	513	2 884	4.62	1 629.86	1 368.31	0.18

资料来源:根据 1995 年中国城市统计年鉴和 2014 年中国城市统计年鉴、1994 年和 2014 年广东省统计年鉴以及珠三角都市圈 9 个城市 1995 年和 2014 年统计年鉴整理计算所得,小数点之后两位数,四舍五入。

注:广州市从 1994 年到 2013 年的 19 年期间,农作物播种面积提高了 17.79 公顷。由于我们需要计算由于城市建成区面积的扩大导致的农作物耕种面积的减少,为此需要估算实际农作物扣除复种指数提高之后减少的面积。在此期间,广州市的复种指数有所提高,在 19 年期间,假定复种指数提高 15 个百分点,相对于 1994 年的农作物播种总面积,扣除复种指数 15% 的增长率,2013 年相对农作物播种总面积应为 2013 年农作物播种面积除以 1.15,以此计算出农作物播种面积的有效减少率为。

从 1994 年到 2013 年,在珠三角都市圈的 9 个城市之中,城市空间绝对量扩张主要来自于广州与深圳,广州增长了 808 平方公里,深圳增长了 787 平方公里,它们构成了推动珠三角都市圈城市建成区总面积增长的两大主力(见图 9 - 1)。在人口增长方面,从 1994 年到 2013 年,珠三角都市圈城市人口(非农人口)从 1 447.16 万人增长到 4 785.23 万人,城市人口增长 3 342.03 万人,这些新增城市人口主要流向广州、深圳、佛山和东莞,这 4 个城市的新增城市人口分别为 715.64 万人、753.25 万人、534.19 万人和 570.25 万人,占珠三角都市圈新增城市人口数的 21%、23%、16% 和 17%(见表 9 - 4)。相对于城市建成区的情况,珠三角都市圈的城市人口增长在次级城市佛山和东莞略低于中心城市广州和深圳。这样,珠三角都市圈的城市空间扩张与城市人口出现了"双中心"的模式,即广州与深圳成为城市空间扩张与人口聚集的两大中心与增长极。

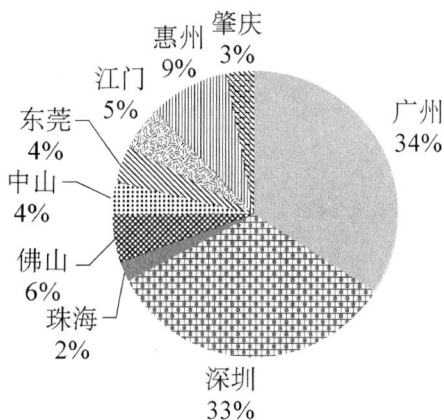

图 9 - 1 珠三角都市圈 9 个城市建成区增长量占个都市圈比重

资料来源:根据 1995 年中国城市统计年鉴和 2014 年中国城市统计年鉴、1994 年和 2014 年广东省统计年鉴以及珠三角都市圈 9 个城市 1995 年和 2014 年统计年鉴整理计算所得。

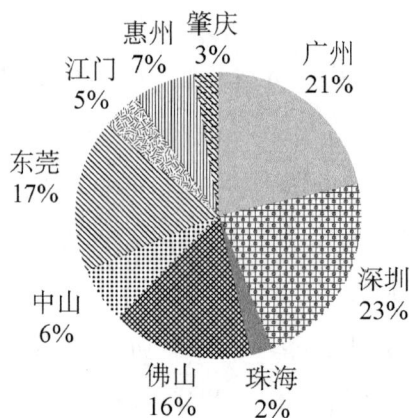

图9-2 珠三角都市圈9个城市非农业人口增长量占个都市圈比重

资料来源：1995年中国城市统计年鉴、2014年中国城市统计年鉴、1994年和2014年广东省统计年鉴以及珠三角都市圈9个城市1995年和2014年统计年鉴整理计算所得。

表9-4 1994—2013年珠三角都市圈各城市非农人口和农村人口

城市	非农人口（万人）			农村人口（万人）		
	1994	2013	增长率	1994	2013	减少率
广州	386.63	1 102.27	1.85	250.39	190.41	0.24
深圳	309.64	1 062.89	2.43	48.49	0	1
珠海	58.57	139.71	1.39	23.07	19.32	0.04
佛山	158.02	692.21	3.38	171.06	37.35	0.78
中山	67.75	279.30	3.12	67.75	38.09	0.44
东莞	167.85	738.10	3.40	112.05	93.56	0.17
江门	135.95	288.30	1.12	238.41	161.46	0.32
惠州	75.35	310.2	3.17	175.80	159.8	0.09
肇庆	87.40	176.25	1.02	264.20	225.96	0.15
都市圈合计	1 447.16	4 789.23	2.31	1 351.22	925.95	0.31

资料来源：1995年和2014年广东省统计年鉴，珠三角都市圈9个城市1995年统计年鉴整理计算所得。

相对于珠三角都市圈城市人口的迅速增加的状况,都市圈农村人口减少的幅度相对较少。从 1994 年到 2013 年,珠三角都市圈的农村人口只减少了 424.27 万人,其中广州、佛山与江门的农村人口减少量构成了都市圈的主力。这表明了都市圈的人口增长较多地来自于外来常住人口迁入,特别是广州、深圳与东莞,从农村向城市迁移的人口并不构成珠三角都市圈非农人口增长的主导因素。

根据表 9-3 和表 9-4,按照城市蔓延指数计算方法,得到表 9-5。可以看出,在我国三大都市圈之中,珠三角都市圈城市蔓延程度是最高的。从城市蔓延指数来看,珠三角都市圈的综合城市蔓延指数是 1.290,高于京津冀都市圈的 1.120 和长三角都市圈的 1.009。珠三角都市圈的 SI_1 为 2.001,也高于京津冀都市圈的 1.170 和长三角都市圈的 1.529,表明了其城市建成区的扩张速度高于城市人口增长速度一

表 9-5　珠三角都市圈 9 个城市蔓延指数

城市	SI_1	SI_2	SI
广州	2.021 0	0.286 0	1.153 5
深圳	3.851 4	0.502 7	2.177 1
珠海	0.556 9	3.082 6	1.819 7
佛山	1.305 7	0.424 1	0.864 9
中山	1.466 4	0.843 1	1.154 8
东莞	1.903 4	3.845 8	2.874 6
江门	2.918 2	0.722 3	1.820 3
惠州	2.985 2	0.987 8	1.986 5
肇庆	3.688 8	0.352 2	2.020 5
都市圈合计	2.001 3	0.577 9	1.289 6

资料来源:根据表 9-3 和表 9-4 自制,得到的最后数据采取四舍五入方法取小数点之后四位。

倍。① 这是较为明显的城市空间扩张与蔓延现象。

二、珠三角都市圈城市蔓延的类型分析

由于珠三角都市圈的城镇化率、人均地区生产总值、外贸依存度以及外来常住人口都在我国三大都市圈之中占据首位,又毗邻香港,同长三角都市圈和京津冀都市圈不同,其城市蔓延出现了许多新的特征。珠三角都市圈的城市蔓延可分为以下四种类型的城市蔓延:

第一类型的城市是广州,综合城市蔓延指数是 1.154,SI_1 为 2.020,但是主要农作物播种面积减少幅度并不大。作为珠三角都市圈双中心之一的广州市,虽然城市空间速度高于人口增长速度,但是在外来人口不断迁入的条件下,广州城市空间扩张存在一定程度的城市蔓延,但是蔓延程度并不高。在这个方面,广州的城市空间扩张与蔓延状况同上海和北京具有一定相似之处。

第二类型的城市是深圳,综合城市蔓延指数分别是 2.177。在所有的首位性城市之中,深圳是一个特例,由于它也是地区性首位城市。但是,不同于北京、上海和广州的是,深圳的城市空间扩张十分快,尽管它的外来常住人口占据了城市人口的较高比重,但是城市空间速度仍然快于人口迁入的速度,从而导致了其明显的城市蔓延。这主要是来自于毗邻的香港空间拉力作用,在香港的地价不断高企的状况之下,深圳的房地产明显受到其影响,因此城市空间不断扩张满足其需求。其次,深圳具有十分高的外贸依存度,加工生产占据重要位置,生产空间的增加与发展是城市空间扩张的重要因素。2014年,深圳外贸进出口总额 4 877.65 亿美元,外贸依存度达到

---

① 长三角都市圈城市蔓延指数来源于本书第七章计算结果,京津冀都市圈城市蔓延指数来源于本书第八章计算结果。

192.03％。外贸进出口之中,其中出口总额2 844.03亿美元,分别占全国和广东省出口总额的12.1％和44.0％,进口总额2 033.62亿美元。深圳进出口规模从2012年到2014年连续三年居内地城市首位,其出口总额连续二十二年居内地城市首位。①

第三类型的城市是东莞、江门、惠州和肇庆,综合城市蔓延指数分别是2.875、1.820、1.987和2.021,城市蔓延程度较高。尽管东莞市外来常住人口在不断增加,促进了城市空间的有效利用率,但是城市还是出现了较高的蔓延指数。东莞作为珠三角都市圈的次级城市,其空间区位于广州与深圳之间。这是促进东莞城市空间蔓延的重要因素。它的城市人口与城市空间都处于快速增长的过程之中,城市空间增长快于人口的增长,再加上深圳与广州之间不断增加的高速公路、高速铁路以及其他交通轴线建设,使得城市空间出现蔓延。作为次级城市东莞的城市蔓延,与长三角都市圈苏州和无锡和京津冀都市圈的天津具有相似之处。

位于珠三角都市圈外围地带的江门、惠州和肇庆的城市蔓延程度较高。值得注意的是,这3个城市的城镇化率相对较低,2015年这3个城市的城镇化率分别为64.10％、43.82％和66.0％,都低于广东省67.76％的平均水平。这3个城市处于快速城市化过程中,在中心城市与次级城市广州、深圳、佛山和东莞的聚集效应之下,城市空间扩张快于人口增长速度。同时,随着深圳和东莞的生产用地日益紧张,一些生产工厂选择落户于都市圈外围地带也是这三个城市空间扩张的重要原因。

第四类型的城市是佛山、中山和珠海,综合城市蔓延指数分别是0.865、1.155和1.820。珠海的SI_1值仅为0.557,其农村人口减少率过低导致了SI_2偏高,因而必须把珠海归于这一类型。城市空间与人口增长保持一定的对称性,城市空间扩张与蔓延不明显。这3

---

① 资料来源:2014年深圳国民经济与社会发展统计公报。

个城市位于珠三角都市圈的中轴地带,它们拥有一个共同的特征是城镇化率相对较早就进入了相对较高的阶段。在 2008 年,佛山、珠海和中山的城镇化率是 91.82%、85.14% 和 86.14%。在城市化达到较高阶段之后,城市空间结构相对稳定,这 3 个城市作为珠三角都市圈的中轴地带,城市空间扩张不明显。在此之前,这 3 个城市作为珠三角都市圈的次级地级,由于快速的人口城市化和较快的城镇化水平的作用之下,城市空间扩张被不断迁入城市的农村人口抵消。较高的城镇化率使得其城市空间利用程度较如同广州一样,城市蔓延特征并不明显。[①]

第三节　珠三角都市圈城市蔓延的 具体原因分析

珠三角都市圈城市蔓延具有较为典型的三大因素:外向型经济、劳动力供给结构性特征以及城市外生服务业化。因此,珠三角都市圈城市蔓延整体上要比长三角都市圈和京津冀都市圈的程度要高、范围要广,它在都市圈的首位城市广州和深圳具有十分明显的表现。

一、工业化与产业结构调整促进城市空间扩张

(一) 珠三角都市圈工业发展的外贸化与同构化特征

1. 珠三角都市圈的产业外贸化问题

在珠三角都市圈工业发展之中,以轻工业为主的出口加工型工业占据十分重要的地位,"大进大出"与"两头在外"的经济成分在地

---

① 城镇化率资料来源:2015 年广东省统计年鉴。

区经济之中的比例比较高,出口在都市圈经济增长之中占有重要地位,城市经济外贸依赖度较高。它是我国三大都市圈之中外贸依存度最高的都市圈。1995 年,珠三角都市圈的外贸依存度为145.69％,此后有所下降,在 2005 年到 2008 年之间又回升到 140％左右,此后又有所下降,见表 9-6。在珠三角的 9 个城市之中,深圳、珠海、东莞和惠州的外贸依存度是较高的,其他城市的依存度相对较低,见表9-7。

表 9-6　珠三角都市圈进出口总额、地区生产总值及外贸依存度

年份	进出口贸易总额 (亿元)	地区生产总值 (亿元)	外贸依存度 (%)
1995	5 938.38	4 076.16	145.69
2000	10 022.8	8 422.24	119.00
2001	10 613.04	9 560.64	111.01
2002	13 347.50	10 956.75	121.82
2003	17 092.09	12 960.09	131.88
2004	21 551.54	15 488.13	139.15
2005	25 897.79	18 279.63	141.68
2006	31 937.35	21 686.34	147.27
2007	38 437.12	25 759.83	149.21
2008	41 389.05	29 945.66	138.21
2009	36 843.85	32 247.2	114.25
2010	47 332.09	37 875.45	124.97
2011	55 080.21	43 750.39	125.90
2012	59 432.00	47 824.18	124.27
2013	65 988.15	53 307.67	123.79
2014	64 836.70	57 650.02	112.47

资料来源:广东省统计年鉴 2015 年,当年价格,1 美元=6.3 元人民币。

表 9 - 7 2014 年珠三角都市圈 9 个城市的进出口
贸易总额、地区生产总值和外贸依存度

城市	进出口贸易总额 （亿美元）	地区生产总值 （亿元）	外贸依存度 （%）
广州	1 305.76	16 706.87	49.24
深圳	4 877.40	16 001.98	192.02
珠海	549.60	1 857.32	186.42
佛山	688.074	7 603.28	57.01
中山	594.12	2 823	82.48
东莞	1 624.97	5 881.18	174.07
江门	369.59	2 082.76	61.63
惠州	203.74	3 000.7	124.74
肇庆	78.30	1 845.06	26.74
都市圈合计	10 291.54	57 650.02	112.47

资料来源：各市地区生产总值根据 2014 年各市统计公报数据所得，进出口总额和都市圈的进出口总额和地区生产总额根据 2015 年广东省统计年鉴数据所得，当年价格，1 美元＝6.3 元人民币。

在此，可以看到在外贸依存度与城市空间扩张之间存在着正相关关系，这些加工型产业大部分属于劳动密集型与资源消耗型产业，通常占地面积较大，对于城市空间扩张具有较为重要的作用。由于出口加工型在于利用我国较为低廉的劳动力成本与环境成本，其与所在城市的关系主要在于税收关系。在我国大量劳动力流向珠三角的条件下，劳动力趋于无限供给，客观上为珠三角城市的蛙跳式开发提供条件，珠三角的企业可以不考虑接近于劳动力的供给地进行生产，而主要考虑较为方便的交通、产业配套和所需的土地空间进行生产。城市政府为发展出口加工型产业，主要的杠杆工具在于利用土地资源大力吸引外商直接投资和鼓励现有工厂扩大生产规模。它的一个重要结果是生产用地的跳跃式开发与飞速增长，从而促进了城市空间扩张与蔓延。由于毗邻香港，珠三角的出口加工型产业经历了较为明显"前店后厂"发展阶段,许多出口加工型企业的控制与管理中心位于香港,而生产环节沿着交通轴线展开,企业临近于城市郊区,特别是选择较小城市作为地址,以规避土地成本。这些企业同中国香港、中国台湾和国外地区的联系多于同区域之内的联系。工厂大多位于公路与铁路站点两侧,形成蛛网式与蔓延性的生产景观。

2. 珠三角都市圈的产业同构化问题

珠三角都市圈是我国最早实行对外开放的区域,经过长达三十多年发展,不同城市之间已经形成一定的产业分工与协作关系,产业专业化分工与集聚已经得到一定程度的发展。以深圳、东莞和惠州为例,深圳产业结构正在升级转型,正在向高技术与高资本方向发展,产业的精、细、高的特征越来越明显,产品的附加值越来越高;而一些占地面积较大的炼油、化学与石油化工项目以及附加值比较低的工业项目如家具制造业则由惠州来生产;东莞的产业技术水平与工业项目生产的精细状况明显地介于深圳与惠州之间。这种都市圈的产业链上下游分工与协作关联正变得越来越紧密。

但是,由于珠三角都市圈具有轻工业出口加工型的特征,在都市圈内部仍存在着一定程度的产业同构化现象,不同的城市为招商引资,采取了相互竞争性的优惠政策,使得都市圈内部出现了不同城市与地点生产"多头对外"和相互竞争的局面,有些城市之间的产业合作与关联小于城市与外国之间的产业关联。即使是同一座城市的产业开发区之内,企业之间和产业之间的关联度还是亟待提高的。在珠三角区域之中,选择都市圈与城市的外围地带进行生产是最为理想的选择。许多出口加工型企业的选址在 20 世纪 80 年代先是选择深圳,继而沿着深圳与广州的交通轴线外移至东莞,到了 21 世纪选址于惠州、江门和肇庆,以降低土地成本。这就解释了为什么珠三角都市圈有城市蔓延的城市处于都市圈外围而中轴地带城市扩张相对不明显的现象。

产业同构化问题会使得城市生产空间不能利用规模经济与聚集经济,导致土地资源无效率或低效率利用。以深圳、东莞和惠州为例,2014 年深圳和东莞的产业同构率为 60%,东莞和惠州的产业同构率为 50%,深圳和惠州的产业同构率为 50%(见表 9-8)。虽然在相关的工业行业内部可能已经形成了上下游的产业分工与协作关系,但是由于这三个城市的外贸依存度都十分高(见表 9-6),这在某种角度表明它们同国外的产业合作的关系较为紧密。在 20 世纪 80 年代、90 年代和 21 世纪头十年,深圳和东莞的地区生产总值年均增长率 24% 以上,远远高于全国的平均增长率,深圳 1980 年地区生产总值比上年增长 62.7%,1984 年比上年增长 59.9%;东莞 1985 年地区生产总值比上年增长 32.3%。[①] 城市经济增长速度是极高的。在经济的快速增长的背景下,城市空间主要利用扩张来满足经济增长的需求,由于城市空间整理与有效率利用还较为不足,从而导致城市蔓延的发生与发展。

表 9-8 2014 年深圳、东莞和惠州总产值居于前 10 位的工业行业比较

位序	深 圳	东 莞	惠 州
1	计算机、通信和其他电子设备	计算机、通信和其他电子设备	计算机、通信和其他电子设备
2	电气机械及器材制造业	电气机械和器材制造业	石油加工、炼焦和核燃料加工业
3	文教、工美、体育和娱乐用品	橡胶和塑料制品业	化学原料和化学制品制造业
4	橡胶和塑料制品业	通用设备制造业	电气机械和器材制造业
5	通用设备制造业	造纸和纸制品业	橡胶和塑料制品业
6	金属制品业	纺织服装、服饰业	金属制品业

---

① 资料来源:根据 2014 年深圳统计年鉴和 2014 年东莞统计年鉴整理所得。

（续表）

位序	深圳	东莞	惠州
7	专用设备制造业	皮革、毛皮、羽毛及其制品和制鞋	非金属矿物制品业
8	仪器仪表制造业	农副食品加工业	汽车制造业
9	有色金属冶炼及压延加工业	金属制品业	皮革、毛皮、羽毛及其制品和制鞋
10	汽车制造业	文教、工美、体育和娱乐用品制造	家具制造业

资料来源：根据 2015 年深圳统计年鉴、2015 年东莞统计年鉴和 2015 年惠州统计年鉴整理。

二、经济房地产化及其服务业化的影响

同长三角都市圈与京津冀都市圈一样，珠三角都市圈的经济房地产化及其服务业化对城市蔓延具有重要影响。多年来珠三角的建筑业飞速增长。2014 年，珠三角的建筑业增加值 1 581.06 亿元，达到了较大的总量规模。房地产业对珠三角都市圈经济的影响力不断增大，构成了地方经济发展的重要支柱。第二产业的建筑业与第三产业的房地产业两者增加值之和占据城市地区生产总值的 10％以上。2000 年，珠三角都市圈建筑业总产值 664.92 亿元，2014 年增长到 6 310.31 亿元，增长了 8.49 倍。从 2000 年到 2014 年，广州和深圳的建筑业总产值分别从 256.13 亿元和 153.02 亿元增长到 2 377.92 亿元和 2 217.23 亿元，分别增长了 8.28 倍和 13.49 倍，深圳的建筑企业总产值增长率是整个都市圈之中最高的，而广州的增长量占珠三角的比重最高，虽然珠海的建筑企业总产值的增长也达到 11.16 倍，但是整个珠三角的建筑业主要集中在广州和深圳，形成了双中心的格局（见表 9 - 9）。由此，这也表明了建筑业及其房地产业在广州

与深圳所占的重要地位。2014年,广州第三产业的房地产业增加值
1 370.03亿元。[①] 建筑业与房地产业占据广州地区生产总值的10%
以上,成为城市经济发展的支柱产业。

表9-9 2000—2014年珠三角都市圈建筑企业总产值

城　市	2000年	2014年	增长率(倍)	增长量占整个珠三角都市圈比重(%)
广　州	256.13	2 377.92	8.28	37.58
深　圳	153.02	2 217.23	13.49	36.56
珠　海	33.11	402.78	11.16	6.55
佛　山	73.08	487.12	5.67	7.33
惠　州	20.35	122.04	4.99	1.80
东　莞	40.45	204.21	4.08	2.90
中　山	26.2	166.84	5.37	2.49
江　门	47.18	212.38	3.50	2.93
肇　庆	15.4	119.8	6.78	1.85
珠三角	664.92	6 310.32	8.49	1

资料来源:2015年广东统计年鉴。

　　在珠三角都市圈的经济房地产化的同时,其经济也正在朝着服
务业化方向发展。2014年,珠三角都市圈的地区生产总值为
57 650.02亿元,其中第三产业增加值30 640.14亿元,第三产业增加
值比重53.15%。都市圈的经济服务业化在首位城市的广州与深圳表
现得特别明显。以广州市为例,2015年第一产业增加值达到228.09
亿元,第二产业增加值5 786.21亿元,第三产业增加值12 086.11亿元,
三次产业的比例为1.26∶31.97∶66.77。三次产业对经济增长的贡
献率分别为0.4%、29.0%和70.6%。[②] 深圳的第三产业增加值比重于

---

① 资料来源:2015年广州统计年鉴
② 资料来源:2015年广州市国民经济与社会发展统计公报.

2008 年超过 50％以后,2015 年已经达到 57.3％。深圳市第三产业的房地产业与金融业在地区经济之中的比重分别为 13％和 9％以上,两者之和占据了 20％的比重,对地区经济产生了较大的影响。[①]

随着珠三角都市圈的经济总量不断提升,原先位于香港的生产者服务业特别是金融业、批发与零售业、租赁和商业服务业正在向深圳和广州转移,珠三角都市圈 9 个城市与香港之间"前店后厂"式的经济关系正在发生改变。这种经济结构的转型升级特别是经济服务业化对于城市居民与企业的生产与生活具有重要影响,它促进了生活与生产地点的分散,从而促进了城市空间扩张与蔓延。

三、珠三角都市圈城市蔓延的制度因素

同长三角都市圈与京津冀都市圈不同,珠三角都市圈 9 个城市都是从属于广东省的城市,广东省作为这 9 个城市的上级行政机构,拥有较好的协调体制与机制。9 个城市作为广东省的主要经济区域,在广东省统计信息机构拥有相对独立的统计口径与资料。《珠江三角洲地区改革发展规划纲要(2008—2020 年)》是由广东省政府颁布,而长三角都市圈与京津冀都市圈的相关区域规划由国务院或是中共中央政治局颁布。因此,广东省政府可以作为珠三角都市圈 9 个城市拥有常设的协调机构,除了与香港和澳门的协调与协作需要谈判之外,城市与城市之间的利益协调基本上可以在广东省级层面得到解决。珠三角都市圈在体制与协调的优势在一定程度可以避免了区域之内大型项目的重复性建设。但是,在 20 世纪 90 年代及以后城市主要利用土地与税收优惠来招商引资之时,在城市大力发展出口加工型产业之时,都市圈的协调机制对城市之间的产业分工与协作未能起到有效的促进作用,从而使得城市之间的产业同构化问题发

---

① 资料来源:2014 年深圳市国民经济与社会发展统计公报和 2014 年深圳统计年鉴.

生发展。这是一个较为重大的缺陷。

需要指出的是,这种统一性与协调性,是推动珠三角都市圈整体性城市蔓延的重要因素。目前我国包括珠三角都市圈在内的城市空间规划,实质上是以扩张和拓展城市空间为实际目的,在规划以容纳更多人口与产业的城市空间的过程中,加强城市空间的连通性是重要的一方面。因此,城市会注重与其他城市的交通相连,产业配套以及生活相关,甚至提及了与周边城市的同城化发展。但是,这些规划及其指导之下的发展,不知不觉在促进城市空间扩张与蔓延。在《珠江三角洲地区改革发展规划纲要(2008—2020年)》之中,规划到2012年,珠江三角洲高速公路通车里程达3 000公里,轨道交通运营里程达1 100公里;到2020年,轨道交通运营里程达2 200公里。这样,城市蔓延的主体不仅包括了9个城市政府,而且也包括了广东省政府,两级政府一起成为城市空间扩张的重要推力,从而说明了我国政府是城市蔓延的主要推动力量,它证明了现阶段我国城市空间生产的政治属性与资本逻辑。这种力量在间接方面通过经济增长与经济空间发展(外贸化与同构化的产业结构、经济的房地产化与服务业化),在直接方面通过城市基础设施建设促进了城市空间扩张与蔓延。正是通过构建珠三角都市圈互联互通的城市交通网络,珠三角都市圈的城市空间在不断扩张甚至蔓延。从这个角度来讲,在以经济建设为中心的政策背景之下,城市与都市圈的空间规划虽然为经济增长提供空间与场所,实质上以空间增长促进经济增长。

在以政府为推动力量的条件下,以扩张和拓展城市空间为实际目的规划对城市空间扩张具有较大推动作用。以广州市为例,广州市政府"十一五"期间对城市空间规划提出的"东进、西联、南拓、北优"方针,继而在《广州城市总体规划(2011—2020)纲要》提到的"南拓、北优、东进、西联、中调",实质上在推动城市空间作大幅度扩张。在"一个都会区、两个新城区、三个副中心"的多中心网络型城市空间结构的规划目标之下,广州城市空间得到大幅度拉大,城市建成区增长迅速。根据规划纲要,广州2020年城乡建设用地将达到1 772平方公里,常住人口1 800万人,管理服务人口2 000万人,包括户籍人口、非户籍常住人口、流动人口等。以目前的人口数量与城市建设用地状况,显然广州在未来的一段时间里,城市空间还要做大幅度扩张。

从资本与市场角度来看,由于珠三角都市圈是我国改革开放的先行区,经济发展水平较高,从人均地区生产总值与城镇化率居于我国之首,在经济增长到一定阶段以后,资本从不断地从实业制造的"第一级循环"脱离出来,加入城市空间生产的"第二级循环"之中,以城市空间的增长促进经济增长。从建筑业增加值与总值的绝对量与相对量比较来看,珠三角都市圈的建筑业与房地产业的比重是较高的。珠三角的道路以及其他基础设施的建设水平也是较高的。从这个角度来看,珠三角都市圈的城市蔓延水平高于其他都市圈是有市场与资本因素的。

四、广州城市蔓延的途径与状况

从我国改革开放以来,广州市从原来强调城市的"生产性"转变为强调城市的"中心性",力图在规划方面上打破传统蔓延式扩展格局,也提出了"带状、组团"等发展模式。然而,广州城市空间在经济增长的推动之下,在相关城市规划刚性约束不足的状况之下,城市空间不断扩张并存在一定程度"摊大饼"式蔓延。城市建成区面积不断增长,从1996年到2014年,城市建成区面积从216平方公里增长到1 024平方公里。[①] 城市建成区沿着交通轴线不断发展,住宅房地产不断沿着城市边缘区开发,并填充了已有的开发空间空隙。进入21世纪以来,大型建设项目与交通轴线的建设对于拉大广州城市空间具有较大影响,也使得广州的城市蔓延进入高潮阶段:一是城市中心城区不

---

① 资料来源:1995年中国城市统计年鉴和2015年中国城市统计年鉴。

断向外围扩张,近郊农村不断地被纳入城市空间范围,中心城区空间作"摊大饼"与蔓延式扩大;二是高速公路与铁路快速增加,住宅房地产沿着交通轴线作辐射状延伸;三是位于郊区的大型建设项目的牵引作用;四是远郊的城市副中心或新城的作用。这四个作用力共同推进广州城市空间大幅度扩张。

在交通方面,广州的高速公路从原有的中心城区为中心,呈环状与放射状对外扩散,对于城市空间扩大与蔓延具有直接的影响与作用。如广州的内环路、环城高速公路、北二环高速公路、新国际机场高速公路以及内环放射线使得许多住宅房地产不断沿着它们向外扩张。此外,铁路的京广线、广茂线、广深线、京广九线等线路也使得其与周边站点空间距离不断缩小。广州与佛山的同城化使得两个城市之间的空间不断被填充。在《广州城市总体规划(2011—2020)纲要》提出到2020年,广州干道道路网络系统规划由"四环十九射"高等级道路和主次干道所构成,道路总长度9 689公里。在轨道交通上打造以"环+放射+十字快线"为主骨架的轨道线网,2020年规划建设轨道交通线路总长度817公里。

大型项目的建设由于占地面积较大,通常位于郊区。如果由于政治、经济与社会的需要,大型项目通常可以较容易地突破规划的限制,还可以在短时间之内建成,它对城市空间的影响也是较为迅速和有力的。但是,它们不利于城市空间整合与有效利用,如广东奥林匹克体育中心、广州体育馆、亚运村的建设。其他大型建设项目如白云机场、广州大学城与广州南站等,都对城市空间扩大具有一定影响。如广州大学城一期已开发面积18平方公里,二期规划面积36平方公里,对于城市空间扩大具有重要作用。

此外,为疏解中心城区过于集中的人口与产业,城市在郊区建设的产业功能开发区、副中心、郊区新城也对城市空间扩张起到促进作用。在产业功能开发区方面,有广州经济技术开发区、中新广州知识城、空港经济区和广州国际健康产业城等,这些产业功能开发区在广州产业结构调整与转型过程之中,在政府的主导之下,通常可以吸引足够多的产业与就业人口。对城市的副中心与新城而言,虽然这些副中心与新城未能按照规划吸引到产业与人口,但对于拉大中心城区的面积却起到了促进的作用。如南沙滨海新城和东部山水新城的建设从东部和南部强有力地牵引广州中心城区空间扩大。

表 9-10　1996—2011 年广州市建设用地变化状况

年份	面积 (km²)	扩展面积 (km²)	扩展速度 (km²/Y)	扩展强度 (%)	人口 (万人)	GDP (亿元)
1996	363.25	—	—	—	656.05	1 468.06
2000	419.23	55.97	13.99	3.85	700.69	2 492.74
2005	545.00	125.79	25.16	6.00	750.53	5 154.23
2011	776.69	231.68	38.61	7.09	806.14	10 748.28

　　资料来源:陈燕乔,彭长连,陈波.基于遥感监测的广州市建设用地时空变化[J].热带地理,2012,(11):598—605.

　　这样,从 20 世纪 90 年代初开始,广州市的城市建设用地面积不断增加,且呈不断加速的态势。城市建设用地从 1996 年到 2011 年增加了 413.44 平方公里,增长了一倍。在此 15 年间,广州的城市建设用地面积增长速度不断呈现加快态势。1996—2000 年,广州城市建设用地面积平均每年增长 13.99 平方公里;2000—2005 年,平均每年增长 25.16 平方公里;2005—2011 年,则平均每年增长了 38.61 平方公里。[①] 广州的耕地面积在不断下降,从 1978 年的 249 479 公顷下降到 2014 年的 96 398 公顷,下降幅度达到 61.36%,见图 9-3。[②] 广州城市建成区在不断地扩张并形成一定程度的蔓延,见图 9-4。

---

① 陈燕乔,彭长连,陈波.基于遥感监测的广州市建设用地时空变化[J].热带地理,2012,
　　(11):598—605.

② 资料来源:2015 年广州统计年鉴.

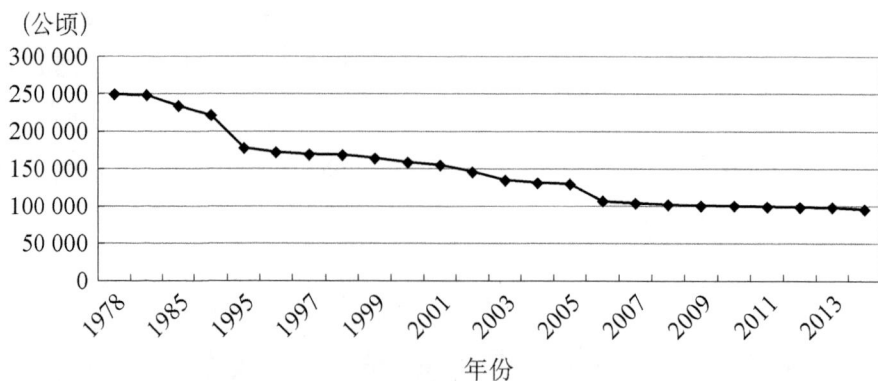

图 9 - 3　1978—2014 年广州市耕地面积

资料来源：广州统计年鉴 2015 年。

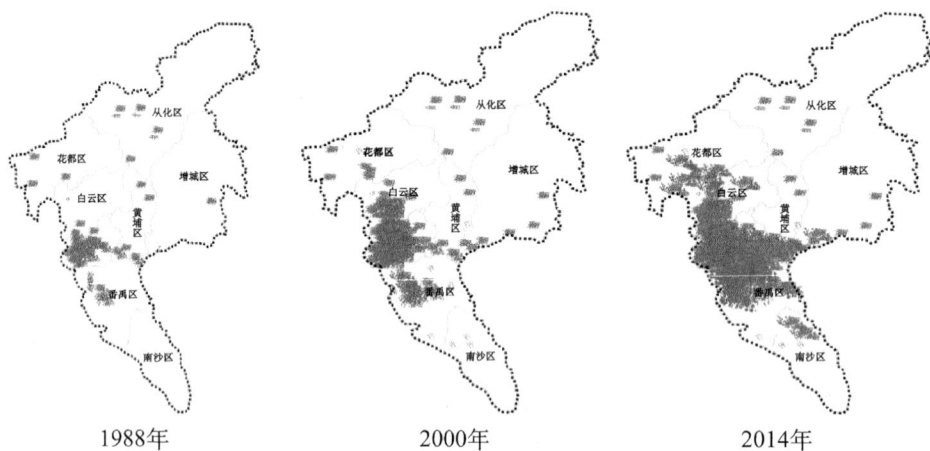

| 1988年 | 2000年 | 2014年 |

图 9 - 4　1988—2014 年广州市中心城区扩展状况

资料来源：根据广州市中心城区面积数据自制。

第十章

从空间生产到空间正义

空间是社会的表达,它根植于经济制度与社会形态,受到全球资本对经济生产作用的影响,拥有时代的烙印与特征。在分析我国三大都市圈城市蔓延过程之中,理论分析为本研究提供了思路和切入点,而实证研究为理论假设找到了具体的外在印证。从城市蔓延的表象之中挖掘出经济与社会成因,从资本与权力、经济与制度是城市蔓延的深层次因素出发,通过对我国三大都市圈城市蔓延的测度与比较,总结出深层次的原因,提出有效的对策,从而促进我国空间正义。

第一节 实证分析的结论

由于我国三大都市圈城市蔓延具有我国相对独特的经济增长因素与社会制度因素,受到我国产业发展方式、人口数量及其迁移的影响,因此,城市蔓延具有不同于美国城市蔓延的结构性特征,有着不同的空间表现形式。在对资本的节制和权力的约束不到位的条件下,经济与制度的运作显然是有利于城市空间扩张的,造成了城市蔓延现象,形成了中心城区极化与郊区过于分散的城市空间问题。从总体上看,我国三大都市圈都存在城市蔓延现象,珠三角都市圈为首(1.290),京津冀都市圈为次(1.120),最后为长三角都市圈(1.009)。由于我国三大都市圈是全国生产要素趋于集中的地方,特别是外来人口集中流向目的地,因此,从都市圈整体层面来看,城市蔓延并不严重。进一步地,如果从都市圈的内部结构来看,我国三大都市圈首位城市的空间蔓延并不严重,而次级城市空间蔓延较为严重;外贸依存度与经济发展阶段较高的城市蔓延较为严重。这些问题都会对我国三大都市圈的经济与社会发展产生较大的影响与作用。

一、都市圈的次级城市是我国三大都市圈之中城市蔓延程度最高的城市

我国三大都市圈城市蔓延最为严重的状况发生在都市圈的次级城市,并不是在首位城市。作为都市圈的首位城市,上海、北京与广州城市蔓延程度并不严重。上海、北京和广州,尽管城市建成区和建设用地面积达到了1000平方公里以上,但是城市蔓延程度较低。这三大城市作为我国的标杆性中心城市,它们是外来人口与新兴产业的主要流向。由于集聚了较多的人口与产业,虽然城市空间在大幅度扩张,耕地面积在减少,但是人口密度与产业密度在不断提高,城市空间得到有效利用,城市空间基础设施利用程度也是较高的。它突出表明了在首位城市超前于次级城市的发展规律,在聚集经济与规模经济的效应之下,城市空间扩张没有构成严重的蔓延现象。

在我国三大都市圈的次级城市,如苏州、天津和东莞,城市蔓延程度最高。这些城市空间扩张速度远远超过了城市人口增长速度。为什么会产生这种现象?主要原因在于这些城市同本都市圈的首位城市空间距离较近,在首位城市的聚集效应之下,它们的人口增长与产业发展受到一定的影响。同时,这些城市采取土地政策和税收优惠政策吸引外商直接投资与国内资本进入。政府在做大城市空间规

模,但是市场社会因素的反应不如预期,导致了已开发的城市空间的低效率利用,如低密度开发和单一化土地使用等。由于首位城市已经开始了产业梯度转移的进程,因此,次级城市的制造业及其经济外贸依存度是比较高的,这也是促进次级城市蔓延超过首位城市的原因之一。

二、构建都市圈统一的治理体制与机制并不能降低城市蔓延程度

多年以来,针对长三角都市圈和京津冀都市圈存在的产业同构化问题以及重复建设问题,许多人认为需要构建都市圈统一的治理体制与机制,以解决不同地方之间利益冲突与矛盾,特别是建立一个统一的行政组织,这样的行政组织位于都市圈的城市及其省份的级别之上。然而,对珠三角都市圈城市蔓延的研究表明,存在一个统一的治理框架并不能有效解决城市蔓延问题,也未能有效地遏制城市之间的产业同构化问题。在以经济建设为中心的政策之下,省级与市级政府可以在促进区域经济联系与交通关联的要求之下,加快对城市空间的大规模开发。两级政府一起成为促进城市空间扩张与蔓延的主体力量。相反,在一个由于相对独立的城市主体构成的分散城市集体之内,城市的利益可以得到相对独立体现,它们的独立性与利益诉求能得到尊重,城市政府也可以从自身利益出发制订一些城市政策,城市之间可以通过协商与谈判机制解决彼此之间的矛盾冲突。这种相对松散的治理体制对城市空间特别是都市圈空间朝着正确的方向发展反而是有利的。

从这个角度来看,制度的有效供给与权力的约束成为控制城市蔓延的重要方向。地方政府以开发主义和城市主义为意识形态,追求效率与经济增长,忽视政治发展与社会发展,以加大出口、加快重化工业发展和大力建设基础设施和"楼盘经济"来提高地方财政收入

和经济增长,对都市圈城市空间扩张具有较大的推动力。这在省级和市级地方政府之间具有某种默契,它们在同资本形成合力之后,城市空间生产便具有较大的动力。由此,在相关金融政策的激励、货币供给相对宽松以及价格增长预期之下,许多城市在2008年之后,经济增长进入了"楼盘时代"。

因此,构建有效的制度约束与激励机制,规范都市圈城市政府行为,在资本与公共权力两者之间构筑屏障,使得相对隔离,不仅要注意地方经济增长,而且要重视政治发展与社会发展,加强公民、市民和居民对城市规划与空间发展的参与。这是城市空间的合理化与有序化的必要条件。

三、城市经济的外生性与城市扩张蔓延具有正相关关系

我国的出口加工型企业与城市政府的关系主要在于财政税收和土地供给之上,在就业方面关联程度并不大。由于三大都市圈的劳动力供给目前总体上还是超过需求的,出口加工型企业的选址主要侧重于交通运输方便。在这样的条件下,出口加工型企业主要沿着交通轴线分布,它们可以进行空间跳跃式开发,以规避土地成本问题,从而形成了蛛网式与蔓延性的空间生产景观。从三大都市圈相对比较来看,都市圈外贸依存度越高其城市蔓延程度越高;从城市横向比较来看,城市外贸依存度越高其城市蔓延程度越高。出口加工型企业相对脱离于本地的经济,同地方要素禀赋关联性不高,在劳动力供过于求的条件下,可以在空间跳跃式设立工厂,进行城市空间开发。在我国国内运输成本与交易成本居高不下的条件下,吸引外商直接投资和本地资本投资,发展对外出口,是提高经济增长率的重要途径。它表明了资本的高度流动性与关联性,地方政府在接入全球资本体系和国内资本体系之后,经济外生性增加,城市空间布局受到全球资本的作用与影响,城市的生产成为资本全球体系的一部分,这

会较大地影响城市的空间生产。

城市经济的外生性与城市扩张蔓延具有正相关关系还表现都市圈首位城市的服务业外生性之上,首位城市的产业结构升级和服务经济发展并不是基于本市要素禀赋和居民可支配收入提高的基础之上,而是基于它们同其他地方与城市的关联。它们在成为全球流动空间的一部分之后,同地方经济的距离越来越远。这造成了社会空间的"二元化"现象,促进了城市空间分化与蔓延。一方面,这些首位城市的中心城区越来越高档化,资本与财富越来越集中在中心城区,产生了空间极化现象;另一方面,在社会收入分化效应的作用之下,城市社会空间的过滤机制推动了中低收入社会群体不断向外围迁移,促进城市空间蔓延。

四、城市经济发展阶段与其蔓延程度具有正相关关系

在经济发展的高级阶段,城市空间蔓延程度是较高的。珠三角都市圈的经济发展阶段明显高于长三角都市圈和京津冀都市圈,从人均地区生产总值、城镇化率、轻重工业比例来衡量都是如此。在经济进入较高的发展阶段之后,会有更多的资本从实体经济生产之中分离出来,从事经济的房地产化与服务业化工作,城市交通更为通达,城市空间发展从实体生产性需求转变为居民与生活需求。城市经济发展阶段越高,其区域的空间扩展越充分。

房地产和基础设施建设在产业结构之中一般占有相应的比重。房地产与基础设施建设经常被用作对付经济危机的手段,它们的发展本身也是经济发展的表现,城市空间的增长也是经济发展的重要标志。从发达国家来看,除了部分欧洲国家因为历史的影响之外,房地产发展、经济发展阶段和城市蔓延三者之间有正相关关系。如果从人的需求来看,伴随着现代化进程,人的空间观逐渐发生变化,扩大居住空间面积和改善空间状况是经济发展之后个人的正常反应。

提高人的居住面积与使用人工环境的频率不断提高,这都会促使城市空间扩张。在我国,空间改善与扩大需求首先由政府的拆迁和产业引导先行突进,此后产生的可支配收入提高促使社会的空间相应发展。在政府引导的大型项目之间,社会居民住宅区逐渐填补了这些空间,推动了城市蔓延。

五、我国三大都市圈城市蔓延形式具有一定的独特性

我国三大都市圈城市蔓延是政府主导和产业导向的,社会是跟进的。政府对空间的规划、基础设施建设和产业项目的落地实施是城市空间先行的先行力量,目前也是城市蔓延的主导力量。政府的强有力的主导具有较大的作用。社会与居民对更大的空间需求被镶嵌到这些大型项目之间。这是我国城市蔓延的主要方式。这种方式兼具了交通导向和"土地导向"特征,因而城市空间扩张呈现"摊大饼"与辐射式蔓延。城市人口与空间的扩张与外溢、城市交通轴线的作用以及外郊大型建设项目的拉动,使得城市空间在短时间之内大幅度扩张。美国城市空间蔓延空间方向侧重于交通轴线导向,星状蔓延是其主要特征,居住先行与市场主导是其主要方式。我国在这种城市扩张模式之下,首位城市的人口郊区化以近郊为主,远郊主要是工业或其他大型项目的跳跃式开发。在中小城市的城市空间扩张之中,如果有人口的净流出,那么就会出现城市空间利用严重不足,城市蔓延程度较为严重的现象。

伴随着我国三大都市圈城市蔓延的是城市空间极化,蔓延与极化是城市空间分化的同一个问题的两个表现。首位城市和中心城市在近郊不断向外扩张的时候,中心城区始终是城市经济重心,并且呈现不断极化的特征。郊区无法取代中心城区成为城市的经济重心。尽管首位城市如上海和北京早已开始建设郊区新城,但是郊区新城对于疏解中心城区的人口和产业的作用还是有限的,郊区新城尚未

能对中心城区的人口与产业起到"反磁力"的作用。相同情况可见于其他城市投入大量人力与物力建设的城市新区之上。简而言之,从整体而言,我国城市的郊区化时代尚未到来。城市空间同心圆发展方式和单心单核的结构并没有在大都市区化和城市蔓延过程得到根本性改变。我国三大都市圈城市在蔓延的同时,中心城区依然保持着繁华繁荣,其居住人口密度与产业密度然远远高于郊区,即城市空间极化现象。郊区发展相对滞后的一个重要原因是其社会发展相对滞后,生活性服务业与社区社会结构发展相对滞后,外来人口是其人口结构主体。

相比较而言,历史上美国城市蔓延造成中心城区的衰弱与颓废,郊区蔓延与城市衰落具有显著的统计相关关系。从 20 世纪 80 年代以来,随着信息化技术革命和美国产业结构的轻型化,服务业发展带来许多中心城市中心城区的绅士化,也使郊区在接连之后进行集中。郊区通过建设新城集中人口与产业,取得集聚效应,并具有了城市的功能,从而进入了"后郊区化"时代。这使得美国中心城市在空间结构上呈现多元兴起的局面,并使得城市传统的中心与边缘、集聚与分散概念出现了新的变化。

第二节　促进城市空间可持续发展与空间正义的指导原则

"城市的目的,是为了给居民提供生活上和工作上的良好设施"。[1] 城市蔓延造成土地资源的过度占有与浪费,长距离的交通耗费大量的汽油,造成了环境污染。空间分散发展与发展中国家巨大

---

① ［美］E.沙里宁.城市:它的发展、衰败与未来［M］.北京:中国建筑工业出版社,1986:4.

的人口数量相结合,将产生较大的社会与经济问题。我国三大都市圈城市空间发展过程存在的问题是,中心城区过于密集,而城市边缘区的人口与产业过于分散,城市在浪费大量土地,郊区发展没有达到规模经济要求。城市空间的问题既有过于集中的问题,也有过于分散的问题。这引发了城市空间公平与正义问题。解决我国三大都市圈城市的空间问题不仅要在总体上集中与分散之间找到平衡点,而且要深入到城市空间结构内部找到一种合理的布局。毕竟,发展中国家的问题与结构问题有紧密的联系。

一、国外对可持续发展城市空间形态的实践

城市高度集中的发展模式是不可持续发展的。人口与产业过度集中在中心城区造成环境污染严重、生活与生产的污染得不到稀释与扩散。这样割断了人与自然的接触与联系。城市空间蔓延式的扩张方式增加中心城区与自然环境的距离。伊里尔·沙里宁(Eliel Saarinen)形象地把城市比喻作有机体,城市各个部分的空间分布都要有其恰当的位置,才能使城市整体继续生长,否则就会发生衰败。混乱与拥挤是城市衰败的原因。① 在美国城市蔓延较为严重的区域,城市、边缘以及郊区的区别逐渐消失。新型的城市地区缺乏向心结构,以致出现了"逆城市化"概念,即人口分布开始从集中状态向分散状态转变,进入"后都市区时代"(Post-Metropolitan Era)。与早期集中化模式不同的是,城市在蔓延状态下成为一种无定式的结构,它是一片城市星云,这种星云向四面八方扩散,而且在边缘之中还出现了相反意义的中心。分散型的城市空间结构会使城市财政与社会资源趋于枯竭,使得城市居民在路途中花费更多的时间和金钱,从而相应

① [美]E.沙里宁.城市:它的发展、衰败与未来[M].北京:中国建筑工业出版社,1986:122—123.

地减少了居民用在家庭、教育、娱乐和其他休闲活动上的投入。同可以步行或骑自行车上班与上学的紧凑空间发展相比,蔓延的城市空间布局可能降低社区文化氛围。

对于什么是合理的和可持续发展的城市空间形态,人们从西方国家工业革命以来在集中还是紧凑两者之间一直存在抉择与争论。城市空间过于集中是不好的,然而过于分散也是有问题的。莱特(F. L. Wright)的"广亩城市"(Broadacre City)成为欧美中产阶级郊区化运动的根源,而霍华德的"田园城市"(Garden City)导致了后来西方国家的新城运动。两者都强调城市的低密度分布。然而,时至今日,"广亩城市"与"田园城市"似乎正在成为西方国家城市问题的思想症结所在。到 20 世纪 80 年代,人们逐渐认识到城市规划及由此形成的城市形态将是促进城市经济与社会可持续发展的关键所在,并开始认识到集中对城市发展的意义。高密度的簇状社区有助于提高社区活力,增强经济发展的可持续性。在此以后,集中的积极意义逐渐在全球范围内基本上取得共识。进入 21 世纪以来,随着全球范围之内城市化与资源供应变得越来越紧张,主张集中论的观点越来越受到学术界与政界的重视。人们认识到遏制城市扩张可以缩短交通距离,降低城市交通数量;通过减少利用城市外围空间,城市空间保持一定紧凑度,可以有效地促进城市及其周边区域可持续发展。

在北美,城市空间无节制扩张产生了过于依赖小汽车和能源消耗过多等问题。目前美国的许多城市建设都十分强调土地混合化利用和城市空间紧凑化,实现城市空间精明增长。生态城市的实践者把洛杉矶市(Los Angeles)作为生态城市的反面典型,反对这座城市无边无际的蔓延。人们在城市土地综合化、混合化与紧凑化利用上逐渐形成共识,主张工作、居住和公共活动必须有机结合起来。主张城市空间紧凑发展的"传统邻里发展模式"(TND)与"公交主导发展模式"(TOD)思想作为新城市主义规划思想的典型代表,被贯彻进许多生态城市的规划与实践之中。两者在指导原则上并没有本质的区别,都强调城市空间应当紧凑与适宜步行、城市功能复合化和珍视环境。TND 模式侧重于微观上城镇内部街坊社区层面,而 TOD 模式偏重于整个大城市区域的宏观层面。两者经常在嵌套在一起操作。

加拿大温哥华(Vancouver)采用 TND 模式鼓励发展中高密度社区,抑制城市低密度扩张,减少土地消耗,坚持集约和精明的土地利用政策,把城市未来发展集中在存量土地范围。美国的克利夫兰(Cleveland)和波特兰(Portland)采用 TOD 模式,以公交主导发展街区,抑制城市蔓延。由于许多城市已经是工业化城市,美国的生态城市实践者一方面强调必须限制城市外围郊区无节制扩张,另一方面强调对老工业区"褐色地带"重新利用。美国俄勒冈州的阿斯托里亚市(Astoria)把原有的木板加工厂和家具制造厂改造成为功能混合区。通过改造,这块场地被改造成为一个滨水区,建造了滨水公园、商店和住宅。在丹佛市(Denver),一个包括 25 个地块的前铁路时代的仓库和商业建筑区被改造成为居住和混合使用的社区,其模仿的对象是纽约的 SoHo。[①] 辛辛那提市(Cincinnati)把已经不适宜于现代制造业的工业建筑改造成为住宅、办公和高技术产业,那些老工业建筑群正在被改造成为居住街区,人们依靠步行就可以满足日常的需要。

除了新城市主义和生态城市理论与实践之外,还有区域主义与新区域主义、精明增长理论以及可持续发展理论的实践等。总体而言,为了应对城市蔓延,国外城市研究者对城市空间增长方面强调集中、紧凑、规划、节约和改造,反对无节制与自由无序的空间增长,主张土地混合使用,反对过于强调功能分区的规划做法;主张限制私人汽车的使用以及促进城市交通公共导向化,倡导"绿色交通体系",把

---

① [美]奥利弗·吉勒姆.无边的城市——论战城市蔓延[M].北京:中国建筑工业出版社,2007:199.

有利于生态城市建设的交通工具依次分为步行、自行车、公共运输工具、共乘车和私人汽车等序列。这都成为了西方国家抑制城市蔓延实践的重要组成部分。

二、有机集中与有机分散——我国三大都市圈城市空间的理想形态

从经济角度来看，人类的集中化居住与生产能节约土地资源使用，减少能源消耗和私人汽车的使用，促进经济可持续发展。从集中的社会与文化意义来看，人的居住与工作必须集中。在人类集中居住与生产的条件下，"城市化形为力，化能量为文化，化死的东西为活的艺术形象，化生物的繁衍为社会创造力"的神奇色彩就越浓厚。① 集中可以促进信息交流，激发灵感与创造性，使得文化产生并形成。② 由于集中，原先农村比较稳定的、非组织化的"死"物质发展成为有机生命的可能性变得更高，城市出现与文明形成有着密切关系。

因此，理想的城市空间形态是有机集中与有机分散，即大集中、小分散；城市空间不但有心有核，又具有相对均衡化特征。个人的生活与工作应趋于集中，而城市的各种活动则应趋于分散，即有机集中与有机分散空间布局模式。③ 城市空间布局的最佳状态是能够把天然美景与人为艺术巧妙地结合起来，把城市的灵动与创新带给农村，把农村的自然与清新带进城市，使人得到解放与充分发展。这样的城市既可以获得经济、社会效果和文化意义，又可以亲近自然。

---

① ［美］刘易斯·芒弗德. 城市发展史——起源、演变和前景［M］. 宋俊岭、倪文彦，译. 北京：中国建筑工业出版社，2005：582.
② ［美］刘易斯·芒弗德. 城市发展史——起源、演变和前景［M］. 宋俊岭，倪文彦，译. 北京：中国建筑工业出版社，2005：582.
③ 参见：［美］E. 沙里宁. 城市. 城市：它的发展、衰败与未来［M］. 北京：中国建筑工业出版社，1986：160—170.

（一）宏观上都市圈空间总体布局原则——有机集中与有机分散

我国三大都市圈首位城市的人口大量流入与城市空间扩展，使城市空间布局面临着重新分化组合的问题。它的产业结构升级与城市管理发展不足等因素相互结合在一起，形成现在城市的空间模式。从我国资源与人口的比例来看，我国三大都市圈的城市必须走集中化的城市空间结构道路。我国的城市化不可能先走美国式的城市蔓延式道路，再进行所谓的"精明增长"，进行空间收缩形成紧凑型的空间结构。那样将付出较大的社会成本与经济代价。在城市空间结构上，我国城市不可能走如洛杉矶式无边无际、无心无核的结构模式，而应当向集中化与紧凑方向发展。

我国三大都市圈合理的城市与都市圈空间结构形态应当是：都市圈区域内的宏观总体上集中，微观上可以分散；人口与产业应当向中心城市集中，其他休闲功能可以分散到中小城市。如长三角区域整体上向长三角都市圈的大中小城市集中，继续提高城市化水平。在长三角都市圈的大城市之中，减少城市中心城区的产业与人口密度，在城市郊区培育新城或新镇吸引中心城区的人口与产业，分担中心城区过于聚集的综合功能，进行城市空间有机疏散：即城市日常的活动趋于集中，而偶然的联系趋于分散；个人的生活与工作趋于集中，而城市的各种公共活动则趋于分散；建立功能性社区，利用现代交通工具（轨道交通）衔接各个部分。[①] 应当把城市拥挤成一个团块的形态在合适的范围与领域中分解成为若干集中地点，缓解城市功能过于集中所产生的弊病，给城市带来功能性秩序，还给城市居民安静的工作与生活环境。

---

① ［美］E.沙里宁.城市：它的发展、衰败与未来［M］.北京：中国建筑工业出版社，1986：170—177.

进一步地,城市必须在集中的前提下进行分散,以使居住在城市之中的居民能充分接触到空间与新鲜空气,即应当形成大集中、小分散的空间布局。当城市越来越大的时候,每天花费在居住与工作地点之间的来往时间也愈多。有机分散就是要改变这种局面,使城市居民拥有充足的时间与空间和新鲜的空气。分散的目标,并不是把居民和他们的活动散布并恢复到原先的村落状态,更不是把分散变成放任自由的活动,让其演变成为城市蔓延,而是要把我国城市目前那一整块拥挤的空间区域,分解并散布成为若干集中单元,例如郊区中心与卫星城镇等,加强城市居民与自然的联系。此外,还要把郊区较为分散的空间单元组织成为在活动上相互关联的功能集中点。

简而言之,目前我国城市必须分散中心城区过于集中的产业与居住人口,同时提高郊区集中度,提高郊区的产业密度与居住密度,扼制郊区不断向外扩张的势头,构建带有刚性约束性的城市区域,防止城市区域无限制地对外扩张,即以集中为主要目标,分散现有的集中,集中现有的分散,实现城市空间相对均衡化发展。

(二)微观上城市空间构建原则——混合化、紧凑式和高效率

我国三大都市圈的城市特别是首位城市正在形成服务经济为主的产业结构,不但涉及产业结构的调整,还不可避免地涉及产业空间布局的调整。城市经济向服务经济方向发展,客观上要求城市向服务经济时代的城市空间方向发展。服务经济归根到底是人本的经济,相对于工业经济而言,服务经济更多地依赖于人力资源,更多地依赖于城市综合创新功能,更多地依赖于信息处理与传播。创新渊源于人与人之间互动,只有在交流机会较多的城市空间与场所,通过人与人之间的交流与灵感激发,才能起到服务经济之中的信息转换器功能。服务经济更多是根植于人与人之间的聚集互动,依赖于人力资本的提升与发展。它需要人与人之间的交流与互动,需要新的科技知识贯彻进生产过程。服务经济要求城市空间一体化、混合化、

高效率与紧凑式利用。只有在集聚与相对紧凑的城市空间之中,服务业发展才能得到可持续利用。这是服务业本身的产业性质使然。

因此,不同于工业经济时代城市中心的生产功能,服务经济时代城市强调的是信息处理功能。而这只有在相对紧凑的城市空间才能做到。在混合化与一体化的城市功能利用当中,在紧凑式的城市中心空间之中才能产生城市创新空间。它不仅是城市居民交流的重要场所,带动城市区域参与国际经济循环和融入世界城市网络体系的重要空间,而且推动城市经济转型的重要力量。20 世纪 90 年代以来,世界各国际大都市都意识到创新空间在世界城市竞争体系的重要性,因而不断探索在以知识为基础的全球经济中的创新角色,推动创新型城市空间建设。例如,纽约曼哈顿中下城地区成为政府积极促进高科技企业与信息服务业发展的核心地区,高科技与信息服务业就业人员的增长速度明显快于其他经济部门。

现代服务业的发展关键要素是人才。现代服务业所要求的发展环境,就是能为人才的工作和生活提供较好服务的城市基础设施硬件和软件环境。这就要求城市基础设施建设形成规模经济效益,教育、医疗卫生、商业网点等配套服务的水平需要相应提高。基于城市基础设施的规模效应,只有对城市土地进行高效率利用,在一个相对集中的区域之内,集聚着不同类型的企业、不同类型的社会群体,综合开发城市空间的不同功能,对城市空间进行混合化与一体化利用,才能达到高效率地利用城市空间,推进服务业经济的发展。目前,世界城市纽约与伦敦的城市空间功能都在趋于混合化,强调人性的宜居与工作环境的塑造。

总而言之,我国三大都市圈经济增长方式从投资推动向创新驱动,以自主创新促进经济转型、产业升级和企业成长,加快区域自主创新步伐,才能奠定经济发展方式转变的坚实基础。在此过程之中,创新型城市空间发展是关键。城市创新空间是引领服务经济发展的重要空间增长极,也是服务经济可持续增长的空间凭借。在我国三大都市圈经济转型之际,城市创新空间是带动产业结构优化升级的重要力量。然而,城市创新空间并不是凭空产生的,它不是独立于城市发展的孤立区域,它必然是镶嵌于城市之中的重要区域,是与土地制度与土地利用效率紧密相关的城市核心区域。在世界城市空间发展之中,居住、工作、交通和游憩功能混合化是世界城市空间发展的方向,以功能混合化与一体化为基础的紧凑型的城市空间也是服务经济发展的要求。混合化与紧凑型城市空间实际孕育着城市创新空间。

三、促进我国城市空间合理化的方向——城市空间正义

城市空间扩张的目的在于提高人们生活水平。因此,城市空间扩张必须合理化和有序化。如果我国三大都市圈城市蔓延造成了城市空间低效率利用,耕地面积不断减少,城市不同类型空间不协调,环境污染不断严重化,经济发展不可持续,那么作为城市空间扩张的结果并不是造福于城市居民,而是走向城市化初衷的反面。城市蔓延引发的城市空间分配不均的问题正在变得越来越突出。因此,从我国城市空间未来发展取向来看,我们应当控制城市空间扩张速度,推进深度城市化,促进中心城区功能综合化和城市空间体系的构建与发展,构建合理的都市圈与城市空间结构。作为指导我国三大都市圈今后向着合理化方向发展的指导原则,未来我们应当从以下四个方面着手。

(一) 城市空间扩张的有序化与合理化

空间的有秩序状态,始终优于混乱状态。对于我国三大都市圈首位城市而言,城市空间变化无论是朝着集中或分散的方向发展,首先必须处于有序状态。城市空间的蔓延与极化问题,首先是空间失序发展造成的问题,它是城市空间扩张缺乏制度性结构支撑造成空

间布局的混乱。由于混乱与无序,城市空间既有过于集中问题又有过于分散问题,即中心城区过于集中,而郊区过于分散。中心城区与郊区的产业密度与居住密度存在着明显的间断现象。这种城市空间布局一方面过分消耗土地与资源,另一方面导致贫富分居,造成社会分离与分裂固化。因此,解决城市蔓延的关键环节是秩序问题,即为初级阶段的制度问题。目前我国在规范城市空间发展的制度存在较多不合理现象,导致了城市空间呈现无序与混乱扩张态势。

因此,我国必须应当构建一套有效的规范与制度约束、限制和规范城市空间扩张沿着既定的轨道前进。首先,应当改革我国土地制度,促使地租成为调节城市空间秩序的重要杠杆,通过建设有效的土地法规体系,规范经济与社会空间,促进空间有序转型和转化,这里特别要防止土地成为城市政府促进经济增长与提高财政收入的手段。其次,应当制定符合当前我国城市化发展的《城市发展法》,修订《城市规划法》,可以借用建立城市绿化带和法规形式控制城市无节制蔓延,促进中心城区形成合理密度的人口与产业分布。同时,必须改革我国的财政管理制度。我国的分税制在财政收入明显有利于中央的财政收入,地方政府收多于支的现象较为普遍,应当构建合理的中央与地方关系,合理地划分中央与地方的事权与财权,有利于城市化有序进行。必须改革我国社会保障制度,把外来常住人口纳入社会保障体系,实行城镇与农村统一的社会保障制度,推动外来人口融入当地城市的经济与社会生活,建构完全意义上的城市社会与现代社会,形成相对稳定的城市社会微观基础,有利于外来常住人口完全城市化,实现真正意义的城市化。此外,构建合理的社会收入再分配制度、户籍制度和汇率制度,也是促进城市空间结构合理化的重要方面。

控制城市蔓延促进城市空间扩张有序化的核心步骤在于加快制度建设,而当前的第一要务是降低城市空间扩张速度,促进城市空间扩张速度的合理化。社会与政府取得一致同意制定相关法律与制度框架需要一个过程。全面构建适合于现代社会发展的中央与地方法规体系需要较长的时间。过于快速的城市空间扩张使得立法与制度构建跟不上空间变化步伐,也使传统上约束城市空间的社会与文化结构面临土崩瓦解的危险。这样,如果要降低城市空间扩张速度,就必须着手转变城市的经济增长模式,改变其外资拉动、低端制造与出口导向的经济增长模式,降低制造业比重,降低外资依存度,减少经济对外依赖度,消除城市政府的 GDP 与财政收入增长冲动。城市应当立足于内需,切实提高城市居民的可支配收入,进一步发展服务业,形成自我良性循环的产业体系。

进一步地,如果我国三大都市圈首位城市要降低空间扩张速度,就必须约束垄断行业与垄断性企业的畸形空间需求,防止其由于经济寻租进一步转化为空间寻利,从而固化其既得利益;必须采取有效措施防止高收入社会群体在利用我国土地制度缺陷获得异常的空间利益,消除不同社会阶层的空间壁垒,促进不同社会阶层的空间流动;必须采取有效措施保障社会弱势群体的空间利益,推进空间公平分配,促进空间公平与正义。

在采用郊区新城的途径促进郊区有机集中方面,这里特别需要提高郊区服务业比重,提高郊区基础设施与公共服务水平,促进贫富混居,实现产业与居住空间分布相对均衡化,实现城市空间相对公平分配。郊区服务业的发展不是缺少消费群体,而是缺少适应郊区消费需求的服务,尤其是高质量和规范化的服务。服务业发展不同于制造业,它对配套产业、环境、邻近区域以及相关制度安排具有较高的要求。政府应当在郊区和新城建设中加强服务业特别是生活性服务业的基础设施投入。政府有必要采取税收与土地优惠政策,强化郊区产业基础,促进郊区功能综合化,吸引高利润率产业与高收入社会群体入驻郊区,实现郊区城市化,降低中心城区集中度,实现城市社会空间与产业空间相对均衡化,提高空间正义。

总之,我国城市空间蔓延与极化都是不可持续的空间发展趋向,只有转变经济增长方式,降低城市空间蔓延速度,促进城市空间扩张速度合理化,同时构建合理的制度安排,促进城市空间内部结构合理化,才能达到理想的城市空间布局状态,形成大集中、小分散的空间布局,促成生活性与工作性活动集中、城市性活动分散的城市空间活动状态,形成产业与居住密度相对均衡的空间布局,提高城市公平性,促进城市正义性。

(二) 推进深度城市化

城市蔓延必然不利于我国经济与社会进一步发展。建设中国特色社会主义离不开正确的城市化、公平与正义的城市空间分配和城市空间扩张合理化与有序化。在新常态经济之下,我们需要注重城市空间建设及其社会建设,反对纯粹的经济增长,特别是反对单向度的城市空间快速扩张、反对过度的房地产开发与农村改造、反对不公平的城市空间发展。因为这是与社会主义建设的目的与要求背道而驰的。因此,应当推进深度城市化,实现城市化的初衷与目的,提高原有城市居民与由农村进入城市农民的生活水平。

在目前,我国三大都市圈的城市化方式应有所改变,尤其是需要改变以人口与土地简单地向城市方向转移或转变的做法,通过改革与改变实现农民市民化,实现外来常住人口市民化,建设平等化的城市社会,使城市社会能够包容大多数社会群体。要实行城镇与农村统一的社会保障制度,使得外来常住人口能够融入当地城市正常的经济与社会生活,建构我国现代完全意义上的城市包容性社会,加深城市化深度,反对虚假的与表面化的城市化,特别是反对单纯的土地城市或人口城市化。我国三大都市圈的城市化应该从单纯的人口比率提高与城市土地空间的扩张,转向更加关注社会公共服务覆盖面,通过消除常住人口城市化率与非农户籍人口比率之差,消除对外来常住人口的各种歧视性政策,实现农民工与外来常住人口的市民化,有序推进现有外来常住人口的完全市民化,培育现代城市的微观社会基础,让农民工拥有相应的社会福利、公共服务和身份认同。应当十分注重城市内部社会结构的培育,形成现代文明的空间地域,形成相对稳定的社会结构。特别是,必须从注重城市有形空间的过度建设转移到无形社会资本与文明的建构之上,后者可能比前者具有更大的重要性,社会资本的形成比单纯的城市空间形成具有更大的意义。它在现阶段对于我国三大都市圈的经济与社会进一步发展具有更大的意义。

我们必须注意到粗放的城市化给我国经济与社会进一步发展带来的阻碍与问题。它会硬化和内化成为社会结构一部分,从而给我国下一步的经济与社会发展造成较大障碍。因此,应当改变控制粗放的城市化与城市蔓延,促进城市空间扩张有序化,控制城市空间无序的蔓延。在这些工作之中,最核心的步骤是加快制度建设,加快我国相关社会制度的改革与完善工作,促进我国城空间合理化、结构化与紧凑化,使得我国城市空间能与其他方面发展相协调,实现城市空间复合化与一体化发展,提高空间正义性。以开发区、公路和轨道交通、房地产和农村改造为主要形式的建设正在急速地拉大许多城市的建成区面积,也使整个城市空间呈现破碎化的发展趋势。城市空间的低效率与功能单一化利用正在成为较为尖锐的社会问题,也使得资源浪费与环境破坏较为严重,造成了不可持续发展的态势。这种的城市空间扩张态势虽然使得城市经济得以快速增长,城市经济发展的各项指标表现良好,然而却使得农村与城市的社会与文化结构面临瓦解的危险。必须注意到,以建筑业和房地产为支柱城市经济增长方式必须实现向社会公平与正义的方向转型,采取有效措施防止既得利益集团利用土地制度缺陷获得超常的空间供给空间利益,必须改变政府以土地开发作为发展制造业的主要途径,促进其通过技术创新和内涵提升来推进制造业发展,也必须防范经济过分房地产化与服务化带来的城市空间无序发展,防范资本以及各种地方融资平台以城市土地空间作为发展经济的主要手段,特别是防范由此带来的经济风险与金融风险。

（三）促进我国三大都市圈城市的中心城区功能综合化，提高城市宜居水平

在我国三大都市圈城市蔓延过程，我们看到一方面是城市外围空间的无序蔓延现象，另一方面是中心城区的过度更新、贵族化或绅士化现象。两者其实是同一个问题的两个方面。中心城区的过度贵族化，会进一步把社会群体推向城市空间外围，从而促进了城市外围空间进一步扩张。在我国经济进入新常态条件下，必须反对我国城市的中心城区过度贵族化与高档化的发展倾向，注意城市社会多样性的培育与发展，促进中心城区综合化功能的提高与发展，防止中心城区过于单一化与高档化，提高城市宜居水平。在城市空间扩张过程之中，由于城市更新与改造，城市的中心城区出现贵族化与高档化倾向，其实是不利于城市进一步发展的。城市过分贵族化与高档化，它会提高商业成本，不利于城市经济的创新与发展。从社会发展角度来看，它会排斥较多的社会群体而只接受高收入社会群体，从而不利于包容性城市的形成。因此，应当采取相应的政策促进不同类型的服务企业与社会群体，综合开发中心城区的城市空间，推进中心城区功能综合化，强调人性的、宜居的工作环境的塑造，强调各种城市空间同时存在的必要性，注重包容性城市空间的形成与发展。"孤立的、互不关联的街道街区从社会的角度讲，会陷入孤独无助的境地"。[①] "在城市的任何地方，成功的多样性指的都是高产出、中产出、低产出和没有产出的企业的混合"。[②] 城市空间应当是多样性的，在城市空间扩张过程，应当反对单纯的与新造的城市空间，反对推倒一

---

① [加拿大]简·雅各布斯.美国大城市的生与死[M].金衡山,译.南京：译林出版社,2005：197.

② [加拿大]简·雅各布斯.美国大城市的生与死[M].金衡山,译.南京：译林出版社,2005：208.

切旧的城市空间重新建设全新的城市空间,反对全新主义的城市建设思想。

由于中心城区与郊区实质上是相互依存的城市空间,我们在控制郊区化过度发展的时候,必须注意到中心城区的建设与发展。对大城市的中心城区发展而言,应当建构合理的城市空间,营造适宜与人性化的环境。在这个方面,应当从制度改革着手,在税收、土地、规划、社会公众参与以及企业设立等制度方面进行,促进中心城区形成大众化的消费空间,营造有利于服务性企业创业与发展的环境。必须注意到,城市空间是一项十分复杂的技术工作与社会工作,不能过于强调技术方面而忽略社会属性,必须十分重视城市规划的层次性、系统性、整体性和长远性,既要提高中心城区相应生产者服务业及其城市空间的结构水平,又要注重发展生活性服务业,给予一般的、大众化的服务业留驻提供城市空间,使得高档化与大众化的城市空间能够相得益彰、相互匹配发展。必须注重城市空间的一体化与紧凑式发展,必须注意到中心城区与城市边缘区是一个问题的两个方面,注意城市空间高效率利用。城市中心城区必须着眼于不同功能间的分工与协调,着重减少功能单一的大型城市空间项目,促进中心城区功能复合化、多元化和紧凑化。城市边缘区必须注意复杂性空间的培育与发展,防止城市空间过于单一化的利用,提高城市空间利用效率。

（四）推进都市圈与城市空间结构体系形成,构建不同城市空间的协同关系

城市空间是一个相互联系的复杂性系统,它由相互依赖的单元形成复杂的整体。我国三大都市圈应当注重都市圈城市空间体系的形成与发展,促进城市空间内部结构的合理化,促进不同经济活动与社会活动在都市圈与城市两个层次空间之中有序叠放,促进中心城市与周边城市形成合理的分工与协作关系。从社会角度来看,中心城市及其中心城区功能必须实现综合化、一体化与混合化发展。从产业分工与协作角度来看,都市圈之内的首位城市与次级城市、中心城区与周边城市、中心城区与郊区之间应当具有一定的分工与协作关系。在这个方面,城市不仅需要土地租金高低为依据,而且必须以社会需要为依据,促进不同产业与不同社会群体在都市圈的不同城市、在城市的不同空间区位的合理分布与发展。首位城市与中心城市的中心城区大力发展附加值高的高科技和高水平的现代服务业,而部分制造业将转移给次级城市及其郊区,以带动后者发展具有比较优势产业和特色产业,形成布局合理、协作分工、各展所长的产业格局。同时,要采用一体化与标准化方法,促进城市空间可以依据社会原则而不是单纯地以租金为原则展开合作。

从经济全球化的背景下,我国三大都市圈是带动我国经济参与国际经济循环,参加国际产业分工与协作的重要空间增长极。这有赖于都市圈内部能形成有机协作的整体,具有一定的国际竞争力。因此,应当不断推进我国都市圈与城市体系以及区域性城市体系的形成与发展,促进都市圈内部城市之间形成有机联系的体系,城市中心城区与周边城市形成分工与协作模式,使其具有一定的生产价值链地域分工,不断降低我国三大都市圈的产业同构化程度。对于我国经济全球化进程而言,我国的都市圈与城市要参与国际经济竞争,不能单靠一个城市的经济与社会力量,必须结合周边城市的资源与市场,建立起分工与协作关系,形成群体力量,构筑都市圈的整体经济实力,才能促进都市圈与城市向更高的能级方向发展。这是特别值得京津冀都市圈注意的问题。京津冀都市圈的空间"二元化"问题是北京城市蔓延的重要原因。作为都市圈首位城市的北京中心城区的不同部分应当形成不同特色的服务业中心,而且它要与次级城市天津以及其他城市的近郊与远郊应当有一定产业分工,这些城市及其近郊可以安排不能承受中心城区高额租金的后方办公产业以及带有社会功能的项目,而远郊则主要是占地大的工厂或大型购物中心。

总之,在我国经济进入新常态之后,我国粗放的城市化是不可持续的空间发展趋向,我国城市空间过快扩张也是不利于可持续发展的。我们必须注意到,过于简单化与急速推进的中心城区绅士化也不利于城市居民生活水平的提高。我们只有转变经济增长方式,改变我国"二元化"经济增长方式,同时从制度改革入手,构建合理的财政税收入制度,推动合理的土地制度的建设与发展,扩大社会公共服务的覆盖面,控制城市空间过快扩张,促进城市空间内部结构合理化,形成大集中、小分散的都市圈空间布局,为城市能级提升奠定合理与稳固的物质基础。

第三节　我国城市空间正义的建构路径

应当从政府与市场发挥各自的积极作用角度出发,理顺政府与市场关系,制定有效的制度供给约束政府行为与规范市场主体行为,推进城市空间合理化。我国正处于快速城市化时期,在我国城市空间扩张过程之中,需要保持城市空间扩张速度合理化,使得城市空间增长与人口增长保持对称状态,控制城市蔓延。我们应当从我国经济增长方式与改革我国相关制度入手,促进我国三大都市圈城市空间扩张合理化,不断降低城市蔓延程度,促进城市空间正义。

一、促进我国经济增长方式从"二元化"走向内生化

出口与投资到目前为止仍是我国经济增长的重要动力,这对我国三大都市圈经济增长与城市蔓延具有重要作用。我国经济增长的"二元化"模式对三大都市圈具有重要影响,必须降低我国产业的外贸化与同构化问题,改变外资驱动、出口导向和地方政府竞争导致的产业同构化问题引起的城市空间无序蔓延的现状。在我国经济发展

初期阶段,以出口加工型为主的产业发展对都市圈经济发展起到引擎的作用。但是,在我国经济发展到了一定阶段之后,应当及时升级发展基于本地方比较优势与要素禀赋的产业体系,建立适应我国、本地区与城市居民需求的生产体系。持续地发展为世界其他地区加工的产业会加剧我国居民的社会收入分配差距,使得加工型制造业长期处于主导地位,会加剧我国三大都市圈的环境污染,不利于都市圈与城市产业结构的升级转型。这对于珠三角都市圈与长三角都市圈尤其如此。出口加工型企业再加上外来劳动力,具有明显外生于地方经济的特征,其生产空间布局对城市空间扩张具有重要影响。因此,一方面,必须降低城市与都市圈的外贸依存度,把经济结构与产业结构从出口与投资驱动型转变到立足本地立居民需求与消费的轨道上来,从而降低外贸依存度与产业同构化程度,促进我国经济增长从"二元化"走向合理化与内生化,降低为出口生产的生产空间以及对道路港口的基础设施需求程度;另一方面,必须降低我国三大都市圈首位城市服务业的外生性,提高城市服务业的内生性,使得城市现代服务业建立在本市与本区域产业结构的升级与优化基础之上,在城市经济的国际化与本地化之间找到合适的平衡点,防止城市经济过度国际化而脱离了经济本地性。

必须降低投资对经济增长的支柱作用,包括交通基础设施与房地产投资。在我国三大都市圈的首位城市与次级城市,交通基础设施与房地产业占据着重要地位。由于首位城市拥有持续的人口流入,城市蔓延程度较低,但次级城市的城市蔓延相对较高。因此,必须避免把城市交通基础建设与房地产业当作调节经济增长波动的工具,特别是避免地方经济对建筑业与房地产业的过度依赖。由于房地产业的过度发展,使得城市空间不断顺沿交通轴线从城市近郊不断向外以"摊大饼"式扩张。但是由于人口的流入不够,这种情况造成了城市空间的低效率利用与蔓延。由于我国人均资源占有量较低,我国不能走美国式的、以房地产和城市空间扩张推进经济增长的道路,那是不可持续的发展道路。

近年来,我国第三产业的发展不是建立在较为坚实的制造业发展的基础之上,而是虚拟经济过度发展的结果。由于制造业发展的"二元化"特征,许多从第一产业转移出来的人口直接转移到第三产业之上,以房地产业与金融业为支点的服务业发展不仅成为吸纳劳动力的一个重要渠道,而且也是城市空间扩张与蔓延的重要产业支撑,更是我国国内生产总值增长的一个表现形式。在虚拟经济过度发展的状况之下,较多的资本从生产领域游离出来,这些资本从直接剥削劳动的方式过渡到通过占有空间直接获得劳动的收入与成果之上。因此,必须防止虚拟经济的过度发展,促进实体经济的健康发展。一定程度的虚拟经济可以促进实体经济的发展。但是在虚拟经济过度发展的状况之下,资本会进一步加重对劳动力的剥削。它的剥削劳动途径是通过金融业、房地产业以及商务租赁业等。虚拟经济的发展与城市空间发展具有较为紧密的关联,特别是金融业发展对城市空间扩张与蔓延具有重要作用。

我国既不能走过度依赖于出口加工型的产业道路,也不能走过度轻型化的以服务业为主的产业道路。简而言之,必须建立立足于本地区、本都市圈与我国的居民生活需求的产业结构,立足于地区比较优势与生产要素禀赋的经济生产体系,这对于我国三大都市圈城市空间合理化发展具有重要意义。

二、改革土地使用制度,提高土地利用效率

我国现有的土地制度缺陷是三大都市圈城市蔓延的重要成因之一。现有城市政府通过把农村集体土地转变为国有土地,再通过投融资平台,可以创造较多的财政收入。这是不合理的,也是城市空间扩张的制度成因之一。应当以制度限制通过转变土地性质即可获得大量收益的机制,使拥有集体土地承包权的农民获得适宜的补偿。

现在的土地征用补偿标准过低,转变性质之后土地的收益较高,从而给政府造成较大的获利与寻租空间。因此,应当根据我国经济发展的阶段性对土地使用制度进行改革。首先必须减少各级地方政府与城市对土地财政的依赖,为此必须改革现有的分税制,在财政收入与支出方面实现中央和地方财政的平衡。其次,必须改变我国土地征收赔偿标准按照原本农业用途进行赔偿的不合理标准,可以参照改变性质的土地的新用途进行赔偿,这一方面有利于社会稳定,另一方面也有利于限制城市空间的无限制扩张。其三,必须改变地方政府对土地市场的垄断和采取的土地市场的分割与歧视性政策,不仅要尽快建立城乡统筹的土地市场,允许农村土地直接进入土地市场交易,同时还必须加快土地一级市场和二级市场的改革,尽快打破土地一级市场的不完全竞争状态,这样才有可能真正改善中国城市化的空间进程,实现中国经济的健康可持续发展。

(一)重视土地利用的过程管理与租金级差管理

应当改革我国土地制度,促使地租成为调节城市空间秩序的重要杠杆,通过建设有效的土地法规体系,规范经济与社会空间,促进空间有序转型和转化。要建立土地利用和管理的监测、评估与认定制度,重视土地利用的过程管理,建立了土地用途与绩效评估制度,特别是土地识别制度和程序,这对于保障土地在长时期内的动态效率具有重要作用。应该健全土地管理和土地利用跟踪评价制度,增强土地管理的动态性,增强土地的市场监督力度。采取灵活的租金政策,实行差别化的土地管理与弹性的土地供给模式。根据一定的程序与制度可以改变土地的用途,提高土地的动态适应性,减少土地制度的僵硬性。不仅重视土地的首次拍卖与利用,而且要重视土地使用过程之中的绩效评估,跟踪与评价土地使用的绩效,通过制度实现土地使用的弹性管理与绩效管理,提高土地的适时以及其他适应性。

应当利用土地政策提高我国三大都市圈首位城市郊区新城的综合容积率,提高土地利用率,运用土地租金级差管理,反对低密度的工业、服务业与居住的低密度分布,避免走美国式的郊区城市蔓延道路。要注意到并非所有的服务行业都是环境友好型的,例如生产性服务业比重最高的物流业中的仓储业占地面积大,货物运输过程中对道路破坏、噪音和烟尘等环境影响较为严重,如果管理不善,周边的生产与生活环境比较混乱,还易引发较多的社会问题。因此,对于环境影响或其他负效应较大的服务业项目,需要利用土地租金与用途管理制度需要制定严格的准入标准,适度布局和发展,并制定完善的可操作性措施与政策。

(二) 重视土地利用的协调管理与精细化管理

由于土地是构成城市空间的物质基础,土地使用管理制度直接关乎城市空间的形成与发展。所以,应当强调城市空间的统一规划与协调管理,注意城市中心城区土地的精细化管理,以精细化的动态管理展现城市空间的不同维度。应该尽快降低对服务业商业用地在出让方式、出让期限上的歧视性政策,逐步采取统一的分期出让、动态调整的城市产业用地政策。在土地租金价格上,应逐步缩小工业用地与服务业商业用地的价格差异,随着产业升级和土地资源稀缺性的日益突出,应当尽快提高工业用地租金。在租金期限与数额方面提供灵活的供地方式,为产业升级留出发展空间,避免土地的闲置,提高城市土地利用效率,从而构建宜居的城市环境,发展城市创新空间。

我国三大都市圈的城市特别是首位城市的工业园区开发时期较早,至今已有 20 多年。许多工业园区的产业都已经升级换代,特别是随着现代生产分工的细化与深化,一部分原本内化于工业生产过程的服务行业现在分离出来,成为相对独立的服务业。因此,有必要根据现有园区重新进行产业认定与规划,一方面必须尽量减少过去由于不同规划不一致导致的城市土地破碎化利用与城市空间隔离问题,特别重视土地规划统一性和使用混合性问题,注意居住空间、生产空间、工作空间、休憩空间与交通空间要有衔接性,注意相同物理空间的不同利用维度;另一方面,应当对园区的土地用途进行重新核定,土地升值的收益由用地企业和公共财政分享,在新的园区规划之中,重视再开发园区的研发、商贸与居住功能,推进工业园区功能的混合化,降低企业与工业园区运行的社会成本,创造一个适宜创新的园区环境。在新规划与土地管理之中,应当重视土地的灵活供给与过程管理。

三、促进我国相关制度的改革与发展

现存我国制度有效供给短缺是城市蔓延的重要成因,理顺中央与地方关系,改革我国财政税收制度、城市规划制度、社会保障制度以及户籍制度,形成合理的社会制度,建构合理的城市空间的制度框架,对于控制城市扩张速度与蔓延具有重要意义。

(一) 理顺中央与地方的财政关系

中央与地方的关系问题一直是我国经济建设与社会发展之中的重要问题。理顺中央与地方的关系问题对于解决我国三大都市圈的城市空间扩张与蔓延问题具有重要意义。在中央与地方关系之中,中央政府从事全国性与统一性的工作,地方政府从事具有积极性、能动性与特色性工作。在经济增长之上,大量的税收权利归于中央,地方政府可以利用土地与债务发展经济。这种在实践之中得到允许的操作使得地方政府以空间换取时间,即以扩大城市空间来加快经济增长的过程、缩短经济增长时间。这在政绩考核之中过于强调经济增长的条件之下更是如此。这种关系模式必须得到改变。良好的经济增长应当是结构不断转换与升级的过程,也是必须经历较长时间的过程。这是因为经济增长需要创新与惠及民生,这是一个需要时间的整合过程。然而,在地方政府的政绩考核压力之下,以空间换时间、追求片面的经济增长必然导致经济增长的粗放与不平等,在城市空间的表现就是城市空间的无序与蔓延以及城市空间非正义。因此,我国城市作为区域经济发展主体,在发展理念上必须兼顾经济增长、社会发展与文化建设等多重目标。在我国经济进入新常态的阶段之后,应当反对单纯的经济增长和以 GDP 增长为统率一切政府工作的理念,特别是反对地方政府形成利益实体。要不断降低以经济增长作为地方政府的政绩考核权重。在我国分权化与市场化过程之中,以土地及其财政作为地方政府经济增长杠杆的作用必须逐步降低。应当不断减少地方政府以土地作为投融资的质押标的,限制地方政府投融资平台过度发展,减少地方债务规模,减少对"土地财政"的依赖。

同时,必须改革我国的财政管理制度。我国的分税制在财政收入明显有利于中央的财政收入,地方政府收少于支的现象较为普遍。应当构建合理的中央与地方关系,合理地划分中央与地方的事权与财权,有利于城市化有序进行。目前我国的分税制并没有从根本上解决中央与地方的财政关系,它满足了提高中央财政收入的需求,但是没有解决地方的事权与财权的对等与对称问题。在省级政府以下的地方财权关系,分税制更是没有明确划分。这造成了地方财政与支出的不对等问题,从而造成了地方财政的入不敷出。地方政府为弥补财政的亏空,以"土地财政"进行应付,在产业更是以能尽快与容易带来税收的钢铁、化工以及加工型制造业作为主要的产业发展目录。由于我国分税制在转移支付上还没有明确的相关规定,特别是没有地区之间的长效补偿机制,使得地方政府在遇到财政困境时都在本区域范围想方设法地解决,地方政府便以发展经济增长特别是财政税收为主要目的。城市政府吸引资本特别是外商直接投资,采取优惠的土地政策、税收政策和产业政策,都在以城市空间低效率利用为代价发展经济。城市政府以农村用地不断转变化为城市国有土地的方法,获得财政收入与发展地方经济。因此,必须使城市政府能拥有事权与财权相对称的财政收入,改革我国的财政税收制度,使地方政府能有较为充足的财政收入,降低土地收入在地方财政收入的比例。特别是,必须在中央与各级地方政府形成规范化的财政税收收入分配体制,形成中央与各级地方政府的财政平衡,建立起同一经济区域如都市圈之内不同城市之间的横向财政税收转移支付体制,使得所有的城市不必都通过发展工业来提高城市财政收入,有的城市可以偏重于工业,有的城市可以偏重于服务业,从而形成相互支持的分工与协作的都市圈产业体系。

(二) 改革城市规划制度

应当制定符合当前我国城市化发展的《城市发展法》,修订《城市规划法》,可以借用建立城市绿化带和法规形式控制城市无节制蔓延。目前我国的城市规划还不具备刚性约束,城市的各项规划如城市空间规划、土地规划以及产业规划还存在较多矛盾之处,这也给城市空间扩张提供了机会。城市规划没有约束力,特别是城市空间边界可有可无,不能限制城市边界的无限制增长。应当通过法规的形式,使城市规划成为政府各个部门特别是土地管理职能部门的行动指南与约束。城市规划的执行必须具有刚性约束与执行力,对相关部门以及土地利用形成真正的约束。城市规划的修订必须经过相关的程序,如城市的人民代表大会一定票数的同意,防止城市规划被随意性修改,防止设定的城市空间边界被随意突破现象的发生。由于城市规划特别是城市生态规划的边界没有得到刚性执行,城市交通轴线特别是道路之间的空间往往会被居民住宅与小型企业填满。这种状况使得城市空间不能协调性利用,城市空间只能破碎化利用,从而使城市空间呈"摊大饼"状作蔓延与跳跃式扩张。

（三）改革户籍与社会保障制度

必须改革我国社会保障制度，实行城镇与农村统一的社会保障制度。必须推进农村人口和外来常住人口进一步融入当地城市的经济与社会生活，建构完全意义上的城市现代社会，实现真正意义的人口城市化，形成相对稳定的城市社会微观结构。我国三大都市圈是我国流动人口的主要流向地。但是，由于户籍与社会保障的分隔，这些外来常住人口还无法融入所在务工城市正常的政治与社会生活。他们在务工城市与户籍城市作钟摆式迁移。这些数以千万计的流动人口使得我国三大都市圈的劳动力供给总体上供过于求，也使得城市的跳跃式空间开发成为可能。同时，这些外来常住人口的高空间流动性、低消费率以及创新能力缺乏也是较为突出的问题。目前这些人口大部分居住在城市边缘区或者近郊地带，并且随着工作地点的变换而不断变更居住场所。他们的居住场所同工作场所相近，而同城市的社会与文化几乎没有关系，他们也同城市公共服务特别是常效性的教育与医疗没有直接联系。这种社会群体显然是受到社会排斥的，这不利于他们的长期发展，当然也不利于城市的长期发展。这些人口的高流动性与属地性较差，为城市空间扩张与蔓延提供了劳动力条件。只有这些人口成为城市大家庭之中真正的一部分，他们把所在务工城市当作永久性工作的城市，才能促进他们安居乐业，有效地防范短期行为的发生，不断激发他们为所在务工城市做出更多的贡献，特别是可以不断提高他们的创新能力。城市把人口、企业与公共服务综合一起衡量，有序地进行城市空间扩张，可以有效地降低城市空间蔓延。

参考文献

————— ▬ —————

1. 英文文献

[1] Bastable R. Crawley: the Making of a New Town [M]. Phillimore co.,
      1986.

[2] Benevolo L. The history of the city [M]. The MIT Press, 1980.

[3] Bingham R. Beyond Edge Cities [M]. Routledge Press, 1997.

[4] Downs A. New Visions for Metropolitan America [M]. Brookings Institution
      Press, 1994.

[5] Fulton W, Pendall R, Nguyen M, et al. Who Sprawls Most? How
      Growth Patterns Differ Across the US[M]. Brookings Institute, 2001.

[6] Galster G, Hanson R, Ratcliffe M R, ed. Wrestling Sprawl to the
      ground: Defining and measuring an elusive concept[M]. Housing Policy
      Debate, 2001, 12(4).

[7] Garreau J. Edge City: Life on the New Frontier [M]. Anchor Books
      Education, 1992.

[8] Harvey D. The urban process under capitalism: a framework for
      analysis [J]. International Journal of Urban and Regional Research,
      1978,2(1 - 4): 101 - 131.

[9] Jackson K T. Crabgrass Frontie[M]. Oxford University Press, 1985.

[10] Jacquemin A A.. Urban Development and New town in the Third
      World [M]. Ashgate Publishing, 1999.

[11] Lefebvre H. The production of space [M]. Oxford: Blackwell
      Publishing. English Edition, 1991.

[12] Marcuse P, Kempen R. Globalizing Cities: A New Spatial Order? [M].
      Blackwell Publishers Ltd., 2000.

[13] Pack J R. Growth and Convergence in Metropolitan America [M]. Brookings Institution Press，2002.

[14] Potter R B，Lloyd-Evans S. The City In the Developing World [M]. Addison Wesley Longman Limited，1998.

[15] Richardson H W，Chang-Hee C B. Urban Sprawl in Western Europe and the United States[M]. Ashgate Publishing Company，2004.

[16] Soule D C. Urban Sprawl—A Comprehensive Reference Guide[M]. Greenwood Press，2006.

[17] Squires G D. Urban Sprawl：Causes，Consequenese & Policy Reponses [M]. Urban Institute Press，c2002.

[18] Sullivan A. Urban Economics，Fourth Edition [M]. McGraw-Hill Companies，2000.

[19] The Draft London Plan：Draft Saptial Development Strategy for Greater London [M]. Greater London Authority，2002.

[20] The Draft London Plan：Draft Saptial Development Strategy for Greater London [M]. Greater London Authority，2002，10.

2. 中文文献

[21] ［英］尼克·雅普.美利坚千年史[M].金森，译.上海：百家出版社，2004.

[22] ［英］菲利普·李·拉尔夫等.世界文明史[M].赵丰，等译.北京：商务印书馆，1999.

[23] ［英］迈克尔·布鲁顿，希拉·布鲁顿.英国新城发展与建设[J].城市规划，2003，(3).

[24] ［日］高田太久吉.国际金融危机与现代资本主义的困境[J].国外理论动态，2010，(7)：20—25.

[25] ［德］马克思.中共中央编译局译.资本论[M].北京：人民出版社，1975.

[26] ［美］戈特曼.大城市连绵区：美国东北海岸的城市化[J].李浩，陈晓燕，译.国际城市规划，2007，22(5).

[27] ［美］阿瑟·奥利沙文著.城市经济学[M].北京：北京大学出版社第6版，2008.

[28] ［美］埃比尼泽·霍华德.明日的田园城市[M].金经元，译.北京：商务印书馆，2006.

[29] ［美］艾伦·布林克利.美国史[M].邵旭东，译.海口：海南出版社，2009.

[30] ［美］爱德华·W.苏贾.第三空间——去往洛杉矶和其他真实和想象地方旅程[M].陆扬，等译.上海：上海教育出版社，2005.

[31] ［美］爱德华·W.苏贾.后大都市——城市和区域的批判性研究[M].李

钩,等译.上海:上海教育出版社,2006.

[32] [美]爱德华·W.苏贾.后现代地理学[M].王文斌,译.北京:商务印书馆,2017.

[33] [美]爱德华·W.苏贾.寻求空间正义[M].高春花,等译.北京:社会科学文献出版社,2016.

[34] [美]奥利弗·吉勒姆.无边的城市——论战城市蔓延[M].叶齐茂,倪晓晖,译.北京:中国建筑工业出版社,2007.

[35] [美]保罗·M.霍恩伯格,林恩·霍伦·利斯.都市欧洲的形成[M].北京:商务印书馆,2009.

[36] [美]戴维·斯托克曼.资本主义大变形[M].张建敏,译.北京:中信出版社,2014.

[37] [美]丹尼尔·贝尔.后工业社会的来临——对社会预测的一项探索[M].高铦,译.北京:商务印书馆,1984.

[38] [美]简·德·弗里斯.欧洲的城市化:1500-1800[M].朱明,译.北京:商务印书馆,2015.

[39] [美]理查德·瑞吉斯特.生态城市——建设与自然平衡的人居环境[M].王如松,胡聃,译.北京:社会科学文献出版社,2002.

[40] [美]刘易斯·芒弗德.城市发展史——起源、演变和前景[M].北京:中国建筑工业出版社,2005.

[41] [美]罗伯特·M.哈达威.美国房地产泡沫史(1940—2007)[M].陆小斌,译.福州:海峡出版发行集团海峡书局,2014.

[42] [美]罗伯特·布鲁格曼.城市蔓延简史[M].吕晓惠,许明修,孙晶,译.北京:中国电力出版社,2009.

[43] [美]迈克尔·波特.国家竞争优势[M].李明轩,邱如美,译.北京:华夏出版社,2002.

[44] [美]迈克尔·赫德森.从马克思到高盛:虚拟资本的幻想和产业的金融化[A].刘元琪.当代资本主义经济新变化与结构性危机[C].北京:中央编译出版社,2015.

[45] [美]曼纽尔·卡斯泰尔.信息化城市[M].崔保国,译.南京:江苏人民出版社,2001.

[46] [美]曼纽尔·卡斯特尔斯.网络社会的崛起[M].崔保国,译.北京:社会科学出版社,2001.

[47] [美]沙里宁著.城市:它的发展、衰败与未来[M].北京:中国建筑工业出版社,1986.

[48] [美]斯皮罗·科斯托夫.城市的形成——历史进程中的城市模式和城市意义[M].单皓,译.北京:中国建筑工业出版社,2005.

［49］［美］维克托·R.富克斯.服务经济学［M］.许微云,等译.北京：商务印书馆,1987.

［50］［美］雅各布·明塞尔.人力资本研究［M］.张凤林,译.北京：中国经济出版社,2001.

［51］［美］特里·S.索尔德,阿曼多·卡伯内尔编.理性增长——形式与后果［M］.丁成日,冯娟,译.北京：商务印书馆,2007.

［52］［美］梅利尔·D.彼得森注释编辑.杰斐逊集［C］.刘祚昌 邓红风,译.北京：生活·读书·新知三联书店,1993.

［53］［法］亨利·勒菲弗.空间与政治［M］.李春,译.上海：上海人民出版社,2008.

［54］［法］托马斯·皮凯蒂.21世纪资本论［M］.巴曙松,等译.北京：中信出版社,2014.

［55］［法］亨利·列斐伏尔.空间：社会产物与使用价值［C］.包亚明,编.现代性与空间的生产,上海：上海教育出版社,2003.

［56］［法］亨利·列斐伏尔.空间政治学的反思［C］.包亚明,编.现代性与空间的生产,上海：上海教育出版社,2003.

［57］陈建华.城市化发展阶段的资本循环动因研究——马克思主义政治经济学的视角［J］.经济学家,2017,(4)：20—26.

［58］陈建华.论当前我国城市空间拓展的合理化［J］.上海经济研究,2017,(2)：81—88.

［59］陈建华.蔓延与极化.中国国际化城市空间发展趋向批判［J］.学术月刊,2009,(4)：11—18.

［60］陈建华.西方国家郊区新城的起源与演化［J］.上海经济研究,2014,(8)：94—101.

［61］陈建华.信息化、产业分工协作和经济服务化研究［J］.社会科学,2010,(8)43—50.

［62］陈明星,叶超,付承伟.国外城市蔓延研究进展［J］.城市问题,2008,(4)：81—86.

［63］黄胜利,宁越敏.国外新城建设及启示［J］.现代城市研究,2003,(3)：12—17.

［64］蒋芳,刘盛和,袁弘.北京城市蔓延的测度与分析［J］.地理学报,2007,(6)：649—658.

［65］焦秀琦.世界城市化发展的S型曲线［J］.城市规划,1987,(2)：34—38.

［66］景跃军,王晓峰.美国三次产业结构现状及未来趋势变动分析［J］.东北亚论坛,2006,(1)：111—115.

［67］李强.西方城市蔓延的界定与测度［J］.北京工业大学学报,2006,(9)：

817—820.

[68] 林涛.郊区新城发展与大城市空间结构调整:松江案例[J].人文地理,2010,(5):75—80.

[69] 刘海龙.从无序蔓延到精明增长[J].城市问题,2005,(3):67—72.

[70] 吕拉昌.新经济时代中国大都市的郊区化机制探讨——兼与美国郊区化的比较[J].地域研究与开发,2006,(4):6—10.

[71] 彭震伟.上海大都市新城发展与规划的思考[J].城市,2007,(2):3—5.

[72] 孙一飞,马澜朝.边缘城市:美国城市发展的新趋势[J].国外城市规划,2009,(S1):171—176.

[73] 汪泓,孙建平.上海郊区新城建设体制机制研究[J].科学发展,2011,(12):47—69.

[74] 汪民安.空间生产的政治经济学[J].国外理论动态,2006,(1):46—52.

[75] 王炳根,庄寿云.建设面向21世纪的松江新城[J].上海农村经济,2001,(8):17—19.

[76] 王旭.对美国大都市区化历史地位的再认识[J].历史研究,2002,(3):110—119.

[77] 王子彦,高红樱.值得重视的城市蔓延问题[J].东北大学学报(社会科学版),2005,(6):391—394.

[78] 武廷海,张城国,张能,徐斌.中国快速城镇化的资本逻辑及其走向[J].区域与城市经济人大复印资料,2013,(2):1—23.

[79] 姚兢,郭霞.东京新城规划建设对上海的启示[J].国际城市规划,2007,(6):102—107.

[80] 张南,周伊.春秋战国城市发展论[J].安徽史学,1988,(3):9—14.

[81] 张晓青.西方城市蔓延和理性增长研究综述[J].城市发展研究,2006,13(2):34—38.

[82] 周和军.空间与权力——福柯空间观解析[J].江西社会科学,2007,(4):58—60.

[83] 陆晓文,郁鸿胜.城市发展的理念:和谐与可持续,[M]上海:上海三联书店,2008.

[84] 叶贵勋等.上海城市空间发展战略研究,[M]北京:中国建筑工业出版社,2003.

[85] 包亚明主编.后现代性和地理学的政治[M].上海:上海教育出版社,2001.

[86] 陈建华.信息化、产业发展与城市空间响应[M].北京:社会科学文献出版社,2010.

［87］陈劲松.新城模式：国际大都市发展实证案例［M］.北京：机械工业出版社,2006.

［88］陈映芳.都市大开发——空间生产的政治社会学［M］.上海：上海古籍出版社,2009.

［89］当代北京编辑部.当代北京城市发展 2014［M］.北京：当代中国出版社,2015.

［90］洪世键,张京祥.城市蔓延机理与治理——基于经济与制度的分析［M］.南京：东南大学出版社,2012.

［91］胡毅,张京祥.中国城市住宅更新的解读与重构——走向空间正义的空间生产［M］.北京：中国建筑工业出版社,2015.

［92］李强,杨开忠.城市蔓延［M］.北京：机械工业出版社,2007.

［93］李森.困境和出路——转型期中国开发区发展研究［M］.北京：中国财政经济出版社，2008.

［94］倪鹏飞等.北京城市产业体系选择研究——培育世界城市的战略引擎［M］.北京：社会科学文献出版社,2010.

［95］上海经济委员会,中共上海市委党史研究室.上海工业结构调整［M］.上海：上海人民出版社,2002.

［96］史占中,罗守贵.都市圈经济一体化中的产业集聚与整合［M］.上海：上海三联书店,2007.

［97］宋金平,赵西君,于伟.北京城市边缘区空间结构演化与重组［M］北京：科学出版社,2012.

［98］孙群郎.美国城市郊区化研究［M］.北京：商务印书馆,2005.

［99］王兴平等.开发区与城市的互动整合——基于长三角的实证分析［M］.南京：东南大学出版社，2013.

［100］王旭,罗思东.美国新城市化时期的地方政府——区域统筹与地方自治的博弈［M］.厦门：厦门大学出版社,2010.

［101］王旭.美国城市发展模式——从城市化到大都市区化［M］.北京：清华大学出版社,2006.

［102］杨上广.中国大城市经济空间的演化［M］.上海：上海人民出版社,2009.

［103］杨宇振.资本空间化［M］.南京：东南大学出版社,2016.

［104］张伯旭.北京产业结构高级化研究［M］.北京：中国经济出版社,2015.

［105］张捷,赵民.新城规划的理论与实践：田园城市思想的世纪演绎［M］.北京：中国建筑业出版社,2005.

［106］张景奇.沈阳市城市蔓延与蔓延治理研究［M］.沈阳：东北大学出版社,2014.

[107] 赵冈.中国城市发展史论集[M].北京：新星出版社,2006.

[108] 郑国.开发区发展与城市空间重构[M].北京：中国建筑工业出版社,2010.

[109] 陈建华.国际化城市产业结构变化的空间结果[D].上海：上海社会科学院,2006.

[110] 刘芳.北京城市蔓延的特征及成因分析[D].北京：北京交通大学,2010.

[111] 秦志锋.中国城市蔓延现状与控制对策研究[D].郑州：河南大学,2008.

[112] 苏建忠.广州城市蔓延机理与调控措施研究[D].广州：中山大学,2006.

[113] 尧亮.城市蔓延的定量测量[D].上海：华东师范大学,2009.

后　记

　　本书系国家社会科学基金项目"我国三大都市圈城市蔓延的理论与实证研究"(10CJL050)的研究成果,获得上海社会科学院创新工程出版资助。在本项目的研究过程中,本人先后调研了中国三大都市圈近30个城市。同时,先后获得上海社会科学院出国资助项目和国家留学基金管理委员会公派出国访问学者的资助,分别于2012年2月—8月和2014年8月—2015年8月到美国哥伦比亚大学社会学系和东亚研究所做访问学者,深入调查研究美国的城市发展状况。通过对美国城市发展历程与状况的研究,我认为美国的历史、文化、人口及其种族空间分布同城市发展两者之间存在着紧密联系。美国的城市蔓延及其治理对于中国具有一定的借鉴意义。然而,由于国情与历史的不同,照搬照抄美国的城市蔓延治理经验对于解决中国城市空间问题必然于事无补。中国的历史文化、人口数量、地理空间分布与城市化路径决定了中国城市蔓延的特征及其治理路径,解决问题的路径与方法仍然要从本国国情之中寻找。

　　在比较研究过程之中,我见证了东方与西方、中学与西学的差异。对于我国的城市空间问题的研究,只有根植于厚重的中华文化,从历史出发,分析现实,才能预测未来。东方与西方之间存在较大的文化与社会差异。中国的城市空间问题,不仅仅是经济、政治与社会问题在空间上的反映,更是国民精神与思想的外化。因此,解决我国城市空间问题的方法与控制城市蔓延的措施不仅需要从经济增长方式与制度供给方面找到合适的途径,而且要在历史与现实、内在精神与外在条件之间找到协调的路径。通过对中国三大都市圈近30个城市的调研过程中,我见证了如火如荼的城市建设,一方面为我国城市建设速度所震撼,这个时代或许可以称作"楼盘时代",以交通基础设施、工业区和楼盘正在急剧拉大城市建成区空间;另一方面也深为我国城市空间正义问题忧虑,许多城市居民困于其居住空间逼仄狭窄问题久矣,吾民需要城市空间平等与正义。城市蔓延问题在中国三大都市圈产生与发展,值得密切关注并亟须解决。

十分感谢上海社会科学院提供了较为宽松的研究环境与便利条件,使我能在长时间专注于本项目的研究,使得本书得以完成。上海社会科学院经济研究所的同仁们给了我许多十分有益的启发,我们进行了许多较为深入的讨论,形成了许多很好的观点与思想。感谢我的夫人谢媛和女儿陈若昀和谢如玥在本项目研究与本书撰写过程中陪伴我的日日夜夜,她们跟随我辗转国内外城市,见证了这个项目的研究过程。十分怀念我的父亲陈金富生前的言传身教,他让我认识到什么是伟大,也使我时刻警醒自己必须继续前行!感谢我的母亲张凤兰与姐姐陈梅青、弟弟陈建明在对我在外调研和学术研究的关切,他们使我懂得生活的真谛、领会到亲人的关爱之情!

本项目的研究还将继续,书内错误之处肯定较多,敬请读者给予批评指正!

图书在版编目（CIP）数据

　　中国三大都市圈城市蔓延研究 / 陈建华著. —上
海：上海社会科学院出版社，2017
　　ISBN 978 - 7 - 5520 - 2111 - 0

　　Ⅰ.①中…Ⅱ.①陈…Ⅲ.①城市群—发展—研究—中
国　Ⅳ.①F299.21

　　中国版本图书馆 CIP 数据核字（2017）第 203651 号

中国三大都市圈城市蔓延研究

著　　者：陈建华
责任编辑：应韶荃
封面设计：李　廉　刘雪晴
出版发行：上海社会科学院出版社
　　　　　上海顺昌路 622 号　邮编 200025
　　　　　电话总机 021 - 63315900　销售热线 021 - 53063735
　　　　　http://www.sassp.org.cn　E-mail：sassp@sass.org.cn
照　　排：南京前锦排版服务有限公司
印　　刷：江苏凤凰数码印务有限公司
开　　本：710×1010 毫米　1/16 开
印　　张：23.75
字　　数：303 千字
版　　次：2017 年 8 月第 1 版　　2018 年 8 月第 2 次印刷

ISBN 978 - 7 - 5520 - 2111 - 0/F·482　　定价：98.00 元